백성편에서 쓴

조선왕조실록

부제 왕을 참하라!

上

백성편에서 쓴
조선왕조실록
부제 왕을 참하라! 上

초판 발행 | 2009년 2월 13일
14쇄 발행 | 2016년 4월 30일

지 은 이 | 백지원
발 행 인 | 안광용
발 행 처 | ㈜진명출판사
등 록 | 제10-959호 (1994년 4월 4일)
주 소 | 서울 마포구 양화로 156, 1601호(동교동, LG팰리스빌딩)
전 화 | 02) 3143-1336 / FAX 02) 3143-1053
홈페이지 | http://www.jinmyong.com
이 메 일 | book@jinmyong.com
마 케 팅 | Carl Ahn, Angella Kim

ISBN 978-89-8010-435-2 04910

斬

백성편에서 쓴

조선왕조실록

부제 왕을 참하라!

上

(주)진명출판사

머리말

역사만큼 재미있는 학문은 없다.

우리는 지혜의 보고인 역사를 통해서 과거에 일어났던 수많은 사건들을 접하게 되고 또 그 사건의 처리 과정과 결말을 보면서 현재의 문제를 해결할 지혜를 얻고 미래를 예측할 수 있다. 독자 여러분에게 일어나는 모든 큰 문제는 이미 과거에 한 번 이상 일어났던 일들인 것이다.

이렇게 역사란 과거의 경험을 배워서 미래를 설계하는 학문이기 때문에 왜곡된 역사는 역사가 아니며, 우리는 거기에서 아무것도 배울 것이 없다.

그런데 문제는 어느 나라 역사건 왜곡과 윤색, 심지어는 조작이 있다는 사실이다. 누구나 부끄러운 부분은 감추고 싶고 작은 자랑은 크게 부풀리고 싶은 것이 인지상정이기 때문이다.

게다가 역사는 승자가 쓴다. 그래서 역사는 쓰이는 순간부터 왜곡되게 마련이다. 뿐만 아니라 오늘날 역사책을 쓰는 저자들 또한 역사의 치부를 감추고 있고, 책을 보는 대중들 역시 치부를 보기 원치 않아 역사책의 저자와 영합한다. 둘은 가장 커다란 역사 왜곡의 공범이며, 이렇게 해서 만들어진 왜곡된 역사는 굴절된 거울과 같아 우리 모두의 가치관을 왜곡시킨다.

필자는 동서양사를 모두 공부했지만 한국사와 일본사만큼 심하게 왜곡된 역사를 그 어느 나라에서도 찾아보지 못했다. 특히 우리의 고조선사와 조선사의 왜곡은 심각한 수준이었다.

우리가 학교에서 배운 역사는, 필자가 직접 수많은 역사서를 섭렵하면서 비교해 보니, 거의 사실이 아니었다. 수많은 역사적 사실이 신화나 소설로 둔갑되어 있었다. 고대사야 자료가 부족해 여러 주장이 있다손 치더라도, 자료가 가장 풍부한 조선사에도 수많은 왜곡이 있는 것을 보며 어이가 없었다. 필자의 저서를 읽은 후 여러분 혹은 여러분 자녀들의 역사 교과서를 한 번 보시기 바란다. 얼마나 많은 소설이 역사 대신 수록되어 있는가를 확인하실 수 있을 것이다.

필자는 허구인 연속극을 보면서 역사 지식을 얻는다고 생각하는 수많은 딱한 민중들 그리고 역사에 관심은 있으나 쉽고 재미있으면서도 깊이가 있는 역사서를 찾기가 쉽지 않은 대한민국 보통 국민들을 위해서, 그간 역사서 저자들에 의하여 가리어졌던 우리 역사의 치부를 모두 들추어내어 가감 없는 역사의 진실에 접근한 전혀 새로운 스타일의 대중 역사서를 쓰고 싶었다.

이렇게 역사의 진실에 접근하기 위하여 치부를 모조리 들추어내다 보니 특정한 왕, 인물, 문중 등에 대한 비판을 피할 수 없게 되었다. 이러한 필자의 집필 의도는 역사의 진실에 접근하려는 학문적 시도이지, 본서에서 거론된 인물의 후손이나 해당 문중에 누를 끼치기 위함이 아님을 독자들은 직시하기 바란다. 필자의 비판은 역사적 사건이 일어났을 당시의 그 사건과 직접적인 관련이 있었던 인물에 한하며, 그의 후손이나 소속된 문중과는 아무 상관이 없음을 명백히 밝혀둔다.

이렇게 새로운 시각으로 역사를 재해석한 필자의 저서를 읽고, 중·고교에서 역사를 가르치는 선생님들이 새로운 역사인식을 갖게 되었으면 좋겠다. 대한민국 보통 국민들이 갖고 있는 역사인식은 대개 고교 국사 교과서에서 배우는 것으로 결정된다. 그런데 소략인 교과서만 가지고는 역사를 제대로 가르칠 수 없기 때문에 역사 선생님들은 대학에서 역사를 전공한 후에도 가르치는 과정에서 수많은 역사서들을 참고하게 되지만, 이들 역사서에도 역시 수많은 왜곡과 조작이 있다는 것을 인식하시기 바란다.

필자는 역사를 공부하면서 사서의 행간에 있는 패자의 항변들을 찾아내 진실의 편린들을 모았다. 패자의 항변을 들어, 승자에 의해 쓰인 역사가 아니라 실제 당시 일어났던 역사적 사실을 재구성하려고 노력했으며, 가능하면 일반 교양인들이 부담없이 읽을 수 있는 분량으로 쉽고 재미있게 쓰기 위하여 노력했다. 필자 자신 쓸데없이 중후하거나 장중하고 지루한 문체는 딱 질색이기 때문이다.

필자는 동서양사와 한국사의 고조선사부터 조선사까지 모두 썼으나, 그 가운데 우리에게 가장 친숙한, 그러나 가장 많이 왜곡되어 있는 조선사의 진실을 밝히기 위해 조선사부터 출판하게 되었다. 필자는 특히 이 책에서 세계에서 가장 악랄했던 조선의 신분차별제도와 그 주체인 양반의 실체, 요새 한국 국회에서 하는 꼴을 보면 안 봐도 알 수 있는, 조선을 멸망의 구렁텅이로 몰아간 더럽기 짝이 없었던 당쟁 그리고 훈민정음 창제 과정의 비화와 조일전쟁의 진실을 캐내기 위해 많은 노력을 기울였는데, 제법 성과를 거두었다고 자부한다.

특히 조일전쟁의 주역 중 한 사람인 이순신 장군의 인간 복원 시도와 해전 연승 신화의 거품 제거는 많은 독자에게 충격으로 다가갈지도 모르겠다. 사실 이 부분은 지금껏 성역시되어왔으나, 지금쯤이면 우리가 진실을 알아도 될 때라는 것이 필자의 판단이다. 그러나 아직 그럴 때가 안 되었다고 생각하는 독자들에게는 적지 않은 충격일 것이지만, 언제까지고 진실을 덮어둘 수는 없는 것이다. 조작된 신화인 성웅 이순신에 대한 좀 더 깊이 있는 성찰은 필자의 다음 작품인《조일전쟁》에서 다룰 것이다.

또한 조선 멸망 직전 격변기에 일어났던 큰 사건들, 예를 들어 홍경래의 난, 갑신정변, 동학농민전쟁, 을미사변(민비시해사건), 청일전쟁, 러일전쟁, 중국의 아편전쟁, 태평천국의 난 등 조선의 진로를 바꾸는 데 크게 영향을 끼친 사건들을 다른 사서에서 간단히 제목만 언급하고 지나가는 것과는 달리 깊이 있게 다루어 국제적인 시각을 갖고 조선사를 조망하도록 했다.

지금까지의 역사서들이 모두 지배층의 시각에서 서술된 것과 달리, 이 책은 최초로 백성 편에서 역사를 조망했다. 이 책은 조선왕조 5백 년 간 악랄한 신분차별 속에서 참혹한 세월을 살다간 백성들이 쓴《조선왕조실록》인 것이다.

백성 편에서 본 조선은 진작 망했어야 할 나라였다. 사실 조선은 조일전쟁 전후, 아니면 늦어도 영조·정조 시대가 끝날 때쯤 망했어야 했다. 뭐 그렇다고 꼭 일본에 의해 망했어야 했다는 얘기는 아니다. 그간 일어났던 수많은 역모 중 하나라도 성공해서 왕조가 바뀌었다면 하는 것이 필자의 허무한 바람이란 얘기다.

조선은 중기에 들어서면서 사생결단의 당쟁이 피를 튀기며 아무런 비전 없이 무기력하게 멸망을 향해 줄달음쳤다. 조선은 조일전쟁 이후 멸망까지 약 300년 동안 25년 간의 정조 시대를 빼고는 존재할 가치가 전혀 없는 왕조였다. 백성의 90퍼센트를 웃돌던 상민들과 천민들, 그리고 서얼들에게 조선은 정말로 개 같은 나라였고, 그들은 아무런 희망도 없이 한 줌도 안 되는 양반들의 수탈과 억압 속에서 짐승 같은 삶을 살아야 했다.

역사적으로 어느 나라건 노비는 있었다. 그러나 그들은 대부분 전쟁 포로이거나 범죄자였고 타민족이었다. 동족을 단지 가난하다거나 출신 혹은 직업이 천하다는 이유로 짐승같이 취급해 사고 팔고 상속하는 나라는 조선 말고는 세계 어디에도 없었다. 조선은 명나라를 빼닮은 데다 소중화라고 주접떨던 나라인데, 신분차별 제도의 악랄함은 중국이 큰 형님으로 모셔야 할 정도였다.

또 정실부인의 자식이 아니라는 이유로 사회 진출을 봉쇄당하고 집에서도 아버지를 아버지라 부르지 못하면서 상속도 받지 못해 가난한 채로 해 먹을 것도 없이 사회의 그늘 속에서 평생 세상을 원망하며 살다 죽어간 수많은 똑똑한 서얼에게도 조선은 정말로 개 같은 나라였다.

필자는 이러한 불쌍한 백성들, 그리고 노비와 천민, 서얼 등의 시각에서 조선사를 새롭게 조망하고 싶었다. 결국 조선은 공허한 데다 말만 많고, 거지 같은 신분차별을 규정한 개국 이념인 유교 성리학 때문에 망했다고 할 수 있다.

〈백성 편에서 쓴 조선왕조실록, 왕을 참하라〉라는 제목이 좀 거친 느낌이 들고, 또 책의 내용이 부정적인 시각으로만 조선을 보는 것은 아닌가 하는 의문이 들 수도 있지만, 이 책에 나타난 사건이나 인물에 관한 서술은 모두 진실에 가장 가깝게 서술되었다고 확신한다.

이 책이 일부 독자들에게 충격이나 거부감을 줄 수도 있다. 그러나 이 책의 인물에 대한 기록이나 평가 그리고 사건에 대한 서술은 사서의 기록에서 단 한 치도 벗어나지 않는 정확한 기록들이며, 단지 그간 역사서의 필자들이 건드리기를 원치 않아 묻어 두었던 역사적 진실들을 필자가 과감히 밝혀낸 것뿐이다. 그러니 열 받지들 말고 가슴을 열고 냉정히 받아들이기를 바란다.

필자의 저서는 물론 필자의 독창적인 작품이 아니다.

필자는 수많은 선배 제현들의 노력의 결실을 섭렵한 후 이를 집대성하여 가장 진실에 가깝게 그리고 평이하고 재미있게, 새로운 시각으로 재구성했을 뿐이다. 이 책의 영광은 그간 수많은 조선사 관련 서책과 임진왜란사를 쓰신 선후배 제현들의 것이다.

이 책을 집필하면서 참고한 책이 하도 많아, 뒤에 참고서적 명단을 싣긴 했으나, 참고한 책의 저자들에게 일일이 양해를 구하지 못한 점을 용서하시기 바란다. 특히 이 책은 함규진 선생의《왕의 투쟁》과 최용범 선생의《다시 쓰는 간신열전》에서 많은 도움을 받았음을 밝혀둔다.

필자는 현재 조선사 외에도 고대사, 중국사, 서양사 등의 원고를 집필 중에 있다. 원고가 완성되기까지 정성어린 후원을 해 준 미국 로스앤젤레스의 역사클럽인 그라나다클럽 회원들과 리더인 송수일 박사 부부, 그리고 출판을 허락해 주신 (주)진명출판사에 지면을 빌어 감사를 드린다.

2009년 2월　백지원

목차

1

조선이라는 나라의 국체와 사회제도 그리고 문물

명에 대한 지극 사대

조선 왕조 500년 동안 일어난 사건 중 가장 큰 사건은 무엇일까요?

조일전쟁(임진왜란)입니다! 땡, 틀렸습니다. 명의 멸망입니다.

조선보다 그저 몇십 년 먼저 개국한 명은 조선에게 아비요, 할아비였다. 조선은 문화, 학문, 법률, 격식, 복식 등 전 분야에 걸쳐 명을 그대로 모방했다. 아무리 아비를 꼭 빼닮은 자식이라도 조선 같을 수는 없었다. 그대로 붕어빵이었던 것이다. 명에 대해 알고 싶으면 차비 들여 멀리 갈 것 없이 조선만 자세히 들여다보면 된다. 말만 달랐다. 조선은 명이 망한 뒤, 멸망할 때까지 200여 년간이나 명을 잊지 못했으며, 명 대신 소중화라고 부르며 명의 계승국임을 자처했다.

쿠데타로 정권을 잡은 조선은 개국하자마자 정통성의 필요 때문에 명을 상국으로 모시기로 스스로 맹세한 나라였다. 그래서 외교권과 군사권을 바치고 평화를 살 수는 있었으나 이후 명의 무수한 횡포에 시달려야 했으며, 이는 조선이 안일과 나태에 빠지는 계기가 되었다.

명의 요구에 따라 조선은 생산되는 말을 모조리 바쳐야 했고, 모든 격식과 용어, 그리고 복제를 명의 제후국에 맞도록 고쳐 썼으며, 역사상 처음으로 나라 이름까지도 타국에 물어서 결정했다.

명은 조선에 금, 은, 말 그리고 처녀를 조공으로 요구했으며, 조선은 이를 조달하는 데 엄청 애를 먹어야 했다. 이를 해결한 임금이 바로 세종(4대)이다. 세종은 금과 은의 생산량이 보잘것없다는 점과 처녀를 바치는 것에 대한 애로점을 명에 호소했는데, 덕분에 처녀 대신 인삼을 바치게 되었다.

물론 당시 인삼은 산삼이었으나 후에 재배에 성공해 인삼을 대량 생산하게 되면서 명에 대한 조공 문제를 해결할 수 있었다. 조공을 바치는 대신 조선은 명에서 비단, 서적, 문방구, 약재, 도자기 등을 받아왔다. 물건 가치로 보면 조선측이 엄청 손해였으나, 그나마 귀중한 서적의 수입으로 선진 문물을 접할 수 있어 위안을 삼았다.

이성계는 나라를 세운 후 국호를 정해야 했는데, 명나라로부터 승인을 받아야 했다. 국호 후보를 찾아보라는 이성계의 명을 받은 정도전은 기자조선의 '조선'과 이성계의 고향인 '화령'을 명에 보냈고, 명이 '조선'을 선택해서 나라 이름이 조선으로 결정되었다.

한반도에서 나라 이름을 타국에 물어 정한 것은 그때가 처음이었다. 또한 나라 이름 후보로 뽑은 '조선'은 고조선이 아니라 중국의 번국으로 생각되던 기자조선에서 끌어다 쓴 것이고, 이는 명에 대한 사대의 극치였다. 심지어 명의 사신이 오면 왕이 수창궁에서 무릎을 꿇고 황제의 글을 받을 정도로 명이라면 사족을 못 써 민족 자존에 크게 상처를 냈다. 명에 대한 사대는 명이 멸망한 후에도 조선왕조 500년 내내 계속되었다. 결국 명과 청에 대한 사대의 결과가 고인 물을 만들어내 조선은 역동성을 잃고 무기력하게 쇠퇴했던 것이다.

사실 명은 개국 과정에서 수많은 사람을 죽이고, 두문동에 불을 질러 많은 고려의 충신을 화장한 데다, 고려왕조의 후손인 왕씨들을 바닷속에 처넣어 깡그리 용왕에게 보냈다는 소식을 듣고 초장에는 조선의 개국 세력을 영 떫게 생각했다. 물론 피 주기 전까지만.

그러다 보니 이성계는 명으로부터 왕으로 승인받지 못해 죽을 때까지 왕 소리를 하지 못했고, 제3대 태종 때에야 비로소 왕에 책봉되어 왕 소리를 할 수 있었다.

명으로부터 왕으로 책봉받기 전까지 왕 소리 한 것을 알게 되면 박살이 났다. 그래서 왕 대신 쓴 호칭이 '권지국사'였다.

조선에서 명에 보내는 사신만 해도 정월 초하루에 하정사, 황제 생일에 성절사, 동짓날에 동지사, 황태자의 생일에 천추사, 고마운 일이 있을 때 감사하는 사은사, 급한 일을 알리는 주청사, 황실 경사 때 보내는 진하사, 황실에 불행한 일이 있을 때 보내는 진위사 등이 있었다. 좌우간 명나라의 경조사를 제 아비 것보다 더 챙겼다.

조선의 명에 대한 사대의 정도는 6·25 전쟁 후 미국에 대한 한국의 사대에 비할 바가 아니었다. 법과 제도, 의복과 학문 등 모든 것을 흉내냈을 뿐만 아니라, 모든 가치의 기준을 중국의 경서에 두었다. 명이 나중에 썩어서 멸망한 후에도 신흥 강국인 청을 배우지 않고 명의 연호를 계속 쓸 정도였다.

명의 마지막 황제인 숭정제의 연호를 따서 명이 망한 지 50년이면 '숭정 50년' 하는 식으로 썼다. 물론 국서에는 청의 연호를 썼다.

이처럼 당시 세계 문물의 중심이면서 명과 달리 속국인 조선에 대해 비할 바 없이 관대하던 청을 외면한 채 망한 명에 대한 애착과 향수에만 매달린 조선은 갈수록 세계와 동떨어진 우물 안의 개구리로 남게 되었고, 그렇게 활력을 잃어 가다 무기력하게 멸망했다. 조선은 명이 망할 때쯤 같이 멸망했어야 할 나라였다. 조선에게 명은 아비의 나라였고, 청은 오랑캐의 나라였던 것이다.

조선의 멸망 원인

결론부터 말하자면, 조선의 멸망 원인은 경쟁국이 없었다는 점과 국시인 성리학의 폐단, 그리고 감투싸움의 극치인 당쟁 때문이라고 할 수 있다.

미리 얘기해 두지만, 어느 멍청한 역사학자가 조선의 당쟁은 일제 식민지 교육의 유산이라는 헛소리를 한 일이 있다. 냉정하게 얘기해서 당쟁은 일제 식민지의 잔재가 아니라 감투에 눈먼 한국인의 망국적 병폐였으며, 그 당쟁의 와중에서 수많은 아까운 인재들이 참살됨으로써 조선의 쇠퇴는 피할 수 없었다.

12세기까지 미개하기 짝이 없던 유럽이 18~19세기에 들어서서 일본을 제외한 전 동양을 식민지화할 수 있었던 것은 총포 개발에 국가의 명운을 걸어서였다. 전 영토를 합쳐 봐야 중국만 하던 서유럽의 여러 나라는 나라의 장래가 무기 개발에 달려 있음을 깨닫고 범국가적으로 무기 개발에 나섰다. 무기 개발에서 뒤지면 주변의 다른 나라에 의해 멸망할 수밖에 없다는 사실을 피부로 느끼며 살아왔기 때문이다.

이러한 국가 간의 무기 개발 경쟁이, 화약의 발명국인 중국과 15세기초 세계 화약무기 최강국이던 조선을 누르고, 그들을 식민지화할 수 있는 힘이 되었다. 결국 동양에서 유일하게 강대국이던 중국과, 중국의 안보 우산 아래에서 500여 년을 편히 지내온 조선은 경쟁국이 없어 긴장을 모르고 느슨하게 연명하다 무기력하게 멸망한 것이다.

적당한 스트레스 즉, 긴장은 삶의 활력이다. 한국에서 미국으로 미꾸라지를 공수할 때 그냥 공수하면 가는 동안 절반이 죽는다. 그러나 미꾸라지의 천적인 메기를 한 마리 넣으면, 메기 배만

채울 미꾸라지 몇 마리만 희생되고 나머지는 모두 팔팔하게 살아서 온다.

조선 멸망의 또 다른 원인인 성리학에 대해 필자는 잘 모를 뿐더러 연구할 생각도 전혀 없다. 다만 한 가지 확실한 것은 성리학은 생활에 전혀 도움이 안 되는 공허한 학문이었다는 점이다.

실생활과는 전혀 관계없이 이빨만 까는 학문인 성리학은 개 같은 신분차별을 만들어냈고, 쓸데없는 허례허식과 명분에만 집착케 해 실리를 잃도록 했으며, 할 일 없이 자구 해석에 매달려 그것으로 파를 갈라 서로 죽고 죽이는 당쟁을 난무하게 만들었다.

성리학에 세뇌된 조선의 사대부들은 실천은 없고 명분만 내세우는 성리학의 굴레를 벗어나지 못했고, 그로 인해 파생된 피 튀기는 당쟁으로 날을 새워 국력을 소모했으며, 그 와중에 아까운 인재를 무수히 죽여 조선의 숨통을 막아 버렸던 것이다. 성리학에서 가르치는 예는 생활의 굴레가 되어 먹고 사는 데 도움이 되기는커녕 방해만 되었다. 하물며 전쟁중에도 부모가 죽으면 3년상을 치르기 위해 관직이나 군무를 그만두어야 했고, 전대의 왕이나 왕비의 기일이 되면 군무나 공무를 보지 말아야 했다.

사대부들에게 성리학은 그 이론적 뒷받침에 힘입어 합리적으로 목에 힘을 줄 수 있게 하는 그럴 듯한 학문이었다. 사대부들은 성리학에 의거해 왕에게 군신공치의 명분을 내세웠으며, 백성들 위에 군림하는 위치에 머물 수 있었다.

이처럼 성리학은 단지 사대부들을 위한 학문이었을 뿐 전 조선 백성의 90퍼센트 이상에 해당하는 양민과 천민 그리고 서얼들에게는 전혀 쓸모없는 학문이었던 것이다. 이와 같이 조선이 멸망한 것은 국시인 성리학의 폐단과 피 튀기는 당쟁, 그리고 경쟁국이 없다는 점 때문이었다.

다 믿을 수 없는 《조선왕조실록》

조선시대 역대 왕들의 행적을 중심으로 역사를 정리한 《조선왕조실록》은 제1대 태조부터 제25대 철종까지 472년(1392~1863년) 동안을 편년체로 서술한 조선 왕조의 공식 국가 기록이다. 완질의 분량이 1,707권, 1,188책에 이르는 방대한 기록으로서 조선시대의 정치, 외교, 경제, 군사, 법률, 생활 등 역사적 사실이 총망라되어 있다.

실록은 왕이 죽고 난 뒤 후대 왕이 작성하게 되는데, 사관들의 사초와 《관상감일기》《춘추관일기》《승정원일기》 등을 참고해 편찬했다. 완성된 실록은 춘추관에서 봉안 의식을 갖고 사고에 보관하는데, 편찬이 끝난 후에도 공정성을 보장받기 위해 왕은 볼 수 없도록 했다.

그렇다면 실록에 있는 모든 기록은 진실일까? 그렇지는 않다.

자연히 후대 왕의 영향이 미쳤고, 당시 사관이나 실록 편찬자가 어느 당파에 속하느냐에 따라 내용이 180도 달라졌으며, 사관도 자신의 역사 인식이 있기 때문에 100퍼센트 공정하게 기록하기가 쉽지 않았다.

그래서 실록이 쓰인 후 '수정실록'이라는, 먼저의 실록 기록을 부정하는 괴상한 책이 등장한 적이 몇 번이나 있었다. 광해군(15대)대 북인들이 편찬한 《선조실록》의 내용에 불만을 품었던 서인들이 인조반정 후 《선조수정실록》을 다시 만들었고, 남인들이 《현종실록》을 편찬하자 서인들이 《현종수정실록》을 만들었으며, 소론들이 《숙종실록》을 만들자 노론들이 《숙종실록보궐정오》를 편찬한 것이 대표적인 예이다.

죽 살펴보면 먼저 실록을 부정하고 새 실록을 만든 인간들은 조선 당쟁사에서 가장 오랫동안 정권을 잡고 또 가장 싸가지가 없던 서인들이었다는 점을 알 수 있다. 어쨌거나 이 방대한 《조선왕조실록》은 역사의 기록으로는 따라올 것이 없어 1997년에 유네스코 세계기록유산으로 등재되었으며, 《승정원일기》 역시 2001년에 유네스코 세계기록유산으로 등재되었다.

분량으로는 세계 최대 규모인 《승정원일기》

조선사에 대한 기록물은 《조선왕조실록》 말고도 《승정원일기》라는 것이 있다. 오늘날 대통령 비서실에 해당하는 승정원에서 기록한 《승정원일기》는 《조선왕조실록》과는 좀 다르다.

《조선왕조실록》은 조선시대의 정치, 경제, 사회, 문화 등 제 분야를 사관이 결과 중심으로 기록한 것인 반면 《승정원일기》는 왕과 신하들의 발언, 상소 등 왕 주변에서 일어난 모든 일(사적인 것까지 포함해서)을 그 배경과 동기, 과정, 결과에 대해 주서가 객관적으로 시시콜콜 기록한 것이다.

《조선왕조실록》은 왕이 죽은 후에 편찬되고 당대에는 아무도 볼 수 없도록 되어 있어서(본 사람은 조선 역사상 연산군밖에 없다) 처결된 일의 결과에 대한 사관의 생각이나 평가가 기록되기도 했다. 하지만 《승정원일기》는 필요하면 언제든 꺼내 볼 수 있는 공개된 자료였다. 《승정원일기》에는 왕의 결정에 대한 잘잘못이 기록되지 않았기 때문이다.

왕 옆에는 왕의 언행이나 신하들의 발언, 그리고 상소 내용을 기록하는 사관과 주서가 있었다. 주서는 승정원에 소속되어 《승정원일기》를 기록하는 관리를 말한다. 철저하고 치밀한 점에서는 주서가 기록한 《승정원일기》가 사관이 기록한 《조선왕조실록》보다 훨씬 더 자세하다.

예를 들어 정조(22대) 말엽 경상도 유생들이 올린 만인소에 대해, 《조선왕조실록》에는 만인소가 올라온 사실과 대표자의 이름만 언급되어 있으나 《승정원일기》에는 1만 명의 이름이 모두 기록되어 있는 식이다. 이처럼 《승정원일기》를 통해 《조선왕조실록》에서는 찾아볼 수 없는 왕의 행적이나 사회상 그리고 여론의 향방까지 알 수 있는 것이다.

승정원은 왕의 비서실이라 할 수 있는데, 왕명과 상소의 출납만 담당한 것이 아니라 왕의 건강, 음식, 경호 등 모든 분야를 관장했다. 승정원에는 비서실장인 도승지를 비롯한 6명의 승지가 있어서 이조, 예조, 호조, 공조, 병조, 형조 등 6조의 업무를 분담해 문서를 검토한 뒤 왕에게 보고하고 결재를 받았다.

《승정원일기》에는 나라에서 일어나는 모든 사건뿐만 아니라 다른 대단한 기록도 담겨 있는데, 바로 날씨에 관한 기록이다. 날씨는 매일 기록했는데, 현재 《승정원일기》에는 자그마치 288년간의 날씨가 하루 단위로 모조리 기록되어 있다. 조선시대에는 기상과 천문을 왕의 통치 결과에 대한 하늘의 평가라고 생각했다. 그래서 홍수나 가뭄이 들면 왕은 근신하고 반성해야 했으며, 이러한 하늘의 뜻을 살피기 위해 승정원에서 매일 날씨와 천문 현상을 기록했던 것이다.

18세기인 영조(21대)대의 기록을 보면, 천둥과 벼락이 매우 심하게 치자 왕이 놀라서 열흘간의 반찬 가짓수를 줄이라고 명했다는 내용이 있다. 뿐만 아니라 영조가 대신들을 모아 놓고 "양주에서 권씨 성의 여인이 강간을 당한 후 살해당한 일이 일어나 원망의 기운이 하늘의 화기를 거스르고 있다"면서 천둥과 벼락의 원인을 정확히 분석한 다음, 어사를 보내 철저하게 진상을 조사하라고 명했다. 이 정도였으니 기상과 천문 현상을 얼마나 자세하고 정확하게 기록했겠는가. 그래서 《승정원일기》의 날씨 기록은 지금도 기상과 천문을 연구하는 데 매우 중요한 자료로 쓰이고 있다.

《승정원일기》는 한 달분이 한 책으로 묶여 있는데, 전체가 3,243책에 이른다. 조선초부터 작성되었을 것으로 추정되나, 조일전쟁(임진왜란) 이전 것은 전쟁중에 소실되고 현재 전해지는 것은 인조 이후의 기록이다.

《승정원일기》는 분량만으로도 세계 최대 규모로 글자 수만 2억 5,000만 자에 달해, 중국 정사인 《25사》의 6배, 《조선왕조실록》의 4배에 이른다. 필자의 《조선왕조실록》 상 · 하권과 《조일전쟁》 등 3권의 글자 수가 모두 70~80만 자 정도니까, 2억 5,000만 자가 어느 정도 분량인지 알 수 있을 것이다. 이 방대한 양의 《승정원일기》는 현재 서울대학교 규장각의 지하 서고에 보관되어 있다.

현재 민족문화추진회에서는 1994년부터 한문으로 되어 있는 《승정원일기》를 한글로 번역하는 작업을 하고 있다. 엄청난 분량이라 아직 일이 끝나지 않았고, 번역이 다 끝나면 1,800권 정도 될 것이라 한다. 또 국사편찬위원회에서는 한글로 번역된 《승정원일기》를 전산화하는 작업을 하고 있는데, 이것도 끝마치려면 먼저 번역이 끝나야 하니 아마 몇 년 더 걸릴 것이다.

'조'와 '종'의 차이

삼국시대 후반의 임금들은 진흥왕(신라 24대), 의자왕(백제 31대) 등 모두 '왕' 자가 붙었다. 그런데 고려로 넘어오면서 태조(고려 1대), 혜종(고려 2대) 등 '조'와 '종' 자 붙은 임금들이 출현했으며, 이런 현상은 조선이 망할 때까지 계속되었다.

'조'와 '종'의 차이는 무엇일까? '조'와 '종'은 죽은 왕의 시호에 붙이는 자였다. 왕이 죽고 3년상을 치른 후 위패가 종묘에 들어갈 때 생전의 치적을 나타낼 수 있는 한 자짜리 시호를 만든 후 그 뒤에 '조'나 '종'을 붙였다. 치적은커녕 별 볼일 없이 밥값도 못한 왕들에게는 혜, 인, 평, 소, 정, 애, 유, 순, 중 등 어정쩡한 글자를 적당히 붙였다.

조선의 왕은 모두 27명이었는데 '조' 자가 붙은 왕이 7명, '종' 자가 붙은 왕이 18명, '군' 자가 붙은 왕이 2명이었다. 광해군(15대)이나 연산군(10대)같이 쫓겨난 임금은 임금이 되기 전 칭호인 '군'으로 썼다.

원래 '조'는 개국이나 국가의 환란을 극복하는 등 국가적인 변혁 시기에 공을 세운 임금을 지칭하고, '종'은 그런 상황을 겪지 않고 덕치를 한 보통 임금들에게 붙였다. 하지만 사실 공이니 덕이니 떠들어봤자 조선왕조 27대 왕 가운데 제대로 임금 노릇을 해서 밥값이라도 한 인물은 3분의 1도 안 되었고, 나머지는 요절했거나 한심한 인간들이었다.

그런데 조선 왕들을 보면 서로 '조' 자를 못 붙여 안달이었다. 그래서 그 자식들에 의해 종이 조로 바뀐 경우가 심심찮게 있었다. 소인배 선조(14대)는 원래 선종이었는데 광해군(15대)이 선조로 고쳤고, 등신 같은 인조(16대)도 인종이었는데 인조로 바뀌었다. 그 뒤 영조(21대), 정조(22대), 순조(23대)도 원래 '종' 자가 붙은 임금들이었다. 결론적으로 '조'나 '종'은 임금의 치적을 나타내는 것과는 아무 상관이 없었다.

세계에서 가장 악랄했던 조선과 인도의 신분제도

조선은 전체 인구의 10퍼센트도 채 안 되는 양반만을 위한 나라였다. 양민은 양반의 수탈 대상에 지나지 않았고, 모든 군역과 노역, 세금의 원천이었다. 또 노비와 천민은 마소 대신 부려먹고 상속이 가능한 말하는 짐승들이었으며, 서얼은 근본적으로 사회 진출이 막혀 아무것도 해 먹을 게 없었다. 인구 대부분을 차지하는 양민들과 천민들 그리고 서얼들에게 조선은 참으로 개 같은 나라였던 것이다.

그런데 이 신분차별이 능력이 아니라 출생에 따라 정해진다는 것이 문제였다. 생김새가 똑같고 같은 문화에 같은 음식을 먹으며 같은 언어를 쓰는 동족을, 출생 신분이 다르거나 단지 가난하다는 이유로 짐승 취급을 하는 나라가 이 세상 어디에 있었던가. 조선이 제 할아비보다도 더 극진히 모시던 중국에도 이런 독한 제도가 없었는데, 조선은 어디서 이걸 배웠는지 모르겠다.

세계적으로 유명한 인도의 신분차별 제도를 살펴보자. 조선과 같은 지독한 신분차별이 있는 나라는 아마 전세계에서 인도뿐일 것이다. 그러나 인도에서도 동족을 사고 판다는 소리는 듣지 못했다.

인도의 계급제도인 카스트는 기원전 2000년에서 기원전 1500

년 사이 게르만족의 조상인 아리안족이 인도의 원주민이던 드라비다족을 정복한 후 자신들의 지배를 정당화하기 위해 조작한 제도로 알려져 있다.

카스트 제도는 사람을 네 가지 계급으로 분류한다. 첫 번째가 사제 계급인 브라만, 두 번째가 무사 계급인 크샤트리아, 세 번째가 생산자 계급인 바이샤, 네 번째가 노동자 계급인 수드라다. 원래는 세 번째까지밖에 없었는데, 후대에 와서 수드라가 추가되었다. 우리 식으로 말하자면 정복자인 아리안은 양반 계급에 해당되는 첫 번째와 두 번째 계급을 차지하고, 피정복자들은 깡통인 세 번째와 네 번째 계급이 된 것이다.

계급을 만든 후에 이들은 이 계급을 사람이 만든 것이 아니라고 우기면서 소설을 썼는데, 원인(원래 있던 인간 또는 신)의 입으로부터 브라만이, 팔로부터 크샤트리아가, 다리로부터 바이샤가, 발로부터 수드라가 나왔다며 신성성을 부여했다. 거기다 좀더 보태, 모든 계급에 해당되는 백성은 각자의 의무에 최선을 다함으로써 사회의 번영과 질서에 기여하고 자기 발전을 꾀해야만 해탈을 할 수 있다고 가르쳤다.

교육이 얼마나 무서운지 잘 아시지? 중국의 교과서에는 고구려와 발해가 자신들의 변방국가였다는 주장이 실리기 직전이고, 일본의 교과서에는 독도가 자기네 땅이라는 주장이 실리기 직전이다. 이 두 가지가 걔네들 교과서에 실리고 나면, 그건 그냥 다 걔네들 것이 된다.

하여간 인도 애들도 엄청 웃겨요. 이와 같이 소설을 써놓은 다음 이걸 지키지 않으면 박살을 낼 장치를 마련했는데, 그것이 바로 '불가촉천민'이다. 불가촉천민이란 신으로부터 신성하게 주어진 계급의 의무나 법을 어겨 계급 바깥으로 축출된 계층으로, 기본적인 인권의 혜택을 전혀 받을 수 없는 사람들을 말한다. 조선 시대의 천민 비슷한 계층을 말하는 것이다.

딱하게도 인도 사람들에게는 21세기인 지금까지도 신분차별의 잔재가 남아 있다. 하긴 우리 역시 100여 년 전만 해도 인도보다 훨씬 더했다. 그런데 인도 애들은 이 계급차별을 팔자소관으로 치부한다. 자신이 전생에 현세에서 깡통 찰 만한 일을 했기 때문에 업으로 받는다고 믿는 것이다. 그리고 생이란 찰나이기에 잠깐만 참으면 지나간다고 생각한다. 그래서 버티는 것인데, 조선 사람들은 종교와 전혀 관계가 없는데도 불구하고 용케 500년씩이나 참았다. 우리도 종교국가인 유교국가라고? 유교는 종교가 아니라 윤리다.

양반의 나라 조선을 망친 양반

조선은 사대부의 나라였고, 사대부란 곧 양반이었다.

도대체 양반이 무엇인지 한번 자세히 알아보자.

원래 양반이란 문관인 동반과 무관인 서반을 함께 일컫는 말이었다. 조회를 할 때 남쪽을 향한 왕의 동쪽에 서는 반열이 문관인 동반이고, 서쪽에 서는 반열이 무관인 서반이었다.

그러다 지배층을 지칭하는 명칭이 되면서 양반은 국가의 소수 특권층으로 자리잡게 되었다. 그런데 4대조, 즉 고조할아버지 이래로 9품 이상의 관직에 나간 이가 없으면 양반의 반열에서 탈락하고, 탈락하면 양민이 되었다. 그래서 관직에 나가기 위해 필히 과거에 급제해야 했다. 그러나 과거 공부 자체가 쉽지 않은 데다 급제자가 한 해에 기껏해야 수명 내지 수십 명이 고작이었다. 대대로 과거를 보지 않거나 과거에 급제하지 못하면 어떻게 될까? 깡통이 될까?

다른 수가 있었다. 양반의 집안과 혼인하면 되었다. 동족 중에 양반이 있으면 혼인도 하기 쉬웠다. 그래서 그들은 서로 혼인해 가면서 양반의 지위를 잃지 않았던 것이다.

그런데 이 양반이라는 것이 얼마나 웃기는고 하니, 양반이 되려면 다 아시는 대로 과거에 급제해야 했는데, 과거라는 것이 단지 사서삼경의 뜻을 얼마나 잘 알고 얼마만큼 잘 외우느냐 또는 시구를 얼마나 잘 짓느냐 하는 시험이었다. 사서삼경은 예와 명분을 강조해서 먹고살 만한 양반 계층에게는 목에 힘을 주기 위해 배워야 할 학문이었지만, 전 국민의 90퍼센트 이상을 차지하면서 하루 세 끼를 걱정해야 하는 상민(양민)과 천민에게는 먹고사는 데 도움이 되기는커녕 방해만 되는 학문이었다.

양반들은 사서삼경을 달달 외우고 수많은 시구 작문법을 익혀 과거에 급제하면 중앙 관서에서 일을 보거나 지방 수령이 되어 임지로 나갔다. 그런데 당시 지방 수령은 그 지방의 입법, 행정, 사법 등 삼권을 모두 장악하고 있는 절대자였다. 백성들을 다스리는 목민관이 잘 알고 있는 것은 백성의 생활에 도움이 되는 실천적 지식이 아니라 실생활과 전혀 관계가 없는 공허한 사서삼경의 경구와 시구뿐이었던 것이다. 그러니 업무를 제대로 알지도 못할 뿐더러 처리할 수도 없어서 지방의 목민관이 되면 어쩔 수 없이 예전부터 그 지방에서 일해오던 아전들에게 기대게 마련이었다. 조선의 하급 공무원인 아전은 월급이 없는 희한한 직업이라서 목민관의 무지에 힘입어 권한을 휘두르며 백성들을 쥐어짰던 것이다. 이처럼 조선의 정치제도는 백성들을 수탈할 수 있도록 구조적으로 뒷받침이 되어 있었다.

자본주의의 싹이 트는 18세기에 들어서면서 가난한 양반은 부유한 양민보다 못했고, 대신 부유한 양민이나 속량(몸값을 받고 노비의 신분을 풀어 주어 양민이 되게 하던 일)된 천민들이 돈으로 양반을 사서 양반 행세를 하는 바람에 원래 전체 인구의 5~10퍼센트이던 양반이 30~40퍼센트까지 늘어났다. 사실 18세기 이전까지는 양반의 대량 생산이 불가능했다.

그런데 18세기 이후 유학(관리가 되기 위해 공부하는 학생으로 나이는 열 다섯 살부터 일흔 살까지 상관없었다)을 양반으로 취급하면서부터 양반의 숫자가 외형적으로 엄청 늘어났다. 조선 후기에 접어들면서 중종(11대) 때부터 시행되던 군적수포제에서 빠지기 위한 갖가지 방법이 동원되었다. 군적수포제란 군역(병역) 수행을 포나 돈으로 대신 때우는 제도인데, 양반은 징수 대상에서 제외되었다. 즉 양반은 군대도 가지 않고 돈도 안 내는 계층이었다. 물론 그 전까지도 양반은 모조리 병역 기피자였다.

이렇게 양반은 군대도 안 가고 돈도 안 내니 모두들 양반이 되기 위해 혈안이 되었다. 요즘도 군대 안 가려고 몸무게를 40킬로그램으로 줄이거나 총 쏘는 데 필요한 둘째손가락에 칼질하는 것 아시지? 옛날에도 똑같았다.

그러다 보니 상민이건 천민이건 수령이나 아전에게 줄을 대 돈을 지르고 유학 명부에 이름을 올림으로써 병역을 기피했다. 유학들은 군대를 안 가니 당연히 양반이었다. 당시 양반과 상민의 구별은 군대를 가는지 안 가는지, 또는 군대를 가지 않는 대신 군포를 바치는지 안 바치는지가 기준이었던 것이다.

그런데 양반과 상민은 어떻게 구별했을까? 얼굴로 했을까? 그게 아니고 족보로 했다. 얼굴을 보고 아는 것도 아니고 달리 구별할 방법이 없으니 족보가 가장 확실했는데, 그 바람에 위조 족보 장사가 한 건 올리는 비즈니스가 되었다.

양반에도 계급이 있었다. 상층 양반은 과거에 패스하고 벼슬을 한 집안이나 저명한 학자 혹은 고위 관리를 조상으로 둔 케이스이고, 중층 양반은 과거에는 패스했으나 관로에 오르지 못해 동네에서 좌수나 별감 등을 지내면서 괜히 헛기침이나 하며 돌아다니던 인간들이었으며, 하층 양반은 돈 지르고 유학이 된 엉터리 양반들이었다. 물론 이 기준이 왔다갔다 할 수도 있었다. 이런 인간들을 통틀어 양반이라 칭했는데, 저희끼리도 상층 양반은 하층 양반을 우습게 알아 같이 놀지도 않고 혼인하는 것도 기피했다.

그런데 양반의 나라 조선을 망친 것이 바로 이런 양반들이었다. 양반이라는 것들은 위선과 허풍 그리고 쓸데없는 자구에 묶여 사실 아무짝에도 쓸모가 없었다. 쉽게 말하자면 무위도식하면서 백성들을 뜯어먹고 사는 기생충들이었던 것이다.

양반은 일을 하면 안 되었다. '불친서사'라 하여 자기 밭에 난 잡초 한 포기도 자신이 뽑으면 안 되고 꼭 사람을 불러 뽑아야 했다. 또한 '절기비사'라 하여 농업, 상업, 공업 등의 천한 일을 하면 절대 안 되었다. 이것이 바로 조선을 세계에서 가장 낙후된 나라로 만든 주범이었다.

조선에서 불상놈인 백정은 청나라에 가면 기능인으로 대접받았고, 역시 상놈인 도기장이도 일본에서는 스승 대우를 받았다. 그러나 조선에서는 양반 빼면 나머지는 사람이 아니었다. 뿐만 아니라 '수모집전'이라 하여 양반은 손으로 돈을 만지거나 세면 안 되었다. '불문미가'도 있었다. 즉 하루 세 끼 먹는 쌀값도 물어서는 안 되었던 것이다.

그러다 보니 세상 돌아가는 물정은 아무것도 모르는 채 허구헌

날 공자 왈 맹자 왈만 읊고 있거나, 잘난 조상들의 족보 혹은 돈을 질러 만든 위조 족보의 조상들 이름과 직위를 달달 암기하던 것이 바로 조선 양반들의 일이었다. 게다가 '인기내한'이라 하여 가세가 기울어 밥을 제때 못 먹고 냉수로 배를 채워도 이를 쑤셔야 했으며, 추워도 곁불을 쬐면 안 되었다. 양반이란 위선의 표본이었던 것이다. 독자 여러분이 잘 알고 있듯이 박지원의 소설《양반전》이나《호질》에 양반들의 위선이 잘 드러나 있다.

조선이 일제 식민지로 전락한 뒤 양반들이 몰락하면서 전해 오는 에피소드도 많다. 조선이 없어지고 하인들이 다 떠나 버린 후 양반들은 제 손으로 먹고살 방도를 마련해야 했는데, 평생 일이라고는 해 본 적이 없는 그들이 호구지책을 찾을 수 없는 것은 당연했다. 모두들 대대로 내려오는 선산이나 집을 팔아 호구를 이어 나갔다.

어느 뼈대 있는 양반집이 몰락한 뒤 집을 몇 번 옮기다 보니 우물 없는 집에서 살게 되었다. 동네에 우물이 있었지만 가까운 거리는 아니었다. 어느 날 마침 물이 떨어졌는데 목이 말라 죽을 지경이었다. 그런데 양반집 마나님은 물을 길러 갈 수 없었다. 몰락한 지 얼마 안 되어 비록 부리던 종들은 다 나갔더라도 양반집이라는 것을 모두들 아는데, 마나님이 물동이를 머리에 이고 나가 물을 길어 온다는 것은 어불성설이었다. 양반은 결국 밤이 될 때까지 죽을 둥 살 둥 목마른 것을 견뎌야 했고, 밤이 깊어서야 마나님이 물동이를 이고 아무도 없는 우물로 물을 길러 갔다. 이 일은 마나님이 세상을 떠날 때까지 계속되었다.

세상이 바뀌어 상놈이 양반과 맞상대를 하게 되자, 열 받은 숱한 양반이 화병에 걸리거나 술독에 빠져 제 명대로 못 살고 죽었다. 이런 이야기를 쓰다 보니 그놈의 위신, 위선, 허풍에 구역질이 확 난다. 이처럼 일은 전혀 하지 않고 놀고 처먹으면서 백성들로부터 뜯어낸 돈으로 일반 백성들의 생활비보다 수십 배 내지 수백 배를 써 댔으니, 그런 나라가 망하지 않으면 이상했다.

선각자들이던 조선의 실학자들은 모두 이런 양반의 위선을 끔찍이 싫어했다. 특히 박지원과 김옥균은 양반들을 싫어한 정도가 아니라 아예 그들을 벌레로 여겼다.

그런데 남들이 이토록 싫어하는 양반이 왜 되고 싶었을까? 상민은 아무리 나이가 많아도 양반집의 애새끼들에게 '소인' 소리를 해 가며 그들로부터는 반말을 들어야 하고, 외출을 나갔다가 양반 행차라도 만나면 멀리 비키거나 땅에 엎드려야 하며, 별 볼일 없는 양반을 만나도 한쪽에서 머리를 숙이고 서 있어야 했다. 말을 타고 가다가 양반집 앞을 지나려면 말에서 내려야 하고, 아무리 돈이 많아도 230제곱미터(70평) 이상의 집을 지을 수 없었다.

은수저를 쓸 수 없고, 옷도 비단옷이나 도포는 못 입고, 가죽신도 신지 못했다. 오죽하면 천민의 딸은 시집갈 때 가마를 못 타게 해서 널빤지를 타고 갔으며, 비녀도 못 꽂게 해서 백정의 딸이 시집갈 때 비녀를 꽂았다가 동네 사람들에게 몰매를 맞은 일도 있었다.

조선은 담배 천국이어서 남녀노소 가리지 않고 담배를 피워 댔다. 상민이라고 담배를 못 피운다는 법은 없었다. 그러나 양반이 쓰는 장죽을 썼다가는 당장 끌려가 볼기짝이 터지도록 얻어맞았다. 상놈은 한 뼘이 안 되는 곰방대를 써야 하고, 그것도 양반의 눈에 띄지 않게끔 허리춤에 깊숙이 꽂아야 했다. 이러니 양반 안 되고 싶겠어?

그런데 이런 악랄한 차별을 누가 만들었을까? 바로 사회의 기생충인 양반들이 만들었다. 어디 가서 양반 소리 하지 마라. 맞아 죽는 수가 있다.

아직도 많은 가정의 가장들이 부엌에 들어가지 않으려 한다. 게다가 떡하니 자빠져서 텔레비전을 보며 아내에게 온갖 심부름을 다 시킨다. “저녁상 이리로 가져와” “물 가져와” “담배 가져와” “재떨이는 왜 안 가져오니? 재 떨어진다, 빨리 가져와라” 하면서 주접떨기 일쑤다. 이들이 바로 양반을 돈 주고 산 인간들이다. 선조대부터 양반 흉내내면서 온갖 나쁜 것들만 배운 것이 그대로 내려온 것이다. 거기다 그런 인간들의 어머니는 한술 더 뜬다. “애, 물 필요하면 가져다 달라고 하지 남자가 부엌엔 왜 들어오니?”

시대를 역행하는 한심한 여편네다.

이렇게 일은 쥐뿔도 하지 않고 남을 시킬 줄만 알던 양반들 때문에 상민들은 삶의 의욕을 잃고 원망만 품은 채 살게 되었고, 나라는 안일과 무기력, 나태에 빠지게 되었다.

또 자기네들 외에는, 청나라를 포함해, 모조리 오랑캐라는 착각 속에 살다 보니 실속은 없어지고 위선과 허풍만 남았으며, 이에 따라 나라는 저절로 멸망의 나락으로 떨어지게 된 것이다.

어차피 조선 후기에 접어들면서 조선은 가망이 없는 나라로 전락했는데, 추락에 가속도를 붙인 또 다른 병이 바로 감투욕이었다. 양반들끼리 서로 피 튀기는 권력 쟁탈전인 당쟁을 거의 200년씩이나 하면서도 권력을 잡지 못해 감투를 써 보지 못한 그 인간들의 후예들은 감투라면 환장을 했다.

필자가 사는 미국도 그렇지만, 해외에 살다 보면 동포사회를 위해 헌신하려는 한국 사람을 많이 보게 된다. 그렇다고 뭐 가슴 뭉클해할 것까지는 없다. 스토리를 다 듣고 나서 뭉클해해도 늦지 않으니까.

미국 로스앤젤레스에도 친목을 다지거나 동포사회를 위한다는 명분으로 만들어진 단체가 300개가 넘는다. 이렇게 많은 단체와 회원이 모두 친목을 도모하거나 동포사회를 위해 헌신했다면, 로스앤젤레스는 아마 세계에서 가장 모범적인 동포사회가 되었을 것이다. 그런데 아직까지 그런 얘기는 못 들어 봤다. 실상을 들여다보면 대부분의 단체들이 동포사회를 위해 만들어진 것이 아니라, 감투에 환장한 몇몇 인간들이 회장이나 부회장을 해먹기 위해 만든 것임을 알 수 있다. 기본적으로 한 단체에 회장 한 사람에 부회장 두 사람이면, 이사장과 이사를 빼고도 300개 단체에 '장'이 당장 1,000명이 된다. 그것도 모자라서 회장 선거가 있으면 부정선거다 뭐다 해서 승복하는 놈은 하나도 없이 지면 소송이고, 아니면 따로 독립해서 새 단체를 만들어 회장에 취임한다. 그래서 한 단체가 둘로 나뉘어 회장이 둘인 단체가 흔하다.

로스앤젤레스에 오면 어디 다방이나 식당에서 회장과 약속하지 마라. 만약에 카운터에서 손님들을 향해 "회장님, 계세요?" 했다가는 모두 일어서는 꼴을 보게 될 것이다.

조선 후기로 들어서면서 양반이 되지 못했으나 장사를 해서 여유가 생긴 상민들, 그리고 실직에 나가지 못한 양반들에게 호기가 왔다. 조정에서 벼슬을 왕창 팔기 시작한 것이다.

벼슬 장사는 민비의 친척들인 민씨네를 따를 사람이 없었는데, 이들은 돈만 필요하면 벼슬을 팔았다. 미리 벼슬값을 정해 놓고 소문을 내는데, 벼슬을 판다는 소문이 나면 돈 좀 있는 인간들은 모조리 모이고, 한정된 벼슬자리에 후보자가 넘쳐나다 보니 벼슬 값이 처음보다 엄청 뛰어 민씨네는 쉽게 목돈을 만질 수 있었다.

이렇게 벼슬을 판 돈은 나라 재정으로 들어가는 것이 아니라 민비와 고종(26대)의 비자금, 그리고 일부 민씨 떨거지들의 배때기 속으로 모두 들어갔다. 그리고 벼슬을 산 놈들은 본전을 뽑기 위해 즉시 임지로 향했으며, 이런 놈들이 부임하는 동네에서는 백성들이 벼슬을 살 때 들어간 본전에다 이자까지 물어내느라 등골이 빠지다 못해 태반이 도망쳐 유민이 되는 경우가 흔했다.

조정에서는 실직 벼슬이 아니라 이름뿐인 벼슬인 차비관이니 분참봉이니 하는 것도 많이 팔아먹었다. 양반 나부랭이들은 나이 어린 애새끼들에게 허직을 좀 헐한 값에 사준 다음 손님이 오면 하인을 시켜 "작은 나리 나오시라고 해라" 하면서 주접떨거나 돈 주고 산 벼슬을 자랑하면서 잔치까지 베푸는 철판도 있었다.

조선인 뼛속까지 박힌 이 망국의 감투병 실상을 파악한 일제 식민지 시절 총독 사이토는 "시골 구장을 한림이나 교리라는 말로, 면장은 승지라는 말로 바꿔 부르면 식민지 백성을 다스리는 데 기막히게 효과적일 것이다"라고 했을 정도였다. 이런 인간들의 후손들이 이민을 가면 맨 먼저 단체부터 만든다. 물론 이해는 한다. 조상 대대로 얼마나 멸시받고 감투에 한이 맺혔으면 그러겠는가. 그런데 이제 정신 좀 차려라, 멍청한 인간들아. 지금은 21세기다.

모조리 양반의 후예인 대한민국 국민

현재 대한민국 국민은 자신들이 모두 양반의 후예라고 믿고 있다. 진짜 상층 양반은 전체의 5퍼센트도 안 되었는데, 어떻게 대한민국 국민 모두가 양반의 후예란 말인가? 양민과 천민의 후예는 모조리 천연두에 걸려 죽고 양반의 후예만 살아남은 것일까?

조선의 신분제도는 조일전쟁(임진왜란) 때부터 무너지기 시작해 17세기 중반 광해군(15대) 시절 공명첩(빈 '공' 자로, 이름이 안 써 있는 벼슬 첩)을 대량 판매하면서 더욱 가속화되었고, 18세기 무렵 화폐경제가 자리잡으면서 상업이 발달하자 본격적으로 붕괴되기 시작했다.

전쟁이 끝난 뒤 국토가 폐허가 되어 버렸으니 조정에서는 세금을 거둘 데가 없었다. 이렇듯 재정이 파탄나자 조정은 모자라는 재정을 보충하기 위해 공명첩을 팔고, 납미허통제도를 실시했다. 즉 쌀이나 돈을 받고 천민을 평민으로 만들어 주거나, 천민과 서얼에게 과거 응시 자격을 주는 면천첩, 면역첩, 서얼허통첩 등을 판 것이다. 그냥 이름뿐인 벼슬도 왕창 팔아제꼈다. 그 결과 일부 돈 있는 천민과 서얼은 과거 응시 자격을 얻을 수 있게 되어 기존의 신분제도가 무너지게 되었다. 거기다 한술 더 떠 돈을 받고 기존 관료들을 승진시켜 주기도 했다. 이렇게 돈을 받고 팔아먹은 첩이 수만 장이 넘었다. 덕분에 신분제도가 사라지기 시작해 좋기는 했으나, 돈이면 안 되는 일이 없었으니 나라 꼴이 개꼴이었다.

족보 위조

신분제도의 붕괴는 조정에서 팔아먹는 벼슬에다 족보 위조까지 유행하면서 더욱 심화되었다. 특정 성씨의 시조부터 당대인에 이르기까지 계보를 기록한 족보는 17세기 후반부터 출현하기 시작했는데, 그 배경은 출세가 개인의 능력보다는 문벌이나 배경에 의해 좌우되던 조선시대 관료 임용 패턴에 있었다. 실제로 조선시대 고위 관료는 몇 안 되는 문벌들이 독차지하고 있었다.

그러다 보니 족보를 만들어 자신을 내세우고 또 후손들에게 가문의 배경을 주지시켜 '너희는 보통 사람이 아니야. 남들과 전혀 달라. 마음만 먹으면 언제든 벼슬을 할 수 있고, 군대 같은 것은 없는 집 애들이나 가는 거야'라는 확고한 자부심을 심어 줄 필요가 있었다. 게다가 군대 면제는 족보를 보고 판단하기 때문에 양반 족보는 있는 집의 필수품이 되었다.

이렇게 족보가 없으면 사람 대접을 받는 데 애로가 있게 되자 족보 장사들이 판을 깔기 시작했다. 인쇄를 국가 차원에서 취급하던 조선 초기에는 족보 위조가 불가능했다. 그러나 후기에 접어들어 인쇄술이 발달하자 민간 인쇄업자들이 출현해 족보 위조 인쇄 정도는 일도 아니게 되었다.

족보 위조에는 위보와 별보, 그리고 투탁이 있었다. 위보는 족보 자체를 몽땅 새로 만드는 것이고, 별보는 정식 족보에 끼워넣는 것이 아니라 별책에 슬쩍 집어넣는 것이었다. 또 투탁은 망해 가는 양반 가운데 대가 끊기거나 끊기려고 하는 집안에 돈을 주고 끼어드는 방법이었다. 이렇게 해서 상업으로 여유가 생긴 양민이나 천민이 새로운 성씨를 갖거나 없던 성씨를 만들어 양반이 되었다.

그런데 새로운 성씨를 만들거나 고를 때 특별하거나 이상한 성씨를 고르면 남의 눈에 띄어 들통날 우려가 크기 때문에 흔한 성씨를 택할 수밖에 없었다. 그러다 보니 온 세상이 김씨, 이씨, 박씨 천지가 된 것이다. 차라리 필자같이 드문 성씨를 가진 사람이 양반이라고 우기면 진실일 가능성이 아주 높다. 필자는 물론 양반의 후손이다.

17세기 양반과 양민, 천민의 비율을 알 수 있는 자료가 전하는데, 그에 따르면 당시 경상도의 한 현에서 양반은 23퍼센트, 양민은 60퍼센트, 천민은 17퍼센트 정도였다. 조일전쟁 이후인 당시만 해도 양반은 크게 늘고 천민은 많이 줄었음을 알 수 있다. 물론 이 자료가 조선 전체를 대변할 수는 없겠지만, 그래도 당시의 변화를 읽을 수 있는 참고 자료는 되겠다.

이런 방식으로 수많은 졸부가 양반이 되었는데, 그 후손들은 조상이 양반인 줄 알고 자신이 양반의 핏줄이라고 침을 튀기게 된 것이다. 하기야 양반제도 자체가 썩어 빠졌으니, 양반이면 어떻고 천민이면 어떤가. 지금 세상이야 모두들 아무런 차이도 없이 평등한 것 아시지? 단지 돈이 없으면 조금 팔리지만.

이러한 신분제도가 조선이 망하면서 사라지자 족보는 당연히 휴지뭉텅이로 변해 버렸다. 족보의 가치가 단순한 사적인 문서로 주저앉게 되자, 가문에 사람이 적은 것보다는 많은 것이 낫지 하는 생각에 이놈 저놈 다 끼워 주다 보니 족보 없는 사람이 없게 된 것이다.

상민이나 천민이 이렇게 저렇게 양반이 되긴 했지만, 양반이 된 후에 양반 노릇 하기가 쉬운 것만은 아니었다. 양반이 되면 조상 제사를 지내야 하고, 손님에게도 예를 갖추어 대해야 했다. 동시에 학문에 힘써 자기 수양을 쌓는 척도 해야 했다. 여러 조건을 충족시켜야만 진정 양반으로 인정받을 수 있었던 것이다. 박지원의 《양반전》을 보면 진짜 양반 노릇 하기가 얼마나 어려운지 잘 알 수 있다.

성과 본관

조선시대까지만 해도 전 인구의 반 이상이 성이 없었다. 원래 성은 왕족이나 소수 지배층만의 전유물이었다. 그러다 신분제도가 붕괴되면서 모두가 성을 갖게 되었는데, 그 시기가 겨우 100년 안팎이다. 그렇다면 그 전에 성이 없던 사람들의 성은 부모가 준 것이 아닐 텐데, 어떻게 생겼을까?

우리의 성씨 중 대부분은 중국에서 유래된 것이다. 물론 고대부터 내려오는 성씨도 있었지만 몇 안 되었고, 6세기경부터 중국 성이 본격적으로 한반도에 유입된 것으로 추정된다. 6세기 때 신라의 유명한 장군인 이사부나 거칠부 등에게 이름만 있고 성이 없던 점을 감안해 보면, 당시 일반 백성들이 성을 가진다는 것은 꿈같은 얘기였다. 사실 고려 태조 왕건의 '왕'도 성이 아니고 이름의 첫 자였는데 나중에 성으로 삼은 것이다.

도성에 살던 지배층에게는 대개 성씨가 있었으나, 성씨의 지방 보급은 고려 왕건 때 시작되었다. 호족 연합으로 나라를 세운 왕건은 지방의 호족들에게 토성을 나누어 주었는데, 토성이란 일정한 지역에 토착해 사는 지배 집단의 성씨를 말한다. 그런데 똑같은 성이 여러 지역의 지배층에게 보급되자 서로 혈연적으로는 아무 관계가 없는데도 같은 성씨를 갖게 된 호족들이 서로를 구분할 필요가 있었다. 그래서 자신들의 거주지를 성 앞에 붙여 쓰는 본관이 생겨나게 된 것이다.

그나마 이렇게 성을 갖게 된 백성들도 조선 후기까지 전체의 반 정도에 불과했고, 나머지는 돌쇠나 개똥이, 마당쇠, 언년이 등으로 불렸다. 그러다 조선이 망하면서 신분제도가 완전히 붕괴되자 이들이 한꺼번에 성을 갖게 되어 그들을 양반층과 구별하는 것이 불가능해진 것이다.

비록 성이 중국에서 왔지만, 우리의 성과 중국의 성은 개념이 다르다. 우리의 성씨 제도는 성과 본관으로 구성되어 있어서 성이 같아도 본관이 다르면 남이다. 그러나 중국에서는 성이 같으면 동족으로 인정한다.

우리가 쓰는 성씨는 15세기나 지금이나 250~300개로 별 차이가 없으나, 본관은 약 4,500개 정도에서 3,400개 정도로 줄어들었다. 우리의 성씨는 중국의 2,500개, 일본의 10만 개에 비하면 아주 약소한 편이다. 일본 놈들 웬 성이 그렇게 많아?

500여 년 전이나 지금이나 우리의 성씨 수에 별 변화가 없다는 것은 성이 없던 약 절반의 조선 백성이 새로운 성을 만든 게 아니라 기존 성을 가져다 썼음을 의미한다. 즉 가장 흔한 김씨, 이씨, 박씨 등을 새로운 성으로 쓰는 바람에 안 그래도 많던 세 성씨가 더욱 늘어나게 된 것이다. 우리의 성씨는 김, 이, 박, 최, 정 등 5대 성씨가 전체의 반이 넘고, 사람 숫자로 따져 35위까지의 성씨가 전체의 90퍼센트를 차지한다. 반면 160개의 성을 모두 합쳐 봐야 인구의 1퍼센트 정도에 불과하다.

본관이 줄어든 것은 본관으로 쓰던 지명이 없어지거나 통폐합되었기 때문이다. 행정구역의 변천에 따라 서로 다른 본관이 통합되면서 알지도 못하고 피 한 방울 섞이지 않은 사람들이 동성동본이 된 것이다. 따라서 실제로 동성동본은 꼭 혈연관계를 의미하는 것은 아니다. 수많은 사람이 새로 성씨를 받아들이고 본관을 새롭게 만들었으며, 통폐합되는 과정에서 동성동본이 된 것이다.

그런데 100여 년이 흐른 지금도 동성동본이란 이유 때문에 결혼을 하지 못한 채 그늘에서 살아가는 남녀가 얼마나 많은가(동성동본끼리의 결혼은 최근인 2000년에야 비로소 8촌 이내의 혈족을 제외하고 허용되었다). 또한 동성동본이란 이유만으로 떼거리로 나서서 집단이기주의를 부르짖는 어리석은 인간들은 또 얼마나 많은가. 이러한 맹목적인 혈연의식이 이성적 판단을 마비시키는 일은 오늘날에도 비일비재하다. 이제 한국인들은 이러한 역사적 사실을 냉철히 받아들여 후진적인 혈연의식을 탈피해야 한다. 우리에게 '민족'이란 단어가 생긴 것은 조선이 망하기 직전인 19세기 말이라는 것을 알아둬라.

'소 새끼' 노비와 천민

노비와 천민은 삼국시대부터 있었다. 전쟁 포로, 몰락한 양민 등이 주를 이루었는데, 노비의 자식은 대를 이어 노비가 되었다. 재인, 광대, 창기, 승려, 백정, 무당, 공장(수공업에 종사하던 장인) 등 특수직에 종사하는 사람들은 천민이라 하여 따로 살았다. 백성의 생활이 어려워질수록 노비가 늘어나 조선시대에는 양민과 노비의 수가 비슷하거나 노비가 양민보다 더 많을 때도 있었다.

양반이면 누구에게나 노비가 수명부터 수천 명까지 있었는데, 그들은 상속 재산이자 매매 대상이었다. 그러다 보니 재산을 상속할 때 노비의 가족들이 생이별을 해야 하는 참상이 비일비재하게 일어났다.

'노비'는 남종을 일컫는 '노'와 여종을 일컫는 '비'를 합친 말이다. 노비는 관노비와 사노비가 있었는데, 관노비는 대궐이나 관아에서 일을 하는 노비이고 사노비는 일반 양반집에서 일을 하는 노비였다. 사노비는 다시 신역 노비(솔거 노비), 의거 노비, 납공 노비(신공 노비) 등으로 나뉘었다. 신역 노비는 상전의 집에 거주하면서 가내 노동이나 농사에 종사하는 청지기, 상노, 안잠자기, 상지기, 식모, 찬모 등을 뜻하고, 의거 노비는 상전과 따로 살면서 상전의 토지를 경작해 주는 노비이며, 납공 노비는 상전의 집에 살거나 일을 해 주지는 않지만 상전에게 매년 정해진 액수의 물품을 바치는 노비였다. 예를 들어 노비 100명을 상속받았는데, 상속자가 그 노비가 다 필요 없을 경우 따로 살림을 내는 것을 허락하는 대신 매년 정해진 액수의 물품을 바치도록 했던 것이다.

사람같이 생긴 짐승인 노비의 가격은 얼마나 되었을까?

1398년 태조(1대)대의 노비 가격은 오승포(품질이 중간쯤 되는 베나 무명) 150필 정도였는데, 당시 말 한 마리 값은 품질에 따라 오승포 400~500필이었다. 말 한 마리 살 돈이면 노비 셋을 살 수 있었던 것이다. 전시에는 그나마 폭락해서 조일전쟁(임진왜란)이나 조청전쟁(병자호란) 때는 노비 10명 값이 좋은 말 한 마리 값과 같았다. 노비 1명의 값이 은자 한 냥에 불과했는데, 당시 명나라 군사 한 달 월급이 은자 한 냥 반이었다. 두 달 월급 저축하면 노비 3명을 살 수 있었다. 더럽게 싸다. 그러나 노비는 짐승 대우를 받는 대신 세금을 내지 않고, 당연히 군대도 가지 않았다. 짐승이 군대 가는 거 보셨어?

그리고 국가의 부역도 지지 않았으니, 양민이 세금과 노역에 시달리다 노비의 길을 택하는 것도 이해할 만한 일이었다. 사실 미국에도 거지가 엄청 많다. 사흘 버틸 깡다구만 있으면 그보다 더 좋은 직업이 없다고 한다.

북녘에서는 인구가 적어 농사에 필수인 노비가 중요한 재산이었기 때문에 남녘보다 노비의 가격이 비쌌다. 그래서 그 시세 차익을 노리고 남쪽에서 노비를 납치해 북쪽에 팔아먹는 개만도 못한 인간들이 당시에도 있었다.

조선 말기에 접어들면서 노비가 많이 줄었는데, 19세기 말인 동학농민전쟁 당시에는 미모의 계집 한 사람을 포함한 5명의 노비와 소 한 마리를 맞바꾸기도 했다.

노비가 아니더라도 역리, 백정, 재인, 광대, 무당, 기생, 창기, 승려 그리고 제혁에 종사하는 사람과 유기그릇을 만드는 사람 등은 천민이었는데, 이들은 양반이나 양민이 사는 곳과 떨어진 곳에서 저희끼리 모여 살았다. 무슨 특별한 유대감 때문에 모여 산 것이 아니라, 양민들이 저희들 사는 동네에서 못 살게 했기 때문이었다.

필자의 지인 한 분은 어렸을 때 고깃간(정육점)에 가서 고기 파는 어른에게 존댓말을 하지 않았다고 한다. 누구나 정육점 주인에게는 반말을 했단다. 나이가 많든 적든 고기 파는 사람은 사람이 아니었기 때문이다.

고깃간에 가서 "고기 한 근 주게"라고 꼬마가 점잖게 얘기하면 어른인 고기 파는 사람은 꼬마를 힐끗 쳐다보고 대답도 없이 고기를 썰어 주는데, 기름이 왕창 낀 쪽으로 주었다고 한다. 그런데 어른이 와서 "고기 한 근 주세요"라고 존대를 하면 신이 나서 살코기로만 베어 주었다니, 그 사람들과 그 집 애들이 얼마나 마음고생을 하며 살았을까. 나중에 정육점을 운영하던 사람들이 부유해져 오토바이나 차를 사게 되면서부터 반말이 사라졌다고 한다. "칼자루 잡은 놈 마음이야"라는 말이 아마 그래서 생겼을 것이다.

성종(9대)대에 임복이라는 천민 부자가 자신의 네 아들을 면천시키기 위해 쌀 3,000석을 정부에 바쳤다는 기록이 있고, 그 뒤 전라도의 사동이 면천하기 위해 쌀 2,000석을 조정에 바치려고 했으나 신료들의 반대로 면천하지 못했다는 기록이 있다. 이처럼 노비가 면천하는 일은 17세기까지는 대단히 어려운 일이었다.

18세기에 인구의 30~40퍼센트이던 노비가 19세기에 들어서면서 급격히 줄어들었다. 농업과 상업의 발달로 여유가 생긴 노비와 천민이 대거 족보를 위조해 양반이 된 것이다. 조일전쟁(임진왜란) 때 군량과 병력이 모자라 노비의 면천을 받았는데, 당시 납속 양은 쌀 15석이었다. 18세기 중반에 들어서는 세태를 반영해 아예 납속에 의한 면천을 법으로 규정했다. 당시 면천의 공식 가격은 쌀 13석 혹은 은자 100냥이었고, 이때부터 노비도 돈만 있으면 얼마든지 양반이 될 수 있었다. 조선에서 천민이 완전히 사라진 것은 19세기 말 갑오개혁 이후 조선 멸망 때지만, 실제로는 20세기 초까지 존재했다.

양자만도 못한 친자식 서얼

조선은 천민뿐만 아니라 서얼에게도 개 같은 나라였다.

서얼의 한과 부당한 신분사회를 고발한 소설이 바로 허균의 《홍길동전》이다. 실제로 서얼들은 아버지를 아버지라 부르지 못하고 '나리'나 '대감'으로 불러야 했고, 정실부인이 낳은 이복형제들에게 가족으로 인정받지 못했다. 서자는 아버지가 적자를 두지 못하고 죽어도 대를 잇지 못했을 뿐만 아니라, 재산 상속이나 제사는 꿈도 꿀 수 없었다. 서자라도 엄연히 자기 핏줄인데, 친자식인 서자를 제치고 남인 양자를 들여 대를 이었던 것이다.

산소에 가서 제사를 지낼 때도 자식들이 묘 앞에 죽 늘어서서 술을 한 잔씩 따르며 절을 하는데, 서자는 같이 서지 못하고 뒤에 따로 서 있어야 했다. 게다가 서얼은 과거시험을 볼 자격도 없었으니, 서얼들은 아무리 똑똑해도 평생을 빈곤과 고독 그리고 절망 속에서 살다 죽어야 했다.

서자의 자식도 대를 이어 서자였다. 그래서 서자들은 자식을 낳으려면, 아니 합방을 하려면, 수없이 고민을 해야 했다. 까딱 잘못 판단하면 애꿎은 자식에게 자기와 똑같은 절망의 인생을 물려주게 되기 때문이었다. 그렇다고 동네 가게에서 콘돔을 파는 것도 아니고. 통칭 서얼이라 불리는 계층은 양인 첩의 자손인 '서'냐, 천인 첩의 자손인 '얼'이냐에 따라 또다시 차별을 받았다.

본래 고려시대에는 서얼에 대한 차별이 별로 없었다. 그러다 조선시대에 들어서면서 서얼차별이 시작되었다. 태종(3대) 15년(1415년) 첩의 소생은 양반의 자손이라도 관직에 나갈 수 없다는 '서얼금고법'이라는 개 같은 법이 제정되면서 수많은 서얼은 생의 의미를 잃어버리게 되었다. 이 법 제정 이후 서얼에 대한 차별은 더욱 심해져 '한품서용'이란 규정이《경국대전》에 명시되었다.

조선조에 들어서자 실제는 다처주의였으나 유교의 일처주의가 힘을 받게 되자, 여러 처 사이에서 서로 정실부인이 되려고 아귀다툼이 벌어졌다. 정실부인이 되느냐 안 되느냐에 따라 자식의 장래가 달라지기 때문이었다. 그러다 보니 이런 골치 아픈 문제를 피하기 위해 천인 가운데서 첩을 얻는 경우가 많아졌다. 자기 집 여종을 첩으로 들이는 경우가 많아진 것이다. 그 결과 얼자가 대량 생산되었다.

고려시대부터 천첩 소생은 아버지가 양반이더라도 종모법에 따라 노비, 곧 천민이 되어야 했다. 이 악법을 고치라고 상국인 원에서도 여러 번 권고했으나 고려는 아랑곳하지 않고 버텼다. 재산이 늘어나는데 이 법을 누가 고치려 들겠는가.

그러다 조선조가 되면서 국가의 부역을 담당할 인력이 부족해지자 이를 확보하기 위해 1414년 종부법을 채택했다. 공사비 신분으로 양인 남자에게서 태어난 소생은 아버지의 신분에 따라 양인이 될 수 있는 법이었다. 그런데 이놈의 법이 왕에 따라 종모법, 종부법으로 왔다갔다 하는 바람에 시대마다 아주 헷갈리게 된다.

서얼차별로 인해 수많은 아까운 인재가 초야에 묻히게 되자, 중종(11대) 때 조광조가 '서얼허통'을 상소했으나 받아들여지지 않았다. 사실 왕실도 선조(14대) 이후부터는 거의 모두 서자였다. 그런데도 이 인간들이 저희가 서자 출신인 것은 생각하지 않고 차별을 철폐하지 않아, 정여립이나 허균 같은 천재 선각자들이 신분차별 폐지를 주장하다 역모로 몰려 죽었고, 광해군(15대) 때는 서얼 7인에 의한 칠서지옥까지 일어났다.

서얼에 대한 배려는 18세기 후반인 영조(21대) 때 겨우 이루어졌다. 서얼에게 호부호형을 해도 좋다는 허락과 함께, 양반 집안에 적자가 없을 때는 양자를 들이지 말고 서자로 대를 이으라는 명이 떨어진 것이다. 영조는 서얼도 등용한다는 방침을 세웠으나 수구 꼴통들의 반발이 심해 청요직(언관)에는 등용할 수 없었고, 소과에 합격해도 향안(양반 명부)에 올려 주지 않았으며, 학교에서도 따로 앉히는 등 차별은 조금도 변하지 않았다. 유학들이 성균관에 들어오면 나이대로 앉도록 되어 있는데, "저런 천한 것들하고 어떻게 같이 앉냐?" 하면서 서얼들은 따로 남쪽에 앉혀 차별을 했던 것이다. 그러다 1777년 정조(22대)가 서얼에 대한 문관,

무관, 음직 등의 관직을 구체적으로 정해 벼슬길을 넓히라는 명을 내렸다. 그 결과 '정유절목'이 반포되었고, 정조는 과거에 합격하지 않아도 되는 규장각 검서관으로 4명의 서얼을 등용했다.

그들이 바로 유명한 이덕무, 박제가, 유득공, 서이수 등이다. 정조는 이들을 포함해 모두 30여 명의 서얼을 등용했다. 노비와 서얼의 숨통이 겨우 조금 트인 것이다.

다음 해 정조는 도망간 노비를 색출할 목적으로 설치한 '노비추쇄도감'을 폐지했으며, 정조 사후 1년 뒤인 1801년, 즉 19세기가 열리면서 내수사와 중앙관서에 소속된 관노비가 해방되었다. 그러나 노비의 대부분을 차지하는 사노비까지 해방되어 노비제도가 완전히 폐지되기까지는 그로부터 100년 가까이 더 기다려야 했다. 이후 서얼들은 대규모로 상소를 올리는 등 신분투쟁에 나서 조금씩 높은 자리에도 등용되었으나, 차별은 100년 이상 계속되었다. 이렇게 서얼들이 떼거리로 상소를 올린 시기에 서얼은 조선 인구의 절반 가까이 되었다. 1894년 조선이 망하기 직전 갑오개혁이 일어나면서 비로소 서얼차별과 공사노비제도를 혁파한다고 공포했지만, 실제로 한국인의 의식에서 신분차별이 완전히 없어지기까지는 조선이 망하고도 수십 년이 더 지나야 했다.

이상한 계급, 중인

조선시대에 중인이라는 계급은 세계 어느 나라에도 없는 이상한 신분이었다. 지금으로 치면 의료(의사 · 약사), 법률(변호사), 산학(회계사), 외교(통역 · 번역사), 천문 · 과학(천문학자 · 과학자), 언론(기자), 미술(화가), 음악(음악가), 문학(서예가) 등의 직종에 종사하는 전문인이나 자유직 종사자, 그리고 군의 하급 장교나 하급 공무원인 셈인데, 양반들은 이들을 모두 천하게 여겨 중인이라 했다.

양반이란 얼간이들이, 자신들은 국가를 경영할 만한 경륜을 가진 특수한 계층인데 어찌 침이나 놓고 약이나 만들며 통역이나 하고 그림을 그리는 등 하찮은 일을 하는 천한 것들과 자리를 같이 할 수 있느냐고 시퍼렇게 호령하는 바람에 중인이 생긴 것이다. 조선에서 사람 구실을 하려면 허구한 날 사서삼경을 펴 놓고 달달 외우는 수밖에 없었다.

웃기는 것이 대부분의 중인 계층이 생긴 때가 조선초가 아니라 조일전쟁(임진왜란) 전후였다는 사실이다. 사회의 수요에 따라 새로 출현한 계층들이 더 이상 기어오르지 못하도록 신분의 한계를 정해 버린 것이다. 사실 사회적으로 가장 쓸모가 있던 이들 전문인 계층을 자신들과 같을 수 없다 하여 신분에 차별을 두기는 했으나, 그래도 뭘 좀 아는 것들을 상것이라고 하기는 좀 그렇고 해서 중인이라는 해괴망측한 이름을 만들어 차별한 것이다.

중인은 신분 계층이 서얼하고 좀 비슷한 데다 과거에는 응시할 수 없고 잡과에만 응시할 수 있었으며, 앞의 직업 말고도 지도 제작, 측량기사 등 특수 기술직에 봉직하는 사람들, 그리고 지방 관아에서 행정을 맡아보는 아전, 궁궐의 문지기, 군사의 조련과 경찰의 임무를 띤 하급 무관 등이 포함되었다. 하급 무관은 직무에 따라 나장과 사령으로 나뉘는데, 정식 무과에 합격하지 못한 부류들이었다. 이들은 양반이 될 수 없고 승진도 정3품 이하까지만 허용되었다. 또 특수한 경우가 아니면 일반 행정직이나 고위 관료가 될 수 없었고, 한양의 중간 지대에 집단 마을을 이루어 사는, 양반도 양인도 아닌 이상한 신분의 사람들이었다.

이들의 거주지는 주로 한양이었는데, 그 가운데에서도 잘 나가는 양반이 사는 북촌과 가난한 양반이 사는 남산 사이의 중간 지역인 청계천 일대였다. 이들이 대부분 한양에 살던 이유는 지방에는 이들을 위한 직책이나 자리가 없었기 때문이었다.

중인은 서얼보다는 신분차별이 적어 자신의 직분에 만족하는 편이었으며, 반드시 자손에게 기술을 전수하고 관직을 세습으로 계승했고, 나름대로 권익을 지키고 수입도 괜찮아 서얼이나 평민보다는 훨씬 윤택한 생활을 했다. 그러나 중인들도 그나마 자존심이 있어 자신들보다 아래 계층 사람들과는 혼인하지 않고 저희끼리 했으며, 주로 양반 서얼들과 교분을 나누었다.

18세기에 들어서면서 재물을 축적한 중인들이 양반 대우를 요구하기 시작했다. 정약용 같은 개혁 마인드를 가진 인물들은 "우리나라의 중인은 버린 자"라고 분개하며 그들의 관로를 열어 주라고 주장했으며, 결국 18세기 중엽이 지나면서 중인들도 지방 말단 수령에 등용되기 시작했다.

조선의 신분차별이 더러웠던 중인들은 평등을 교리로 하는 천주교에 끌려서, 천주교 신자들 중 높은 비율이 바로 중인, 천민, 여성 등 차별받는 계층이었다.

아니, 그 중인들이 지금은 다 어디 갔니? 중인 중 의원(의사)이나 변호사, 회계사, 동시통역사 등 지금 우리나라에서 잘 나가는 계층은 모두 당시의 중인이었을 테니, 겨우 100여 년 사이에 세상 참 변해도 많이 변했다.

양반의 관문 과거제도

과거제도는 10세기 중반 고려 광종(4대) 때 중국 후주의 쌍기가 들여온 것으로, 고려를 거쳐 조선조까지 인재 선발의 거의 유일한 통로였다. 동양에서도 중국과 한국에서만 시행되던 특수한 제도였으며, 제대로 된 양반이 되려면 과거에 합격해야만 했다. 물론 과거시험 잘 쳤다고 해서 인간성이 남보다 낫거나, 치리를 잘하거나, 학문이 대단히 뛰어난 것은 아니지만, 그래도 수많은 인재가 과거를 통해 세상에 나왔다. 과거를 통하지 않고도 집안이 좋으면 음직이나 음보를 얻는 등 조상의 덕으로 출세하는 경우도 있었다.

과거제도는 조선 후기에 들어서면서 썩기 시작해 문벌가의 자식이 아니면 급제할 수 없었고, 조정의 권력을 쥔 당파에 속해 있지 않으면 급제는 남의 일이었으며, 급제를 해도 돈을 지르지 않으면 관직을 얻을 수 없었다. 거기다 지역차별까지 겹쳐 과거는 그저 몇 놈 집안의 애새끼들 키우는 제도로 추락해 버렸다.

공부만 열심히 한다고 해서 과거에 합격하는 것도 아니었다. 과거 준비는 어렸을 때부터 해야 하는데, 20~30년간 준비하려면 상당한 자본을 투자해야 하기 때문에 돈 없는 평민들에게는 그저 그림의 떡이었다. 게다가 서얼의 자손이나 개가한 여자의 자손, 그리고 역모죄를 범한 죄인의 자손(억울하게 역모에 엮여 죽은 이의 자손은 엄청 억울했다), 뇌물을 받아먹고 형을 받은 이의 자손 등은 응시가 불가능했다.

과거는 소과와 대과로 나뉘는데, 소과는 과목별로 생원시와 진사시가 있었다. 생원시는 사서삼경을 검증하는 것이고, 진사시는 문장 실력을 검증하는 시험이었다. 소과는 1차인 초시와 2차인 복시 등 두 번의 시험이 있었는데, 두 번 다 합격해야 생원이나 진사란 호칭을 받았다. 생원과 진사는 매년 각 100명씩 모두 200명을 뽑았다. 관로에 나가지 못하더라도 생원이나 진사가 되면 시골 동네에서는 양반으로 대접받고 큰소리치며 살 수 있었다. 물론 군대도 안 가고.

소과에 급제하면 성균관 유생이 되거나 대과를 치를 자격이 주어졌다. 대과가 바로 우리가 보통 과거라고 얘기하는 시험이다. 대과는 1차, 2차, 3차 시험으로 이루어지는데, 1차는 면접이고, 2차는 문장 시험이었다. 이 두 관문을 통과하면 33명이 남는데, 이것이 바로 1회 과거에 합격하는 숫자다. 3차 시험은 33명의 등수를 가리는 시험이기에 숫자에 변동은 없었다. 식년시는 3년에 한 번 실시되기 때문에 1년에 11명의 급제자가 나온다는 스토리다. 당시 과거에 비하면 지금 고시는 애들 장난이고, 대과를 20대에 급제하면 천재에 속한다.

식년시에서 장원급제를 하면 바로 종6품에 제수되고, 그냥 합격하면 최말단인 종9품으로 관료 생활을 시작한다. 종9품에서 종6품까지 걸리는 시간이 7년이나 되므로 3차 시험은 모두 죽자 살자 보게 된다. 대개 3차 시험 문제는 국가의 중요한 현안에 대한 대책을 제시하는 것이었다. 요새(2008년)로 말하자면 시험 문제가 미국 쇠고기 수입 문제와 광우병에 대한 대책 정도 되겠다.

이렇게 어려운 과거 시험에 이율곡은 아홉 번 응시해서 아홉 번 모두 장원급제해 '구도장원공'이라 불렸으니 천재임에는 틀림없었다. 하지만 고집불통에다 마음이 여유롭지 못해 학문적으로는 존경을 받았으나 인간적으로는 그저 그런 인물이었다. 머리가 좋으면 원래 다 그런가?

조선 후기에 들어서면서부터 과거 시험장이 아수라장이 되기 시작했다. 소과 시험장에 몰리는 인원이 10만 명을 웃돌게 된 것이다. 수험생을 통제하는 일이 불가능해지면서 과거제도가 완전히 타락해 권세가의 자식들은 사전에 미리 짜고 쳐서 시험문제 유출은 기본이고, 과거장에서도 대리시험, 협서(책을 가지고 들어와 시험치는 것), 커닝, 단체로 답안 만들기 등이 판을 쳤다. 진짜 백 좋은 놈들은 과거장에 나가지도 않고 집구석에 앉아서 남이 대신 작성한 시험지를 내고 급제했다. 이 정도이다 보니 과거를 볼 때 아무리 실력이 있어도 뭘 모르고 혼자 달랑 들어가 답을 써서 제출하면 백발백중 낙방이었다. 실력은 있었지만 과거를 볼 때마다 차비만 없앤 홍경래 봐라. 오죽 열받았으면 나중에 반란을 일으켰을까?

과거장에 들어갈 때는 답안지 쓰는 놈, 글씨 대신 써 줄 놈, 답안지 작성하면 먼저 밀치고 뛰어나가 제출해야 되느니만큼 한 덩치 하는 놈 등을 골고루 고용해 팀워크를 잘 짜야 했다. 과거에 합격하는 것은 실력이 아니라 결국 돈과 팀워크였다. 더구나 문제를 나누어 주는 것이 아니고 커다란 판에 써 붙여 놓기 때문에 애초에 눈 나쁜 놈들은 집에서 쉬어야 하고, 눈 좋은 놈들도 앞쪽에 자리를 잡지 못하면 시험 문제가 보이지도 않았다. 과거장에 들어가 앞자리를 선점하는 게 큰일이 되자, 밀치고 들어가기 위해 체력이 시원치 않은 수험생은 덩치 크고 힘 좋으며 발 빠른 놈을 고용해야 했다. 그렇게 앞자리를 차지하려고 서로 밀치다 갈비뼈가 부러지는 놈들도 간혹 있었다. 게다가 시험 중간 중간에 김밥이나 막걸리, 마른오징어 등을 파는 장사꾼들이 돌아다닐 정도여서 과거장은 말 그대로 완전 개판이었다.

답안지를 다 작성한 후에 가져다 내는 것도 보통 일이 아니었다. 10만 명 중 절반만 답을 썼다 치더라도 답안지가 5만 장이 된다. 합격자를 하루만에 발표하도록 되어 있기 때문에 5만 장을 일일이 검토해 합격자를 고른다는 것은 어불성설이었다. 결국 먼저 낸 몇 백 명의 답안지를 보고 합격자를 정하는 것이 관례였다. 그러니 답안지를 다 쓴 다음에도 먼저 제출하기 위해 또 한 번 난장판이 되곤 했다. 이런 도떼기시장 같은 곳에서 양반이 생기고 관료가 출현하며 지방 수령이 임명되니, 나라가 제대로 돌아가면 오히려 이상한 일이었다.

18세기 후반에 박지원이 과거에 합격한 이웃사람에게 보낸 축하 편지를 보자.

> 흔히 요행을 말할 때 '만에 하나'라고들 하지요. 어제 과거에 응시한 사람이 수만 명이 넘었는데 이름을 불린 사람이 겨우 20명에 지나지 않았으니, 만분의 일이라고 할 만합니다.
>
> 문에 들어설 때 서로 짓밟아서 죽고 다치는 자를 셀 수 없고, 형과 아우가 서로 부르고 찾아다니다 만나면 마치 다시 살아 돌아온 사람을 만난 것처럼 손을 잡습니다. 그러니 죽어 나간 사람이 '열에 아홉'이라고 할 만합니다. 이제 그대는 열에 아홉의 죽음을 면하고 만에 하나의 이름을 얻었습니다. 나는 만분의 일에 영예롭게 뽑힌 것을 축하하는 것이 아니라, 열에 아홉이 죽는 위태로운 과장에 다시 들어가지 않게 된 것을 기쁘게 생각합니다.

정조(22대) 24년 과거 때는 응시자가 10만 명이 넘었고, 실제로 압사 사고가 난 적도 있었다. 연암 같은 고고한 학자가 그런 거지 같은 흙탕물에 발을 담글 리가 없었던 것이다.

이런 판에 시험관이라는 놈들은 저희끼리 짜서 급제할 놈을 미리 정해 놓거나 뇌물을 받아 챙긴 놈들만 찍어 두고 채점을 하니, 줄이 없으면 과거를 수십 년 준비해 봤자 그냥 황이었다. 더구나 지방 출신은 백이 없으면 괜히 한양까지 가는 차비만 없애는 형편이었다.

그런데 과거 때만 되면 주가가 올라가는 인간들이 있었다. 바로 대리시험을 쳐 주는 이들이었다. 그 중에 특히 유명했던 인물이 유광억인데, 그는 전국적으로 유명한 대리시험꾼이었다.

하루는 경상도에서 향시가 실시되었는데, 경시관이 감독을 하러 과거장에 들어가기 전 관찰사에게 "영남에서 글재주가 가장 뛰어난 자가 누구냐?"고 물었다. 관찰사가 웃으며 유광억이라고 대답하자, 경시관은 자기가 유광억이 대리시험을 치른 시험지를 찾아내겠다고 장담하며 내기를 걸었다. 경시관은 시험장에 들어가 답안지를 받은 후 뛰어난 시문을 보고 감탄해 장원으로 뽑았다. 그런데 답안지에는 유광억의 이름이 없으니 실제로 누가 썼는지 알아낼 방법이 없었다. 경시관이 후에 은밀히 조사를 해 보니 자기가 뽑은 장원부터 3등까지의 답안지를 모조리 유광억이 써 준 것이었다.

열을 받은 경시관은 유광억을 잡아들이라는 명을 내렸다. 잡혀가면 처형될 것이라고 지레짐작한 유광억은 거나하게 한잔 걸친 뒤 강에 뛰어들어 자살하고 말았다. 유광억을 죽일 생각까지는 없던 경시관은 그가 자살했다는 소식을 듣자 매우 애석해했다.

유광억은 과거에 응시할 수 있는 신분은 아니었으나, 그가 글을 써 주면 모조리 급제할 만큼 글솜씨가 매우 뛰어났다. 유광억 또한 조선의 썩어빠진 신분제도에 희생된, 시대를 잘못 타고난 불운한 인물이었던 것이다.

과거제도는 19세기에 들어서면서 본격적으로 관직매매가 성행하게 되자 유명무실해졌고, 결국 19세기말에 폐지되고 말았다.

지역차별

앞에서 살펴본 대로 조선은 신분차별에서 개 같은 나라였다. 거기다 사람만 차별한 것이 아니라 지역까지도 차별했다.

이성계는 본인이 함경도 출신인데도 불구하고 왕이 된 뒤 서북 지방 사람은 등용하지 말라는 유훈을 남겼다. 그 바람에 평안도와 함경도 출신 중에서는 이후 300여 년 동안 높은 벼슬을 한 인물이 단 한 사람도 나오지 않았으며, 한양 사대부들도 서북 사람들과는 혼인을 기피하고 벗으로 사귀지도 않았다. 이러니 평안도나 함경도 사람이 자기네 조상이 양반이라고 우기면 거의 사기라고 봐도 되겠다.

조선시대 때 사대부는 거의 모두 경기도와 충청도, 경상도, 전라도 등 지금의 남한 지역에서만 나왔는데, 선조 때 정여립의 역모인 기축옥사가 벌어진 뒤에는 전라도 차별이 생겼고 영조 때 이인좌의 난 이후에는 경상도 차별이 생겨서 벼슬은 어차피 한양과 경기도, 충청도 사람들만 해먹었다.

벼슬길이 막힌 전라도 선비들은 과거 공부를 때려치우고 학문이나 예술에 몰입해 전라도가 예향으로 일컬어지게 되었다. 또 고려의 수도이던 개성은 반란군의 괴수 이성계에게 등을 돌린 고장으로 차별을 받자 상업에서 돌파구를 찾았다. 강화도와 제주도는 더욱 심했다. 섬사람들은 '섬놈' '뱃놈'이라고 불렸으며, 과거에 응시할 기회도 없을 뿐더러 설령 합격해도 실직을 주지 않았다.

제주도 사람 가운데서도 벼슬한 이는 거의 없었는데, 정조 때 김만덕이라는 여인이 장사로 큰돈을 벌어 빈민을 구제한 일이 있었다. 이를 신통히 여긴 조정에서 김만덕에게 소원을 묻자 육지에 나가 한양과 금강산을 구경하는 것이라고 대답해 이를 허락했을 정도이니, 당시 지역차별이 얼마나 심했는지 짐작할 수 있겠다.

이런 지역차별의 폐단 때문에 조일전쟁이 일어났을 때 서북지방에서는 나라를 위해 일어난 의병이 전무했을 뿐만 아니라, 선조(14대)가 의주로 도망칠 때는 돌을 던지고, 왕자 둘을 잡아 일본군에 넘기기도 했다. 조청전쟁(병자호란) 때 역시 이 지역 주민들은 의병 모집에 나가지 않았고, 청군이 내려올 때도 구경만 하고 있어서 청군이 겨우 닷새 만에 압록강에서 한양까지 도달할 수 있었다. 서북지방 주민들은 스스로를 조선 백성이라고 생각하지 않았다. 그래서 금법을 어기거나 여진과 연합해 관군을 괴롭히거나 월경하여 도둑질을 해서 말썽을 부리는 등 조정을 배반하는 사례가 허다했다. 결국 순조(23대) 때 서북 사람들은 홍경래의 주도로 난을 일으키게 된다. 이런 개 같은 신분차별, 지역차별은 조선초부터 멸망할 때까지 장장 500년에 걸쳐 내려왔던 것이다.

조선 관리의 봉급

관리 및 지방 수령의 탐학과 수탈은 조선시대 내내 큰 문제가 되었다. 그들이 받는 봉급이 도대체 얼마나 되기에 그것으로 생활하지 못하고 탐학과 수탈을 일삼았을까?

조선 관리들은 연봉을 두세 차례에 걸쳐 곡식으로 받았는데, 현재 서강대 근처의 와우산 자락에 있는 광흥창에서 수령했다. 봉급은 총 18등급으로 구분되어 있었다. 제1호봉은 왕의 아들인 대군과 최고위직인 정승의 연봉이었는데, 쌀 100석과 옷감 32필이었다. 나라의 최고 관리 연봉이 그저 한 식구가 1년간 편히 먹고 살 정도였던 것이다.

사서에 보면 청백리들이 비가 오면 지붕이 새서 방 안에서 우산을 쓰고 앉아 있다든가, 죽은 뒤 장사 지낼 비용이 없어 친구들이 돈을 모아 주었다든가, 혹은 죽은 다음 남은 것이라고는 해진 짚자리뿐이었다든가 하는 기록이 간혹 있다. 유산으로 받은 재산이 없거나 공신이 되어 과전을 받은 것이 없는 고위 관리가 양심적으로 녹봉으로만 살 경우 이런 기록은 모두 사실이었다. 제18호봉인 종9품 말단 공무원은 연간 쌀 14석과 옷감 4필이 전부였으니, 식구가 많은 집에서는 입에 풀칠하기도 힘들었다. 이러니 지방 수령들이 백성들을 쥐어짤 수밖에 없었고, 정승이 되어서도 장리를 놓는다든가 하면서 재산을 늘리기에 급급했던 것이다.

독자들도 다 아시는 성춘향의 애인 이몽룡이 읊은 시구를 같이 감상하면서 수탈의 현장을 가보자.

> 금동이의 좋은 술은 천 사람의 피요, 옥반의 맛있는 안주는 만백성의 기름이라. 촛농 떨어질 때 백성의 눈물 떨어지고, 노랫소리 높은 곳에 원망 소리 높도다.

더 안 봐도 아시겠지? 조선의 관료제도는 아전제도와 마찬가지로 구조적으로 탐학이나 수탈을 하도록 제도화되어 있었던 것이다.

억울한 아전

조선의 관료제도 중 정말 한심한 제도가 행정 말단에서 직접 백성과 부딪치는 아전에 대한 처우 문제이다. 향리(아전)는 고려때부터 있었으나, 고려의 향리와 조선의 아전은 조금 다르다. 고려의 향리는 일종의 토호로서 중앙 정부에서 관리를 파견하지 못하는 지방의 실질적인 실력자이자 조정으로부터 녹봉을 받는 관리였다. 그러나 조선이 개국한 뒤로 향리를 억압하면서 녹봉 지급을 중단해 버렸다. 결국 향리는 녹봉은 받지 못한 채 국역만 남아 관료도 아니고 백성도 아닌, 이상한 중인층을 형성하게 되었다.

조선에서 관료는 양반층으로만 한정되었다. 즉 과거를 보아 급제를 하든가 조상 중에 높은 양반이 있든가 둘 중 하나여야만 관료가 될 수 있었다. 그래서 아전은 절대로 관료가 될 수 없었다. 이렇게 행정 사역인으로 전락한 향리에게 녹봉을 지급하지 않으면서 일만 시켰으니, 그들은 백성들의 등을 쳐 먹고살 수밖에 없었던 것이다.

다산 정약용의《목민심서》의 기록을 보자.

> 백성은 토지로 생업을 삼지만 아전은 백성으로 생업을 삼는다. 아전은 백성의 껍질을 벗기고 골수를 긁어내는 것을 농사짓는 일로 여기고, 머릿수를 모으고 마구 거두어들이는 것을 수확하는 일로 삼는다. 이런 습성이 이루어져 당연한 짓으로 여기게 되었으니, 아전을 단속하지 않고 백성을 다스릴 수 있는 자는 없을 것이다.

이렇듯 혹독한 비판을 받는 아전들은 정말 흡혈귀들이었을까?

정책의 구조적 모순은 정치를 맡아 하는 왕이나 권력을 쥐고 있는 양반들이 만들어 낸 것이다. 아전들은 단지 중앙에서 내려오는 지침을 수행하면서 약간의 개인적인 이익을 붙여 그 정책을 시행할 뿐이었다.

이렇듯 아전의 재량이나 수탈이 한정된 것임에도 불구하고 모든 비난은 말단 행정의 끝에 있는 아전에게 집중되었다. 사실 이는 양반들이 먹을 욕을 아전들에게 전가한 것이나 다름없었다.

아전에 대해 정약용과는 다른 의견을 개진한 조선 후기의 선교사 힐버트의 관점을 살펴보자.

> 한국인들이 그토록 심한 압박과 실의 속에 살면서도 정치 제도만은 수세기 동안 결속시켜 올 수 있었던 것은 오로지 아전제도 덕분이다. 국가를 커다란 선박에 비유하면 아전은 닻과 같아서, 주기적으로 밀려왔다 밀려나감으로써 배를 난파시키는 험한 조류로부터 국가라고 하는 대선박을 붙잡아 두는 역할을 하는 것이다.

아전들은 이러한 부패 구조의 중간에 위치해 있으면서 착취하는 양반들과 착취당하는 백성들이 직접 충돌하는 것을 막는 완충장치 역할을 했던 것이다. 물론 그러면서 먹고살기 위해 일부 재물을 빼돌릴 수밖에 없었으나, 어디까지나 근본적인 원인은 모순된 제도를 입안한 양반들이지 아전이 아니었다. 아, 아전은 정말 억울하다.

피 튀기는 당쟁

선조(14대) 4년 당시 영의정이던 이준경은 이이를 중심으로 붕당의 조짐이 있자 죽음에 앞서 유차(유서)를 올렸다. 이준경이 유차를 올려 붕당의 폐해를 고하고 이를 방비하라 하자, 율곡은 붕당이 있을 리 없고 이는 임금과 신하 사이를 갈라놓는 일이라고 이준경을 비판했다. 몇 년 후에 이준경의 예언은 들어맞아 죽은 지 4년만에 을해분당으로 동인과 서인이 나뉘자, 율곡은 이준경을 비판한 일을 부끄럽게 여겨 동서분쟁을 조정하기 위해 진력했으나, 결과는 영 신통치 않았다.

조선의 붕당정치는 16세기 후반 선조(14대) 때 처음 동인당이 결성되면서 18세기 말까지 200여 년간에 걸쳐 이루어졌다. 조선 역사의 거의 절반이 당쟁으로 얼룩졌던 것이다.

선조(14대) 7년인 1574년 오건이 이황의 문인인 김효원을 이조전랑에 추천하자 이조참의이자 명종의 왕비인 인순왕후의 동생 심의겸이 이를 반대했다. 김효원이 사림이지만 간신 윤원형의 문객이었다는 것이 그 이유였다. 그러나 결국 김효원은 조정기의 추천으로 이조전랑이 되었다.

다음 해 김효원은 심의겸의 동생 심충겸이 이조전랑으로 추천되자 이를 반대하고 이발을 추천했다. 이를 계기로 김효원과 심의겸의 반목이 심해져 사림계는 동인과 서인으로 나뉘어졌다. 김효원의 집이 서울의 동부인 건천동에 있었기 때문에 동인이라 했고, 심의겸은 서부인 정릉방에 살았으므로 서인이라 했다. 망국의 당쟁이 시작된 것이다.

서로 척을 져서 그렇지 김효원이나 심의겸은 둘 다 괜찮은 인물들이었다. 그러나 시간이 갈수록 동인과 서인 사이에 사사건건 충돌과 갈등이 생겨 누적되면서 서로 용납할 수 없는 지경이 되었을 때 정쟁 최대의 참사인 기축옥사가 일어났고, 이후 당파 싸움은 차원이 달라져 죽고 죽이는 불구대천지원수의 관계가 된다.

조선 중기가 지나면서 파당으로 나뉜 사대부들은 당파가 다르면 상대는 무조건 소인이자 역적이 되었으며, 당파가 같아야 군자이자 충신이었다. 요새 교회가 빽하면 두 쪽으로 쪼개져 상대는 무조건 사탄이고 우리만 성령의 은총 속에 있다고 서로 우기는 무지한 논리와 매우 비슷하다.

선조(14대) 때 일어난 기축옥사 이후에 동인 세력은 다시 두 세력으로 분화되었다. 동인 가운데 이황의 문인을 남인, 조식의 문인을 북인이라 불렀다.

남인들은 기축옥사 후 서인 정권에 참여했고, 북인들은 그들을 정치적 동지로 보지 않은 의견 차이 때문에 남인, 북인으로 갈린 것이다. 온건한 남인들은 유성룡과 우성전을 추종했고, 강경한 북인들은 이발과 이산해를 추종했다. 이후 홍여순이 대사헌으로 천거되자 당시 전랑으로 있던 남이공이 이를 반대하면서 북인들은 다시 대북과 소북으로 분열되었다.

이러한 당쟁을 지금의 정당정치에 비교하는 사람도 있고, 일제의 식민사관이라고 목소리를 높이는 사람들도 제법 되는데, 안됐지만 뭘 몰라도 한참 모르는 소리다.

초장에 당파는 같은 학파나 지연, 혈연으로 뭉쳐 있어서 지금의 정당정치 상황과 큰 차이가 없었고 참신한 느낌도 없지 않았으나, 시간이 갈수록 집단이기주의가 가세하고 파당간 권력욕이 증폭되면서 점차 불구대천지원수의 지경에 도달했다. 무조건 상대를 모함해서 죽여야 내가 사는 그런 살벌한 살얼음판이 된 것이다. 원래 왕권이 강력하면 당파의 힘은 별 볼일이 없는데, 조선 중기를 지나면서 왕권이 약화되고 신권이 왕권을 압도하게 되자 사대부란 것들이 저희들끼리 피 튀기는 권력 싸움을 벌인 것이 당쟁이다.

당파 싸움을 일으킨 자들은 나라나 백성의 이익과는 전혀 관계없이 당파와 제 문중 그리고 자신의 이익만 우선했으며, 그들에게 상대 당은 무조건 철천지 원수였다. 그 철천지 원수를 제거하기 위해 공작과 모함을 일삼고 역모를 조작하여 수많은 아까운 인재들이 당쟁의 와중에서 희생되었다.

그들은 같은 마을에 살아도 생전 왕래를 하지 않고 고개를 돌리고 살았으며, 상대의 집안에 혼사가 있으면 헐뜯기 바빴고, 옷도 서로 달리 입었다. 심지어 언동도 달랐고, 제사 형식도 달랐다고 한다. 서로 소인, 역적이라고 모함하여 씨를 말리려 들었으니, 참으로 개 같은 경우고 개 같은 인간들이었다.

당사자들뿐만 아니라 그들의 자손들까지도 대대로 원수가 되어 더러는 서로 죽이기까지 했다. 이때부터 우리 민족의 치유되지 않는, 가장 큰 문제점인 모래알 유전자가 생기기 시작한 것이다.

당파 싸움은 선조(14대) 때부터 시작되었으나 싸가지 없는 선조는 당파 싸움을 없애려 하지 않고 잔머리를 굴려 당파 싸움을 조장하고 싸움에 편승하므로써 왕권을 유지하려 했다. 하기야 그렇게라도 하지 않으면 선조 같은 인간을 누가 왕으로 봐줘야지. 선조는 조일전쟁이 터지자마자 조선 영토와 백성에 대한 미련을 딱 끊고 그냥 북으로 튄 데다, 명에 망명하게 해달라고 요동에 대신을 보내 수십 번을 빌게 했으니, 신하들이 볼 때 그 꼴이 임금 꼴이었겠는가. 개 꼴이 된 선조가 그나마 왕권을 유지한 방편이, 여러 차례의 헛 양위선언과 당파 싸움을 조장하여 어느 특정한 세력에 권력이 집중되지 않게 하므로써 자신의 위치를 지켜나간 것이었다.

선조(14대)가 죽고 15대 광해군이 즉위하자 광해군을 도왔던 북인들이 정치 전면에 나섰다가 서인에 의한 인조반정이 일어나 북인은 싹쓸이되고 서인들이 정권을 잡았다. 서인들의 세력이 너무 커지자 인조(16대)의 뒤를 이은 17대 효종은 남인 계열의 인물들을 등용하여 서인의 세력을 누를 생각이었으나 다수 서인의 기세에 소수의 남인들은 기를 못 폈다.

당시 서인의 영수가 송시열이었는데, 송시열은 문장에는 재주가 있었으나, 인물이 편협하고 고집불통으로 타협을 모르는 데다가, 고루한 주자학을 종교처럼 숭상하고 배타적 성격이 너무 강해서 현실 정치에서는 거의 쓸모가 없는 폐물이었다. 송시열은 쓸데없이 자기 주장이 너무 강해 학문적인 이견을 당쟁으로 비화시킨 인물로, 결국 당쟁의 와중에서 유배지를 전전하다가 사사된다.

18대 현종이 34세로 요절하자 19대 숙종이 14세로 즉위했다. 숙종(19대)은 서인을 배척하고 남인을 등용했으나 남인이 역모에 얽혀 실각하고 다시 서인들이 정권을 잡게 되었다(1680년 경신사화, 경신환국, 경신대출적).

당쟁의 와중에서 일어난 거의 대부분의 역모는 실제 있었던 일이 아니라 각 파당에서 상대방을 죽이기 위해서 조작한 정치공작이거나 모함이었다. 일부 임금은 이 사실을 번연히 알면서도 특정 파벌을 몰아내기 위한 방편으로 애매한 사람들을 죽여나갔다.

서인들이 음모와 모함으로 남인들을 모조리 엮어 죽이는 바람에 남인은 거의 재기불능이 되어버렸다. 서인의 거두 송시열은 어쨌든 제 편이라고 모함을 주도한 인간들을 변호했다. 이러한 송시열의 처신을 비난하는 젊은 소장층들이 소론이 되었고, 송시열의 처신을 지지하는 서인들은 대개 노장층으로 노론이라 불렸다(1682년 임술고변).

이후 당쟁에 희생이 된 사도세자의 죽음(1762년 임오화변)을 계기로 노론은 사도세자의 죽음에 동정적이던 시파와 잘 죽었다고 우긴 벽파로 또 갈라졌으며, 서인의 노론 벽파는 숙종(19대) 때부터 조선이 망할 때까지 거의 정권을 놓지 않았다. 하여간 놀고들 있다.

그 바람에 조선은 시대가 급변하는데도 개혁은커녕 밤낮으로 더러운 권력 싸움에서 헤어날 줄 몰랐으며, 개혁을 외면하는 바람에 열강의 침략을 받고 일제의 식민지로 전락하게 된 것이다. 노론 벽파는 조선이 일본에 합병된 뒤 대부분 친일파로 변신했다. 조선이 망한 책임은 첫째로 등신 같은 임금들이 져야 하나, 그 다음 책임을 따지자면 서인의 노론 일당이 져야 할 것이다.

실학자 이중환(《택리지》의 저자)은 당쟁이 치열했던 18세기 중반의 조선 사회를 가리켜 '시골까지 하나의 전쟁터였고, 지방사회는 물론 사대부가 거주하는 곳은 인심이 무너지지 않은 데가 없었다'라고 당쟁의 극심한 폐해를 지적했다. 오죽하면 '인간의 본성을 다 잃어서 구할 수 없는 상태'라고 못박았을 정도였을까. 근데 어느 인간이 잘 알지도 못하면서 당쟁이 일제의 식민사관이라고 헛소리를 했어?

당쟁의 온상, 서원과 향약

15세기 말인 성종(9대) 때부터 본격적으로 정계에 등장하기 시작한 사림파의 기반이었던 서원이란, 사설 교육기관이면서 유교의 맥통을 이은 중요한 인물들을 배향하는 장소를 말한다.

조선 중기 이후 서원은 사림파들의 중요한 사회적 기반으로서 성리학의 보급과 후진 양성이라는 학문적 기능을 담당했다. 그러나 조선 후기에 들어서면서 우후죽순처럼 늘어나 1,000개가 넘으면서 부패의 온상이 되고, 조세와 군역의 도피처로 변하는 바람에 대원군이 철폐령을 내려 47개 소만 남기도록 하고 모두 헐어버렸을 정도로 폐해가 컸다.

서원에도 등급이 있어 국가에서 인정을 받으면 토지, 서적, 노비 등을 지원받고 면세와 군역의 면제까지 혜택을 주었으니, 서로 경쟁적으로 서원을 세우고 국가의 승인을 받으려고 뇌물을 싸들고 다닐 정도였다. 사립학교인 서원이 우후죽순으로 생기다 보니 공립학교인 향교는 요새 공립학교 같이 되어버렸다. 각 지방의 서원은 사림파들의 중요한 지역적 기반으로서 사림파들은 서원과 향약을 통해 자신들의 지지기반을 확대하고, 향촌 사회에 성리학 이념을 전파시켜 나갔다.

조선의 첫 번째 서원은 16세기 중반인 중종(11대)대에 풍기 군수 주세붕에 의하여 경북 순흥면 백운동에 건립되었으며, 고려말 성리학을 도입한 유학자 안향을 배향했다. 사림파 중 벼슬에 나아가지 않은 인물, 벼슬 자리에 있다가 벼슬을 버리고 낙향한 인물 등은 서원을 기반으로 후학을 양성하거나 학문을 닦아 학맥을 쌓음으로써 여론과 정치에 영향을 미치거나 당파를 이루었다.

서원은 교육과 학문 연마라는 순기능을 가졌던 반면에 당쟁의 중심이 된 역기능도 가지고 있었다. 초창기에 사대부들은 학풍에 따라 패거리를 지었으나, 시간이 지나면서 학풍이 아니라 썩어빠진 자구에 매달려, 자구 해석에 따라 군자요 사문난적으로 서로 삿대질을 하기 시작했다. 급기야는 정권 쟁탈전이 시작되면서 상대 당파를 싸그리 죽여버려야 잠이 오는 불구대천지원수의 관계로 발전했던 것이다.

유교국가인 조선의 정수이자 양반, 사대부들인 사림파가 정권을 잡은 기간은 모두 250년 정도 되는데, 그들이 평생을 기울여 성취하고자 했던 유학의 유산이 지금 다 어디에 남아 있는가?

썩어빠진 사대부들이 벌인 당쟁의 와중에서 수많은 아까운 인재들이 억울하게 죽어가 조선의 국력은 모두 소진되었다. 살아남은 놈들도 생기는 것 하나 없이 이빨이나 까면서 아무 결론도 없는 공허한 논쟁만 계속하는 바람에 백성들의 삶은 점점 더 피폐해져갔던 것이다.

청나라가 개국한 지 200년이 지날 때까지도 조선은 조청전쟁(병자호란) 때 항복하면서 이마빡에 피가 맺히게 삼배구고두한 모욕을 잊어버렸다. 개뿔도 없는 주제에 청을 오랑캐라 업신여기고 멸망한 명에 대한 어리석은 향수 속에서 조선은 나태와 안일 그리고 쇄국의 두꺼운 껍질 속에 묻혀 들었다. 이렇게 우물 안 개구리로 남아 선진 문물과 동떨어지고 세계 변화의 흐름을 읽지 못해 낙후한 끝에 결국 남의 식민지로 전락된 것에 대해 그 잘난 양반, 사대부들은 대부분의 책임을 져야 할 것이다.

서원 말고도 사림파들이 지방에서 입지를 강화하는 데 기여한 것이 향약이다. 향약이란 시골에서 자체적으로 지켜나가야 할 도덕적인 약속에 해당한다. 사림파들은 이러한 향약의 시행과 함께 지방 양반의 명부인 향안을 만들고, 양반의 자치기구인 향회를 만들어 자기들의 이익을 대변하는 단체로 만들었다. 하물며 지방 수령들도 향회의 협조를 얻지 못하면 제대로 임무를 수행할 수 없을 정도였다. 이러다 보니 아무것도 아닌 것들이 양반이라고 목에 힘을 주고 다니면서 뻑하면 애매한 백성들을 잡아다가 패거나 사형을 가하는 일이 흔해, 서원의 폐해는 관가의 폐해보다 더하면 더했지 덜하지 않았다.

대책없는 조선의 기근

우리나라의 나물이 세계에서 종류가 가장 다양하고 요리 방법 역시 타의 추종을 불허한다는 것 잘 아시지? 뭐 조상 때부터 요리가 국풍이라도 되어서 그런 것이 아니라 대물린 가난의 유산 때문이다. 먹을 것이 없다 보니 들과 산에 나 있는 풀을 모조리 뜯어 먹어보고, 먹을 만한 것에 이렇게 저렇게 간을 해서 먹다 보니 나물 하나만큼은 세계 제일이 된 것이다. 기근이 심할 때는 흙도 퍼먹었다는데, 아쉽게도 흙 요리는 전승되지 않는다.

그러면 조선왕조 내내 계속된 백성들의 기근을 해결할 방도는 없었을까? 결론적으로 조선은 기근을 면할 수 없는 나라였다. 우리나라는 산이 많고 경작지가 적어 모든 경작지가 백성들에게 공평하게 돌아가야만 겨우 밥 먹는 데 애로가 없을 정도인데, 그 땅이 공평하게 나뉜 적이 한 번도 없었기 때문이다.

고려시대에는 대지주가 너무 많아 백성들이 갈아먹을 땅이 없었다. 또 조선시대에는 토지개혁을 시작했으나, 곧 공신전이다 궁방전이다 해서 퍼주는 바람에 토지개혁의 취지가 실종된 데다 부익부 빈익빈 현상이 심화되면서 역시 대지주가 우후죽순으로 생겨나 토지제도가 개판이 되어버렸다.

가뭄이 들어 먹을 것이 떨어진 백성들은 땅을 있는 놈들에게 싸게 팔아버리고, 양반집에 노비로 들어가든지 유랑민이 되든지

하는 수밖에 없었다.

지배층인 양반들이 솔선해서 검약하게 살아도 백성들이 밥을 먹을까 말까 하는 판국에, 조선 후기로 접어들면서는 부정부패와 수탈이 극심해지고 사치가 판을 쳐 대책이 없었다. 먹고살 만큼 토지를 가지고 있는 백성들도 기아에 허덕이기는 마찬가지였다.

조선시대 내내 가뭄과 홍수가 그치지 않았는데, 조선은 그에 대한 대비책이 전혀 없었다. 즉 거의 모든 논이 천수답이어서 비가 안 오면 그해 농사는 그냥 박살이 나고 말았다. 논이 강이나 냇물보다 한두 자만 높아도 물을 끌어들일 방도가 없어 등짐을 져서 물을 날라야 했으니, 경작지가 조금만 높이 있어도 그냥 하늘만 쳐다볼 수밖에 없었다. 물론 무논을 경작하지 않고 물이 덜 필요한 밭논을 경작할 수도 있었으나, 밭논은 무논에 비해 수확량이 3분의 1에도 미치지 못해 모조리 밭논으로 바꾸면 밥을 못 먹기는 마찬가지였다. 이렇게 가뭄이 들면 왕실에서는 비상대책반을 구성하고 바로 실행에 들어갔다. 상을 왕창 잘 차려 놓고 왕이 직접 하늘에 기도하는 기우제를 지내는 것이었다.

그러나 불행하게도 기우제를 지내서 비가 올 확률은 카지노에 가서 잭팟이 터질 확률하고 비슷했다. 그러다 보니 조선시대 내내 백성들은 기아에 신음할 수밖에 없었다. 이 문제가 해결된 것은 19세기말 개항 후 일본과 서양에서 양수기가 들어온 후였다.

2

조선의 개국과
조선의 왕들

사대부의 나라 조선

고려말이 되자 특권 세력인 권문세족의 횡포와 부패한 불교의 폐단으로 지방의 중소 지주들은 사라지고 백성들의 삶은 점점 피폐해졌다. 북방에서는 여진족이 국경을 넘어와 약탈을 해갔고, 서남해에서는 왜구의 침입이 끊이지 않았다.

당시 국제정세는 몽고족의 원나라가 쇠퇴하고, 한족의 명나라가 점점 세를 키우고 있을 때였다. 이에 따라 고려에서는 전통적인 친원파와 새로 부상한 친명파 간의 권력 다툼이 수면 위로 부상했다. 사대부들은 온건파와 강경파로 나뉘었고, 강경파는 왕조 교체를 주장했다. 온건파는 고려왕조를 존속시키면서 점진적인 개혁을 주장한 반면, 강경파는 고려왕조 타도만이 사회적 모순을 극복할 수 있다고 믿었다. 온건파에 속한 인물은 정몽주, 이색, 이숭인 등이었고, 강경 개혁파는 정도전, 조준, 남은 등이었다.

결국 온건파와 강경파간의 권력 쟁탈전에서 강경파가 득세함으로써 정도전 등은 공양왕(고려 34대) 3년에 공양왕을 폐위시키고 58세의 이성계를 왕으로 즉위시켜 조선조를 열었다. 이때가 1392년 7월 17일이었으며, 명나라가 개국한 지 24년만이었다. 조선은 개국하자마자 명에 대하여 극진하게 사대했고, 국시로는 성리학(주자학)을 채택했다.

조선은 고려조보다 신분차별이 더 극심하여 양반, 서얼, 중인, 상민, 노비, 천민 등으로 나누어 차별했다. 조선과 같은 악랄한 신분차별 제도는 세계에서 악명높은 인도의 카스트 제도가 형님으로 모실 정도였다.

조선의 문화는 세종(4대) 때 꽃을 피웠다. 우리나라, 아니 동양 역사상 가장 뛰어난 군주였던 세종은 한글을 창제했으며 과학기술과 화약무기를 발전시켰다. 뿐만 아니라 국토를 개발하여 현재 한국의 국경을 확정지었으며, 이로써 고려 때 약 600만 정도였던 인구가 1,000만 명 정도로 증가했다. 이러한 조선의 문화는 명나라에 사대하면서 얻었고, 태종(3대) 때부터 강력한 중앙집권체제를 유지함으로써 세종 이후의 왕들은 내치에만 진력하면 되었다. 고려조는 수많은 문화유산을 남겼으나, 조선조에서 남긴 문화유산은 한글과 당쟁뿐인 것 같다. 조선조 중후반기에는 유산은커녕 그 빌어먹을 죽고 죽이는 당파 싸움으로 세월을 다 보냈다.

조선은 개국부터 약 100여 년간 융성하다가 연산군(10대), 중종(11대) 대부터 쇠퇴를 시작했으며, 이후 400년이 더 지나 멸망할 때까지 다시 부강한 나라로 변신할 만한 극적인 계기는 단 한 번도 없었다. 조선은 그저 100년 내지 200년 정도 존속한 후 망해버렸어야 할 나라였으나, 중국의 속국이 되어 중국의 보호를 받으면서 쓸데없이 긴 세월을 연명했던 것이다.

조선은 연산군 때가 융성의 정점이었고, 이후 멍청한 왕들의 행진이 이어져 내리막길을 걷기 시작했다. 그나마 우리의 조선시대에 대한 자부심은 동양 역사상 가장 뛰어난 군주인 세종(4대)이 있었고, 우리가 세계에 내놓고 자랑할 수 있는 거의 유일한 유산이자 세계에서 가장 뛰어난 글인 한글을 만들었다는 것, 그리고 정조(22대)와 천재들의 시대가 조선이 망하기 전 회광반조와 같이 잠깐이나마 찬란했다는 것에서 찾을 수 있겠다.

고려와 조선왕조는 세계 역사상 드물게 각각 500년 정도의 긴 수명을 누린 왕조였다. 그 이유는 역대로 중국에 사대했기 때문이었는데, 원, 명, 청의 우산 밑에서 편안하게 지내다 보니 국가적인 경쟁 상대가 없어서 오랜 기간 존속할 수 있었다. 대신 개혁 마인드가 크게 요구되지 않았고, 진취적인 기풍이 사라져 나라는 부패한 채 무기력하고 느슨하게 쇠퇴의 길을 걸었다. 당시 고려나 특히 조선 중기 이후의 정치체제와 무능한 왕들의 통치시대에 만약 유럽과 같이 치열한 경쟁 상대국들이 주변에 있었으면 조선은 나머지 존속 기간의 반도 못 채우고 멸망했을 것이다.

고려는 중국의 정세 변화에 따라 중국 연호를 여섯 가지나 가져다 썼고, 100년의 무인시대를 거친 후 100년 가까이 몽골 식민지 경험을 했다. 어떤 무식한 인간은 고려가 자체 연호를 쓴 적이 있으니 황제국이었다고 주접을 떠는데, 고려가 자체 연호를 쓴 때는 중국의 당이 망한 후 오대십국시대가 되어서, 연호를 갖다 쓸 마땅한 나라가 없었기 때문이었다. 당시 중국의 고만고만한 나라들이 몇 년 혹은 몇십 년 만에 섰다간 망하곤 하여, 어느 특정한 나라를 상국으로 모시는 데 애로가 있었기 때문이었던 것이다.

조선의 경우는, 주변 나라 중 명에 지극하게 사대한 나라로 조선의 반도 따라갈 나라가 없었다. 이렇게 나라 밖을 걱정할 일이 없다 보니 모조리 나태해져서 무능하고 멍청한 왕들이 줄을 이었고, 사대부들은 권력싸움에 눈이 멀어 서로를 모함하여 죽이고 죽는 사생결단의 당쟁에서 헤어나지 못했다. 백성들은 국가에 대한 애국심이나 주인의식이 전혀 없었는데도 불구하고 한심하게나마 500년의 수명을 끌고 갈 수 있었던 것이다.

당시 사대부들은 백성들이 자신들을 경제적으로 부양하고 노동력이나 제공하는 객체로 인식하고 있었다. 그러니 조정과 사대부들에게 조세와 부역을 바치면서 수탈에 시달리며 배를 곯고 사는 백성들에게서 애국심이란 애초부터 기대할 수 없었다. 이렇게 무능한 통치 계층과 애국심이라고는 쥐뿔도 없는 백성들이 조선이라는 나라를 떠받치고 있었으니, 조일전쟁(임진왜란), 조청전쟁(병자호란) 등 전쟁만 나면 모조리 도망칠 궁리만 했지 한 놈도 목숨 바쳐 싸우겠다는 놈이 없어, 붙기만 하면 깨졌던 것이다.

조선은 성리학이 국시였으며, 정체의 특징은 왕권과 신권 그리고 대간의 언권 등 3권이 분리된 체제였는데, 중기에 들어서면서 신권이 왕권을 압도하기 시작했다. 어쨌든 조선은 사대부의 나라로 조선시대 하면 선비시대, 양반시대를 의미했다.

민심을 얻는 조커 카드, 토지개혁

조선은 개국하자마자 토지개혁을 실시했다. 쿠데타를 일으켜 정권을 잡은 이성계가 어제까지 장군이었다가 오늘부터 전하가 되자, 재들이 뭐하는 건가 하고 보고 있던 백성들에게 뭔가 줄 선물이 필요했던 것이다. 조선 조정은 토지개혁을 실시하여 나라의 모든 토지를 몰수한 후 개인의 소유권을 인정하지 않고 수조권만 인정했다. 즉 모든 토지를 국유로 해놓고 관리들에게 봉급 대신 땅을 나누어 준 다음, 그 땅에서 나오는 소출로 봉급을 대신했던 것이다. 관리가 면직되거나 사망하면 토지는 국가에 반납하도록 되어 있었으나 관리가 죽어도 반납하지 않는 바람에 조선의 토지개혁은 실패하고 만다.

고려말의 병폐가 토지제도의 문란에서 기인한 것을 간파한 정도전과 조준은 이색 같은 온건개혁파의 건의를 물리치고 대개혁을 실시했다. 정도전의 개혁안은 지금까지의 모든 지주의 권리를 무효화하여 토지를 국가가 몰수해서 공전으로 만든 다음, 다시 모든 백성들에게 나누어 주는 계구수전 방식의 토지개혁이었다. 말이 그렇지 비록 조선초의 일이었지만, 지금 생각하면 공산주의 혁명이 일어났어도 제대로 될지 말지 한 엄청난 사건이었다. 거의 모두 개인 소유였던 나라 전체 땅을 그대로 몰수한다는 일이 어디 보통 일이었겠는가?

정도전은 권문세가들의 격렬한, 사생결단의, 엄청난 반대에도 불구하고 기존의 모든 토지 문서를 도성 한복판에 쌓아놓은 후 불을 싸질렀는데 3일을 탔다고 한다. 이 방법 이외에는 새 왕조가 민심을 얻을 수 있는 방법이 딱히 없었던 것이다.

수백 년 폐단의 상징인 전적(토지대장)이 타오르면서 불기둥을 이루자 수많은 백성들이 연도에 뛰쳐나와 환호하며 기뻐했다. 이때 공양왕(고려 34대)이 토지 문서가 타는 것을 보고 눈물을 흘렸다는 기록이 있는데, 이는 공양왕 자신이 대지주였기 때문이었다. 이것이 공양왕 3년(1391년)에 실시된 과전법인데, 개국 후 태종(3대) 때에 공신들이 무더기로 양산되어 땅을 나누어 주는 바람에 벌써 토지 부족 현상이 발생하기 시작했다. 그 뒤로 계속 갈팡질팡하다가 조일전쟁이 터져 7년을 끌자 모든 제도가 엉망이 되어버렸다. 조정은 그 틈을 이용하여 관리들에게 토지를 나누어 주던 방식을 폐지하고 봉급제로 전환하게 된다.

조선 주민의 피와 여진족

우리 한민족의 본류는 한인(한반도인)과 고조선, 고구려 민족인 예맥족이나, 기타 가장 가까운 다른 핏줄이 바로 여진족(말갈족)이다. 우리 민족의 주류는 한인과 예맥족 그리고 여진인의 피가 혼혈되어 형성되었으며, 그외에도 거란, 선비, 오환, 몽골, 한족(중국인) 등 수많은 피가 수혈되었다. 이제부터라도 어디 가서 단일민족 소리 하지 마라. 무식하다 소리 듣는다.

여진인은 고구려 시대에도 주민을 이루는 중요한 종족이었고, 발해의 백성이었으며, 고려, 조선시대에도 북방 변경에서 같이 생활하던 민족이었다. 조선 왕실은 원래 여진족과 친밀했다. 이성계는 조상 대대로 동북면에서 여진족과 생활하면서 혼인도 같이 하는 등 여진족은 조선인들에게 경쟁과 협력의 대상이었으며, 여진족 추장의 하나인 퉁두란은 이성계와 의형제를 맺어 조선 건국의 일익을 담당했다.

이성계의 친척들은 대개 여진족이었고, 이성계의 조상도 여진족이라는 설이 있다. 사실 지금의 함경도와 평안도 사람들은 한인과 여진족의 혼혈이라고 보면 된다. 당시 동북면 조선 주민들이 쓰는 언어도 여진말과 매우 흡사했다.

여진족은 문수보살을 신앙하여 자주 문수법회를 열었고, 자신들을 문수의 제자로 자처했다. 여진인은 '문수'를 '만주'라고 발음했는데, 한자로 표기할 때는 문수와 구별하여 만주라고 하였다. 이때부터 만주라는 이름이 생겨났고, 만주인은 민족을 지칭하는 용어가 되었다.

조선의 군대와 수군

조선이 개국하여 각도의 군사를 점검하고 군적을 새로 만들었을 때 조선의 총병력은 8도의 군사가 보병, 기병을 합쳐 총 20만 명 정도였다. 15세기 초인 1403년이 되자 군사는 30만 명으로 늘어났다. 당시 인구가 그저 600만~700만 정도였는데, 30만이면 인구의 약 4~5퍼센트에 해당되는 대단한 병력이었다. 태조(1대), 태종(3대)이 모두 무인 출신이다 보니 이렇게 조선 초장에는 막강한 군대를 보유했던 것이다.

고려 후기에는 수군이 없었다. 충렬왕(고려 25대) 이후 왜구의 침공이 극심했을 때도 그들이 육지에 상륙하여 전투를 벌이지 않는 한 바다에서는 어찌할 수 없었던 것이 왜구가 기승을 부린 큰 이유였다. 그러나 원의 간섭을 벗어난 공민왕(고려 31대) 때부터 고려는 수군을 양성하기 시작하여 우왕(고려 32대) 때는 제법 수군의 틀이 잡혔고, 거기다 최무선의 화약무기가 개발되어 바다에서 왜구를 직접 격퇴할 수 있게 되자 왜구의 침공은 잠잠해졌다.

고려 군사들은 수군이 되는 것을 끔찍이 싫어했다. 배를 타는 자체가 고역인 데다가 왜구 때문에 언제나 전투에 임해야 했기 때문에 가장 위험했다. 거기다 수군은 군사로서 제대로 대접받지 못하고, 천역이라는 괄시까지 받았으니 수군이 형편없어질 수밖에 없었다.

조선은 수군의 사기 진작을 위해 만호는 3품 이상을, 천호, 백호는 각각 4품과 6품 이상의 무반직으로 임명했다. 그리고 조정에서는 수군에게 군량과 군수품을 넉넉히 지급하고 수군 양성에 힘을 쏟은 결과, 태조 6년에는 병선이 500여 척에 이르고 수군만 5만의 병력을 보유할 정도로 막강해졌다.

이후 태조(1대) 가 대대적으로 왜구를 토벌하자 왜구는 근거지를 거의 잃고 조선의 군세를 두려워하여 속속 내조를 청하기에 이르렀다. 태조는 군량미 확보에도 진력하여 20만의 군사가 3년 동안 먹을 수 있는 군량을 확보했다. 이성계가 원래 무인 출신인 데다가 용맹하여, 조선초에는 조선을 건드릴 나라가 명 빼놓고는 아무도 없었다. 이성계가 군비 하나는 확실히 챙겼던 것이다. 고려조에서는 거란족, 홍건족, 원 등의 수많은 외침이 있었으나, 조선조에서는 일본의 침공인 조일전쟁(임진왜란)과 청의 침공인 조청전쟁(병자호란) 등 두 번의 침공밖에 없었다.

조선의 왕들에 대한 평가와 얼뜨기들의 행진

태 · 정 · 태 · 세 · 문 · 단 · 세 · 예 · 성 · 연 · 중 · 인 · 명 · 선 · 광 · 인 · 효 · 현 · 숙 · 경 · 영 · 정 · 순 · 헌 · 철 · 고 · 순

필자가 중고교 다닐 때의 역사교육을 지금 생각하면 참으로 한심했다. 평생 한 번도 쓸 일이 없는 조선 왕의 순위를 도대체 왜 암기하라고 가르쳤을까? 거기다 밥값도 못한 멍청한 임금들이 줄을 섰는데, 왜 우리가 그런 멍청한 것들의 이름을 기억해야 했는지. 이처럼 가장 재미있는 역사를 연대와 인물 이름 암기로 세월을 다 보내는 바람에 당시에는 아무도 역사 과목을 좋아하지 않았다. 필자 또한 조선사를 저술하면서 평생 처음으로 옛날에 배운 조선 왕 순위의 기억을 떠올렸다.

조선 왕 27명 중 요절 내지는 단기 재위한 왕 7명 : 정종, 문종, 단종, 예종, 인종, 경종, 순종.

명군 2명 : 세종, 정조.

밥값을 한 왕 5명 : 광해군, 효종, 태종, 세조, 영조.

죽값을 한 왕 2명 : 성종, 숙종.

결국 명군 둘에다 밥값과 죽값 일곱을 제하고, 요절, 단기를 보탠 나머지 18명의 왕들은 얼뜨기, 멍청이, 소인배, 덜 떨어지고 모

자란 무능한 임금들이다. 그 중 대표적인 소인배는 조일전쟁 때의 선조(14대) 와 조청전쟁 때의 인조(16대)다.

조선이 재수없으려니까 왕조 500년간 외침으로 딱 두 번의 국가적인 위기를 맞았을 때 임금 노릇을 한 인간들이 조선 왕 중에서 가장 멍청한 데다 간교한 선조와 인조였다. 그 바람에 그 시기 백성들의 삶의 참혹함은 이루 말할 수 없었다.

사실 성종(9대) 과 숙종(19대)은 재위기간에 비하여 한 것이 너무 없어 빼버릴까 하다가 겨우 뒷좌석에 끼어 앉힌 것이다. 지금까지의 사서를 보면 어느 왕이 무엇을 했는지만 썼고, 몇 년을 재위했는지는 언급이 정확치 않아 평가에 애로가 많았다. 그러나 치적 전에 실제 중요한 것은 몇 년을 재위했는가다. 10년을 재위한 왕하고, 반세기를 재위한 왕의 치적을 평면적으로 비교할 수 없기 때문이다.

그냥 재미삼아 27대 왕들의 점수를 한 번 매겨 보자.

1등은 당연히 세종(4대)이고, 점수는 95점을 주자. 왕으로서 더 이상 잘할 수 없었으나 후계 문제를 소홀히 했다. 세종이 세상을 뜬 지 겨우 5년 후 둘째아들 세조가 왕위를 찬탈하고 왕실의 장손자인 단종을 죽였으며, 두 동생 안평대군과 금성대군을 죽였다.

2등은 정조(22대)다. 정조의 점수는 85점 정도다. 정조는 참으로 괜찮은 호학군주이자 개혁군주였으나, 개혁의 속도가 너무 느리고 과감하지 못해 기대 만큼의 성과가 없었다. 물론 노론 정국에다가, 정조 자신이 보수주의자였던 것이 그의 한계였다. 그 다음이 광해군(15대)을 꼽아야 할 것 같다. 인조반정에 성공하여 광해군을 내쫓은 서인들이 쓴 《광해군일기》는 대부분 소설이다. 광해군은 외치와 내치에서 아주 괜찮은 성과를 이룩했으나, 실정도 좀 있었다. 그의 점수는 75점쯤 된다.

다음이 태종(3대)과 효종(17대)으로 비슷할 것이다. 태종은 조선이라는 나라를 굳혔고, 세종을 낳았다. 그게 큰 업적이다. 효종은 무기력한 조선에 진취성을 불어넣은 몇 안 되는 임금이었으나, 명이 짧았다. 둘 다 70~75점쯤 된다. 다음 순서가 세조(7대), 영조(21대), 성종(9대), 숙종(19대) 순이 될 것이다. 이 인물들은 겨우 밥값이나 죽값은 했으니, 한 60~65점 정도다. 그리고 나머지는 모조리 깡통이다.

조선 27대 왕 중 전기의 절반인 14대 왕 가운데서 정상적인 과정을 거쳐 왕위에 오른 인물은 문종(5대), 단종(6대), 예종(8대), 연산군(10대) 등 4명뿐인데, 그 중 문종과 예종은 일찍 죽었고 단종과 연산군은 신하들에 의하여 왕위에서 쫓겨났다. 초대부터 14대까지 정상적인 절차로 국왕에 올라 통치를 한 인물이 단 한 명도 없었던 것이다.

보통 왕실에서는 세자가 9~12세 정도가 되면 혼인을 시켰다. 열 한 살에 자식을 보고, 스물 다섯 살에 할아버지가 되었던 예종 같은 임금도 있었다. 세자비는 또래거나 대개 몇 살이 많았다. 그런데 이런 꼬맹이들을 한방에 집어넣으니, 처음에는 뭘 모르다가 나중에는 가르쳐 주지 않아도 알게 된다. 이렇게 해서 세손이 태어나는데, 애들끼리 섹스해서 태어난 애가 정상일 리가 없다. 대개 미숙아일 수밖에 없는 것이다. 그래서 조선 왕 중에서도 장자가 별로 없고 똑똑한 장자는 더 드물다.

조선이 1392년에 개국하고 1910년에 망했으니, 존속 연대가 518년 정도인데(허수아비 대한제국을 포함해서), 그 중 중종(11

대), 선조(14대) 가 80년(명종을 끼워넣으면 100년), 숙종(19대), 영조(21대) 부자가 98년을 재위하여, 4명의 왕이 거의 200년 가까이 재위했다. 세상에, 명나라와 청나라의 존속 기간이 모두 250~260년 정도인 것을 보면, 200년 정도는 거의 한 왕조가 섰다가 멸망할 만한 기간이다. 그런데 조선이라는 나라에서는 합쳐서 거의 200년간이나 재위한 4 명의 왕 중 얼뜨기 중종, 소인배 선조, 죽값 겨우 한 숙종 빼면 영조가 51년이나 재위하면서 그나마 겨우 밥값을 했으니, 그 나라 되어가는 꼴은 안 봐도 감 잡을 것이다.

조선이 융성했던 시기는 개국 때부터 쿠데타로 연산군(10대)이 쫓겨나기까지 약 100년 정도였다. 얼뜨기 중종(11대)이 들어서면서부터 쇠퇴를 시작했고 마마보이 명종과 소인배 선조대를 거치면서, 그 기간 100년 동안 조선은 완전히 주저앉고 말았다. 그나마 조선이 처음 100년간 융성했던 것은 바로 제4대 왕, 그냥 잠깐 계시다 내려오신 정종(2대) 빼면 제3대 왕인 세종 덕분이었다.

대개 새로운 나라가 개국하면 그 나라의 흥망은 3~4대 왕 사이에 결정된다. 명나라의 3대 황제가 좀 잔인하긴 했지만 명조에서 가장 영명했던 영락제였고, 청나라의 경우는 4대 황제가 바로 청나라 황제 중 가장 뛰어났던 강희제였다. 조선에서도 다행히 4대째의 왕이 역사상 가장 영명했던 왕인 세종이었기 때문에 개국 후 100년간 유례없는 융성을 누렸던 것이다.

그러나 첫 번째 쿠데타로 중종(11대)이 들어서는 바람에 조선의 융성기는 거기서 끝났다. 만약 제4대 왕에 세종 대신에 얼뜨기 중종이 왕이 되었으면 조선은 아마 100년도 못 갔을 것이다.

두 번째 쿠데타는 더 어이가 없다. 멀쩡한 광해군(15대)이 일 좀 하려고 하는데 썩어빠진 관료 패거리들이 또 쿠데타를 일으켜 광해군을 내쫓았다. 그리고 무능하기로는 타의 추종을 불허하는 인조(16대)가 들어서면서 조선의 희망은 완전히 사라졌다.

한국은 박통의 쿠데타로 일어섰고, 조선은 두 번의 쿠데타로 망한 것이다. 정조(22대)대에 조선의 병세가 약간 회복되었으나, 골수에 미친 병을 치유하기에는 너무 약발이 약했다. 멸망 직전 대개혁가인 대원군 시대가 잠깐 있었으나 10년도 안 되는 짧은 기간인 데다가 이미 너무 늦어서, 그저 절벽에서 굴러 떨어지다가 중간에 돋아난 나무에 걸려 한숨 돌린 후 그냥 나락으로 추락하고 만 것과 마찬가지였다.

대원군의 쇄국정책으로 나라가 낙후되는 바람에 일본의 식민지로 전락했다는 헛소리를 조심해라. 대원군이 집권했던 시기는 10년도 안 되는 기간이었고, 비록 그 기간 동안 대원군이 쇄국정책을 폈으나, 조선 역사상 대원군 같은 대개혁가는 없었다. 조선은 정조(22대) 이후 안동 김씨 떼거리들의 썩은 세도정치와, 대원군 몰락 이후 민비의 후원을 등에 업은 민씨 떨거지들의 더 썩은 척족정치가 합해서 80년이나 되는 바람에 망한 것이다. 80년이면 절대로 짧은 세월이 아니다. 조선의 병을 충분히 치유할 수 있었던 기간이었다.

그런데 그 80년이 지나고 나니, 조선은 썩어도 너무 썩어서 하느님이 치세를 했어도 살릴 수 없었다. 좌우간 두 집구석이 싹싹 긁었는데, 궁궐 청소를 했다는 얘기가 아니고, 얼마나 긁어댔는지 전 조선의 백성들이 모조리 거지 새끼가 되었을 정도였다.

그러고 보니 조선이라는 나라가 존재의 이유를 가진 시기는 개국 초 100여 년과 광해군(15대)대에 약 10년, 효종(17대)대에 약 10년, 정조(22대)대에 약 20년, 대원군 대에 약 5~10년으로 모두 합쳐봐야 150년 정도였다. 나머지 350년이 무능, 반편, 얼뜨기 그리고 덜 떨어진 인간들의 치세였으니, 조선 백성들의 삶은 이루

말할 수 없이 참혹했던 것이다. 참으로 아이러니한 것은 명을 빼닮은 조선이 명이 멸망한 것과 같은 이유로 망했다는 사실이다. 명은 당쟁과 환관의 전횡 때문에 망했다.

3

제1대, 콩가루 집안의 태조 이성계와 소설 함흥차사

이성계의 등장

이성계는 1335년 고려 충숙왕(27대) 때 화령부에서 이자춘과 최씨 사이에서 태어났다. 그가 뛰어난 무장이고 용맹하였다는 데는 이의가 없으나, 《태조실록》에 나와 있는 대로 날 때 어땠고 학문이 어쩌고 하는 말들은 개국 후 조작한 헛소리들이다. 원에서 천호로 벼슬하던 이자춘의 뒤를 이어 동북면에서 가장 강력한 병사를 사병으로 기르고 있던 이성계는 이자춘이 고려에 귀부한 후, 젊고 장래가 촉망되는 무장으로 뜨기 시작했다.

고려말 왜구의 침공이 극성을 부릴 때 왜구들의 침공을 격퇴하여 명성을 쌓았고, 최영 밑에 있으면서 최영을 존경하고 따랐다. 이성계는 1356년 쌍성총관부를 수복하는 전투에서부터 1388년 위화도에서 회군할 때까지 30여 년간 전쟁터를 누비면서 단 한 번도 패한 적이 없다고 하니, 장수로서는 대단한 인물이었다. 전투마다 이기니 승진도 계속되어 1388년이 되자 부수상격인 수문하시중이 되었다.

1388년 5월 22일 이성계는 위화도에서 회군하여 개경을 공격, 4,000에 불과한 최영의 수비군을 격파하고 최영을 체포했다. 최영은 우왕(고려 32대)의 장인이자 군의 원로로서 청렴하기 짝이 없는 고려조의 충신이었으며, 이성계에게는 뒤를 돌보아 준 친아버지와 같은 인물이었다. 이성계에게 체포된 최영은 충주로 귀양 갔다가 곧 참살되었다. 배은망덕의 표본이었다.

이성계의 집안을 미화시킨 대표적인 소설이 세종(4대)이 만든 《용비어천가》다. 이 노래는 125장으로 구성되어 있는데, 초장에 이성계의 6대조를 '해동의 여섯 용'이라 표현하고 있다. 사실 그들은 모두 원나라에 빌붙어 벼슬을 해먹으면서 잘 처먹고 잘 산(일제 때의 골수 친일파와 같은) 군상들이었다. 더구나 반란을 일으켜 고려의 북쪽 땅을 들어 원에 바친 역적인 조휘의 집안과 대대로 사돈을 맺어 동북면에서는 빵빵하게 잘 나가는 집안이었다. 함경도의 군벌이었던 이성계 집안이 당시에 얼마나 잘 나갔는고 하니, 함경도 땅의 거의 3분의 1이 이성계 집안의 땅일 정도였다.

이성계는 왕위에 오르자마자 이름을 '단'으로 바꾸었다. 당시 법이, 왕의 이름이 들어간 글자나 발음을 하는 것은 큰 불경이어서, 이성계의 '성' 자나 '계' 자를 쓰거나 읽으면 안 되었다. 이러니 신하들과 백성들에게 주는 불편이 말도 못했다. 결국 이성계는 자주 쓰이지 않는 글자인 '아침 단' 자로 이름을 바꾸어 말의 불편을 줄여줄 수밖에 없었다.

이성계는 비가 둘이 있었는데 향처(시골 처) 한씨와 경처(한양처) 강씨였다. 향처인 한씨 소생으로는 방우, 방과, 방의, 방간, 방원, 방연 등 6남과 경신, 경선공주 등 딸 둘이 있었고, 경처 강씨 소생으로는 경순공주와 방번, 방석이 있었다.

향처 한씨는 건국 직전에 죽었다. 장남 방우는 제 아버지의 역성혁명을 찬성하지 않았으며, 아마 그 이유로 술을 폭음하다 요절했다. 둘째 방과가 바로 제1차 왕자의 난 이후 2대 왕으로 등극하여 2년 간 허수아비로 왕위에 있었던 공정대왕 정종(2대)이다. 3남인 방의도 벼슬이 관밀직사사에 이르렀는데 평소에 욕심이 없고 정치에는 별로 관심이 없었다. 4남 방간은 종4품인 군기시소윤을 지냈는데, 1차 왕자의 난 때 방원과 함께 난을 주도하여 일등공신이 되었으나, 애가 좀 무식하고 사리에 어두운 데다 욕심이 많아 2차 왕자의 난을 일으켰다가 실패하고 유배되었다.

5남 방원은 애들 중 가장 똑똑했으나 욕심이 많고 잔혹한 데다 야심이 큰 인물이었다. 결국 방원은 제1차 왕자의 난을 주도하고 다시 2차 왕자의 난에서 승리함으로써 아버지 이성계를 찬밥을 만들고 상왕으로 밀어낸 다음 제3대 태종이 된 인물이다. 6남 방연도 문과에 급제하여 고려조에 출사했었으나 병으로 개국 이전에 요절했다. 경처 강씨의 소생인 방번은 개국 당시 12살이었고, 방석은 11살짜리 꼬마였다. 이성계는 왕위에 오른 지 한 달만에 귀여워하던 막내아들 방석을 세자로 책봉했다.

이성계는 고려 왕실의 성인 왕씨들을 수만 명이나 죽인 잔인한 자였으나 그래도 별로 멍청한 구석은 없었는데, 왕이 되고 나서 결정적인 실수를 범했다. 세자를 적장자로 삼지 않고 막내인 방석을 귀엽다고 세자로 책봉한 것이다. 물론 사랑하는 강비가 매일 울며 짜며 졸랐고 정도전과 남은 등이 강력히 민 결과였지만, 태조로서는 첫째인 방과가 너무 나약해 보였고, 개국 때 공을 가장 많이 세운 방원은 너무 기가 세서 이를 경계하느라 방석을 세자로 책봉했을 것이다. 강씨의 소생 둘 중 큰 애인 방번은 경박하고 싸가지가 없어 탈락했다. 그러자 개국에 가장 공이 컸던 방원은 이때부터 모반을 준비하여 후에 왕자의 난을 일으켜 이복동생 둘을 죽이고 형 방과를 임시 왕으로 세워 잠시 비난을 피한 다음, 2년 후 선위받아 태종(3대)이 된다.

사실 이성계의 팔자는 기구했다. 이성계는 두 명의 비와 여덟 아들 그리고 세 딸을 두었으나, 두 아내와는 생전에 사별했고 여덟 아들 중 여섯이 제 명을 못 살고 죽었다. 자신도 개국한 후 정신없이 겨우 6년여 동안 왕노릇을 하다가 왕자의 난 이후 쫓겨나 완전 찬밥이 되었다. 1397년 사랑하던 처 강비가 죽은 후 귀여워하던 두 어린 자식과 사위가 아들에게 죽는, 자식들간에 죽이고 죽는 험한 꼴을 보면서 인생무상을 되뇌이다가 태종 8년(1408) 풍병으로 73세에 죽었다.

이성계가 그때 죽었기에 망정이지 좀더 오래 살았더라면 더 더러운 꼴을 볼 뻔했다. 태종 9년(1409) 이방원은 취현방(서울 정동)에 위치하던, 이성계가 그처럼 사랑했던 계모인 신덕왕후 강씨의 능을 파헤쳐 한양성 밖으로 보내 버리고 그 묘석을 파내어 성 안에 광교를 만들도록 하여, 뭇사람들이 밟고 지나다니게 했다. 이장된 신덕왕후의 능은 묘로 격하되었으며, 그것이 바로 정릉이다.

요동 정벌과 위화도 회군

명은 요동에 웅거하던 원의 유장 나하추를 항복시키고 나하추를 후원하던 북원 소제의 아우 탈고사첩목아를 달리박 부근에서 격파함으로써 요동으로 진출할 수 있었다. 요동을 차지한 명나라가 원래 철령 이북은 원의 땅이었으니 지금은 당연히 원을 격파한 자신들의 땅이라는 해괴한 논리를 내세워 철령 이북을 강점하려 했다. 놀란 고려 조정은 모든 루트를 통하여 명을 설득했으나 헛일이 되자 결국 우왕(고려 32대)은 요동 정벌을 결심했다. 요동 정벌의 명을 받은 이성계가 원정 도중 쿠데타를 일으켜 위화도에서 회군함으로써 고려가 멸망하게 된 것이다.

친원파의 거두인 간신 이인임의 횡포가 극에 달하자 최영과 이성계가 정변을 일으켜 이인임을 귀양보내고 염흥방과 임견미 등 일당 100여 명을 모조리 잡아 죽인 다음 군권을 양분했다. 최영과 이성계는 구세력과 신세력을 대표하는 양대 군벌이었는데, 최영이 이성계보다 스무 살쯤 많았다. 1387년 원의 잔재이자 요동의 군벌인 나하추의 항복을 받은 명에서 '철령 이북의 땅이 원래 원나라의 땅이었으니 이를 요동에 귀속시킨다'라는 조치를 알려왔다. 다른 것은 몰라도 국토를 떼어 달라는 요구는 어불성설이었다.

수차례 사신을 보내 빌고 별 짓을 다했으나 명은 요지부동이었다. 1388년 드디어 우왕은 최영과 이성계를 시켜 5만의 병력으로 요동을 정벌케 했다. 싸울 생각이 전혀 없었던 이성계가 네 가지 불가론을 내세우며 반대했으나, 최영이 강력히 주장하여 요동 정벌은 그대로 시행하게 되었다. 이성계가 반대하면서 내세운 네 가지 조건은, 첫째는 소로써 대를 거역함이요, 둘째는 여름철에 출군함이요, 셋째는 온 병력이 모두 요동 정벌에 나서면 왜구들이 침입할 우려가 있다는 것이요, 넷째는 더운 장마철이라 궁노가 풀리고 군중에 병이 돌 우려가 있다는 것이었다. 위의 네 가지 불가론을 살펴보면, 첫째 국토의 약 4분의 1을 그냥 먹겠다는데 무슨 빌어먹을 아래위가 있고, 둘째 당시는 음력 4월로 군의 여름철 원정이 불리하지만 당시 사정이 군을 움직이기 좋은 계절을 기다릴 수 없는 형편인 데다 상대방도 마찬가지였으며, 셋째 왜구들의 큰 침입은 이미 지나갔을 때였고, 넷째는 병력을 진발하는 데 싸움도 안해 보고 물러나자는 것이었으니 지나친 걱정이었다. 즉 이성계는 명을 상대로 애초부터 싸울 생각이 전혀 없어 헛소리를 한 것이었다. 그러면 애당초 빼버렸어야 했는데, 당시 고려에는 이성계만한 무장이 최영 빼고는 없었던 것이 문제였다.

당시 명은 북원을 상대로 싸움을 계속하고 있어서, 고려군이 요동을 친다 해도 전 국력을 동원할 수 있는 형편이 아니었다. 물론 고려의 요동 정벌군이 명에 승리하여 요동을 꼭 차지한다는 보장은 없었으나, 최영의 이 계획은 우리가 고구려의 옛 땅을 찾을 수 있는 마지막 기회였고, 명이 북원과 대치하고 있느니만큼 한번 해볼 만한 도박이었다. 군의 배치는 최영이 총사령관인 팔도도통사로 중군을 이끌었고, 이성계가 우군도통사, 조민수가 좌군도통사를 맡았다.

최영은 정벌군과 동행해야 했으나 당시 24세의 덜 똑똑한 우왕이 자기 곁을 못 떠나게 최영을 적극 만류함으로써 정벌군에 사령관이 부재했고, 그것이 위화도 회군을 가능하게 했다. 4월 20일 의주에 도착한 정벌군은 4월이 지나도록 의주에서 움직이지 않았다. 최영은 진군을 독촉했으나 원래 정벌을 원치 않았던 이성계는 사령관 최영이 오기를 기다린다는 핑계로 군을 움직이지 않았다. 이렇게 차일피일 하다 보니 여름에 들어서면서 비가 오기 시작했다. 강물이 많이 불어나고 사망자가 생기자 이성계는 회군을 요청했으나 조정에서는 계속 진군을 독촉했다. 비가 멎자 고려군은 압록강을 부교로 건너 강 속에 있는 위화도에 상륙했다. 거기서 또 시간을 끈 정벌군은 5월 13일 왕에게 상소를 올리고 그대로 철수하기 시작했다. 좌군도통사 조민수는 이성계의 설득에 넘어갔다. 드디어 이성계의 반란이 시작된 것이다.

이성계의 반란

1388년 5월 22일 이성계는 개경으로 회군하여 4,000에 불과한 최영의 수비군을 격파하고 최영을 체포했다. 최영은 남아 있는 수비군을 끌어모아 끝까지 저항했으나 중과부적이었다. 최영은 우왕의 장인이자 군의 원로로서 청렴한 인물이었으며, 이성계에게는 뒤를 돌보아 준 아버지와 같은 인물이었다. 이성계에게 체포된 최영은 충주로 귀양 갔다가 곧 참살되었다. 골수 친원파였다가 친명파로 돌아선 이성계는 명의 연호를 사용하고 명의 격식과 의관을 따르게 했으며 원의 제도를 일체 금했다. 전권을 쥔 이성계는 우왕을 강화도로 귀양보내고 우왕의 아들인 아홉 살짜리 창을 옹립하니 그가 제33대 창왕이다.

코너에 몰린 우왕은 최영의 측근들과 이성계 제거를 모의하다가 발각되어 강릉으로 유배되었다. 이성계는 창왕(고려 33대)을 폐위하고 강화로 내쫓은 다음 정창군 요를 옹립하니 이이가 마지막 왕인 제34대 공양왕이다. 이성계는 다시 정계 숙청에 나서서 이색과 아들 이종학을 파직하고, 정적인 조민수를 폐하여 서인으로 만들었으며, 사람을 보내 우왕과 창왕을 죽였다. 이때 우왕의 나이 25세였고 창왕의 나이는 겨우 10세였다.

이렇게 이성계가 전 왕들을 모두 참살하고 전권을 쥐자 이에 반발한 것이 정몽주였다. 정몽주는 이성계를 지지했었으나, 역성혁명에는 반대하여 이성계 일파를 제거하려는 의도를 갖게 되었다. 이성계는 문병온 정몽주를 아들 이방원을 시켜 회유하려 했으나 정몽주가 이를 거절하자 이방원은 조영규를 시켜 집으로 돌아가는 정몽주를 때려 죽여 버렸다. 결국 이성계 일파로부터 역적 누명을 쓴 정몽주는 거리에 수급이 효시되었으며 그의 집은 모두 적몰되었다.

이성계는 공양왕(고려 34대)을 재위 4년만에 폐위시키고 왕비와 함께 원주로 내쫓았다가 후에 살해했다. 공양왕은 재수가 더럽게 없는 인물이었다. 공양왕은 원래 왕같은 것은 할 생각이 전혀 없었는데, 중신들이 추천한 몇 명의 왕족 중에 후보로 들게 되었다. 후보들이 모두 시원치 않아서 누구로 왕을 시킬지 설왕설래하고 있는데 그 중에 한 명이 기찬 아이디어를 냈다. "이렇게 어영부영 시간을 보낼 게 아니라 화끈하게 제비를 뽑아 결정합시다."

거기서 당첨되어 왕위에 오른 사람이 공양왕이었다. 왕을 제비로 뽑은 경우는 공양왕이 전세계 역사상 최초였고, 빌어먹을 제비에 뽑히는 바람에 제 명에 못 살고 겨우 4년 동안 왕노릇을 해먹은 다음 이성계에게 죽임을 당했다. 이로써 고려는 34대 474년으로 수명을 다했다.

한양 천도와 왕씨의 멸절

고려가 망하자 개경 인심이 이성계에게 좋을 리가 없었다. 더구나 그들이 존경하던 정몽주나 최영 같은 충신들이 처형되는 것을 보면서 힘 없는 백성들도 속으로는 이성계를 엄청 씹었다. 그들은 만두 속에 들어가는 돼지고기를 '성계육'이라고 부르면서 다부지게 칼질을 하였고, 그들이 사용하는 뒷간을 '서각'이라 불렀다. 서각은 이성계의 집무실 명칭으로, 고려 백성들은 이성계가 집무하는 곳을 더럽고 냄새나는 곳으로 비유했던 것이다. 이러니 이성계가 개경에 정을 붙이고 살 수 없었다.

이성계는 개국한 지 2년 만인 1394년 정도전을 시켜 도읍을 한양으로 옮기도록 했다. 정도전은 도시를 용도에 따라 구획하고 대궐을 아주 도덕적으로 설계했으며 17km에 달하는 성벽을 쌓았다. 개경에 정이 떨어져 천도를 서둘던 태조(1대)는 궁궐의 초석이 채 놓이기도 전에 한양으로 천도했다. 그리고 개성에서 도읍을 한양으로 천도한 뒤부터 조선 조정에서는 개성 출신을 중앙에 등용하지 않았다. 그래서 개성의 선비들은 일찌감치 출세의 꿈을 접고 장사꾼이 될 수밖에 없었다.

이성계는 조선을 세우자마자 약 3만에 달하는 전국의 왕씨들을 모조리 검거하여 재산을 압수한 다음 강화도와 거제도로 옮기게 했다가 모조리 바닷속에 처넣어 죽였다. 그 후에도 남아 있는 왕씨들을 검거하여 섬으로 옮겨 준다고 배에 태우고 바다로 나간 뒤, 배 밑바닥에 구멍을 뚫어 모조리 수장시켜 버렸다. 극히 일부 살아남은 왕씨들은 성을 '전'씨나 '옥'씨 '신'씨 등으로 바꾸고 숨어 살았다.

두문동의 전설

이성계가 왕위에 오르자 그 꼴을 더 이상 볼 수 없어 보따리를 싼 고려조의 관료들과 학자들은 조정을 떠나거나 산으로 숨어들어 야인이 되어 살았다. 유명한 두문동 72현을 비롯하여, 수많은 벼슬아치들이 산에 올라 조회 때 쓰는 관을 벗어 소나무에 걸어놓고 패랭이로 바꾸어 쓴 후 전국으로 뿔뿔이 흩어졌으며, 뒷사람들은 그곳을 '부조현'이라 불렀다. 결국 이런저런 사유 때문에 이성계는 한양으로 천도할 수밖에 없었던 것이다. 두문동은 경기도 개풍의 광덕산 서쪽 기슭에 있었으며, 서두문동에서는 72인의 선비가, 동두문동에서는 48명의 무인이 자리를 잡고 2개의 큰 문을 세워 빗장을 닫아 걸고 세상과 연을 끊고 살았다 한다.

이성계는 두문동에 들어간 사람들을 설득하려 했으나 씨가 먹히지 않자 불을 싸질렀다. 그들이 뛰쳐나오면 벼슬을 주고 함께 새로운 세상을 도모하려 했던 것이다. 그러나 두문동 선비들은 하나도 뛰쳐나오지 않고 모조리 불에 타 죽었다고 전해진다. 두문동

동 72인 스토리와 정몽주의 선죽교 충절 스토리는 조선 말인 영조(21대) 때 만들어졌다. 고려 왕조가 망하면서 두문동에 들어갔다는 72인 중에는 이미 그 전에 죽은 자도 여럿 있었고, 또 조선 조정에서 벼슬한 자도 여럿 있어서, 두문동 전설은 반은 사실이고 반은 사실이 아니다. 고려의 충신 정몽주가 이성계의 역성혁명을 반대한 것은 사실이나, 정몽주가 죽은 직접적인 원인은 이성계와의 권력 쟁탈전에서 패배했기 때문이었다.

개국공신

개국한 다음 달인 8월 새 왕조 창건에 공을 세운 인물들 55명이 개국공신에 봉해졌다. 이때부터 세조(7대) 때까지 공신이 양산되어 훈구파를 형성하게 된다. 배극렴, 정도전, 남은, 조준, 이지란, 김사형, 이제, 이화, 정총, 장사길, 조인옥, 조박 등 17명이 1등 좌명공신에 봉해졌다. 공신으로 책봉되면 당사자의 팔자가 피는 것은 물론 후손들에게까지 자자손손 영화가 보장되었다. 벼슬이 몇 계단 뛰는 것은 기본이고, 과전 외에도 수백 결의 공신전과 수십에서 수백 명의 노비가 지급되어 당장 팔자가 달라지는 것이다. 건국할 때 이성계에게 가장 힘이 되어 준 복심은 일등공신으로 봉해진, 의형제이며 이지란으로 개명한 퉁두란이었다. 이지란은 여진족 출신으로 본 이름은 퉁고륜두란첩목아로 원나라의 금패천호로 있다가 고려에 귀순하여 이성계와 형제의 의를 맺고 그의 부하로 있던 자였다. 이성계는 경처 강씨의 오빠인 강순룡의 딸을 이지란에게 주어 이지란은 이성계의 조카사위가 되었다.

소설 함흥차사

이성계는 정변을 일으켜 동생들인 방번, 방석을 죽이고 자신을 찬밥으로 만든 아들 방원에게 깊은 원한을 품고 함흥으로 은퇴했다. 방원은 자신의 잘못을 알고는 있었으나, 유교를 국시로 한 조선에서 부친인 이성계를 모시지 못하자 대외적으로 불효가 말이 아니었다. 그는 신하들을 보내 이성계를 설득하려 했으나 이성계는 자신을 설득하러 오는 신하들을 모조리 활로 쏘아 죽였다는 유명한 스토리가 함흥차사다. 즉 함흥에 가면 돌아오는 사람이 없었다는 뜻이다. 사실 함흥차사란 없었다. 갔던 사람들이 죽은 것도 아니었으며, 결국 이성계는 무학과 성석린의 권유로 도성으로 돌아왔다.

이성계를 찾아 함흥으로 갔던 인물 중 이름이 알려진 세 명은 성석린, 무학대사, 박순인데, 아무도 함흥에 가서 죽지 않았다. 야사에서는 이성계가 태종(3대)이 보낸 인물들을 모조리 죽였다고 하지만, 실제 죽은 것으로 전해지는 유일한 인물인 박순도 조사의의 난 때 반군에게 죽었다. 함흥차사는 완전 소설인 것이다.

최대 성씨 김씨의 출현

김씨는 우리나라 성씨 중 20퍼센트나 차지해, 2000년 기준으로 약 1,000만 명이 김씨다. 그런데 이렇게 많은 김씨의 성은 언제 생겼을까? 사서에 따르면 서기 초 신라 4대 탈해왕 때 경주 계림의 숲에서 닭 울음소리가 들려 이 일대를 수색하니 한 소나무 위에 금궤가 매달려 있었고, 금궤를 여니 비범한 사내아이가 들어 있어 금궤의 금자를 따서 이름을 김알지라 했다 한다. 김알지가 바로 경주 김씨의 시조다. 알지의 이름은 사실은 금알지가 맞다. 그런데 왜 김알지로 부를까?

태조 이성계가 즉위하고 난 후 신하들과의 대담에서 한 가지 문제가 생겼다. 이성계가 왕이 되기 전 그 일파들은 '십팔자 득국' '목자 득국'이라는 요언을 만들어 퍼뜨린 일이 있었다. '십팔자'란 한문으로 '오얏 이' 자를 파자한 것이고, 또 '나무 목' 자와 '아들 자' 자를 함께 붙이면 역시 '오얏 이' 자가 된다. 즉 이씨가 나라를 얻을 것이라는 억지 동요를 만들어 촌놈들을 헷갈리게 만들었던 것이다. 그런데 이씨를 오행으로 풀어보니, 오행은 '금목수화토'의 순으로 돌아가는데, 나무는 흙을 이기고, 흙은 물을, 물은 불을, 불은 쇠를 그리고 쇠가 나무를 이기는 것으로 되어 있다. 이렇게 보니 조선 왕조를 세운 이씨에게 '쇠 금'씨가 위험할 수 있다는 것이다.

그렇다고 백성들 중에 가장 많은 성인 금씨를 모조리 바닷속에 처넣을 수도 없고 해서 머리를 굴린 것이 '금씨의 기운을 약해 빠지도록 만들자'라는 아이디어였다. 그래서 "'쇠금' 자를 쓰기는 쓰되 읽을 때는 다른 발음인 '김'으로 읽어라"라는 왕명이 나왔고, 그때부터 대한민국의 금씨는 모두 김씨로 바뀌었다는 썰렁한 스토리다.

천상열차분야지도(국보 제 228호)

1395년 '새 왕조가 하늘의 뜻에 따라 세워졌다는 것을 나타내기 위해서는 그 권위의 상징으로 천문도가 필요하다'는 태조(1대)의 명에 따라 1세기경 고구려 때 제작한 '천상열차분야지도'를 참조하여 천문도를 새로 만들었다. 이 천문도는 돌에 새긴 것으로 가로 122cm, 세로 2m, 두께 12cm의 대리석에 음각되어 있는데, 맨 윗부분에 둥글게 원을 그려 하늘을 나타내고 그 안에 1,464개의 별을 배치했다. 그 아래에 천문도라는 제목과 권근이 쓴 설명문이 붙어 있다.

설명문에는 '이 천문도 석각본이 오래 전 평양성에 있었으나 전쟁으로 인하여 대동강에 빠뜨려 잃어버린 지 세월이 오래되고 그 탁본조차 없어져 남아 있지 않았다. 그런데 우리 전하께서 나라를 세우신 지 얼마 안 되어 탁본 하나를 바치는 자가 있어 이것을 매우 귀하게 여겨 관상감으로 하여금 천문도를 돌에 새기도록 명하였다'라고 기록되었다. 또 '입춘 날의 태양 위치가 해마다 50.2초씩 서쪽으로 옮겨가는 현상으로 인해 고구려 때와는 차이가 있다. 그래서 새로운 관측에 따라 그 오차를 고쳐서 만들었다'라는 설명문이 있어, 이 천상지도가 고구려 때의 것을 참조했음을 알게 한다. 그 뒤 비바람에 마모되어 별의 모양과 글씨가 희미해지자 1687년(숙종 12년) 다시 원형 그대로 돌에 새겨 보존했다.

이 천문도는 중국의 '순우천문도'에 이어 세계에서 두 번째로 오래된 천문도다. 이 천문도를 분석한 결과 관측 연대가 대략 서기 1세기 중엽 무렵으로 계산되었으며, 관측 장소는 고구려의 강역인 북위 40도 부근으로 추정되었다.

중국의 천문도에 대한 최초의 기록은 3세기경에 나타나지만 천문도는 전해지지 않으며, 본격적인 천문도는 13세기 원나라 때 제작된 '순우천문도'다. 고구려는 '순우천문도'보다 이미 1,200년이나 이전에 천문도를 제작했던 것이다.

옛사람들은 인간사회의 모든 것들이 하늘에서 재현된 것과 깊은 관계가 있다고 믿었다. 따라서 별의 변화는 그것과 대응하는 인간사회의 변화를 예고하는 것으로 받아들였던 것이다.

《삼국지연의》 끝부분에 위를 치러 기산에 여섯 번째 진출했던 제갈량이 북두에게 목숨을 빌다가, 위연이 수명등을 발로 차는 바람에 수명 연장이 수포로 돌아가고 병사하는 장면이 나온다. 그때 제갈량이 주위의 부축을 받고 밖으로 나가 하늘을 쳐다보니 붉고 큰 별 하나가 떨어질 듯 말 듯 흔들리는 것을 보고 곁의 수하들에게 "저것이 내 별이다"라고 멘트하는 장면이 있다. 그때 역시 천문에 밝았던 위의 대장 사마의가 하늘에서 큰 별이 떨어지자 제갈량이 죽은 것을 알고 촉진을 공격했다가 제갈량의 목상에 놀라 도망친, '죽은 제갈량이 산 사마의를 쫓다'라는 장면은 유명하다. 물론 소설이지만. 사실 사마의가 제갈량보다 한참 윗길이었다.

4

여말 선초의 인물

경세가 삼봉 정도전

정도전은 고려말, 조선초 10여 년간 개혁의 주체로서, 또 조선 건국의 이념을 제공한 이론가로서 개국공신 중 첫손에 꼽히는 인물이다. 정도전은 고려말 변방의 한 무장이었던 이성계에게 야심과 비전을 불어넣고 혁명에 끌어들여 역성혁명을 일으키게 한 후, 조선 왕조의 초석을 쌓은 경세가이자 사상가였다. 그는 학문, 문장, 병법, 정치감각 등 모든 면에서 뛰어났고 책략에도 능한, 조선 건국 과정에 가장 큰 공을 세운 핵심 브레인이었다. 그는 조선의 법제를 확립하고, 천도를 단행하게 했으며 개국 이념인 성리학을 뿌리내리도록 했다.

정도전의 아버지 정운경은 문과에 출사하여 종2품 영록대부에 벼슬은 형조상서를 지냈으며, 평생 곡학아세하지 않고 청렴하였던 당대의 청백리였다. 정운경은 수령 재임 시의 선정으로 고려사 열전《양리조》에 등재되고 형부상서까지 승진한 인물이었고, 정운경의 세 아들 모두 문과에 급제하여 출세한, 아주 괜찮은 집안이었다. 그러나 정도전은 어머니의 신분 때문에 여러 차례 곤란을 겪었다. 어머니는 정8품 말단 무관인 우연의 서녀인데, 우연은 우현보의 친척인 김전이라는 승려가 여종과 정을 통하여 낳은 여인을 아내로 맞이했다. 즉 여종의 딸이 우연의 처이자 정도전의 아버지 정운경의 장모이며, 정도전의 외할머니인 것이다. 이러한 어머니 쪽의 미천한 출신 배경 때문에 정도전은 뒤에 대간의 고신(관직 허가증)을 얻지 못하는 곤경에 처했었고, 여러 차례 공격도 받았다.

정도전은 이색의 문하가 되었는데, 이색의 문하로는 정몽주, 이숭인, 이존오 등 당대의 명사들이 망라되어 있었다. 당시 이성계는 활을 잘 쏘는 용맹한 무장으로 차세대의 리더였던 고려 장수였다. 당시 고려에서 뜬 장군은 최영과 이성계였는데 최영은 젊고 야심찬 신출내기 선비들에게 있어서는 너무 나이가 많은 데다 접근하기 어려웠고 또 구태를 벗지 못했다. 정도전을 비롯한 신진 사대부들은 자신들의 뜻을 펴는 데 조력자로 이성계를 선택했으며, 이성계라는 변방의 한 장수는 정도전이라는 인물에게 설득되어 한 왕조를 멸망시키고 새로운 왕조를 창건했던 것이다. 개국과정에서 이방원에게 피살된 정몽주는 젊었을 때는 정도전의 가까운 벗이자 열렬한 개혁파의 동지였다.

정도전은 공민왕(고려 31대) 9년(1360) 19세의 나이로 국자감시에 합격했다. 정몽주가 장원이었으며, 목화로 의류혁명을 일으킨 문익점도 이때 함께 급제했다. 정도전은 고지식하고 청렴하여 관계에 쉽게 적응할 수 없었다. 고려 조정의 핍박을 받고 이래저래 10년쯤 야인 생활을 한 정도전은 42세 때 49세였던 북방의 이성계를 찾아 나섰다. 둘은 처음 만났으나 이성계는 정도전을 알고 있었다. 둘은 왜구가 침공했을 때 이를 격퇴한 얘기서부터 고려의 현 실상을 얘기하면서 서로 상통하는 것을 느꼈다. 더구나 이성계는 무인이라 병법에 관심이 많았는데 뜻밖에도 정도전은 병법에도 대단히 해박하였다. 둘이 죽이 잘 맞았다. 정도전은 이성계가 천하를 태평하게 할 수 있는 경륜을 가지고 있다면서 이성계의 야망을 부추겼으며 모사를 자청했다.

이성계가 역성혁명에 성공한 후 정도전은 자신을 한나라가 개국하는 데 절대적인 공을 세운 모사인 장량에 비유하여 자신의 공을 자랑하곤 했다. 유방이 장량을 이용한 것이 아니라 장량이 유방을 이용하여 한나라를 세운 것같이, 자신이 이성계에게 꿈과 포부를 불어넣어 조선을 개국했다는 자부심이었다.

정도전은 우리나라 최초의 법전인 《조선경국전》을 편찬했으며, 태조(1대) 3년에는 《역대부병위지제》와 《심기리편》을 저술했고, 다음 해에는 정당문학 정총과 함께 《고려국사》 37권을 완성했다. 이 《고려국사》는 3대 태종이 내용에 불만을 표하여 다시 개수하도록 명함으로써 원본을 없애버려 지금은 전해지지 않는다. 그 외에도 정도전은 《대명률직해》 30권 4책을 편찬하고, 《경제문감》을 찬진했다. 정도전은 몸이 비대하고 각기병에 시달리고 있어서 병법에 해박함에도 불구하고 직접 병사를 지휘할 수는 없었다. 정도전은 제1차 왕자의 난 때 이방원에 의하여 살해되었는데 죽을 때의 나이가 60대 초반으로 추정된다.

청빈했던 최영

학교 다닐 때 배운, 고려말의 명장 최영이 평생 지켰다는 유명한 말이 있다. "황금을 보기를 돌같이 하라"다. 이 말은 최영이 한 말이 아니라 최영의 부친이 최영에게 한 말이며, 최영은 부친의 말을 지켜 평생 청렴하게 살았다. 실제로 최영은 고려 말기를 떠받치는 무인이자 명장이었으나, 공을 세울 때마다 국가에서 내려주는 전답을 그때마다 백성들에게 나누어 주어 갈아먹게 했고, 좁은 집에서 아주 청빈하게 살다 죽었다. 무관으로서 가장 출세했던 그는 사는 집이 누추했으나 이에 만족하였고, 음식이나 의복이 검소하고 흔히 끼니를 끓일 쌀이 없었다. 최영은 살찐 말을 타고 좋은 옷을 입고 다니는 벼슬아치들을 보면 그들을 개나 돼지같이 멸시하였다. 고려말 그 더러운 진흙탕 권력 싸움에서도, 최영은 전쟁에서는 명장인 데다가 정치에서는 사심과 욕심이 없어 보신할 수 있었던 것이다.

최영은 충숙왕(고려 27대) 3년(1316년) 종6품 최원직의 아들로 태어났으며, 커가면서 힘이 장사였고 체구가 우람했다. 사람들은 최영을 용의 얼굴에다 봉의 눈, 범의 걸음걸이를 지녔다고 했으며, 그는 전쟁에 나가 패한 적이 없었다. 듣고 보니 관우하고 단 둘이 맞장뜰 만하겠다. 최영은 군문에 들어가 왕의 시위가 되었다가 1352년 조일신의 난을 진압하는 데 공을 세워 대호군이 되었다.

원 말기가 되어 중국에서 반란군이 여기저기서 봉기하자 원은 고려에 원병 파견을 요청했다. 이에 고려 조정은 원에 2,000의 병력과 40명의 장수를 보냈는데 여기에 최영이 끼어 있었다. 원에 파견된 최영은 전선에서 용감히 싸워 공을 세웠으며, 중국에서 본 원의 실상을 왕에게 상세히 보고했다. 공민왕(고려 31대) 8년(1359년) 원의 토벌군에 쫓긴 4만의 홍건군이 고려를 침공했다가 반격에 쫓겨가고, 공민왕 10년에는 10만여의 대군으로 다시 고려를 침공하여 수도인 개경이 함락되었다. 이때 최영은 정세운, 안우, 김득배, 이방실, 이성계 등과 더불어 20만여의 병력으로 홍건적에게 함락된 개경을 수복하고 홍건적을 격퇴했다. 이 공로로 최영은 훈 1등으로 전리판서에 올랐으나, 신돈이 권력을 쥐고 있을 때는 신돈의 견제를 받아 계림윤으로 좌천되었다. 신돈이 제거된 후 다시 찬성사에 오른 최영은 왜구들이 설쳐대자 이성계와 함께 왜구를 물리치는 데 혼신의 힘을 다해 여러 차례 왜구의 침공을 격퇴하였으며, 그 중 가장 빛나는 승리는 우왕(고려 32대) 치세시 부여에서 있었던 홍산전투였다.

최영은 군권을 장악하기 위하여 간신 이인임과 손을 잡고 국정을 끌어나가고 있었다. 그러나 이인임의 국정 농단이 극에 달하자 이성계와 손을 잡고 이인임, 염흥방, 임견미 일파 100여 명을 숙청하고(무진피화, 정월지주) 시중에 올랐으며, 딸을 우왕의 왕비로 들임으로써 우왕의 장인이 되었다. 그러나 요동 정벌의 좌절로 일어난 이성계의 위화도 회군 반란으로 체포된 최영은 고봉에 유배되었다가 참수되어, 목은 효수되고 시체는 길가에 버려졌다.

정몽주가 충신인가?

고려말 학자들 사이에서는 자를 지을 때 '은' 자 돌림이 유행했는데, '은'은 '은거'한다는 뜻이다. 세상이 보기 더러우니 세속에서 은퇴하여 산에 들어가 산다는 소망을 나타내는 자다. 목은 이색, 도은 이숭인, 야은 길재, 포은 정몽주, 초은 이은복, 농은 최해 등이 10은이라 불렸다. 고려말의 3은이란 순서대로 앞의 세 사람을 말하고 정몽주는 빼야 한다. 그는 은거한 적이 없다.

정몽주가 이성계와 처음 인연을 맺은 때는 1360년 여진족의 추장이자 이성계의 고종사촌인 삼선, 삼개가 동북면을 침략했을 때였다. 그때 정몽주는 도지휘사 한방신을 따라 동북면에 나갔다가 당시 병마사였던 이성계를 처음 만났다. 처음에 정몽주와 이성계는 대단히 가까운 사이였다. 이성계는 출전할 때마다 정몽주와 함께 했고, 특히 1380년 이성계가 왜구와 싸워 이름을 빛낸 전라도 운봉전투에서 정몽주는 조전원수로 같이 참전해 활약했다. 또 정몽주는 이성계의 오른팔인 정도전과도 가까운 사이였으나 왕조를 뒤엎는다는 생각은 꿈에도 하지 않았다. 그는 개혁에는 찬성했으나 임금을 해하면서까지 세상을 바로잡아야 한다는 생각은 없었다. 그의 생각은 임금이 있어야 나라가 있고, 나라가 있어야 백성이 있다고 생각했다.

그래서 정몽주는 이성계와 뜻을 같이 해서 위화도 회군을 지지했고 우왕을 축출하고 공양왕의 즉위를 찬성했으나, 고려 왕실의 존속을 강력히 희망했다. 더구나 정몽주는 우왕(고려 32대)과 창왕(고려 33대)을 왕씨가 아닌 신돈의 자식으로 조작하는 일에도 참여했다. 정몽주가 위화도 회군에 찬성하고 우왕과 창왕의 신분 격하에 동참한 것은 그가 고려의 충신이었다는 우리의 고정관념에 의문을 품게 한다. 그러나 정도전은 정몽주와 생각이 달랐다. 그는 백성이 있어야 나라가 있고, 그 후에야 임금이 있다고 생각했다. 그러므로 백성을 위한 일이라면 임금도 언제든지 바꿀 수 있다고 생각했던 것이다. 이 사고방식의 차이가 정도전과 정몽주의 길을 정반대로 가게 만들었으며, 이성계와도 등을 지게 만들었다. 이색, 우현보 등과 연합한 정몽주는 정도전, 조준, 남은 등이 미는 이성계와 치열한 권력 쟁탈전 끝에 위기를 느낀 이성계의 다섯째아들 이방원에게 암살당하여 꿈을 접는다.

어느 날 이성계가 사냥을 나갔다가 말에서 떨어져 크게 부상을 입고 자리에 눕자, 이 틈을 타서 정몽주는 조준, 정도전, 남은 등 이성계의 수족들을 유배보내고 공양왕(고려 34대)에게 소를 올려 그들을 죽이려 하였다. 그런데 공양왕이 이를 허락하지 않고 미적거리고 있는 바람에 이성계 일파를 처단하지 못하고 있었다. 이 소식을 듣고 크게 놀란 이성계는 부상을 무릅쓰고 개경으로 귀환했다. 정몽주는 이성계의 동정을 살피려고 직접 이성계의 문병을 왔다. 이때 이방원은《하여가》를 읊어 정몽주의 마음을 떠보았고, 정몽주는《단심가》로 화답하여 고려 조정에 대한 절개를 나타냈다. 결국 정몽주의 마음을 돌리지 못한 이방원은 정몽주가 집으로 돌아가는 길에 조영규를 시켜 선죽교에서 철퇴로 때려죽이고 말았다. 향년 56세였다.

이성계 일파는 그의 머리를 잘라 저잣거리에 효수했다. 고려의 충신들은 이로써 거의 모두 살해당하고 이색만 겨우 살아남아 재산을 몰수당한 채 빈털터리로 낙향했다. 정몽주가 이방원의 부하들에게 맞아 죽을 때 그 다리를 선지교라 불렀는데, 정몽주가 살해된 후 다리 옆에서 대나무가 자라기 시작했다 해서 그때부터 선죽교로 불리게 되었다 한다.

1392년 7월 17일 고려는 건국 475년 만에 멸망했다. 태조(1대) 때까지만 해도 조선 건국을 방해한 간신으로 인정되었던 정몽주는 그를 죽인 태종(3대) 이방원이 영의정부사로 추증하면서 복권되었으며, 중종(11대)대에 들어서서 조선 성리학의 시조임을 인정받아 그의 신주를 문묘에 모시게 되었다.

대학자 목은 이색

이색은 고려말 조선초의 대학자로 성리학자이다. 1341년 14세의 나이로 성균시에 합격한 후, 과연 천재다, 20세 때 원으로 건너가 국자감에서 3년을 공부한 뒤 원의 과거에 급제하여 한림국사원 검열관을 지내면서 문명을 떨쳤다. 그의 부친 이곡 역시 이름난 학자였으며, 이색은 이제현의 문하에서 수학하여 이제현의 후계자로 불렸다. 이색은 공민왕(고려 31대) 2년(1353) 과거시험에서 장원급제하고 숙옹부승으로 임명되었으며, 원나라의 정동행성 제과 향시에도 1등으로 합격했다. 공민왕 곁에서 재상으로 정치를 하던 이색은 직언을 가리지 않았으며, 강직하고 떳떳하여 여러 차례 귀양을 갔다. 그는 40세 되던 해 관개성부사 겸 성균관 대사성이 되었다. 성균관대학 총장이 된 것이다. 그때 교수(학관)

들이 김구용, 정도전, 정몽주, 박상충, 박의중, 이숭인 등이었다. 1375년 공민왕이 죽고 우왕(고려 32대)이 즉위하자 우왕은 이색을 사부로 삼고 검교문하시중으로 임명했다.

이성계가 고려 왕조를 멸망시키고 조선을 개국했을 때 이색은 이성계의 권유에도 불구하고 새 조정에 참여하지 않았고, 이색의 아들들도 이성계 일파를 반대하다가 모두 처형당했다. 이성계는 이색의 명망 때문에 차마 죽이지는 못하고 유배를 보냈다. 두 아들을 모두 잃고 평민이 된 이색은 더러운 세상을 탓하고 유랑길에 올라 전국을 유랑하다가 1396년 69세로 사망했다. 이색이 사망한 후 시호를 문정이라 했으며, 그의 저서로는《목은집》55권이 전해지고 있다.

5

그냥 잠깐 앉아 계시다가 내려온 제2대 정종과 꼬마 동생들을 패대기쳐 죽인 제3대 태종 이방원

제1차 왕자의 난(1398/이방원의 난, 정도전의 난, 무인정사)

강비의 애소와 봉화백 정도전의 후원으로 열 한 살짜리 방석이 세자가 되었다. 그러자 권력을 장악한 정도전은 어리고 유약한 세자를 보호하기 위해 한씨 소생 왕자들의 힘을 제거하는 작업을 진행해 나갔다. 먼저 대군들이 데리고 있던 사병을 철폐토록 했고, 또 대군들을 지방으로 보내 별전을 관리하도록 했다. 글쎄, 사서에는 정도전이 한씨 소생 대군 4명을 살해하려고 밀계를 꾸미고 있는 것을 이무의 밀고로 이를 알게 된 이방원이 선수를 쳐서 정도전 일파를 척살했다고 기록되어 있으나, 이것은 나중에 태종 이방원이 시켜서 쓴 것이기 때문에 신빙성이 없다. 어쨌든 이방원 곁에는 정도전과 같은 모사로서 정도전의 정적인 하륜이 책사로 있었고, 안산 군수 이숙번, 조영무 등의 장사와 이거이, 그리고 처남들인 민무질, 민무구 등이 있었다. 제1차 왕자의 난 때 계책을 낸 사람은 책사 하륜이었고, 군사를 지휘하여 대신들을 요절낸 자는 이숙번이었다.

사실 이방원도 열을 받게는 되었다. 개국할 때 목숨을 내팽개치고 나섰고, 당시 개국에 가장 큰 걸림돌이던 정몽주를 때려죽여 왕자들 중 가장 공이 큰 자신이 개국한 후 공신에도 들지 못하고 정도전 등에게 밀렸으니 열을 안 받을 수 없었던 것이다. 이방원은 절제사를 지낼 때 데리고 있던 부하들 중에서 무예가 뛰어난 자들을 뽑아 몰래 사병으로 끌어들였으며, 형 방간도 모의에 끌어들였다. 또 이방원은 궁궐을 숙위하고 있는 도진무 조은을 설득하여 난에 가담시킴으로써 천군만마와 같은 힘을 얻게 되었다.

태조 7년(1398) 8월 26일 이성계가 아파서 눕자 종친들이 모두 대궐로 모여들었다. 정도전 일파가 이 기회에 한씨 소생 대군들을 모조리 궁궐에서 척살할 것이라는 제보를 받은 이방원은 선수를 쳐서 은밀히 양성하였던 100여 명의 사병들을 이끌고 정도전 일파가 모여 있다는 남은의 첩 집을 급습했다. 당시 남은의 첩 집에는 정도전과 남은을 비롯하여 심효생과 이근 등이 모여 요동 정벌에 관한 논의를 하고 있었다. 남은의 첩 집에 도착한 이방원은 병사들을 시켜 집에 불을 지른 다음, 뛰쳐나오는 심효생, 이근, 장지화 등을 모조리 활로 쏘아 죽였다. 정도전과 남은은 담을 넘어 이웃으로 피신했으나 모두 잡혀 살해되었다. 이성계는 이방원이 난을 일으켰다는 소식을 박위에게 듣고 너무나 격분하여 부들부들 떨었다.

그는 즉시 갑사들을 불러 난을 진압하려 하였으나 도진무(궁궐 경비대장) 조은이 이미 난군에 가담하여 갑사를 모을 수 없었다. 정도전 일파를 모조리 죽인 이방원은 방번과 방석의 출궁을 요청했다. 말은 다치게 하지 않고 안치시키겠다는 것이었으나 물론 거짓말이었다. 태조는 방석을 내보내지 않으려 했으나 태조의 안위도 위험했다. 방석은 눈물을 흘리며 절을 하고 통곡을 한 후 걸어서 궁 밖으로 나갔다. 이방원은 방석이 나오자마자 패대기쳐서 죽이고 태조에게는 먼 곳으로 안치했다고 속였다. 그리고 정도전 일당이 역모를 꾸몄기에 모두 살해했노라고 고했다.

방석은 죽을 당시 열 일곱 살이었다. 결국 태조는 귀여워하던 새끼 둘이 눈 앞에서 패대기쳐져 죽는 것을 보면서 아무 말 못하고, 방원이 요청하는 대로 방과를 세자로 삼았으며 선위하고 태상왕으로 물러앉았다. 이방원을 도운 인물들은 모조리 팔자를 고쳤다. 삼군을 장악한 이방원은 자파의 인물들을 모조리 중용했는데, 그 중 이성계와 의형제를 맺은 이지란이 문하부찬성사 겸 형조판서 겸 의흥삼군부절제사로 임명된 것이 눈에 띈다. 세자를 죽인

조박과 왕자의 난 중 가장 많은 사람을 죽인 이거이, 조영무, 조온, 박포, 이숙번 등 이방원의 졸개들은 모두 중용되었다.

이방원의 처남들인 민무질, 민무구, 민무휼, 민무회 등은 왕자의 난 때 대장군, 장군으로서 매형인 이방원을 도와 정도전 세력을 거세하는 데 큰 공을 세웠으나, 이방원이 왕이 된 후 모조리 주륙된다. 조선조를 개국한 일국의 제왕인 이성계는 겨우 재위 6년 여만인 63세 때 아들로부터 왕좌에서 내쫓겨 평범한 한 사내로 돌아갔으며, 이후 자신이 이 꼴이 된 것이 고려 왕조를 멸망시키고 그 왕들과 자손들을 모조리 죽여버린 것에 대한 보응으로 알고 후회하면서 쓸쓸히 살다 10년 후에 73세로 병사했다. 진작 알 것이지. 이래서 이성계는 한국을 움직인 10대 인물에 들 자격이 없는 것이다.

제2대 방과 정종은 원치도 않은 왕위에 올라 이방원을 세제로 삼은 뒤에 아들 15명을 모두 중으로 만들어 버림으로써 후환을 아예 없애 버렸다. 집안들끼리 권력욕 때문에 서로 작살내는 꼴을 지켜보았기 때문이었다. 사실 정종이란 시호도 몇 백 년 후에 받은 것이고, 당시는 그냥 공정대왕이었다. 공정대왕은 즉위 다음해 수도를 잠시 개경으로 다시 옮겼다가 태종 때 도로 한양으로 오게 된다. 공정대왕은 재위 동안 술 드시고 골프(격구)치면서 시간을 죽이다가 그냥 내려오셨다. 이방원은 세자가 된 후 좀 지나자 노골적으로 선위를 요구했고, 정종은 채 2년도 왕 노릇을 못한 채 이방원에게 왕위를 물려주고 상왕이 되었으며, 이성계는 이름뿐인 태상왕이 되었다. 누가 찬밥 이성계를 조선을 세운 영웅이라고 했지?

제2차 왕자의 난(1400/방간의 난, 박포의 난)

1400년 1월 제1차 왕자의 난 이후 같이 난을 일으켰던 방원이 모든 권력을 좌지우지하고 자신은 완전히 별 볼일 없는 신세가 되었다고 불만에 차 있던 넷째 방간은, 박포가 이방원이 자신을 아주 보내버리려고 한다고 고변하자, 아들 이맹종, 이성기와 함께 군사를 일으켜서 박포에게 지휘를 맡긴 다음 방원을 제거하러 나섰다. 동복끼리 다시 피의 다툼이 벌어진 것이다. 원래 방간이란 애는 좀 무식하고 어리석은 데다 다혈질이라 이성적으로 판세를 정확히 판단할 능력이 모자랐다. 능력면에서도 저보다는 방원이가 훨씬 윗길인데도, 형인 제가 세제가 되지 못하고 동생인 방원이 세제가 되자, 되지도 않을 일을 주제 파악도 못하고 꾸민 것이었다.

지중추원사 박포는 방원의 난 때 사병을 동원하여 방원을 도운 무장이었다. 그는 자신이 방원의 승리에 결정적인 공훈을 세웠다고 믿고 있었는데 논공행상에서 2등이 되었다. 이에 불만을 가진 박포는 공공연히 불평을 늘어놓고 다녔고, 이에 공신들의 분열을 우려한 방원은 잠깐 박포를 귀양보냈었다. 이를 자신에 대한 모욕으로 받아들인 박포가 방간을 부추겨 난을 일으킨 것이었다. 밀정을 심어놓고 방간의 행동을 일일이 체크하던 방원은 측근의 밀고가 있자마자 재빨리 군사를 정비하여 방간과 맞섰다. 양군의 전투가 진행되면서 방간의 군사가 패색이 완연했다. 이숙번이 쏜 화살에 이성기가 말에서 떨어지자 대세는 굳어졌다. 결국 패한 방간은 도망가다가 체포되어 토산으로 유배되었으며, 그 일당은 모조리 처형되었다. 두 차례의 왕자의 난을 거쳐 형제들을 주륙한 방원이 태종(3대)으로 즉위하면서 좌명공신 46명이 다시 책봉되었다.

좌명공신이 책봉됨으로써 조선은 개국 11년 만에 세 차례의 본공신과 두 차례의 원종공신이 책봉되었다. 1,000여 명에 가까운 원종공신들은 공신들의 친인척을 봉한 것이다. 바야흐로 공신 풍년시대가 시작된 것이며, 훈구파라는 특권 정치세력이 판을 치게 되었고, 공신들에게 땅을 퍼주다 보니 또 땅이 모자라게 되었다. 이성계의 팔자도 기구하다. 이복끼리 싸워 사랑하는 아들 둘과 사위가 죽더니, 또 동복끼리 싸워 자식을 유배보내야 되었으니 얼마나 방원을 패죽이고 싶었을까.

조사의의 난

태종 2년(1402) 안변 부사 조사의가 난을 일으켰다. 조사의는 죽은 태조의 둘째 부인인 신덕왕후 강씨의 친척으로서 제1차 왕자의 난 때 제거된 방석과 방번의 원수를 갚겠다는 것이었다. 겨우 반군 6,000~7,000 정도인 이 반란이 의미를 갖는 것은 아들의 반란으로 권좌에서 내쫓긴 이성계가 조사의의 뒤에 있었을 만한 정황증거가 여럿 있기 때문이다. 이 반란은 관군 4만이 동원되어 한 달 만에 쉽게 진압되었으나 이성계가 어디까지 연루되었는지가 흥미를 끈다.

이성계는 찬밥이 된 후 한양과 동북면을 왕래하면서 지냈으며, 안변과 함흥 등 여러 곳에 궁실(그냥 좀 큰 집)을 짓게 했다. 당시 태종은 집권하자마자 유배와 무고사건 등으로 체면이 말이 아니었다. 이런 와중에 이성계가 막 안변의 석왕사로 떠난 직후 조사의의 난이 보고되었는데, 당시 이성계는 반란 지역의 중심에 있었다. 태종은 박순을 파견하여 자세한 상황을 살피고 지방 수령들이 조사의를 따르지 않도록 무마하라 했으나 박순은 조사의의 군에게 피살되었다(함흥차사로 가서 죽은 것이 아니다). 이로써 철령 이북은 반군의 통제 하에 들어가게 되었으므로 이성계의 행방을 알 수 없게 되었다. 조사의의 난에 가담한 자들로 강현과 조사의의 아들 조홍이 있었는데, 이들은 모두 왕자의 난 이후 중앙 정계에서 소외된 인물들이었다. 이 반란 준비에 이성계가 본토였던 동북면에서 자신의 사병들이었던 가멸치들을 주도적으로 모병한 흔적이 있다. 모든 증거를 참작할 때 이 난의 배후에는 이성계가 있었던 것으로 짐작된다.

태종은 조영무, 김영렬 등의 장수로 하여금 4만 관군을 이끌게 하고 친정에 나섰다. 살수에서 관군과 대치하게 된 반군은 관군의 수가 4만이나 된다는 것을 알자 사기가 크게 위축되었다. 원병을 보내리라 기대했던 여진족은 사태를 관망할 뿐 지원군을 보내지 않아 반군의 사기는 급속히 떨어졌다. 그러는 와중에 반군의 장수 조화가 동요를 일으켜 도망치자 남은 반군들도 서로 먼저 도망치려다 살수의 얼음이 꺼져 수백 명이 익사하면서 반군 진영은 급속히 와해되었다. 조사의는 아들 조홍과 함께 안변으로 퇴각했으나 김영렬에 의하여 생포, 압송됨으로써 난은 어렵지 않게 진압되었다. 이성계는 조사의가 생포된 다음 날 떠난 지 1년 만에 개경으로 돌아왔다. 이 반란이 태종에 대한 이성계의 마지막 반격으로 여겨진다. 조사의의 난으로 수십 명이 처형되고 유배되었다. 그리고 이 난에는 동북면의 수많은 지역 수령들이 연루되었으나 상당수가 관대하게 처벌되었거나 복권되었고, 이 때문에 세종대에 이르기까지 조정에서는 관련자에 대한 추궁이 끊이지 않았다.

《세종실록》에는 태종의 당부가 다음과 같이 전한다.

내가 죽은 후라면 몰라도 살아 있는 동안에는 다시 말하지 말라. 박만은 성품이 유순해서 태상(이성계)의 명을 어길 수 없었을 뿐이다.

박만은 요동 일대를 진압하고자 동북면에 파견된 도순문사였는데, 조사의의 반란이 일어나자 반군에 가담하여 군대 조발과 군기 보급을 담당했던 자이다.

33세에 즉위한 태종(3대) 이방원은 앞에서 보다시피 머리는 잘 돌아가는 편이며 건강했고, 지도력과 과단성이 제법 있는 인물이었다. 또 학문이나 문과에 대한 이해도 보통 수준은 되었다. 그는 아버지 이성계와 형인 정종 이방과를 내몰고 기어코 왕이 되었으나, 그간 후회할 일을 많이 저질러 이성계에게 참회하는 마음으로 효도를 했다.

태종의 치적과 가정사

태종(3대)은 중앙집권체제를 강력히 추진하여 왕권을 강화시켰으며, 외척의 세력을 뿌리뽑기 위하여 무자비한 숙청을 감행했다. 태종 말년에는 개국공신들 가운데 생존한 인물이 거의 없을 정도였고, 세종(4대)의 장인도 너무 목에 힘을 주고 다닌다고 죽여버렸을 정도였다. 태종은 18년 재위하는 동안 괄목할 만한 큰 업적은 없었으나 왕권을 강화하고 조선 왕조의 기틀을 확고히 하여 밥값은 제대로 했다. 특히 문익점의 아들 문중용과 최무선의 아들 최해산을 그 아비들이 지대한 공을 세운 것을 참작하여 등용했다. 특히 최해산을 등용하여 화약무기 개발에 진력하도록 한 것은 큰 의미를 가진다. 최무선의 대를 이은 최해산의 노력으로 세종대에 조선은 당시 세계에서 가장 앞선 화약무기를 보유한 나라가 되었던 것이다.

또 태종은 사섬서를 설치하여 저화(닥나무 껍질로 만든 종이돈)를 발행하고 경제 유통이 잘 되도록 애썼다. 저화는 고려말엽부터 발행하려 했었으나 공민왕(고려 31대) 3년에 그때까지 일부 사용되던 철전과 은전 등의 주화가 원료 부족으로 유통 감소를 초래하자, 송나라의 회자와 원나라의 보초를 본떠서 저화를 만들어 유통시키려다 고려의 멸망으로 흐지부지되었던 것이다. 그러나 태종대의 저화도 백성들의 거부로 유통에 실패했다. 종이 질이 나빠 잘 찢어지는 데다가, 먹지도 못하고 입을 수도 없는 종잇장에 대한 믿음을 가질 수 없었기 때문이었다.

태종 때《고려사》를 다시 고쳐 편찬했다.《고려사》는 국초에 태조 이성계가 정도전과 정총 등에게 명하여 편찬한 것이 있었다. 그런데 태종이 보니 자연히 자신이 죽인 정도전의 시각으로 쓴 것이 마음에 들 리가 없는지라 하륜을 시켜 다시 고쳐 쓰도록 한 것이다. 이리하여《고려사》는 다시 편찬되었고, 먼저 만든《고려사》는 없애버려 전해지지 않는다. 이렇게 역사는 이긴 자가 쓰는 것이기 때문에 실제로 일어난 역사와 쓰여진 역사에는 적지 않은 차이가 있게 마련이다.

태종 때 일본에서 코끼리를 보내왔다. 우리나라 최초로 코끼리가 들어온 것인데, 사료인 콩을 너무 많이 먹는 데다가 사람까지 밟아 죽인 일이 있어 섬으로 내쳤다. 그러나 코끼리가 섬의 풀을 먹지 않고 차츰 수척해지자 불쌍타 하여 다시 육지로 내보내어 길렀다. 코끼리는 하루에 먹는 양이 평균 콩 4~5말이나 되어, 사람의 두 달 분 양식을 거의 하루에 먹어 치웠다. 그 뒤에는 기록이 없는데 아마 식사 원료가 되었겠지.

태종은 여색을 매우 탐했는데 모두 29명의 자녀가 있었으며, 그 중 후궁에게서 21명의 왕자와 공주를 두었다. 왕비인 민씨는 투기가 심하여 매일 후궁 문제 때문에 태종과 불화했으나 개국 때부터 왕자의 난을 통하여 협조한 민씨의 공 때문에 태종은 민비를 폐비시키지는 못하고 숱하게 속을 썩였다.

이러한 확고한 왕권과, 명을 모셔 평화를 산 덕택에 세종(4대)이 다른 데 신경 끄고 한글을 창제할 수 있었고, 조선의 문화와 과학이 비약적으로 발전할 수 있었다. 나이가 먹으면서 자주 아팠던 태종은 세종이 22세가 되자 양위하고 상왕이 되었으나, 상왕이 된 이후에도 한동안 병권을 내놓지 않고 행사했다. 태종은 왕이 되기 전에 정몽주를 죽이고, 자신의 이복동생 둘을 죽였으며, 왕이 된 후에도 임금을 능멸한다 하여 처남 넷을 모조리 죽였다. 또 세종의 장인이자 영의정인 심온이 명에 사신으로 갈 때 수레가 지나치게 호화롭고 전송객이 도성을 뒤덮을 정도로 위세당당하게 굴자 이를 못마땅히 여겨 죽여버리고 장모 안씨를 종으로 만들어 버렸다. 이들이 바로 세종의 외삼촌들 그리고 장인, 장모다.

태종(3대) 때 신분구별이 엄격해졌고 호패법을 실시했다. 일종의 주민등록증이었다. 야간 통행금지를 실시했으며, 신문고를 달았으나 북을 울리는 절차가 까다로워 별 효용은 없었다. 죽 훑어보면 태종은 제법 많은 일을 했으나, 그래도 그가 한 일 중 역사에 남을 만한 큰 업적은 세종을 생산한 것이었다. 태종이 물러날 당시 양곡의 비축곡이 415만 석이 있었으며, 속썩이던 왜구들에게 숨통을 터주기 위해 왜인들의 무역을 합법화하여 부산포와 내이포를 개항했다.

태종의 치세 중에 조선 왕조 전체를 통틀어 가장 악법으로 손꼽힌 '서얼금고법'이 제정되었다. 아마 서자인 동생 방석이 한때 세자 자리를 차지한 데 대한 악감정 때문에 만든 것으로 보이는 서얼금고법은 서얼 출신은 관직에 나갈 수 없다고 못박은 법이다. 이 개 같은 법 때문에 조선 왕조 500년 동안 숱한 인재들이 초야에 묻혀버렸고, 수많은 서얼들이 한을 품고 살아야 했다. 서얼이 조정에 등용되기 시작한 것은 서얼금고법 제정 300년도 더 지난 조선 후기 영조(21대) 때부터였고, 서얼차별이 완전히 없어진 것은 19세기말 조선 왕조가 망할 때가 다 되어서였다.

태종은 불교를 싫어했으며, 도참도 믿지 않아 관련서적을 금지하고 책을 모아 태워버리도록 했다. 당시만 해도 불교의 영향이 사라지지 않았을 때였다. 과학이 제대로 발달되지 않아 가뭄이 들면 기우제를 지내면서 중들을 시켜 비를 빌게 했고, 어디가 아프면 푸닥거리를 했다. 중들은 기우제를 지내면서 팔뚝을 지지기도 하고 손가락을 불에 넣어 태우기도 하면서 별 주접을 다 떨었으나 비가 오지 않자 임금은 그들을 불신하면서 중지하도록 했다. 자신의 치세 때 가뭄으로 고생한 태종은 죽으면서 유언을 남겼다.

"내가 죽는 날 만큼은 반드시 비가 내리게 하겠다."

이후 매월 음력 초열흘 날 내리는 비를 '태종우'라 부른다.

보통 북 신문고

우리가 학교 다닐 때, 조선에는 신문고라는 것이 있어서 백성들이 억울한 일이 있을 때 신문고를 치면 왕이 직접 송사에 개입하여 백성들의 억울함을 풀어 주는 기찬 제도가 있었다고 배웠다. 그런데 그 스토리는 몽땅 소설이다. 하긴 역사 시간에 배운 것 중에 소설 아닌 것이 별로 없을 정도다.

신문고는 1401년 태종 때 송나라의 '등문고'를 모델로 하여 만든 제도였다. 당시 태종은 '금부민고소'라는 악법을 만들었는데, 이 법은 백성들이 지방 수령을 고발하지 못하게 하는 법이었다. 이 법은 지방 수령들의 횡포를 보장하여 지방 수령을 그 지방의 절대 군주로 만들었고, 백성들은 억울한 일을 당해도 어디 가서 말 한 마디 할 데가 없게 만들었다. 이 악법을 만든 이유는 중앙의 통치가 제대로 미치지 못하는 지방의 수령들에게 전권을 주어, 이로 인해 중앙에 충성하도록 유인하기 위해서였다.

일단 신문고가 설치된 장소는 대역죄인이나 관리들의 범죄를 조사하는, 지금의 대검찰청인 의금부 안이었다. 일반 백성들은 말만 들어도 으시시한 곳에 신문고가 설치되어 있었던 것이다. 더구나 신문고는 아무나 치는 것이 아니었다. 신문고를 치려면 한양 거주 백성은 거주지 담당 관청을 거쳐 사헌부에 먼저 호소해야 했고, 사헌부의 허가를 받은 뒤에 의금부에 가서 신문고를 치게 되는데, 의금부에 가서도 담당 관리의 심문과 조사를 받고 나서야 신문고를 칠 수 있었다. 또 신문고를 쳐도 담당 관리가 왕에게 보고하지 않으면 그뿐이었다. 지방에 거주하는 백성들은 더 했다. 거주하는 고을 원에게 억울함을 호소했다는 확인서를 받은 후, 다시 거주하는 도의 관찰사에게서 억울함을 호소했다는 확인서를 받고 나서 또 다시 사헌부에다 확인서를 제출한 다음 억울함을 호소해야 했다. 이 절차가 다 끝나야 의금부에 가서 신문고를 칠 수 있었다. 이렇게 자기 고을에서 억울한 일을 해결 못했다는 확인서를 떼어 주어야 되니 지방 수령들은 모두 확인서를 떼어 주기를 꺼렸고, 더구나 의금부에 가서 신문고를 칠 수 있는 억울한 일은 제한되어 있었다. 즉 역모사건, 살인, 친자 확인, 정실인지 첩인지의 구분, 양민인지 천민인지의 구분에 한해서만 신문고를 칠 수 있었다.

신문고를 한 번 치려면 여러 군데 관청을 거쳐야 했고, 친 후에도 결과를 보장 받을 수 없으니, 그 으시시한 관청들을 돈 들여가면서 누가 돌겠는가. 그리고 억울한 일이 있으면 그 많은 관청을 돌 동안 해결하면 되는 것이지 신문고는 왜 치냐? 아무리 고소 내용이 옳아도 이 과정을 거치지 않으면 엄벌에 처했기 때문에 사실상 일반 백성들이 신문고를 울린 경우는 거의 없었다. 더구나 신문고가 설치된 곳이 한양 한 곳뿐이었기 때문에 지방에서 올라와 담당 관청을 거치고 신문고를 치려면 시간도 한 달 이상 걸렸고, 거의 외국 여행하는 것만큼이나 큰 돈이 들었다. 결국 신문고는 순전히 폼으로 달아둔 것이었다. 어쩌다 신문고를 이용하는 이들은 주로 양반들이었고, 송사 내용도 토지나 노비의 소유권 다툼이 주였다. 백성들에게 신문고는 그림의 떡이었던 것이다.

시장의 형성

조선초 전국의 인구는 대략 500만~600만 사이였으며, 개경에서 도읍을 한양으로 옮긴 후 도성 안에 사는 인구는 10만을 헤아렸다. 조선은 유교이념이 국시인 국가였기 때문에 이윤을 남기는 장사 자체를 천하게 여겼다. 조선은 성리학의 나라였으며, 상인을 천시하는 사농공상의 신분 서열에 세뇌되어 있어 상업 발전은커녕 유통체제가 원시적 물물교환 수준이었다. 그러나 인구가 늘고 시대가 변화하면서 물물교환이 주는 불편함은 막대했다. 화폐가 유통되지 않고 17세기까지 물물교환을 했으니 이런 풍토에서는 도저히 상업이 발달할 수 없었다.

어쨌든 인구가 늘면서 시장이 생겨났는데, 당시 상거래가 가능한 시스템은 4가지가 있었다. 우선 전국적으로 1,000개 이상 있었던 시골의 향시와 한양의 육의전, 그리고 지방 도시의 객주와 행상을 하는 보부상이 있었다.

고려 때부터 내려온 향시는 대개 5일에 한 번씩 서는 장을 말한다. 장에서는 곡물, 가축과 가내수공업 제품이 주로 거래되었고, 한양에 설치된 육의전은 조정에서 지은 건물에서 장사하도록 허가된 점포로서 전매특권이 있는 대신 조정에서 필요한 물품을 조달했다. 육의전에는 비단전, 무명전, 명주전, 모시전, 종이전, 어물전 등이 있었다.

다음 객주는 주로 위탁받은 물건을 팔아 주거나 매매를 거간하는 일이 주업무로서 숙박, 창고, 운송 등의 상행위를 함께 했다. 보부상이란 봇짐장수인 보상과 등짐장수인 부상을 합한 말로, 보상은 주로 액세서리나 값비싼 잡화 등을 취급했고 부상은 가내수공업품이나 소금, 그릇, 철기 등을 취급했다. 이들은 전국을 돌아다니며 경제의 핏줄 역할을 했다.

보부상들은 조선 말기까지 일반 백성들과 가장 가까운 상거래를 주관했는데, 대한제국이 설립된 후 어용기관인 황국협회는 거의 보부상들로 구성된 조직이었다. 황국협회 회원들이 된 보부상들은 조정의 부추김을 받아 만민공동회와 여러 번 충돌하여 악명이 높았다.

조선의 돈과 동본위제도

조선이 성리학에 목매면서 상공인을 천시하다 보니 상업이 발달할 리 없었다. 그 결과 조선 중후기까지 경제유통 방식이 완전 아프리카 미개국 수준인 물물교환이었다. 이웃 나라인 중국은 조선보다 자그마치 2,300년 정도 전인 동주의 춘추전국 시대부터 화폐가 통용되었고, 일본에서도 이미 화폐가 쓰이고 있었다.

인류 최초의 화폐는 정확한 시기는 알려지지 않았으나, 중국의 주나라 아니면 기원전 6세기경 소아시아반도의 리디아라는 나라 등 둘 중의 하나에서 통용되었다. 화폐는 리디아를 이어 페르시아, 그리스 등에서 금화와 은화가 주조되어 통용되었다. 특히 기원전 4세기 알렉산더의 세계 제국이 유지되었던 커다란 요인 중 하나가 바로 화폐유통이었다. 알렉산더는 '스타테르'라는 금화를 통용시켰는데, 금화 주조를 위한 금을 약 5,000~6,000톤을 보유하고 있었다 한다.

다 아시는 대로 고대 로마제국에서도 조선의 화폐유통 시기보다 1,700여 년 전인 기원전 1세기에 화폐를 쓴 기록이 있다. 예수가 전도 다닐 때 이미 은화를 쓰고 있었다. 왜 《성경》에 나오는 데나리온(데나리우스) 아시잖아? 가이사의 것은 가이사에게 바치고 하나님의 것은 하나님에게 바치라는. 또 과부의 두 렙돈도 잘 아시지?

한심하게도 조선만 17세기까지 물건을 사는 데 쌀을 지고 다녔고, 무명이나 삼베 쪼가리를 허리에 차거나 어깨에 걸치고 다녔던 것이다. 이 모두 상업을 천시한 성리학의 폐단이었다.

조선의 화폐유통 시도는 태종 때부터 여러 차례 있어 왔으나,

17세기 후반 숙종 때가 될 때까지 모조리 실패했다. 16세기 말인 조일전쟁 초기까지도 조선에서는 은이 통하지 않았다. 그때까지 교환수단의 표준으로 쓰인 것이 쌀과 삼베, 무명이었는데, 북쪽 지방에서는 무명 생산이 어려워 삼베가 주요 교환수단이었다. 무명 한 필은 쌀 다섯 말(당시의 한 말은 지금 한 말의 3분의 1 분량), 좋은 삼베의 두 배 값으로 쳐주었다. 무명은 농가의 부업으로 벼 다음가는 큰 수입이었다. 그러다 조선에 주둔해 있던 명군이 월급으로 받는 은으로 셈을 하고, 이를 노린 명의 장사치들이 몰려들자, 점차 은으로 셈을 하는 화폐경제로 바뀌기 시작했다.

그 무렵 세계의 모든 은이 명나라로 들어오게 되어 명은 번영을 구가하고 있었다. 일본은 당시 세계 굴지의 은 생산국이었는데, 포르투갈과 스페인 상인들이 일본에 조총과 향료, 중국산 비단과 도자기 등을 팔고 그 값을 은으로 받아 중국에 가서 도자기나 비단을 사다가 유럽에 팔았다. 중국 상품을 유럽으로 가져가면 다섯 배가 남았는데, 유럽의 궁중에서는 중국산 도자기에 환장을 했다.

스페인은 남미의 은광을 개발했고, 페루와 멕시코에서 산출된 막대한 양의 은이 필리핀을 거쳐 중국으로 들어갔다. 덕분에 명나라는 세계 최초로 은본위제를 시행할 수 있었다. 그러다 1588년 스페인의 무적함대가 영국 함대에 깨진 뒤로 남미에서 들어오는 은의 양이 팍 줄었다. 자연히 명에 들어오는 은의 양도 줄어 명에서는 은을 확보하기 위해 전국을 뒤져 은을 빼앗아가는가 하면, 각종 명목으로 조선에 오는 사신들은 올 때마다 은을 수천 냥씩 가져갔다. 막대한 은을 원하는 사신들의 요구를 들어주지 않으면 되는 일이 없을 정도였다. 조선은 명의 비위를 맞추기 위해 1년 재정 이상의 은을 명에 바쳐야만 했다.

돈이 유통되기 전에는 어떻게 대포를 마시고 생선 한 마리를 살 수 있었을까? 대포 한잔 하려면 무명이나 베 자투리를 가지고 다니거나 포대에 쌀을 몇 되쯤 넣어 지고 다녀야 했다. 모든 거래를 무명이나 베 자투리로 했을 텐데, 그것들은 때가 안 타나? 때 타면 또 빨아서 쓰나? 그 자투리를 모으면 큰돈이 되나? 하여간 물물교환으로 살아갔다는 것이 신기할 뿐이다.

독자 여러분들은 물물교환이라는 것이 아프리카 미개국 얘기이거나 선사시대 유물 같다는 생각이 안 드셔? 그런데 그게 우리나라에서 300여 년 전까지 통용되었다니, 한숨밖에 나오지 않는다. 당시에는 은행이 있을 리 없고 집에 현찰을 쌓아 놓을 수도 없었을 텐데, 부자들은 현찰 대신 무엇을 쌓아 두었을까? 정답은 무명이나 베 그리고 쌀이었다. 부자라면 창고에 쌀을 수천 석 쌓아 놓거나, 무명이나 베를 수만 필 쌓아 놓아야 했다. 요새 같으면 수표 한 장이면 될 일을 당시에는 쌀과 무명을 쌓아놓기 위해 엄청나게 큰 창고를 지어야 했고 또 이를 지키고 관리하는 많은 종들이 필요했던 것이다.

그렇다면 우리나라에 화폐가 유통된 것은 언제부터였을까? 고려 때부터 화폐를 유통시키려는 노력은 있었으나 번번이 실패했다. 고려 말기에 원나라의 화폐를 본뜬 저화라는 종이돈을 사용하기도 했는데 유통이 거의 안 되었고, 15세기 태종 때 역시 저화를 발행해 유통시키려 했으나 종이 질이 나빠 잘 찢어지고 습기에 쉽게 손상되어 모두들 기피했다.

우리나라 최초의 동전은 1423년에 주조된 조선통보이고, 두 번째는 200여 년 뒤인 1651년에 주조된 십전통보였으나 모두 유통에는 실패했다. 동전이 본격적으로 유통되기 시작한 것은 그로부터 20여 년이 더 지난 숙종(19대) 때였다. 1678년 상평통보가 전국적으로 유통되면서 본격적인 화폐경제로 진입했는데, 상평통보는 갑오개혁으로 주조가 중단될 때까지 200여 년간 조선의 화폐 역할을 했다.

1633년 상평창에서 일본에서 들여온 구리 3만 근으로 상평통보를 주조해 유통시켰으나, 한양과 개성에서만 통용되고 나머지 지역에서는 여전히 물물교환이 주를 이루었다. 그러다 조청전쟁이 터지자 돈의 유통은 다시 흐지부지되었는데, 효종(17대) 때 우의정 김육의 강력한 건의로 다시 돈의 유통을 추진하게 되었다.

이렇게 조선 조정이 수백 년 동안 돈이 유통되도록 힘썼으나, '돈은 먹지도 입지도 못하는 것'이라는 백성들의 고정관념 때문에 언제나 실패했다. 수십 년이 더 지난 1678년 숙종이 화폐의 전면적인 실시를 결정하고 동전을 주조해 전국에 공급하라는 명을 내렸으며, 구리 돈을 녹여 그릇을 만드는 일을 금했다. '돈은 먹지도 입지도 못하는 것'이라는 백성들의 고정관념을 깨기 위해 조정에서는 세금과 죄인의 보석금 등을 화폐로 받았다. 뿐만 아니라 조정에서 직접 시범 음식점과 주점을 경영하면서 밥값과 술값으로 화폐를 받기도 했다. 이러한 조정의 적극적인 노력으로 화폐유통이 시작되었는데, 마침 당시 사회가 농업사회에서 상공업사회로 전환되는 시점이라서 화폐유통은 필연적이었다.

그러나 돈이 본격적으로 유통되면서 부작용도 만만치 않았다. 화폐위조범이 연이어 출몰했고, 돈을 알게 된 사람들이 이윤추구에만 급급해 정상적인 상도의를 외면했으며, 빈익빈 부익부 현상이 더욱 심화되기 시작했다. 하지만 돈이 유통됨으로써 획기적인 상업 발달이 이루어지고, 농업 생산물이 상품화되는 계기가 마련되었으며, 장사에 대한 유교의 부정적인 시각이 서서히 퇴색해 갔다.

돈의 가치를 안정시키고 돈에 신용을 부여하기 위해 명과 로마제국에서는 은본위제를 채택했고, 미국의 달러는 금본위제를 채택했었다. 조선에서는 돈에 신용을 부여하기 위해 어떤 제도를 채택했을까? 상평통보는 세계 최초로 동본위제를 채택했다. 처음 들으셔?

금이나 은본위제와 마찬가지로 동본위제를 채택한 상평통보에는 1푼짜리 동전 하나당 1푼 가치에 해당하는 구리가 들어 있었던 것이다. 상평통보의 가치는 은 1냥의 400분의 1이었다. 즉 상평통보 400문이 은 1냥이었다. '문'은 당시 화폐 단위로 '푼'이라고도 했는데, 각설이들이 한 푼, 두 푼 하는 푼이 바로 이것이다. 동본위제는 대원군이 경복궁을 중건하기 위해 당백전, 즉 100푼(한 냥)에 해당되는 동전을 만들며 구리를 겨우 다섯 배쯤 넣으면서부터 유명무실해졌다. 당백전은 약 6개월간 통용되다 폐지되었으니, 상평통보가 쓰인 200년간은 조선의 동본위제가 지켜졌던 셈이다.

세월이 흐르면서 물가가 조금씩 올라가고 생활수준의 규모가 점점 커지는데도 조선은 상평통보만 썼다. 그러다 보니 가지고 다녀야 하는 엽전의 무게가 장난이 아니었다. 엽전의 제일 큰 문제점은 큰 거래를 할 때 나타났다. 예컨대 집을 한 채 사더라도 집값을 엽전으로 치러야 했던 것이다. 엽전도 많으면 무게가 엄청나서 장정이라도 겨우 25꿰미(관)를 질 수 있었고, 말에는 70꿰미 정도밖에 실을 수 없었다. 괜찮은 초가집이 엽전 200~300관이었는데, 초가집 한 채를 사려면 돈을 가득 실은 말을 데리고 세 번 왕복해야 했고, 사람이 지고 가면 열 번을 오가야 했다. 좀 멀면 지고 가는 품삯으로 상당한 엽전이 날아갔으니, 참으로 한심한 유통구조였다.

상평통보는 천원지방(중국 진나라 때의《여씨춘추전》에 나오는 말로, '하늘은 둥글고 땅은 네모나다'라는 뜻)의 철학에 따라 주조되었다. 즉 상평통보는 하늘의 둥근 것을 본떠 형체를 만들었고, 땅의 네모난 것을 본떠 가운데에 네모난 구멍을 뚫었다. 상평통보는 나무처럼 생긴 주전틀에서 동전을 떼어내는 방식으로 주조했는데, '엽전'이란 말은 동전이 주전 틀에 나뭇잎처럼 죽 달려 있어서 생긴 말이다.

화폐의 단위는 10푼이 1전, 10전이 1냥이고, 10냥이 1관으로 관이 최고 단위였다. 조선 후기 1냥의 가치가 쌀값으로 환산해 볼 때 2만 원 정도로 추정되니, 당시 1푼의 가치는 지금의 200원쯤 될 것이다. 당시 쌀 1석 값이 4~5냥이었으니, 10냥이면 쌀을 2석 정도 살 수 있었다.

조선 돈은 조선 말기가 되자 개판이 되고 말았다. 당백전이 본위제를 망가뜨리고 폐지된 후 민씨들이 정권을 잡으면서 악화를 찍어내기 시작한 것이다. 조정 부처 아무 데서나 필요에 따라 돈을 찍어낼 뿐만 아니라, 각 지방의 감영에서도 찍어냈다. 이렇게 아무나 돈을 찍어내다 보니 동본위제가 지켜질 리 없었다. 당오전이 나왔는데 구리가 겨우 1푼 5전밖에 들어 있지 않을 정도였다. 그러니 1푼 가치의 동이 다 들어 있는 상평통보를 녹여서 당오전을 만들면 배가 남았다. 찍는 놈들마다 구리 함량이 달라 지방별로 돈 액면은 같았으나 가치가 달랐고, 장사꾼들은 동전 표면의 구리 녹이 많이 슨 것을 받으려고 안달이었다.

그야말로 완전 개판이었다. 그러다 금본위제를 채택하고 있던 일본돈이 들어와 유통되면서 조선 돈은 그냥 쓰레기가 되었다. 일본 지전을 은행에 가져가면 금으로 바꾸어 주었으니, 그 전까지 녹이 많이 슬었느니 덜 슬었느니 하는 한심한 다툼을 하던 인간들이 일본 돈이 나오자 환장할 수밖에 없었다.

조선에서 말로 엽전을 실어 나를 때 일본에는 이미 민간 은행이 153개나 있었고, 일본 중앙은행에서는 정식으로 금본위제를 채택하고 있었다. 이러니 아무도 조선 돈을 가지려는 사람이 없었고, 조선 경제는 일본에 종속될 수밖에 없었던 것이다.

일본과의 무역과 삼포왜란

조선초에 일본에는 아시카가 막부(아시카가 다카우지가 교토의 무로마치에 연 막부. 1388~1573)가 군림하고 있었으며, 조선 조정과는 교린이라는 대등한 외교관계가 수립되었다. 조선에서 보낸 최초의 통신사는 세종 10년에 일본을 방문했다. 두 나라 사이에서는 국왕사와 통신사가 내왕했는데, 일본에서 가져오는 물품은 주로 은, 구리, 물소 뿔, 상아, 진주 등이었고, 조선으로부터는 무명, 삼베, 모시, 종이, 도자기, 서적, 불경 등을 가져갔다. 당시까지 일본에서는 면화가 생산되지 않아 직물을 조선에서 수입해 충당했으므로 엄청난 양의 직물을 수입해 갔다. 그러던 것이 19세기 말이 되면서 거꾸로 되어, 조선은 일본 무명을 수입해다 쓰는 처지로 전락한다. 일본 교역이 조선에도 중요했던 것은, 조선이 개국 후 국방을 강화하는 차원에서 무기를 만들면서 소요되는 다량의 구리를 일본에서 구할 수 있었기 때문이었다.

1407년 조선 조정은 왜인들이 왜구로 변하는 것을 막기 위해 내이포(제포, 진해)와 부산포를 개항하고, 세종 8년인 1426년에 염포(울산)를 개항하므로써 삼포를 개항했으며 왜인촌을 설치하고 교역할 수 있도록 조처했다. 왜관이 중심이 되는 왜인촌에는 왜인들이 거주했으며, 일본에서 오는 사절단을 접대했고, 무역 상품을 정리하고 보관하는 등의 일을 했으며, 주로 대마도인들이 왜관에 거주했다. 대마도에서는 조선어 교본을 만들어 조선어를 가르칠 정도였다. 세종 때 60가구로 시작한 삼포의 왜인촌은 성종(9대) 때가 되자 350가구로 늘어났고, 거래량도 직물인 경우 연간 50만 필을 가져갈 정도로 커졌다. 당시 대마도의 최대 도시인 이즈하라의 총가구 수가 겨우 250호였으니, 대단한 수의 왜인들이 조선에 와서 살았던 것이다.

이렇게 조선이 많은 부담을 감수하면서까지 왜인에게 관대했던 것은 이들을 강압적으로 대하면 바로 왜구로 돌변하기 때문이었다. 즉 조선은 명이 해금으로 왜구와 교역을 단절한 것과 달리 유화책을 택한 것이었다. 왜구에 대한 회유책 중 가장 효과가 있었던 방책은 왜인들에게 조선의 벼슬을 내려주는 것이었다. 왜인들에게는 주로 무반의 벼슬이 내려졌고, 종3품인 절충장군까지 책봉했다. 삼포 시대 동안 조선에서 관작을 받은 왜인은 모두 113명이나 되었고, 이렇게 함으로써 왜구는 자취를 감추고 조선은 100여 년 동안 큰 문제 없이 평화를 누릴 수 있었다. 인근 나라에서 사신이 오면(명나라 빼고) 조선 임금을 배알해야 했기 때문에 한양으로 와서 경복궁에서 왕을 배알했다. 일본 사신과 유구국 사신은 왕을 만날 때 경복궁 품계석에서 종3품의 자리에 섰고, 여진족 사신은 둘 낮은 종4품의 관직 자리에 섰다.

중종(11대) 3년(1508) 11월 제포 근처에서 조선인이 피살되었다. 다음 해에는 조선의 수송선이 약탈당하는 등 왜인에 의한 피해가 잇따르자 조선 조정에서는 왜인을 억압하기 시작했고, 중종 5년(1510) 삼포왜란이 일어났다. 웅천성이 함락되고 조선인 272명이 피살되었으며, 민가 800여 채가 불에 탔다. 조선군 진압군은 300여 명의 왜인을 죽이고 보름 만에 왜란을 진압했으며, 삼포를 폐쇄했다. 이렇게 해서 100여 년을 유지해 오던 삼포가 없어졌고, 이런 이유로 일본과 조선은 1545년 국교를 단절하게 되었다. 명의 해금에 이어 조선까지 일본과의 무역을 대폭 축소하자 일본은 극심한 물자부족을 경험하게 되었고, 이것이 후일 조일전쟁의 단초가 된다.

대마도 정벌

당시 왜구는 고려 때보다는 훨씬 조용해졌으나 완전히 근절된 것은 아니었다. 그들은 몇십 명 내지 몇백 명 단위로 몰려다니면서 조선 개국 초인 1393년부터 1407년까지 14년 동안 61번이나 침입을 했다. 그러나 고려 때보다는 침입 회수가 많이 줄어들었고 규모도 작아졌으며, 예전과는 달리 맞장 전투를 피하고 치고 빠지는 게릴라 전법을 주로 썼다. 제포와 부산포를 설치했는데도 왜구의 침입이 근절되지 않고 계속 귀찮게 굴자 태종은 왜구들의 본거지인 대마도 정벌을 결심했다. 세종 1년인 1419년 6월 삼군도체찰사 이종무를 사령관, 좌군도절제사에 유습, 우군도절제사에 이지실을 임명하고, 전선 227척, 수군 1만 7,000명을 동원하여 대마도를 정벌케 했다. 이는 전 조선 수군 전력의 3분의 1이었고, 군량은 65일치를 준비했다. 당시의 배 규모는 군수품을 실은 수송선 수십 척을 빼고 승선 수군을 계산하면 1척 당 약 100여 명을 태울 수 있었던 것으로 보인다.

대마도 토벌군은 정벌을 비밀리에 수행하기 위하여 부산포와 내이포를 폐쇄하고 왜인들을 감금했으며, 말썽을 일으키는 21명은 아예 처형해 버렸다. 준비를 마친 토벌군은 출항한 지 하루만에 대마도 두지포에 도착하여 포구를 수색한 후 배 129척을 찾아내어 20척을 거두고 나머지는 모조리 불태워 버렸다. 가옥 2,000채를 불태우고 왜구 100여 명을 죽였으며, 중국 포로 130명을 구해냈다. 왜구들이 내륙 깊숙이 숨어들자 정벌군은 요충지인 후나고시를 점령하고, 이곳에 목책을 설치해서 쓰시마 해안을 봉쇄해 버렸다. 이어 6월 29일 니로군 지역으로 진격하던 조선군은 지형에 어두워 매복해 있던 왜군의 기습을 받아 180여 명이 전사하는 일격을 당했다. 그러나 조선군의 압도적인 병력 앞에 대마도주가 항복한 데다 태풍이 두려웠던 토벌군은 대마도 정벌을 마치고 겨우 열흘 만에 철수했고, 그 바람에 왜구의 화근을 완전히 뿌리뽑지 못했다.

> 만약 우리 섬으로 하여금 귀국 영토 안의 주, 군의 예에 따라 주의 명칭을 정해 주고 인신을 주신다면 마땅히 신하의 도리를 지켜 시키는 대로 따르겠습니다.

항복한 대마도주의 탄원이었다. 사실 대마도는 원래 조선 영토였다. 조선 초기에 만들어진 동양 최초의 세계지도인 '혼일강리역대국대지도'는 중국과 조선 그리고 일본을 중심으로 한 세계지도

다. 이 지도에 남해안의 섬들이 비교적 자세히 그려져 있는데, 여기에 대마도가 함께 그려져 있다. 그리고 당시 일본 지도에는 대마도가 없었다. 일본에서 제작된 조선 지도에도 대마도는 조선 땅으로 되어 있었다. 대마도가 경상도에 편입된 지도도 있었다. 당연한 것이 조선에서는 50km밖에 떨어져 있지 않지만, 일본에서는 조선에서의 거리의 3배나 되는 147km나 떨어져 있는 것이다. 대마도 정벌을 선포했을 때 태종의 포고문을 보자.

> 대마도라는 섬은 경상도 계림에 속했으나 본디 우리나라 땅이란 것이 문적에 실려 있어 분명히 상고할 수 있다. 다만 그 땅이 매우 작고 또 바다 가운데 있어서 왕래가 막혀 백성이 살지 않는지라…….

이렇게 대마도를 조선 땅으로 인식하고는 있었으나, 대마도가 순전히 돌산인 데다가 해협에 풍랑이 심하여 왕래하기 힘들어 포기했던 것이다. 아깝다. 결국 이 대마도는 1868년 메이지유신 때 정식으로 일본의 영토가 되었다. 이때 조선은 일본 앞에서 찍소리도 못할 때였다.

최초의 거북선

건국 초기에 조선은 막강한 수군을 보유하고 있었다. 조일전쟁(임진왜란) 때 대활약(?)을 한 것으로 알려진 거북선은 태종 때, 아니면 고려말에 건조되었다. 건조한 시기에 대한 상세한 기록은 없으나,《태종실록》에 거북선과 왜선 모양의 조선 함정이 훈련하는 장면이 묘사되어 있다. 즉 거북선은 왜구의 함선에 대항하기 위하여 이미 고려말이나 조선초에 개발되었던 것이다. 조일전쟁 때의 거북선은 이순신 장군이 군관 나대용을 시켜 개량한 거북선으로 조일전쟁 전체를 통하여 겨우 3~4척이 해전에 참전했다.

양녕대군 양위의 허구

양녕에 관한 전설 중, 동생 충녕이 자신보다 뛰어난 왕의 재목임을 알아본 양녕이 충녕에게 왕위를 양보하기 위하여 거짓 미친 척을 하고 기행을 일삼아 마침내 충녕이 즉위했다는 스토리가 있으나 이것은 완전히 소설이다. 1404년 태종은 열 한 살 된 큰아들인 양녕대군 이제를 세자로 책봉했으나, 그는 권력에 큰 욕심이 없었고 특별히 부친인 왕을 공경하지도 않았다. 양녕대군은 머리는 잘 돌아갔으나 공부를 엄청 싫어했으며 사냥과 여색을 좋아하고 술을 사랑하는, 말하자면 왕재라기보다는 자유분방함을 추종하는 한량에 가까웠다. 그는 광대들과 소인배들, 그리고 기생들을 데려다 밤새 궁에서 술을 퍼마시고 노는 것이 일이었으며, 주변에서 말이 많아지면 아예 밤에 몰래 궁궐의 담을 넘어 밖에서 날밤을 새우고 오는 일도 비일비재했다.

양녕에 대한 일화 중에, 스승이 처음 오는 날 양녕이 그 앞에서 개 짖는 시늉을 했고, 하라는 공부는 하지 않고 동궁 뜰에 새덫을 만들어 놓고 새 잡이에만 열중했다는 일화가 있을 정도로 공부하곤 담을 쌓았었다. 이러한 양녕이 태종의 마음에 들 리가 만무했다. 결국 세자는 14년 후인 25세 때 여자 문제로 폐세자되었다. 폐세자된 후에도 양녕은 명이 길어 동생인 세종(4대)의 죽음에다가 문종(5대), 단종(6대)의 죽음까지 지켜보았으며, 세조(7대) 8년인 1462년 69세의 나이로 죽었다.

세자인 양녕은 청년이 되어가면서 태종의 속을 무던히도 썩였다. 양녕이 일으킨 대부분의 문제는 여자 문제였다. 기생들을 궁에다 데려다 놓고 술 마시는 것이 보통이었던 양녕은 심지어 큰아버지 정종의 여자였던 기생 초궁장과도 놀아났다. 초궁장은 백부의 여자였으므로 양녕의 이러한 행동은 당시 커다란 물의를 일으켰다. 양녕이 폐세자가 되기 전에 계속 태종과 신하들의 눈총을 받게 되자 수를 쓴 것이 외삼촌 둘을 죽게 만든 일이었다. 양녕에게는 4명의 외삼촌이 있었는데, 그 중 민무구, 민무질은 제1, 2차 왕자의 난 때 방원의 편에 서서 혁혁한 공을 세운 인물들로 좌명공신 1등에 책봉된 인물들이었다. 그러나 그들은 태종 6년 잇단 가뭄과 흉년으로 태종이 자책하여 선위의 의향을 내비쳤을 때 협유집권(어린 세자나 임금을 이용해 권력을 장악하는 것)의 혐의를 받고 태종에 의하여 처형되었다. 그러나 이들의 혐의를 입증하는 증거라고는 선위파동 때 '얼굴에 희색을 띠었다'라는 엉뚱하고도 말도 안 되는 주관적인 혐의밖에 없었으니 사실 억울하게 죽었다고 볼 수 있다.

그런데 이 사건이 일어난 지 2년 후, 그리고 기생 초궁장 사건이 터진 바로 다음 달인 태종 15년 양녕은 태종이 편전에서 효령, 충녕 두 대군과 함께 있을 때, 남아 있는 두 외삼촌인 민무회와 민무휼에 관한 얘기를 꺼냈다. 남은 두 외삼촌이 이미 죽은 두 형제에 대한 태종의 처분에 관하여 원망을 품고 있고, 개전의 정이 전혀 없다는 고자질이었다. 양녕의 이 고자질로 두 외삼촌은 즉각 체포되어 추국을 당했으며, 귀양을 갔다가 사약을 받고 모두 죽고 말았다. 결국 묘한 시점에서 한 양녕의 고자질로 멀쩡한 두 외삼촌이 죽고 말았는데, 이는 양녕이 자신의 어려운 입장을 벗어나고자 태종의 시선을 다른 데로 돌리기 위하여 두 외삼촌을 희생양으로 삼은 것으로 보인다.

양녕이 결정적으로 태종의 미움을 산 것은 조정 관원의 첩을 빼앗아 데리고 살았기 때문이다. 태종 17년 양녕이 중추부 곽선의 첩 어리라는 계집을 강간한 뒤 궁중에 불러들인 사건이 일어났다. 어리는 기생이 아니라 엄연히 사대부의 첩이었으므로 함부로 건드릴 수 있는 대상이 아니었다. 어리가 '저는 병이 있는 데다 남편이 있는 몸'이라고 저항했음에도 불구하고 태자에게 강간을 당했다. 이 사건이 물의를 일으키자 태종은 크게 노하여 어리를 소개해 준 자부터 관련자 여러 명을 죽이고 귀양을 보냈으나, 자색이 뛰어났던 어리에 대한 양녕의 사랑은 변하지 않았다. 이로 인해 양녕은 며칠간 연금을 당했다가 풀려났다. 태종의 행위에 열 받은 양녕은 태종에게 수서를 올려서 항의했다. 즉 왜 아버지는 여자를 지천으로 데리고 살면서 자신의 몇 안 되는 첩을 내쫓느냐는 것이었다. 엎드려 반성을 해야 될 처지에 태종에게 기어오른 것이었다. 태종은 양녕의 수서를 보고 격노했다. 결국 어리의 일로 양녕은 태종과 신하들의 미움을 사서 폐세자가 되었으나, 양녕은 폐세자가 된 이후에도 계속 어리를 데리고 살았다.

태종은 양녕을 폐세자시킨 다음 해인 태종 18년 적자 중에서 가장 학문을 좋아하고 똑똑했던 막내 충녕대군으로 세자를 삼았다. 1418년 양녕보다 세 살이 적었던 22세의 충녕은 태종의 양위로 세종으로 즉위했다. 선위할 당시 태종은 51세였으며 당시 병이 있는 상태로 4년을 더 살다 55세로 세상을 떴다. 사실 태종은 맏아들 양녕을 폐하며 통곡했다고 전해진다. 태종은 젊은 시절에 아이 셋을 연달아 잃고 스물 여덟, 당시로서는 꽤 늦은 나이에 얻은 아들이 양녕이었다. 부인과 서로 돌려가며 안아 주고 업어 주고 무릎 위에서 내려놓지 않고 애지중지 기른, 그래서 사랑하는 마음이 가장 두터워 다른 자식과 달랐던 양녕이었다. 더구나 형들을 쿠데타로 누르고 왕위에 오른 태종이었기에 적장자 상속의 원칙을 누구보다 지키고 싶었을 것이다.

양녕은 원래 바보가 아니었다. 그러나 그는 공부를 싫어해 공부할 때가 되면 매번 아프다고 핑계대고 공부 시간을 모면하는 일이 일상사였다. 그러나 그렇게 공부를 싫어했으면서도 어려서부터 시에 능하고 글씨가 명필이었다. 양녕은 세자시절 태종의 분부로 경회루의 편액을 썼으며 서울 남대문의 숭례문이라고 쓴 편액도 그가 쓴 것이다. 아마 양녕은 왕자리가 엄청 거북했고 그냥 편한 대로 또 하고 싶은 대로 살아가고 싶은 자유인이었을지도 모른다. 양녕은 폐세자가 된 후에도 계속 비행을 저질러 세종의 속을 많이 썩였으나 세종은 그런 형을 이해했다. 양녕은 나이가 먹으면서 전국을 자유롭게 유랑하며 풍류를 벗삼다가 69세로 생애를 마쳤다. 양녕과 세종은 우애가 극진하여 세종은 양녕이 아무 불편없이 생애를 보낼 수 있도록 보살펴 주었다. 세종이 즉위한 후 둘째인 효령대군은 머리를 깎고 중이 되었으며 91세까지 천수를 누렸다.

그런데 양녕은 오래 살면서 수양대군이 세종의 손자인 단종을 내쫓고 왕위를 찬탈할 때 수양대군을 후원했다. 또 이 계유정난 직후 양녕은 단종을 보호하려 한 수양대군의 친동생 안평대군을 두 차례나 죽이라고 청해 결국 안평대군은 사사되었다. 더구나 세조 즉위 후 사육신 사건이 터지자 영의정 정인지와 함께 종친들과 백관을 거느리고 세조에게 단종을 죽이라고 세 번이나 요청했다. 처음에 단종 처형을 주저하던 세조는 결국 단종을 죽였으니, 이는 양녕이 세종(4대)의 장손자 단종을 죽인 것이나 마찬가지였다. 이러한 일들은 양녕이 세종의 아들인 세조(7대)를 통해 같은 세종의 아들인 안평대군을 죽이도록 하고 또 세종의 장손자인 단종까지 죽이도록 함으로써 세종에게 왕위를 빼앗긴 복수를 한 것은 아니었을까 하는 의구심을 갖게 한다.

왕이 되는 차남

조선 왕조에서 장남은 왕이 되기 힘들었다. 맏아들은 대개 몸이 약한 데다 빌빌했는데, 이는 대부분 조혼으로 인하여 어린 왕비에게서 태어났기 때문이었다. 조선 27대 왕 중 맏아들로 왕이 된 인물은 일곱 명뿐이고, 둘째아들이 왕이 된 경우가 열두 번이나 된다. 맏아들은 문종(5대), 단종(6대), 연산군(10대), 인종(12대), 현종(18대), 숙종(19대), 경종(20대)뿐이다. 더구나 이들 중 장수한 인물은 숙종 한 명뿐이고 나머지는 모조리 요절했다. 어느 왕실이나 적장자를 적통으로 삼는데, 역시 마찬가지로 그 천리를 수용했던 조선에서는 겨우 일곱 명만이 장자였다.

6

동양 역사상 최고의 명군 제4대 세종

명군의 탄생

동양 역사상 가장 뛰어난 문화군주 세종 이도는 스물 두 살 때 양녕대군이 폐세자가 됨으로써 세자로 책봉되었으며, 세자가 된 지 석 달 만에 태종의 양위로 즉위하여 32년간 재위한 후 54세로 병사했다. 말년에는 건강이 나빠져서 문종에게 대리청정을 시켰기 때문에 실제 왕권을 행사한 기간은 20년 정도 된다. 필자는 동서양사를 다 공부했는데, 동서양 역사의 왕들을 다 살펴봐도 사실 세종만한 임금이 없었다. 원래는 동서양 역사상 가장 뛰어난 임금이라고 하려다가, 혹 실수할까봐 동양으로 범위를 축소한 것이다.

세종대에도 천재가 연이었으나, 다른 임금의 치세에 비하면 태평성대라 할 만했다. 세상 사람들이 모두 역사상 최고의 태평성대였다고 믿는 기원전 2000년 경 중국의 전설시대인 요순시대 스토리 역시 완전 소설이다. 사실은 권력 쟁탈전 끝에 순임금 요중화에게 권력을 뺏긴 멍청이 요임금 이방훈은 제 아들에게 권좌를 물려주지도 못하고 쫓겨나 객사했다. 순임금 요중화도 하왕조를 연 사문명의 쿠데타로 쫓겨나서 황무지에 유배되었다가 죽었다. 태평성대는커녕 둘 다 권력 쟁탈전에 희생되어 죽은 것이다. 이렇게 중국에서도 역사 시간에 소설을 가르치고 있다.

세종이 성군일까? 역대 왕 중 가장 지적이고 독서광이며 총명하고 현명한 왕, 그리고 수많은 치적, 그러나 애석하게도 후계자 문제를 소홀히 처리하여 둘째 수양의 계유정난을 미리 예방하지 못한 안타까운 왕. 건강을 방치해 비만, 당뇨, 고혈압, 안질, 신경통, 류머티스 등을 달고 다닌 종합병원이었으며, 말 타기나 사냥을 싫어하고 두 달에 한 번 정도 골프를 즐긴 것이 세종의 프로필이다. 자식들은 거의 요절했으며, 외갓집에서는 외삼촌 4명과 장인이 참형을 당하고 장모는 천민의 나락으로 떨어졌을 만큼 세종의 가정사는 불행했다.

그러나 세종의 선정을 듣고 여진인, 왜인들이 대거 귀화할 정도였고, 군주의 도리인 백성 사랑은 세종을 따라갈 군주가 없었다. 천재로 농사를 망쳤을 때 세종은 백성들과 고통을 같이했고, 또 역사상 최초로 백성 17만 명을 상대로 신법 제정에 대한 설문조사를 실시하기도 했던 왕이 세종이었다. 수많은 치적 중 가장 빛나는 일은 얘기할 것도 없이 한글 창제다. 사실 우리나라가 다른 나라에 대놓고 자랑할 것은 한글뿐이라는 것을 알아야 한다. 한글날을 폐지한 무식한 위정자들아, 반성 좀 해라. 세종이 책을 너무 좋아하다 보니 인쇄용 갑인자를 발명하여 인쇄술을 열 배로 발전시켰고, 115권의 서책을 편찬하여 역대 왕 중 최고의 서책 편찬을 기록했다. 이처럼 책을 좋아하고, 또 많은 책을 읽은 왕은 우리나라 역사상 세종과 정조뿐이었으며 둘 다 명군이었다. 제발 책 좀 읽어라.

세종의 치적 요약

1. 한글 창제 : 한문 음의 표준화와 명나라 법전 해석, 그리고 《삼강행실도》 번역으로 효행을 권장할 목적이었다. 정음은 인도 문자인 산스크리트, 몽골 문자인 파스파 문자에서 일부를 취했고, 제자 원리는 중국의 12세기 서적 《육서략》을 참고한 것으로 추정된다.

2. 화약무기의 발전 : 신기전과 다연발포 발사대인 화차 발명. 분리식 완구 발명. 구무기 교체 및 화약무기 실전 배치. 당시 세계

최첨단 화약무기 국가로 부상. 여진, 왜구 제압. 이천의 총통등록 편찬. 1993년 대전 엑스포에서 신기전과 화차 화력 시범은 전세계 TV로 중계되었다.

3. 김종서, 최윤덕에게 명하여 6진을 설치하도록 하여 현재 한국 국경 확정.

4. 매년 초 중국에서 역서를 받아옴. 조선의 절기와 차이가 많아 불편하여 최초로 조선의 자체 달력인 칠정산 제작. 천문, 기상 연구 본격화로 천문기기 제작, 천문 관측대 설치. 천문학 발전.

5. 측우기, 앙부일구(해시계), 자격루(물시계) 등 과학기기의 제작으로 과학기술 발전이 정점을 이룸.

6. 조세 공평제도를 지향한 공법 시행.

7. 법전 완비. 《경제속육전》《신주무원록》 편찬.

8. 박연과 맹사성의 아악 정리로 예악 완성.

9. 집현전 설치. 인재 양성, 싱크 탱크, 조정 도서관, 각종 서책 편찬, 경연과 서연, 역사서 편찬 등.

10. 갑인자의 발명과 인쇄술의 발전. 각종 서적 편찬. 농사, 의료, 천문, 병법 등 문화 전성기를 이룸.

11. 백성에 대한 사랑 지극. 형벌 감소. 세법에 대한 최초의 대국민 설문조사.

대강 요약해서 썼는데도 쓰다 보니 한 페이지가 꽉 찬다.

세종의 정치

세종은 1397년 생으로 이름은 이도이며, 충녕대군에 책봉되었다가 양녕이 폐세자된 후 세자로 책봉되었다. 세종은 세자가 된

지 석 달 만에 부친 태종의 양위로 1418년 22세 때 즉위하여 32년간 재위하고 1450년 54세로 병사했다. 그러나 실제로 세종 4년에 태종이 세상을 뜰 때까지는 상왕 태종이 군사권과 그 밖의 중요한 일에 대한 결정권을 가지고 있어서 왕이 된 후 4년 동안은 세자 교육을 받지 않은 세종의 임금 수업 기간이었고, 마지막 8년 정도는 신병 때문에 문종(5대)에게 섭정을 하도록 했기 때문에 실제 재위기간은 약 20년 정도다. 한국 역사상 가장 뛰어난 군주 둘은 광개토대왕과 세종대왕이다. 광개토대왕은 우리나라를 역사상 가장 넓은 영토로 확장시킨 정복군주였고, 세종대왕은 우리나라 역사상 가장 현명하고 창조적인 문화군주였다. 기준을 어디다 두느냐에 따라 다르겠지만 세종은 분명 명군이었다. 성군이란 호칭도 있지만 역사상 과연 누가 성군이고, 그 객관적인 기준을 어디다 둘는지 필자는 잘 모르기 때문에 '영명한 군주'의 의미인 명군이란 호칭을 쓰려고 한다.

그러나 세종의 일생을 추적하다 보니 군주로서 세종만큼 그 임무를 더할 수 없이 잘한 왕이 동서양에 아무도 없었다. 그래서 세종에게는 성군이라는 호칭도 결코 넘치지 않는다고 본다. 세종은 우리나라 역대 왕 중 가장 많은 치적을 남겼으며, 특히 우리가 만방에 자랑할 수 있는 겨레의 문화유산인 한글을 창제하여 우리 민족이 수천 년간 예속되어 있던 중국의 문화 예속에서 벗어나 자긍심을 가질 수 있는 독자적인 문화민족으로 남도록 결정적인 공헌을 했다. 또 세종은 역대 왕 중 가장 백성을 사랑하던 왕이었다. 세종은 치세 30년 동안 대규모 방화사건, 백정들의 폭동, 성을 쌓는 백성들이 일으킨 평안도 대성산성의 반란 등 여러 가지 어려움이 있었음에도 불구하고, 방화범을 제외하고는 단 한 명도 역모나 반란 혐의로 처형한 사람이 없었을 만큼 덕치를 펼쳤다.

독서광 세종

세종은 역대 왕 중 가장 총명하고 학구적인 왕이었다. 어릴 때부터 책을 너무나 좋아했던 세종은 무섭게 독서에 몰두했다. 유학의 경전뿐만 아니라 역사, 법학, 천문, 음악, 의학 등 다방면의 책을 섭렵하여 모든 방면에서 전문가 이상의 실력을 쌓았다. 본인 스스로 정서는 모두 100번씩 읽었으며, 딱 한 가지 책만 30번 읽었다 했다.

"몹시 추울 때나 더울 때도 밤새 글을 읽어, 나는 그 아이가 병이 날까 두려워 항상 밤에 글 읽는 것을 금하였다. 그런데도 나의 큰 책은 모두 청하여 가져갔다"라고 태종은 술회하고 있다. 마침내 세종은 눈이 짓무르고 현기증이 빈발하는 지경이 되었는데도 책을 놓지 않자 태종은 이를 크게 꾸짖고는 충녕이 가지고 있던 책을 모조리 압수하고 말았다. 그때 태종이 빠뜨리고 압수하지 못한 책이 송나라의 문신 구양수와 소식이 주고받은 편지 묶음인 《구소수간》이었는데, 별로 볼 것도 없었던 이 책을 충녕은 밤낮으로 그 책만 하도 읽어 모조리 외울 지경이 되었다 한다.

세종은 식사중에도 반드시 책을 펴서 좌우에 놓았으며 밤에 잘 때 잠자리에서도 책을 놓는 법이 없었다. 또 기억력도 매우 뛰어나 수많은 신하들의 성명, 내력, 세계 등 미세한 것이라도 한 번 들으면 잊지 않았으며, 한 번 그 얼굴을 보면 여러 해를 보지 못하였어도 다시 보실 때는 반드시 아무개라고 이름을 불렀다. 또 사물의 정밀하고 소략하고 아름답고 추악한 것에 이르러서는 한 번 눈에 접하면 미세한 차이라도 정밀히 분별하였다. 이렇게 공부벌레에다 뛰어난 기억력까지 갖춘 세종은 나이가 들면서 당대에 내로라 하는 학자들도 따르기 어려운 최고의 학식과 논리적 언변을 갖추게 되었다. 조선 역사상 신하들보다 학식이 뛰어났던 왕은 바로 세종과 정조(22대) 둘뿐이다.

세종은 맏형 양녕대군이 폐세자되면서 세자에 책봉되었지만 충녕에 대한 신하들의 신망은 오래 전부터 두터웠다. 사람과 말을 보는 눈은 누구한테도 양보하지 않는다는 태종은 "충녕은 관홍장중하다"라고 칭찬을 아끼지 않았다. 또 그 무렵 조선을 자주 방문했던 명나라 사신 황엄도 충녕이 영명하기가 뛰어나다고 볼 때마다 칭찬을 아끼지 않았다. 그러나 태종의 선위로 세자가 된 지 석 달 만에 왕위에 오른 세종은 태종이 죽을 때까지 4년 동안 외갓집이 풍비박산나는 꼴을 보면서도 자기 주장을 접은 채 찍소리도 못하고 임금 수업을 받아야 했다.

세종이 즉위했을 때 조선의 형편은 결코 좋은 편이 아니었다. 비록 태종이 왕권을 강화하고 공신들을 쓸어내는 정지작업을 하여 정권에 커다란 위협은 없었으나 왜구와 여진족의 침입이 끊이지 않았고, 명나라에서는 말과 여자를 요구했으며, 명나라 사신들까지 끝없는 뇌물을 요구했다. 그런 판에 연속되는 가뭄과 홍수로 흉작이 아닌 해가 없을 정도여서 함경도와 황해도의 굶주린 백성들은 흙을 파서 떡과 죽을 만들어 먹어야 했다. 세종 때도 이랬다. 나라의 형편이 이 모양이다 보니 초장에는 세종의 즉위를 원망하는 백성들도 나왔고 반역의 움직임도 없지 않았다. 그러나 이러한 어려운 환경에서 치리한 세종은 위기를 극복하고 백성들의 살림을 풍족하게 하였으며, 치세시 인구는 늘고 국방은 튼튼해져 당시 조선을 세계 최첨단 화약무기를 보유한 국가로 만들었다.

북방에서 조선인들과 이웃해 살던 여진족들은 세종의 인정의 소문을 듣고 수십 명 때로는 수백 명씩 강을 건너와 조선으로 귀화하는 일이 흔했다. 세종은 귀화한 여진인들에게 양식을 제공하고 거처를 마련해 주도록 명했다. 여진인들뿐만 아니라 왜인들도 수십 명씩 바다를 건너와 조선에 귀화했다. 세종은 이러한 귀화한 외국인들도 똑같이 자신의 백성으로 대하여 결혼을 시켜 주고 거처를 마련해 주었으며 공에 따라 벼슬을 내렸다. 세종의 치세를 평가하면, 세종은 완벽한 인간은 아니었으나, 거의 완벽한 왕이었다.

세종의 비만과 골프

세종은 원래 식성이 대단히 좋아서 하루 네 차례씩 식사를 했는데, 특히 육류를 좋아해서 고기가 없으면 식사를 하지 않을 정도였다. 이렇게 고기를 좋아하는 데다 사냥 등 운동을 좋아하지 않아 비만이 되었고 몸이 시원치 않게 되었다. 그러나 세종도 좋아하던 운동이 있었으니 바로 골프였다. 아니, 그때 골프가 있었느냐고? 지금의 골프와 꼭 같지는 않지만 골프와 매우 비슷한 운동이 그때도 있었다. 그 운동의 이름은 격방 또는 타구, 봉희로 불렸는데 세종은 경신일이 되면 종친들과 신하들을 불러놓고 밤새도록 격방을 했다. 경신일은 도교에 있는 날로 매 60일에 한 번씩 돌아왔으니, 세종은 그저 두 달에 한 번 정도 골프를 즐겼던 것이다. 매일 늦게까지 책을 읽고 밤낮없이 정무에 몰두하다 보니 세종의 건강은 더욱 나빠졌다. 원래 몸이 뚱뚱했던 세종은, 세종의 동상을 좀 수정해야 되지 않을까, 30대 초반에 벌써 안질에 풍질(신경통), 종기가 생기기 시작했고, 40대에 들어서자 당뇨까지 시작되어 하루종일 앉아서 정사를 볼 수 없을 정도로 몸이 나빠졌다. 수전증과 한쪽 다리 마비까지 왔으니 아마 고혈압, 중풍 증세도 있었을 것이다. 나이가 먹으면서 온갖 병이 다 생겨 걸어다니는 종합병원이 되었고, 말년에 가정사까지 불행해지자 정신적으로도 피폐해져서 세종은 불교에 귀의하게 된다.

세종의 가정사

세종은 소헌왕후 심씨 외에 9명의 후궁을 두었고, 다시 네 사람의 궁녀를 가까이 하여 모두 14명의 여인에게서 18남 7녀를 두었다. 많이도 낳았다. 그 중 소헌왕후는 8남 2녀를 낳았다. 아버지인 태종은 한술 더 떠서 20명이 넘는 후궁에게서 30명이 넘는 자녀를 보았으니, 양녕이 아버지는 첩을 수십 명씩 두면서 자기가 첩 몇 명 둔 것 가지고 어찌 그리 못살게 구느냐고 대들었던 것이다.

세종은 가정사에 있어서는 매우 불행한 왕이었다. 부친인 태종은 세종의 친어머니인 원경황후와 사이가 아주 안 좋았다. 거기다 세종의 외삼촌 네 명은 모조리 태종 손에 죽고, 세종의 장인 심온 역시 상왕인 태종에게 밉보여 사약을 받아 죽었으며, 처갓집 식구들은 모조리 귀양가고 장모마저 천인으로 떨어졌다. 왕비인 소헌왕후도 내쫓아야 된다는 중론이 있었으나 왕비와 금슬이 좋았던 세종이 버티는 바람에 겨우 무마되었다. 자식들도 제 명을 채운 자가 많지 않아, 세종이 48세 되던 해에 다섯째 광평대군과 일곱째 평원대군이 병사했고, 그 다음 해에 소헌왕후가 세상을 떴다. 또 사랑하던 맏딸 정소공주도 열 세 살에 죽었다. 큰아들 문종은 즉위 2년 만에 병사하고 큰며느리 둘은 폐출되었으며 셋째 며느리는 장손자 단종을 낳고 죽었다. 세종이 세상을 뜬 지 5년 후 둘째아들 수양대군은 계유정난을 일으켜 세종의 셋째아들 안평대군과 여섯째아들 금성대군을 죽이고 장손자인 단종마저 죽였다. 넷째 임영대군은 음행을 거듭하는 등 하는 짓이 원래 싸가지가 없어 귀양까지 갔으나 끝내 버릇을 고치지 못했다. 결론적으로 첫째는 요절하고, 둘째는 난을 일으켜 셋째와 여섯째를 죽였으며, 넷째는 원래 싸가지가 없고, 다섯째와 일곱째 그리고 공주 하나는 어려서 죽었으니 10남매가 수양을 빼고는 거의 다 죽었던 것이다. 이러다 보니 현세에 애착이 없어지고 심적으로 약해지면서 세종은 불교에 기울었던 것이다.

참고로 세종 당시 궁녀의 숫자는 대략 600명 내외였다. 세종 때부터 약 700~800년 전에 백제의 의자왕이 삼천 궁녀를 거느렸다고 누가 헛소리를 했냐? 당시 아마 많아야 200~300명쯤 있었을 것이다.

세종의 학구열과 서적 출판

세종은 즉위한 지 두 달도 안 되어 첫 번째 경연을 열고 공식적인 공부를 시작했다. 가장 먼저 공부한 교재는 《대학연의》였는데 이 책은 조선 초기 제왕의 필독서로서 제왕학의 고전이었다. 세종은 이 책을 독파하는 데 4개월이 걸린 반면 양녕대군은 세자 시절 6년을 걸려 이 책을 끝냈었다. 《대학연의》를 끝낸 후 세종은 북송의 사마광이 제왕들의 통치에 교훈을 주기 위하여 쓴 사서인 《자치통감》을 공부하고 싶어했는데, 세종 당시 최고의 역사서로 꼽히던 책이 바로 《자치통감》이었다. 《자치통감》은 북송의 사마광이 기원전 403년부터 960년에 이르는 1,362년간의 역사를 19년에 걸쳐 완성한 편년체 역사서로서 총 294권짜리 책이다.

세종이 역사를 공부하고자 한 것은, 역사와 경전을 뒤져 가장 이상적인 제도를 연구한 다음, 그 제도를 현실에 맞게 수정하여 백성들을 위한 애민정치를 펴기 위함이었다. 책의 분량이 너무 방대하다고 신하들이 반대하자 세종은 그 대안으로《통감강목》을 선택했다.《통감강목》은 송나라의 주희가 쓴《자치통감》의 요약판으로, 이 책도 59권이나 되는 책이었다. 그러나 세종은《자치통감》에 대한 미련을 버릴 수 없었다. 세종은 집현전 학자들에게《자치통감훈의》라는,《자치통감》을 쉽게 해설한 해설서의 이름을 미리 지어 주면서《자치통감》을 완벽하게 이해하기 위한 해설서의 편찬을 명했다. 그리고 매일 밤 그 초고를 친히 보면서 교정해 나갔다. 이《자치통감훈의》의 편찬이 세종 전반기에 집현전이 수행한 최대의 작업이었다. 이 작업에 수십 명의 학자들이 달라붙어 2년여 간의 노력 끝에 완성되었다.

또 세종은 정인지, 김종서 등에게《고려사》의 수정을 지시하여 1451년 문종 때《고려사》와《고려사절요》를 펴내게 되었다. 세종은 직접《월인천강지곡》을 지었으며 연이어 정인지, 김종서의《용비어천가》, 농사서인《정초》, 변효문의《농사직설》과 유효통, 노중례의《향약집성방》, 강희맹의《금양잡록》, 설순의《삼강행실도》, 윤회, 신색의《팔도지리지》, 이석형의《치평요람》, 수양대군의《석보상절》, 김순의, 신석조의《의방유취》등 각 분야에서 서적이 쏟아져나왔다. 특히《농사직설》은 종자의 준비부터 추수에 이르기까지 영농법이 모두 기록된 우리나라의 첫 농업서적이었으며, 이렇게 농업발전에 힘을 쏟은 결과 세종 때의 농업 생산량은 비약적으로 늘어났다.

세종이 책의 편찬과 출판에 힘을 쏟자 인쇄술이 비약적으로 발전하여, 세종 16년 경자자를 개량한 갑인자 20만 자를 만듦으로써 인쇄술이 10배의 속도로 빨라졌다. 이 갑인자는 구텐베르그의 금속활자 인쇄술보다 50년이나 빠른 것이다. 당시 조선에서 수명이 긴 최고 품질의 한지에다 갑인자로 인쇄하여 펴낸 책은 전세계에서 가장 아름다운 서책이었다. 이렇게 학문이 발전하고 인쇄술이 발달하면서 세종조에 펴낸 서책은 모두 115권에 달해 역대 왕 중 최고의 서책 편찬을 기록했다. 참고로 연산군이 12년간 20권을, 광해군은 15년 동안 11권을 펴낸 반면, 세종 다음으로 학구적인 왕이었던 정조는 104권의 책을 펴냈다.

또 세종은 천문학을 전문적으로 연구하는 서운관을 설치하여 측우기, 혼천의와 앙부일구, 자격루 등을 만들어 백성들의 생활에 커다란 도움을 주었으며, 경복궁의 경회루 북쪽에 석축 간의대를 설치하여 천문을 살피게 하였다. 간의대의 크기는 높이 6.3m, 길이 9.1m, 넓이 6.6평방미터의 천문 관측대였는데, 아마 첨성대보다 좀 컸을 것이다.

의녀와 다모, 의료서적 간행

인구가 증가하고 생산력이 향상되자 의료에 대한 수요가 늘었다. 고려 조정 말기부터 향약을 정리하여 병 치료에 적용하려는 노력이 계속되면서 조정에서 의녀를 양성하기 시작했다. 1414년인 태종 14년에는 13세 이상의 계집종 10명을 뽑아 태조 4년에 설치된 제생원에서 교육시켜 배치키로 했는데, 의료를 가르치기 위하여는 글을 알아야 했다. 결국 의녀들에게 《천자문》과 《효경》, 이두 등을 가르친 후 본격적으로 의술을 가르쳤으며, 이것이 공식적으로 최초의 여성 교육이었다. 의료기관이었던 전의감과 내의원은 임금과 궁중의 의료를 담당했고, 혜민서와 활인서는 백성들의 의료를 맡았다.

사실 유교의 나라 조선에서 양반집 여성들은 할 일이 전혀 없었다. 물론 양민들과 천민들이야 남녀 가리지 않고 농사일 등을 했으나, 양반집에서는 음식이나 바느질 등도 노비들이 모두 했기 때문에 양반집 부녀자들은 할 일이 전혀 없었다. 남녀 구분 때문에 여자들은 출입시에 장옷을 뒤집어써야 했고, 의원이 와도 내외를 해야 했다. 이런 조선에서 많은 수는 아니지만 직업을 가졌던 여인들이 바로 의녀와 다모였다. 이 두 직업이 생긴 것은 단지 남녀의 구분이 엄격했기 때문이었다. 이렇게 해서 의료교육을 받은 의녀들은 궁중의 의료 요구에 따라 일을 했는데, 신분이 천하다 보니 빽하면 술자리에 불려갔다. 아니, 술 처먹다 자빠지는 놈들 속병 치료 때문에 의녀가 필요했을까? 그게 아니고 술자리에 불려간 의녀는 기생 대신이었다. 그래서 또 말이 많았는데, 어쨌든 의녀제도는 조선 말기까지 계속되었다.

원래 다모는 관청에서 식모 노릇을 하는 여자 관노비를 일컫는 말이었다. 그러나 조선 중기 이후 다모는 의금부, 형조, 포도청에서 특수한 임무를 맡게 되었다. 다모에게 맡겨진 임무는 주로 수색과 염탐이었다. 지금의 여형사와 비슷한 역할을 했던 것이다. 그러다 보니 다모를 뽑을 때 키가 5척이 되어야 하고, 막걸리 세 사발을 단숨에 마실 수 있어야 했으며, 쌀 다섯 말을 번쩍 들 수 있어야 한다는 규정까지 있었다 한다. 한가닥 해야 다모를 할 수 있었다는 스토린데, 얼마 전에 다모라는 연속극인가 영화의 주인공이 하지원이라는 연약한 탤런트였던 것으로 기억한다. 장미란같이 체격 좋은 탤런트를 썼으면 더 실감이 났을 텐데 좀 아쉽다. 어쨌든 이렇게 다모는 특수한 임무를 맡았으며, 정조 때 장용영에도 두 명의 다모가 있었다는 기록이 있다.

세종 때 노중례와 박윤덕은 수백 종의 약초를 감정하고 분류한 《향약채취월령》을 저술했으며, 1431년에는 《직지방》《의방집성》을 출판했고, 1433년 85권이나 되는 수준높은 의서인 《향약집성방》이 편찬되었다. 《향약집성방》은 궁중 의사인 권채, 유효통, 노중례, 박윤덕이 공동으로 편찬한 의서로서, 959종의 질병에 대한 처방 1만 706가지와 침이나 뜸으로 고치는 법 1,497가지가 수록되어 있다. 이러한 세종의 의학에 대한 깊은 관심과 지원으로 의학이 발달하여 일반 백성들도 의료혜택을 보기 시작했으며, 1445년 의학 대백과전서인 《의방유취》가 편찬되었다.

세종의 애민과 설문조사

세종만큼 백성을 사랑한 왕도 없었다. 세종 7년 가뭄이 들자 왕은 궁 밖으로 나가 근교를 돌아보며 농부들에게 작황을 물었다. 농사를 망쳤다는 대답을 들은 세종은 점심도 먹지 않고 궁으로 돌아왔다. 조선 백성들은 개국에서부터 멸망할 때까지 즉, 명나라, 청나라 등 두 왕조가 중국에서 개국했다가 멸망할 동안인 무려 500년 동안, 조선 왕조 역사상 단 한 세대도 태평성대가 없는 비참한 삶을 살았다. 당시 먹고사는 일은 농사에 달려 있었는데, 대부분의 논이 천수답이었고 기후까지 좋지 않았던 데다, 농업기술도 낙후되어 있어 농업생산성이 형편없었다. 동양 최고의 명군인 세종대에도 재수없게 매년 가뭄이 들어, 세종이 즉위하고 할 일이라고는 그저 기우제나 자주 드리는 것뿐이었다. 세종 즉위 이후 10여 년간 단 한 해도 가뭄이 들지 않는 해가 없어서 백성들 중에는 흙을 파먹는 사람도 생겨났다. 세종 6년에는 심한 가뭄 때문에 강원도 전체 가구의 3분의 1이 사라지고 농토의 절반이 폐허가 되었을 정도로 백성들의 삶은 참혹했다.

세종은 백성들의 삶이 기근으로 피폐해지자 거처하던 강녕전을 버리고 경회루 한쪽에 초가집을 짓고 무려 2년을 살 만큼 백성들과 아픔을 함께 한 군주였다. 그러면서도 고민 때문에 밤에 잠을 이루지 못해, 무려 열 하루 동안이나 앉은 채 밤을 지새우기도 했다고 한다. 이건 좀 말이 안 되는데. 세종은 정무를 볼 때도 언제나 대신들에게 날씨와 작황을 물은 다음 정무를 시작했다.

당시 기록에 의하면 세종이 즉위한 1418년부터 세상을 떠난 1450년까지 태양의 흑점 기록이 하나도 없다. 그뿐 아니라 그때를 전후해서 약 150년간 흑점 기록이 등장하지 않는다. 그 시기가 바로 소빙하기와 일치하는 때로, 태양 활동이 매우 적고 일조량이 적어 농사에 아주 적합하지 않은 기후가 계속되었다. 이러한 상황에서 백성을 자식같이 사랑하던 세종은 기우제를 드리며 비를 기다리는 것으로는 애타는 마음을 달랠 수 없어, 과학적인 영농법 연구에 진력하여 농업생산성을 높이려고 시도했다. 그 결과가 과학발전으로 나타났다. 측우기를 만들어 전국에 보급하여 강우량 통계를 내서 농사에 적용토록 했고, 그간 정확하지 않은 명의 달력 때문에 절기에 착오가 있던 것을 조선력인 '칠정산'을 만들어 해결했으며, 물시계인 자격루를 만들어 하루 일과를 관리하여 농사일을 체계적으로 시행하려는 노력을 기울였다.

직파 재배를 하던 기존의 벼농사에, 모를 옮겨 심는 이앙법을 적용하기 시작했으며, 농업생산성을 높이기 위해 《농사직설》을 간행하여 각 지역에 맞는 작물과 농법을 선택하여 농사짓도록 했다. 《농사직설》은 조선의 독자적인 농법을 전국적으로 조사해서 만든 최초의 농서로, 모든 농법을 망라하고 있을 뿐만 아니라 비료 만드는 방법까지 기술되어 있다. 《농사직설》은 전국에 반포되었으며, 이러한 세종의 노력으로 작물생산이 크게 늘어 세종 때가 조선시대를 통틀어 가장 높은 농업생산성을 기록하게 되었다. 세종 20년이 지나자 더 이상 기근에 대한 기록이 사라졌으며, 국가에 비축된 곡식이 자그마치 500만 석에 육박하게 되었다. 김정일이 이 책을 좀 봤으면 좋겠다. 참고로 소인배 선조 때 조정에 비축되어 있던 곡식은 50만 석 정도였다.

이렇듯 세종은 농업생산성 향상에만 진력한 것이 아니라 백성들의 작은 어려움까지도 신경을 썼다. 관비의 출산휴가를 7일에서 100일로 늘려 주었고, 남편에게도 출산휴가를 주었다. 임신한 여인의 남편에게 출산휴가를 준 것은 세계 최초의 일이었다. 또 세종은 참으로 검소했다. 해동청을 기르는 것이 민폐를 끼친다며 매를 놓아 보냈고, 당뇨병에 양고기가 좋다며 양고기를 드시라는 권유에, 양고기는 우리나라에서 나지 않는다며 먹지 않았다.

어느 날 세종의 총애를 받던 어린 후궁이 청탁을 넣자 "어린 계집이 벌써부터 청탁을 넣으니 커서 무슨 짓을 할지 모를 일이다" 하고는 다시는 그 후궁을 가까이 하지 않았다. 세종은 이러한 인격을 가진 왕이었기 때문에 황희, 허조, 맹사성, 김종서 같은 명신이 나올 수 있었다.

세종의 애민은 일반 백성을 대상으로 설문조사를 한 데서도 알 수 있다. 15세기 중반인 1439년(세종 12년) 동서양 역사를 통틀어서, 그리고 조선 초유의 전대미문의 사건이 있었다. 공법 제정에 반영하기 위해 왕이 백성들을 상대로 설문조사를 실시한 것이다. 자그마치 반 년이라는 시간을 투자하여 전국에서 17만 명의 백성에게 신법에 대한 찬반 의견을 물었다. 세금을 변동세제로 할 것이냐 정액세제로 할 것이냐가 주제였다.

변동세제는 그때 그때의 수확량의 10분의 1을 세금으로 납부하는 법이었으나 중간에 관리들이 부정을 저지를 소지가 많았고, 수취된 세금과 국고에 납입된 세금이 갈수록 차이가 나서 민생과 국가재정이 함께 피폐해지는 단점이 있었다. 정액세제는 무조건 정해진 평균 수확량의 10분의 1을 세금으로 내는 법이었으나 작황이 나빠도 정액을 세금으로 내야 했기 때문에 농민의 부담이 커질 수 있었다. 이 두 가지 안을 놓고 설문조사했는데 결과는 정액세제에 대한 찬성이 9만 8,000명, 반대가 7만 4,000명이어서, 다수결로 정액세제가 확정되었다. 그러나 이 세법도 후에 문제가 계속 발생하여 여러 번 손을 보아야 했다. 역사상 세종 같은 임금이 없었음에도 불구하고 세종대에도 민란이 있었고, 천재지변으로 가난한 백성들이 해마다 늘었다. 하여간 우리나라는 정도의 차이가 있을 뿐이지, 역사상 한 번도 가난을 면한 적이 없었다.

1426년에는 서울에서 방화사건이 일어나 2,200채의 가옥과 보신각부터 남대문으로 이어진 116칸의 행랑이 불타는 사건이 벌어졌으며, 방화의 주모자인 장원만은 체포되어 처형되었다. 1437년에는 하삼도에서 폭동이 일어났다. 조정은 강경진압을 피하고 폭도로 변한 백성들을 회유하여 폭동을 진압했다. 이런데도 불구하고 세종대는 태평성대로 불렸다. 참고로 15세기 초인 당시 조선 남자들의 평균수명은 겨우 29세에 불과했다. 못 먹은 데다가, 의료혜택을 거의 보지 못한 것이 원인이었다. 조선조 내내 5세 이하 어린이의 거의 50퍼센트가 질병에서 살아남지 못하고 죽는 바람에 평균수명이 짧았던 것이다.

공법 시행

세종 26년(1444년) 공법이 시행되었다. 공법이란 해마다 농사의 흉풍을 9등급으로 매기고, 농지의 비옥도를 6등급으로 나누어 조세를 공평하게 하는 제도였다. 고려시대에 조세책정 권한을 사전 소유자들에게 맡겨 자의적 운용의 폐단이 있었던 것과 달리, 공법은 국가가 조세책정의 책임을 맡는 것이었다.

고려의 조세제도와 달리 조선은 사전을 최소한으로 줄이고 모든 농지를 공전으로 파악하여 국가가 일률적으로 조세를 거둔 다음 일체의 비용을 국고에서 지출하도록 한, 재정의 중앙집권화를 시도했다.

세종은 공법 시행과 함께 모든 조세율을 종전의 10분의 1에서 20분의 1로 낮추었다. 재원을 합리적으로 파악함에 따라 조세율을 낮추어도 국가재정을 충분히 확보할 수 있었기 때문이었다. 그러나 세종이 시행한 공법도 시간이 지날수록 허점이 드러나자, 최초의 현대식 공평과세 제도의 시발이 공법 시행 때부터 170여 년이 지난 17세기 초 광해군 때 대동법이란 이름으로 시행되었다.

대동법은 호수가 아닌 토지 면적에 따른 조세제도로 현대의 과세기준과 가장 가까운 제도였다. 그러나 대동법에 대한 기득권층의 전국적인 저항 때문에 광해군 때는 경기도에 시범 운영하는 데 그쳤고, 공평 과세법이 전국에 시행되기까지 다시 100년을 더 기다려야 했다.

조공물을 말에서 인삼으로 대체

태종은 태조가 명으로부터 왕으로 책봉받지 못해 애태우다 죽은 것을 잘 알고 있었다. 그래서 그는 왕위에 오른 후 바로 명의 책봉을 받기 위하여 말 500마리를 뇌물로 보냈다. 그리고 책봉을 받은 후 사은으로 다시 말 3,000마리를 보냈다. 이렇게 명에 말을 보내 버릇하자 명에서는 계속 조선에 말을 요구하기 시작했다.

사실 조선은 말 생산지가 아니었다. 명의 과도한 요구를 들어주려면 전국의 말을 모조리 모아도 모자라서 양반의 말이나 여염집의 말까지 징발할 수밖에 없었다. 이렇게 마련한 말도 명의 사신은 나쁜 말이라며 절반은 퇴짜를 놓았다. 어쨌든 태종은 1년여에 걸쳐 말 8,000마리를 구해 보냈다. 세종 때가 되어서도 명의 말 요구가 끊이지 않자 세종은 명나라에 바칠 말이 남아 있지 않으며, 대신 불로장생의 선약인 인삼을 바치겠다고 하여 말을 인삼으로 대체하는 데 성공했다. 물론 이때는 인삼을 재배하지 않을 때였으므로 산삼을 가리키는 것이다. 당시엔 산삼이 엄청 흔했나 보다.

고려인삼

상업이 발달함에 따라 시장이 활발해졌다. 일반 장시와 달리 지역의 특수성에 따른 특수 장시도 생겨났는데, 대구의 약령시와 개성의 인삼시가 대표적이다. 대구는 교통의 요지인 데다 태백산, 가야산, 지리산 등 약재의 명산지가 관할 안에 있어 좋은 입지 조건을 갖추었다. 당연히 당시의 인삼은 모두 산삼이었다. 인삼도 약재이긴 하나 일반 약재와 달리 단일 품목으로 별도의 시장을 형성했다. 특히 중국 사람들은 인삼을 불로장생 약이라 여기고, 그중에서도 고려인삼을 최고의 명품으로 쳤다. 17세기 첫무렵부터 개성이 인삼무역의 중심지가 되었는데 늘 공급이 수요를 충당하지 못했다. 정부에서 공물로 보내는 인삼도 제대로 확보하기 어려울 지경이었다.

당시 인삼 1근에 20냥(쌀 4석 가치. 지금 가치로 약 40만 원 정도이니 엄청 싼 것이다. 왜냐하면 당시 인삼이란 모조리 산삼이었기 때문이다)까지 가격이 올랐으나, 개성 상인들은 인삼을 매점하여 가격을 올려 팔았을 뿐 아니라 중국, 일본 상인들과 밀무역을 하여 막대한 이익을 올렸다. 이러다가 일본 애들에게까지 인삼이 명약이라는 소문이 나면서 수요는 폭발적으로 늘어났다. 심지어 '대마도주는 에도에 인삼을 바치지 않으면 그 자리를 보존하기 어렵다'(《숙종실록》)라는 기록이 있을 정도였다. 일본 밀수출 인삼은 1근에 70냥에 사서 에도에 가서는 300냥(지금 돈 600만원)을 받았다 한다. 인삼 1근 가격이 농부의 1년 품삯이니, 당시 인삼 가격은 금보다 조금 싸다 하겠다.

20세기 초인 1921년 고려인삼은 중국 시장에서 한 근에 130원까지 했다. 이는 미국산 인삼의 7배, 일본산 인삼의 30배나 되는 가격이었다. 미국 인삼이란 중국산 광동인삼이 퍼진 것으로 알려져 있는데, 고려인삼과 학명도 다르고, 약용 인삼이 아니라 식용 인삼이라 한다. 미국에서 인삼이나 산삼을 사먹을 때 참고하기 바란다.

일본 인삼은 18세기 영조 때 고려인삼 씨를 들여가서 번식시킨 것으로, 풍토가 달라서 그런지 효과가 별로 없어 싸구려 인삼으로 취급되었다. 그래도 도라지보다는 윗길로 인정되었다.

18세기 들어 인삼 재배법이 개발되었으며, 홍삼 제조법도 개발되었다. 인삼을 채취한 후 껍질을 벗기거나 말리지 않은 자연 그 상태를 '수삼'이라 하고, 그냥 말린 것을 백삼이라 했으며, 쪄서 말린 것을 홍삼이라 했다.

이렇게 인삼 재배법과 가공법을 발달시킴으로써 국부에 큰 기여를 했고, 19세기 중엽 의주 상인 임상옥은 탁월한 장사 수완으로 북경에 홍삼을 독점 판매해 인삼 재벌이 되었다. 그는 이렇게 번 돈을 빈민구제에 사용하여 많은 칭송을 받았다.

일본과의 무역

조선은 명과의 무역에는 적극적이었으나, 일본과의 무역은 소극적으로 제한했다. 일본 막부와의 무역은 영주들을 중심으로 이루어졌는데 일본에서는 금, 은, 동, 진주, 유황, 칼, 감초, 후추, 무소 뿔, 상아 등 광물과 사치품들을 보냈고 조선에서는 면포, 마포, 명주, 모시 등의 옷감과 식량, 도자기, 화문석, 종이, 서적, 가죽 등을 보냈다. 일본에서는 식량과 옷감이 언제나 모자랐다. 태종 7년인 1407년 조선 조정은 일본 상인의 기항지를 부산포와 내이포 두 항구로 제한하였다. 그런데도 왜구의 침탈이 계속되자 조선 조정은 드디어 대마도를 정벌했던 것이다.

육진의 설치와 조선의 국경 확정

세종의 치적은 너무 많으나 그 중 탁월한 치적 중의 하나가 현재 우리나라의 국경을 확정지은 것이다. 세종 초반에 여진족들이 강성하여 국경을 자주 침범하자 신하들로부터 경원부를 남쪽으로 옮기자는 주장이 나왔으나 세종은 "선조가 차지한 땅을 한 치도 버릴 수 없다"며 이를 단호하게 거절하였다. 주원장이 비록 중원 대륙을 통일하여 명을 세웠으나, 만주 지역은 아직까지 여러 정치 세력의 각축장으로 남아 있었다. 여진족의 우디캐, 몽골족의 타타르와 오이라트가 호시탐탐 만주 지역에 세를 뻗칠 호기를 노리고 있었다. 그 중 여진 오랑캐의 추장 이만주는 혼강 근처에 살고 있으면서 여연 지역의 주민들과 충돌이 잦았다.

세종 14년(1432년) 이만주 휘하의 여진족들이 여연에 침입하여 주민과 군사 60명을 죽이고 75명의 포로와 100두 이상의 가축을 약탈해 가는 사건이 일어났다. 분노한 세종은 다음 해 토벌군을 편성했다. 최윤덕이 사령관이 되고 1만 5,000의 군사가 동원되었으며, 이순몽과 최무선의 아들 최해산이 장수로 참전했다. 여진인들은 조선군의 불화살과 화포에 놀라 도망쳤으며 토벌군은 과저강 일대를 두루 다니며 영채를 헐고 170명을 죽인 다음 포로 236명, 마소 170마리를 노획했다.

세종 15년 여진족들 간에 알력이 생겨 여진의 힘이 약화되자 세종은 김종서를 함길도 관찰사로 임명하여 조선땅을 모두 수복하도록 했다. 김종서는 열 여섯 살에 문과에 급제한 전형적인 문관이었으나 함길도 절제사가 된 후 백두산 호랑이로 일컬어졌다. 김종서는 부임하자마자 먼저 4진을 쌓고 세종 22년에 2진을 더 쌓음으로써 6진이 완성되면서 압록강, 두만강을 경계로 한 조선의 영토가 확정되었다. 현재의 한국 영토는 세종대왕이 김종서와 최윤덕에게 명하여 북방을 평정함으로써 확정된 것이다.

1438년 김종서는 건주여진을 정벌한 뒤 화약무기의 성능에 대해 다음과 같이 말했다. "화포는 적과 싸울 때 매우 유리하다. 왜구와 여진인이 가장 두려워하는 것이 화포이다." 즉 김종서의 6진 설치는 조선군에 화포가 있었기 때문에 가능했던 것이다. 이후 10여 년간 여진인들은 조선을 침입할 엄두를 못 내었다.

이천과 《총통등록》

화포가 전쟁에 실용화되기 전까지 전투 무기는 활, 칼, 창이 주였다. 전투가 시작되면 돌격해서 칼과 창으로 적군과 일대일 전투를 벌이던 전투기술이 화포가 등장하자 전혀 새로운 전술로 바뀌었다. 여포 같은 만부부당지용의 맹장도 멀리서 쏘는 대포의 탄막점 근처에 있다가는 창 한 번 못 써보고 몸이 그냥 찢어지게 된 것이다. 드디어 기병에서 보병의 시대로 바뀌는 때였다. 당시 전투란 요새마다 화포를 설치하여 돌격해오는 적군을 향하여 그냥 포탄을 쏘아대기만 하면 되었다.

세종조 이전에 이미 기존의 총통완구를 개량하여 무겁던 총통완구를 두 토막으로 분해, 조립하여 사용할 수 있도록 했다. 화포에 기동성이 생기자 화포를 소달구지로 운반하여 수비뿐 아니라 공격용 무기로도 사용할 수 있게 되었다. 이천은 화포들의 주조법과 화약 사용법, 화포들의 규격을 그림으로 표시한 《총통등록》을 간행했다. 이 책의 간행으로 화포 제조에 새로운 전기가 마련되어, 이후 모든 화포는 이 책을 모델로 제작, 발전하게 되었다.

1993년 첨단과학의 국제적 행사인 '대전엑스포'가 열렸을 때 15세기 조선에서 발명한 신기전과 화차의 복원 시험발사가 있었다. 수많은 관중들은 조선시대 화포의 막강한 위력에 놀라 마지 않았고, 이는 TV 화면을 통해 전세계에 생생하게 중계되었다. 신기전은 로켓이고, 화차는 작은 신기전을 수십 발 발사할 수 있는 발사장치다. 신기전과 화차의 실물은 남아 있지 않으나 성종 5년(1474년)에 발행된《국조오례서례》에 실린 '병기도설'에 설계 도면이 있고, 제작 설명문이 상세히 기록되어 있어 복원이 가능했다. 대신기전은 길이가 무려 5.3m나 되는 거대한 로켓으로 발사되어 적진에 도달하면 발화통에 담긴 화약이 폭발하여 적을 무력화시키는 무기였으며, 이러한 규모의 로켓은 19세기초까지도 없었다.

화차는 1454년 문종(5대)이 개발했다고 알려져 있다. 화차는 50개의 사전총통을 한꺼번에 발사할 수 있는 다연발 화포 발사대였다. 화차는 두 명이 움직일 수 있을 정도로 기동성이 뛰어나 그간 수비형 무기였던 화포를 공격용 무기로 전환할 수 있었고, 문종 1년에만 700대가 제작되어 전국 각지에 배치되었다. 바로 이 화차의 개량형이 조일전쟁 때 행주산성 전투에서 수백 대 배치되어 왜군에게 화력을 퍼부음으로써 행주대첩을 이끌어냈던 것이다. 당시 화차는 개량되어 수제 기관총의 성능을 발휘했다. 근데 어떤 인간이 조일전쟁(임진왜란) 때 조선에 활밖에 없다고 했어?

1377년 고려의 최무선이 이끌었던 화통도감에서 화약무기를 개발해오던 전통이 태종 때인 1417년에는 화약감조청으로 이어졌고, 그 전해에는 이미 최해산의 주도 하에 화통교사군이라는 특수부대원 1만여 명이 양성되었다. 화약무기는 태종 때부터 본격적인 개발을 시작하여 세종, 문종 때 이르러 크게 발전했다. 그때까지 보유하였던 구식 화약무기가 신식 화약무기로 대거 교체되었으며, 이로써 조선은 15세기 세계 최강의 화약무기 보유국이 되었다. 그때 개발된 신무기가 신기전, 화차, 일발다전포인 사전총통, 팔전총통, 조립식 총통완구 등이다. 이러한 화약무기 전통이 전승되어 조일전쟁 때 조선이 살아남을 수 있었던 것이다.

화약무기의 불꽃놀이 전락

세종 때가 되자 쌍전화포, 천자포, 지자포 등 사정거리가 1,500m나 되는 포와 로켓포의 전신인 주화가 개발되었다. 중국 주변국 중 화약무기를 보유한 국가는 명과 조선뿐이었는데 조선의 화포가 명의 화포보다 더 성능이 뛰어났다. 이처럼 세종은 무기를 개발하고 전선을 건조하고 수군을 늘려나갔다.

조선은 화약무기를 발달시켰지만 전쟁이 없고 평화가 계속되자 처박아 두었던 화약무기를 불꽃놀이에 쓰게 되었다. 일본에서 사신이 오거나 북방의 여진족 사신이 오면 조선 조정에서는 성대한 불꽃놀이를 거행했다. 물론 이 이벤트는 단순한 불꽃놀이가 아니라 화약무기가 없던 일본이나 여진족에게 조선 화약의 우수성을 보여 주어 기를 죽이기 위함이었다. 그래도 그렇지 전쟁이 없다고 조선의 가장 위력 있는 무기인 화약을 불꽃놀이용으로 전락시키다니. 이는 유비무환을 잊은 어리석은 처사였다.

이때부터 조선은 나태와 무기력이 지배하기 시작하여 조선 멸망 때까지 역동성을 잃게 된다. 당시의 불꽃놀이도 현대의 불꽃놀이에 못지 않아 불꽃들이 하늘을 유성처럼 수놓고 우레 같은 소리를 냈기 때문에 일본 사신이나 여진족 사신들은 벌린 입을 다물 줄 몰랐다. 그들은 "이것은 사람의 힘으로 하는 것이 아니고 천신이 시켜서 하는 것이다"라고 할 정도로 얼이 빠졌었다.

세종 때가 되어 화약무기의 발전이 중국을 추월하게 되자 그 때부터 중국 사신들 앞에서는 불꽃놀이나 화약무기의 시범을 하지 않았다. 상국의 우려를 불러일으키고 싶지 않았기 때문이었다. 불꽃놀이를 가장 즐긴 왕은 성종이었다. 성종이 시도 때도 없이 불꽃놀이를 즐기다 화약고가 터지는 사고가 발생했는데 국가 방비와도 아무 상관이 없는 불꽃놀이를 막대한 경비를 들여가며 즐기자 신하들이 떼거리로 들고 일어나 이를 중단한 사실이 있다.

조선 최초의 달력 칠정산과 장영실

제후국이 독자적인 역법을 가진다는 것은 종주국 중국에 대한 저항이나 마찬가지였다. 그래서 조선은 달력을 만들어 놓고도 조선력이라 부르지 못하고 보잘것없는 '칠정산'이란 산법으로 위장해야 했다. 당시 조선은 명나라 연경의 시간을 쓰고 있었으며, 이에 따라 연초가 되면 명 황제가 내리는 역서를 받기 위해 사신이 연경으로 가야 했다. 역서가 도착해야 날짜와 절기를 뽑고 일출, 일몰 시간을 계산할 수 있었기 때문이었다. 그러나 명나라 시간과 조선의 시간이 달라 일출, 일몰 시간이 매번 틀렸고 절기 또한 달랐다. 서로 시간이 달랐을 뿐만 아니라 명나라의 달력 자체도 정확하지 않았던 것이 더 문제였다.

세종은 보위에 오른 후 조선의 달력과 시간을 만들라는 밀명을 내렸다. 당시 하늘의 일은 천자만 알 수 있었으므로 일개 제후국은 역서를 만들 수 없었고, 만약 상국이 알았다가는 박살이 날 것이었다. 그래서 조선에 천문기기라고는 아무것도 없었다. 역서를 만들려면 정밀한 천체 관측기기가 있어야 했고 잘 훈련된 천문학자가 있어야 했다. 이런 목적으로 선발된 인물이 장영실이었다. 장영실은 이천을 비롯하여 천문과 산학에 밝은 젊은 선비들을 천거했다. 드디어 천문기구를 설계하는 총책에 장영실이, 제작 총괄책에 이천이 임명되면서 천문연구기관인 서운관이 설치되었다. 장영실은 관노비였으나, 그의 뛰어난 재주를 아깝게 여긴 세종이 발탁하여 천민의 굴레를 벗겨 주고 등용한 것이다. 장영실은 조선의 천문학과 과학기기의 발전에 커다란 발자취를 남겼으나, 후에 세종이 타는 수레를 설계했다가 그만 그 수레가 부서지는 바람에 괘씸죄로 삭탈관직을 당하여 낙향하고 말았다.

달력을 만들기 위해서 맨 먼저 해야 될 일은 역법과 천문에 관한 서책을 구하는 것이었다. 세종은 명나라로 가는 사신단 휘하에 학자들을 딸려 보냈다. 그들은 연경 바닥을 샅샅이 뒤져 역서와 산술서들을 들여왔다. 다음 할 일은 한양의 자오선 고도와 동·하지 점의 위치를 측정해야 했다. 장영실과 윤사웅이 명으로 몰래 밀파되어 연경의 저잣거리를 모조리 뒤지고 중국 천문학자들을 포섭해가며 역법 정보를 수집했다.

이러한 정보를 바탕으로 천문기기 제작에 착수한 장영실은 수십 번의 실패를 거쳐 드디어 혼천의를 만들 수 있었다. 혼천의는 언제나 북쪽을 가리키는 나침반처럼 우주의 위치와 방향을 결정하는 기구로서 해와 달, 별의 위치를 표시하는 적경과 적위를 정밀하게 측정할 수 있었다. 물론 당시만 해도 하늘이 지구를 중심으로 도는 천동설이 진리였을 때였다. 혼천의에 이어 간의를 개발한 장영실은 한양의 경·위도와 동·하지 점의 위치를 정확히 측정하여 조선의 땅과 하늘의 기준을 세웠다. 이러한 천문 지식을 바탕으로 정확한 달력인 칠정산 내외편을 만들 수 있었던 것이다.

장영실은 연구를 계속하여 앙부일구, 자격루를 비롯한 천문의기를 개발하여 전국 각지에 배포했다. 우리나라의 달력을 최초로 만든 인물은 바로 세종이었던 것이다.

기생의 아들인 장영실은 동래부의 관노로 천민이었으나, 천문학과 과학의 지식이 뛰어난 인물이었다. 《조선왕조실록》의 기록에 따르면 장영실의 아버지가 원나라 사람이라니, 아마 조선을 왕래하던 중국인이었을 것이다. 장영실이 세종의 눈을 끌게 된 것은, 1400년 영남에 심한 가뭄이 들었을 때 장영실이 수차를 만들어 강물을 끌어들인 덕분에 가뭄을 극복했다는 스토리를 들어서였다. 근데 왜 그 수차를 왕창 만들지 않았지? 조선시대 내내 가장 큰 문제가 가뭄이었는데.

1421년 장영실을 대궐로 불러들인 세종은 장영실을 천문학자들과 같이 북경으로 유학을 보내 천문학 서적과 혼천의 설계도 등을 구해오도록 했다. 장영실이 명에서 돌아오자 세종은 그의 종의 신분을 벗겨 주고 과학기술 연구에 매진하도록 배려했다. 세종은 혼의성상도감을 설치하여 천문 기상을 연구하는 한편 이와 관련되는 기기들을 만들도록 학자들을 격려했다. 이후 장영실과 이천에 의하여 간의, 혼의, 혼상, 혼천의 등의 기구가 제작되므로써 천문을 쉽게 살피게 되었고, 이러한 노력의 결과로 칠정산 내편과 외편이 완성되었다. 당시의 천문지식은, 칠정산에 의하여 한 달의 길이를 29.530932일로 잡았는데 지금의 29.530588일과 거의 차이가 없을 정도로 정확한 달력이었다.

천문기기 외에도 장영실은 1442년에 앙부일구(해시계), 자격루(물시계), 옥루(정교한 물시계) 등을 제작했으며, 이 공로로 세종으로부터 호군으로 임명되었다. 장영실은 해시계인 앙구일부를 만들어 이를 종묘 남쪽 거리에 설치했는데 이것이 우리나라 최초의 공중 시계였다. 그런데 해시계의 문제점은 날씨가 흐려서 해가 나오지 않거나, 비가 오면 그냥 꽝이라는 데 있었다. 그래서 장영실은 밤을 낮삼아 연구를 거듭한 끝에 물시계인 자격루를 개발했다. 자격루는 자동시보 장치가 달린 물시계로서 알려야 할 시각이 되면 종, 북을 치는 자동 목각인형이 저절로 솟아올라 시간을 알려 주는, 당시로서는 획기적인 발명품이었다. 자격루는 경복궁 남쪽에 설치되어 조선의 표준 시계가 되었다.

당뇨를 비롯한 온갖 병에 시달렸던 세종은 온천에 자주 갔다. 어느 날 온천에 가려고 연(왕이 타는 수레)을 탔는데 그 연이 몇 발짝 움직였을 때 그만 부서지고 말았다. 이 연은 장영실이 설계하고 궁중 장인인 임효록이 맡아 제작한 것이었다. 즉시 장영실과 임효록은 의금부에 갇혔다. 두 사람은 의금부에서 불경죄로 곤장 80대씩을 맞고 벼슬자리에서 쫓겨났다. 한국 역사상 최고의 과학자이자 장인이었던 장영실이 백의로 쫓겨나는 순간이었다.

측우기는 1441년 당시 세자였던 문종(5대)의 아이디어로 발명되었 으며, 이는 유럽 최초인 카스텔리의 우량계보다 무려 198년이나 앞서는 것이다. 그런데 이 또한 중국의 학자들은 중국에서 만들어져 중국 황제가 하사한 것이라고 우긴다. 이러한 중국 학자들의 주장은 조지프 니덤을 비롯한 중국 과학사학자들에게 받아들여져서, 세계 학계에서는 현재 측우기가 우리 것이 아니고, 《무구정광다라니경》과 함께 중국의 발명품으로 알려져 있다.

아악의 정리와 박연

불교국가였던 고려의 가장 큰 국가행사는 팔관회와 연등회였다. 그러나 고려가 망하고 조선이 서는 정치적인 혼란기를 거친 데다, 조선이 불교를 탄압하는 정책을 시행하여 팔관회가 철폐되고 연등회가 일개 절 단위의 행사로 전락하면서 행사에 쓰이던 음악도 같이 쇠퇴했다. 당시 팔관회와 연등회는 일반 민중들이 대거 참여하는 집단놀이였으며, 모두들 노래에 맞춰 춤을 추면서 함께 즐기던 행사였다. 이 행사는 조선 건국 당시부터 사라졌으며, 조정의 의식에 쓰이는 음악도 향토색 짙은 고려의 향악을 벗어나지 못했다.

아악은 중국의 음악으로서 조선 조정의 조회 때나 행사, 그리고 종묘에서 연주되는 음악이었다. 궁중에는 아악을 담당하는 아악서가 있었다. 아악서는 1391년 고려 공양왕(고려 34대) 3년에 설치되어 문묘제례 때 연주되는 아악을 주관하던 부서였다. 아악서는 악기로 연주되는 아악만을 다루었고 노래와 춤을 관장하던 봉상시와 조회 때 향악, 당악을 관장하던 전악서가 따로 있었다. 당시 아악서의 악공들은 양민 신분이었고, 전악서의 악공들은 공노비 출신으로 차별을 받았다.

국가의 각종 의례에 음악이 사용되기 시작한 것은 고려 예종 때인 1116년 북송의 아악을 받아들이면서부터였다. 그러나 고려의 정세가 혼돈에 빠지고 외침이 잦다 보니 음악도 혼돈에 빠지고 악기들도 소실되었다. 그러자 고려의 전통악기인 향악기로 대체되면서 아악과 향악을 섞어서 연주하는 교주가 고려 조정 아악의 전통이 되었다. 공민왕(고려 31대) 때 원이 쇠퇴하고 명이 건국하자 공민왕은 명의 아악을 수용하고 악기를 들여왔으며, 아악을 교육할 수 있는 악공을 데려왔다. 이러다 고려가 망하고 조선이 서자 난리의 와중에서 악기들이 소실되었다. 또다시 악기가 태부족하여 명에 악기를 청했으나 명이 보내준 소수의 악기만으로는 절대적으로 부족했다.

세종 6년이 되자 예조에 악기도감을 설치해 깨지거나 못 쓰게 된 악기들을 보완하고 새로 만들기도 했다. 그러나 중국에서도 쉽게 구할 수 없는 악기를 조선에서 만들려다 보니 만들 수 없는 악기도 있었고, 만들어도 재료나 제작 방법이 달라 중국의 음과 같은 음을 낼 수 없었다. 악에는 성, 음, 악의 세 가지 경지가 있다 했다. 성만 알고 음을 모르면 짐승이요, 음만 알고 악을 모르면 소인배요, 군자만이 악을 알 수 있다 했다. 그러므로 성조로써 음을 알고 음을 살펴 악을 알고, 악을 살펴 정치를 알면 바른 다스림이 이루어진다 했다. 개가 짖는 소리, 새소리를 성이라 한다면 저잣거리의 노래를 음이라 할 것이며, 궁중 아악의 경지를 악이라 할 수 있는 것이다.

박연은 태종(3대) 5년 문과에 급제했다. 세종 5년, 세종은 박연에게 제생원 의녀 중에서 젊고 총명한 의녀 3~4인을 뽑아 글과 음악을 가르치도록 했다. 박연은 호조에서 일을 하고 있었으나, 악학별좌에 임명되어 악기 조율의 정리와 악보 편찬하는 일에 진력했다. 원래 음악에 대하여 별 조예가 없었던 박연은 그때부터 중국의 음악 서적을 탐독하고, 앉아서나 누워서나 매양 손을 가슴 밑에 얹어서 악기 다루는 시늉을 했으며, 입 속으로는 율려 소리를 지은 지 10여 년만에 비로소 음악에 정통하게 되었다.

그는 숱한 시행착오를 거쳐 악기를 제작하고 음률을 정하여 조회 때 사용되던 향악을 폐하고 아악으로 대체함으로써 궁중음악을 개혁하는 데 크게 기여했다. 박연은 고구려의 왕산악, 신라의 우륵과 함께 한국의 3대 악성으로 불린다. 박연은 평생 악서를 정리하고 아악을 중심으로 각종 행사의 음악을 바꾸었으며 그 음악을 연주할 수 있는 원형 그대로의 악기를 입수하고 개발하기 위하여 노력했다. 이러한 박연의 노력으로 세종 15년이 되자 아악을 정비하고 아악기 등을 확보하여 조선의 아악은 중국 못지않은 음악 수준을 갖출 수 있게 되었다. 아악은 세종의 명으로 박연이 정리했으나, 음악에 대한 세종의 조예도 거의 전문가 수준이었다. 박연이 병으로 물러나자 그 자리는 정양이 대신 맡아 박연의 일을 계승하여 맹사성의 주도로 남급과 함께 아악 복원에 힘을 쏟았다.

맹사성은 세종 대의 명신이었으나, 청장년기에는 예악을 다루는 분야에서 일했다. 맹사성은 악보에 밝고 음률에 정통했던 인물로 관습도감 제조를 맡아 아악의 악보를 정리하고 악기를 제작하는 한편, 세종이 특별한 관심을 갖고 있던 우리 고유의 음악인 향악의 발전에도 크게 기여했다. 후에 맹사성은 좌의정이 되어 의례상정소의 구성원으로서, 세종이 재위기간 내내 큰 공을 들였다고 할 수 있는 태조(1대)와 태종(3대)을 높이 받드는 추존작업을 이끌었다. 결국 세종은 집현전을 통해 조선에 적합한 예를 정립하는 한편 박연, 맹사성 같은 음악 전문가를 통해 조선에 적합한 음악을 만들었던 것이다. 그것은 조선 건국의 정당화를 목표로 하면서 동시에 백성의 교화도 염두에 둔 것이었다. 집현전의 훈민정음이나 세종의 신악은 그런 노력의 결실이며, 이 두 분야의 작업은 훗날《용비어천가》에서 절정에 이르게 된다.

형벌의 종류와 법전, 세종의 덕치

조선의 형벌은 태, 장, 도, 유, 사 등 5형을 기본으로 했다. 태형과 장형은 똑같이 곤장을 때리는 체형이었는데 장형이 태형보다 굵은 몽둥이로 더 많이 때렸다. 도형은 강제 노역형이고, 유형은 귀양살이하는 형이었는데 종류가 다양했다. 자기 집으로 돌아가 살되 고을 밖으로 나오지 못하게 하는 본향유배, 비교적 가까운 곳에서 임시로 머물게 하며 가족과의 생활을 가능하게 해주는 중도부처, 기간을 정해서 먼 지방에 귀양을 보내는 원지유배, 탱자나무 울타리나 가시 울타리를 집 주변에 둘러쳐서 외인의 출입을 금하는 위리안치 등이 있었다.

사실 조선의 대관들은 왕하고 맞서다가 삑하면 유배를 갔으며, 이는 마치 훈장 비슷한 것이었다. 그런데 그 유배라는 것이 본향유배나 중도부처 같은 유배라면 그간 푹 쉬면서 못 보던 책이라도 편히 읽을 수 있으니, 이건 유배가 아니고 휴가에 해당된다고 볼 수 있었다.

사형에도 사약을 내리는 사사, 목을 매는 교형, 목을 베는 참형, 허리를 베어 죽이는 요참, 수레바퀴에 매어 사지를 찢어 죽이는 거열형, 살을 조금씩 떠서 죽이는 능지처참 등이 있었다. 대개 관리들이 사형을 당할 죄인이 되면 자살을 명하거나 사약을 내렸으며, 사약이 듣지 않으면 목을 매었다. 관리들인 경우 5형 이외에 삭탈관직과, 삭탈관직한 다음 앞으로 영영 임용될 기회를 주지 않는 영불서용이라는 형벌이 있었다.

개국 이후 조선의 형법은 《대명률》을 따랐다. 조선 초기에 정도전은 헌법에 해당되는 《편민사목》에서 《대명률》을 따른다고 명시했고, 이에 의거한 《조선경국전》을 편찬하여 태조에게 올렸다. 그런데 중국 법인 《대명률》을 일반 관리들이 이해하는 것이 쉽지 않았기 때문에, 태조 4년 좌정승 조준의 주도 아래 이두를 활용해서 생소하고 난해한 법률 용어들을 풀어 쓴 《대명률직해》가 편찬되었다.

율은 형법과 관련된 것이고, 영은 신분제도와 행정법 등이 주요내용이다. 그러므로 율령의 반포 여부가 제대로 된 나라인지를 가리는 척도가 된다. 우리나라의 경우에는 고구려가 373년 소수림왕(고구려 17대) 3년에 위, 진나라의 법제를 받아들여 율령을 반포했고, 백제는 3세기 중엽 고이왕(백제 8대) 때 법령을 반포했다. 고구려의 영향을 받았던 신라에서는 법흥왕(신라 23대) 7년에 율령의 반포가 있었다가 태종 무열왕 1년인 654년 당의 율령을 받아들였다.

세종 15년, 태종대에 하륜과 이직이 편찬한 《속육전》이 수정할 곳이 많고 또 새로운 법령이 추가되어 보충할 곳이 생겨나자 세종은 황희에게 명하여 《경제속육전》을 편찬토록 했다. 이 《경제속육전》이 훗날 조선 법전의 대명사인 《경국대전》이 탄생할 때까지 조선 법치주의의 상징이자 토대가 되었다.

근본적으로 법에 대한 세종의 생각은 애민이었다. 세종은 신하들의 허물을 여러 차례 덮어 주었고, 사형을 받은 죄수도 죽이지 않고 살릴 수 있도록 용서할 이유를 찾곤 했다. 세종은 감옥의 환경에도 관심을 가지고 환경을 개선하도록 명하여, 감방을 높여 공기가 잘 통하게 하고 차양 시설을 하게 했으며, 겨울에는 감옥을 따뜻하게 만들도록 했다. 또 지방 수령들이 제 마음대로 법을 집행할까봐 항상 걱정하여 임명장을 수여할 때 수령들에게 모든 형벌을 법에 따라서만 처리하도록 신신당부하였다. 살인 혐의자가 허술한 조사 결과를 바탕으로 무고한 죽음을 당하는 것을 막게끔 하기 위하여, 세종 22년 법의학서인 《신주무원록》이 편찬되었다. 이렇듯 세종은 법치보다도 덕치를 추구하는 전형적인 유가의 통치자였다.

세종대의 인물과 수양대군의 등장

세종은 32년간 재위하고 1450년 54세로 승하했는데, 그의 치세 중 신하로서 처형된 자가 하나도 없었다. 세종 치세 중 신경을 쓸 만한 반역이나 모반사건이 단 한 건도 없었던 것이다. 세종은 관후하고 원대하며 집념이 대단히 강한 스타일이었다. 깊은 학식을 갖고 있음에도 불구하고 결코 유약하거나 우유부단하지 않고 이상에 치우치지 않은, 참으로 현명한 군주였다. 그는 개성이 강하고 노회한 태종(3대)의 신하들을 무리 없이 품어 역량을 마음껏 발휘하게 하는 한편 인재들을 적재적소에 배치했으며, 또 장래를 대비하여 집현전에서 젊은 엘리트들을 키웠다. 세종은 황희, 맹사성, 허조, 변계량 같은 태종대의 인물들을 중용했으나 남재, 성석린, 한상경(한명회의 할아버지) 등은 나이가 너무 많거나 세종 즉위 얼마 후 사망하여 세종조에 기여를 하지 못했다. 조선초 삼청이었던 황희, 맹사성, 유관은 모두 세종 때 정무를 보았다.

세종은 집권 말년인 세종 26년에 중국과 우리나라의 역대 군사제도와 장수 및 병졸 운용 등을 집대성한《역대병요》의 편찬을 집현전에 명하면서 편집 책임자인 총재관을 문무에 능했던 수양대군에게 맡겼다. 이때 편찬에 참여했던 권람이 수양대군의 왼팔이 되어 세조대에 최고의 권세를 누리게 된다. 그밖에도《역대병요》의 편찬에 참여했던 학자들 중 여러 명이 후에 수양대군 편에 서게 된다. 세종은 수양대군의 야심을 눈치채지 못했고, 또 문종이 그렇게 빨리 죽을 줄 몰랐던 것이다. 결론적으로 세종은 수양대군에게《역대병요》의 편찬을 맡기지 말았어야 했고, 수양을 쓸데없이 띄우지 말았어야 했다.

결국《역대병요》는 단종 즉위년에 완성되어 수양대군이 단종에게 올리게 된다. 세종은 한 나라의 군주로서 더 이상 바랄 것 없는 인물이었으나, 아쉽게도 후계구도를 소홀히 하여 장손 단종이 피살당하고 아들 수양이 왕위를 찬탈하는 사건이 일어나게 되었던 것이다.

태종이 형제간에 분란의 소지를 피하기 위하여 세자 이외의 왕자들의 교육을 가볍게 시킨 것과는 달리 세종은 아들들의 교육에 매우 신경을 썼다. 세종 12년 진평대군(수양대군) 이유, 안평대군 이용, 임영대군 이구가 세종의 지시에 따라 나란히 성균관에 입학했다. 셋 중에서 제일 시원치 않은 임영대군 이구는 중간에 탈락하고 진평대군(이후 함평대군-진양대군-수양대군으로 이름이 바뀜)과 안평대군 둘은 무난히 학문을 쌓아 장성하자, 세종은 둘을 정치에 간여토록 했다. 정치적인 면에서 수양은 안평대군보다 뛰어나 세종 17년부터 세종을 대신해 명나라 사신을 접대하곤 했다.

세종 23년 중추원지사 정인지에게 명하여 중국과 조선의 본받을 정치와 경계해야 할 정치의 사례를 정리한 《치평요람》을 편찬토록 명하면서 이 또한 편찬책임을 수양대군에게 맡겼다. 그리고 이때부터 수양대군은 정치에 본격적으로 입문하여 세종의 수석비서관 격이 되었으며, 이같은 수양의 도승지 업무수행은 세종이 세상을 떠날 때까지 계속된다. 세종 26년 세종은 최항, 박팽년, 신숙주, 이선로, 이개 등 집현전 학사들로 하여금 《운회》를 언문으로 번역할 것을 지시하면서 감독책임을 세자와 수양대군, 안평대군 세 사람에게 맡겼다. 이것을 볼 때 세종의 세 아들은 훈민정음 창제에 깊이 간여한 것으로 추정된다.

이런 식으로 애들 기를 살려놓는 바람에 후에 병약한 문종이 일찍 죽자 수양대군과 안평대군이 권력 싸움을 하다가 안평을 제압

한 수양이 단종을 폐위시키고 왕위를 찬탈했을 뿐만 아니라 동생 안평과 금성, 그리고 조카 단종을 죽이는 참극을 벌였던 것이다.

수양은 문무에 골고루 소질이 있었다. 문종(5대) 1년에는 문종이 직접 지은 병법서를 수양대군과 정인지, 김종서에게 교정을 명했는데, 이는 수양이 이 분야에도 꽤 조예가 깊었다는 것을 의미한다. 더구나 수양은 음악에도 조예가 깊어 관습도감의 도제조에 임명된다. 이렇게 조정 곳곳에 발을 디디면서 수양대군은 주위에 사람을 심고 야심을 키워갔던 것이다.

정승 황희와 맹사성

세종 때의 정승 중 황희가 있다. 황희는 조선 왕조에서 가장 뛰어난 재상 중의 하나로 일컬어지는 관료의 모범이자 청백리였다. 황희와 또 맹사성이 있음으로 해서 세종대의 치세는 더욱 빛날 수 있었다.

고려 때인 1363년 개성에서 태어난 황희는 14세 때 음보로 관로에 나간 후 27세에 문과에 급제했다. 후에 황희는 조선 조정에 참여하여 태종(3대)으로부터 극진한 사랑을 받았다. "황희는 공신은 아니지만 공신 대접을 하였고, 하루라도 보지 못하면 반드시 불러서 접견하였으며, 하루도 좌우를 떠나지 못하게 하였다"라고 할 정도로 태종의 깊은 신임을 받았다.

황희는 태종 때 이조판서를 지냈으나 양녕대군의 폐위에 반대하여 귀양을 갔다가, 세종대에 풀려나 다시 관직에 몸을 담게 된다. 양녕의 폐위를 반대했으니, 세종 쪽에서 보면 반역자였으나 세종은 황희를 보듬어안고 정사를 맡겼다. 태종 당시 육조체제로 바꾸어 왕이 직접 정사를 결정했던 체제를, 세종은 의정부 체제로 바꾸어 정승들에게 정사를 맡겼는데, 의정부에서 정사를 이끌어 나간 두 인물이 바로 황희와 맹사성이었다.

황희는 성격이 분명하고 강직했으나, 맹사성은 어질고 부드러웠으며 치밀했다. 이런 성격의 둘은 서로를 보완하여 세종대의 태평성대를 이끌어내는 데 큰 역할을 했다. 둘의 이러한 성격을 잘 알고 있었던 세종은 황희에게 국방과 외교, 제도 등의 업무를 맡겼고, 맹사성에게는 아악의 복원과 과거시험 감독관 등을 맡겼으며, 둘은 세종의 기대에 어그러지지 않게 업무를 공평하게 처리하고 공과 사를 엄격히 구별했으며, 둘 다 청렴했다. 맹사성은 평소에 소를 타고 다니기를 좋아했으며, 스스로 악기를 만들어 즐기기도 했다. 맹사성이 황희보다 세 살이 위였는데 둘 다 오래 살아, 맹사성은 79세에 죽었고, 황희는 무려 90세까지 살았다.

그런데 최근에 황희와 맹사성이 청백리가 아니었다는 주장이 대두되었다. 그들이 뇌물 스캔들에 연루된 일이 있고 또 자식들이 문제가 있었던 것 같은데, 좀더 연구가 필요한 부분이라 생각된다.

집현전

조선 초기의 싱크 탱크이자 조정의 도서관이었던 집현전은 세종 2년(1420년)에 설치되었다가, 세조 때 집현전 학자들을 중심으로 한 상왕복위기도 사건이 터지자 열받은 세조가 "야, 그거 없애버려" 할 때까지 37년간 존속했다. 집현전이란 이름은 이미 고려 때부터 있었으나 유명무실했던 것을 태종(3대)이 부활시킨 것이었다. 실제로 세종 4년까지 세종은 왕 수습 기간 중에 있었기 때문에 집현전을 설치한 것은 태종이었다.

집현전을 설치한 목적은 인재를 길러내기 위해서였다. 조선이 개국하면서 많은 고려의 인재들이 은퇴하여 초야에 묻혀버렸고, 조선 개국에 참여했던 인재들도 두 번의 왕자의 난을 거치면서 목숨을 부지한 신하가 별로 많이 남아 있지 않았던 것이다. 집현전에는 세종대에서 단종(6대)대까지 약 100여 명의 학자가 거쳐갔다.

새로 설치된 집현전의 영전사는 정1품이었고, 대제학은 정2품, 제학 두 사람은 종2품, 부제학은 정3품의 당상관들이었으며, 정원은 특별한 일이 없는 한 20명으로 제한되었다. 집현전 관리는 젊은 문관들 가운데서 재주와 행실이 있는 사람을 택하고 오로지 경전의 연구와 역사의 강론, 서책의 편찬 그리고 임금의 자문을 하도록 했으며 이로 인한 문풍진작을 기대했다.

집현전 학자들의 가장 큰 일은 왕의 경연관이나 왕세자의 서연관으로서 시강하는 것이었고, 시관으로 과거문제를 내는 것이었다. 사대문서를 쓰는 일 또한 집현전 학자들의 일이었다. 또한 집현전은 실용적인 학문연구도 도외시하지 않았다. 군사, 지리, 천문, 역수(점복), 의약, 농업기술 같은 잡학을 분야별로 연구하여 각자의 분야에서 서적을 편찬하도록 함으로써 백성들을 살찌게 하고 나라를 부강하게 하는 일을 맡았던 것이다.

세종의 집현전에 대한 애착은 각별하여 집현전 학자들에게는 많은 특혜가 주어졌다. 대전 조회에서 삼 정승 이하 모든 신하들이 품계에 따라 줄을 설 때도 반두라 하여 앞자리를 차지했으며, 부정과 비리를 탄핵하는 사헌부의 규찰에서도 제외되었다. 밤에 숙직하는 학사들에게는 수시로 음식을 보내고 직접 찾아가 격려하곤 했다.

그런가 하면 중국에서 책이 들어오면 가장 먼저 집현전 서가로 보냈다. 장서고의 서책은 독특한 분류법으로 정리되어 찾기가 아주 쉬웠으며, 왕과 왕실의 종친, 집현전 관원과 타사 관원들에게도 개방되었다. 집현전은 왕실을 비롯한 조정 관리 모두의 도서관이었던 것이다. 그리고도 집현전 학자들이 다른 일에 신경쓰지 않도록 사가독서제를 번갈아 시행했다. 즉 딴 짓 할 것 없이 집에서 푹 쉬면서 책이나 열심히 읽고 학문을 닦으라는 배려였다.

집현전 학자들은 초창기에는 세자와 세종을 위한 경연과 경전을 토론했고, 그 이후에는 앞의 일에 더하여 서적 편찬에 힘을 기울였으며, 세종이 병들어 누운 말기에는 주로 정치에 참여했다. 집현전 학자의 수는 대략 20~30명 선이었는데, 초창기에는 변계량의 영향력이 절대적이었다. 변계량은 세종 당시 문형으로서 가장 뛰어난 학자였다. 문형이란 중국과의 외교문서나 왕의 교서 등을 작성하는 당대 최고의 문장가를 일컫는다. 조선초 최고의 문장가는 정도전, 권근을 거쳐 변계량, 윤회, 최항으로 이어졌다.

세종의 집현전에 대한 애정은 유별났다. 주자소에서 찍은 새 책은 제일 먼저 집현전으로 보냈으며, 간혹 통보 없이도 집현전에 들러 학자들을 격려하곤 했다. 어느 날 세종이 늦은 밤에 예고 없이 집현전에 들렀는데 신숙주가 책을 보다가 서안에 엎어져 잠든 것을 보고 자신의 수달피 윗도리를 벗어 덮어준 적도 있을 정도였다.

《고려사》 편찬과 역사의 기록

태조 때 《고려사》를 편찬한 인물은 정도전과 정총이었다. 그러나 그들은 고려시대를 살다가 조선 개국에 참여한 인물들로서 자신들의 역성혁명을 정당화시키기 위하여 많은 왜곡을 저질렀다.

자신이 해 온 일을 자신이 기록하는 형국이었기 때문에 왜곡이 있을 수밖에 없었던 것이다. 보셨겠지만 그래서 필자는 전기를 안 본다. 소설을 볼 시간이 없기 때문이다.

세종 때《고려사》의 개수를 명하여 변계량과 유관이 개수를 맡게 되었다. 137권이나 되는《고려사》개수는 6년여에 걸쳐 이루어졌는데, 원래 편년체 서술방식을 기전체로 바꾸었고 우왕, 창왕을 신씨라 하여 왕의 사적에 넣지 않고 일반 신하처럼 열전에 넣었다.

문종 2년인 1452년에는 김종서 등이 편찬에 참여한《고려사절요》가 편찬되었다. 이처럼 모든 역사는 승자에 의하여 쓰여지기 때문에 쓰여지는 순간부터 왜곡을 피할 수 없는 것이다.

역사를 기록하는 과정은 다음과 같다.

실록을 기록하는 사관이 있는데, 사관은 언제 어디서나 붓을 귀에 꽂고 먹물통을 옆구리에 찬 채 종이를 들고서는 왕이 나다니는 곳은 잠자리만 빼고 어디나 졸졸 쫓아다닌다. 조회를 하는 자리를 비롯하여 모든 회의에 참석했고 능행이나 사냥길에도 붙어 다녔다. 아무나 사관을 할 수 없는 것이, 사관은 왕의 말과 행동뿐만 아니라 신하들의 건의와 움직임도 재빨리 받아 적어야 했다. 물론 한문으로 적었는데 빠르고 정확해야 했으니, 순발력이 아주 뛰어나야 했다. 사관은 이렇게 적은 모든 기록을 월별로 정리하여 춘추관에 넘긴다.

이를 사초라고 하는데, 사초는 사관 이외에는 누구도 볼 수 없었다. 상급 관리자도 보아서는 안 되었고, 임금도 볼 수 없었다. 이러한 자료를 토대로 실록 편찬은 그 임금이 죽고 난 뒤에 시작한다. 그러나 뒤를 이은 임금은 반란이나 반정이 아닌 한 대부분 전 임금의 자식이므로 실록을 완성하고 수정하는 과정에서 알게 모르게 개입하여 역사를 왜곡시킬 수 있었다. 비록 실록이 완성되어도 임금이 보지 못하는 것이 관례이나 수정하는 책임자를 측근이나 수족으로 임명하면 그네들이 알아서 기었기 때문이다. 또 스스로 사건에 관련되었던 관리로 하여금 실록을 편찬하도록 시키면 당연히 제가 개입되었던 일은 정당화시키게 마련이었다.

역사를 왜곡시키는 또 다른 방법은 실록을 수정하는 것이다. 실록이 완성되고 나서 내용이 번잡하다거나 중복된다는 이유로 고치는 것이다. 세종도 이를 허락하여 《태조실록》과 《태종실록》을 수정했는데, 이 일은 하나의 관례가 되어 뒷날 수정실록이 나오는 폐단을 만들어냈다. 어쨌든 이렇게 만들어진 《조선왕조실록》은 25왕 472년의 사실이 고스란히 담겨 있다. 단일한 책으로 따지면 세계 최대의 분량이고, 기록된 기간도 세계에서 가장 긴 책이다.

중국의 실록도 전해지나 내용이 많이 빠져 있고, 분량도 《조선왕조실록》에 미치지 못한다. 《조선왕조실록》은 유네스코 세계기록유산으로 등재되어 있다. 《세종실록》은 세종이 죽은 지 2년 뒤부터 편찬이 시작되었는데, 총재관은 황보인, 김종서, 정인지였으나, 황보인과 김종서가 계유정난으로 죽는 바람에 정인지가 마무리를 지었다. 《세종실록》의 분량은 163권으로 《태조실록》 15권, 《태종실록》 36권과 비교가 안 되게 많은 분량이다. 그만큼 윗대에 비하여 치적이 많았던 것이다.

세종의 불심과 가출

부자지간인 세종과 수양은 모두 불심이 깊었다. 세종은 말년에 불심이 더욱 깊어져 그 문제로 신하들과 여러 번 갈등을 빚었다.

세종은 신하들의 빗발치는 듯한 반대상소에도 아랑곳하지 않고 《석보상절》을 편찬하고, 경복궁 내에 소헌왕후를 위한 불당을 건축했다.

말년인 세종 30년에 왕이 문소전 서북쪽에 내불당(궁궐 내의 왕과 왕실 가족들의 전용 불당)을 건축하라고 지시하자 대간은 물론 승정원과 육조, 의정부까지 온 조정이 불가하다며 일제히 들고 일어났다. 세종은 불당 건축 문제로 신하들과 일찍이 없었던 험악한 분위기에서 논쟁을 주고받았다. 결국 세종이 다소 양보하여 내불당 대신 궁궐 밖에 전용 사찰을 세우는 것을 제안했으나 신하들은 막무가내였다. 내불당 논쟁은 장장 1개월을 끌었는데 나날이 쌓이는 반대상소로 조정의 업무가 마비될 지경이었다. 그래도 세종이 뜻을 꺾지 않고 내불당 공사를 강행하자 대간들은 모두 사퇴해 버렸고 이어 성균관 유생들까지 이에 동조했다. 수업을 듣지 않고 성균관을 뛰쳐나가 집으로 돌아가버린 것이다. 즉 동맹휴학에 들어간 것이다.

세종도 독한 마음을 먹고 나섰다. 먼저 단식투쟁에 들어갔고 그것이 효과가 없자, 그 다음 양위선언으로 위협했다. 그것도 씨가 먹히지 않자 가출로 맞서 궁을 나와 임영대군의 집에 틀어박혔다. 세종 같은 성군도 나이가 먹으면서 점점 인간적이 되어갔던 것이다. 30대부터 희어지기 시작한 머리칼은 이미 모두 백발이었고 이러저러한 고통에 시달리다 보니 만사가 귀찮았을 것이다. 세종이 마지막 수단으로 가출을 함으로써 신하들은 손을 들고 내불당은 건립되었다.

그로부터 2년 뒤인 세종 32년(1450년) 세종은 영응대군의 집에서 숨을 거두었다. 세종이 승하한 지 겨우 5년이 지난 후 그의 둘째아들 수양대군에 의해 두 동생과 조카가 살해되고, 세종이 아끼던 집현전 학사들이 떼죽음을 맞는 비극이 벌어진다. 예견할 수 있었던 이 비극을 미리 대처하지 못한 허물이 세종의 유일하고도 작지 않은 허물이었다. 요새 당뇨병 약 광고가 나오는데, 세종이 당뇨 합병증으로 죽었다는 멘트가 있다. 일리가 있는 소리다.

불타는 한양

세종 8년 2월 조선왕조 사상 가장 큰 불이 한양에서 일어났다. 한양의 남쪽 인순부의 종 장룡의 집에서였다. 방화로 추정된 불은 때마침 불어온 서북풍을 타고 맹렬히 번져 하루 동안 거의 2,200채의 집이 재가 되어버렸고 32명이 불에 타죽었다.

당시 세종은 도성을 벗어나 강원도 횡성에서 군사들의 무술훈련을 시행하고 독려하는 강무에 나가 있었다. 그날 밤 연락을 받은 세종은 다음 날 급히 환궁했다. 그런데 그 다음 날 또 다시 불이 나서 전옥서를 태우고 민가 200여 채가 소실되었다. 세종은 이재민 구호에 나서는 한편 명을 내려 방화범을 잡도록 했다. 방화범을 찾는 데는 군사들까지 동원되었다. 그리고 방화범을 막을 방도를 연구해 이를 아래와 같이 공고했다.

> 각 방과 동의 중심지에 밤마다 5명씩 파수를 세우고, 3시간마다 순관과 별순이 검문하도록 했으며, 방화범을 고발하는 자는 양민에게는 관직을 주고, 천민은 면천을 시킨다. 방화범 중에서 자수하는 자는 죄를 사면하고 면포 200필을 지급한다.

이와 같은 내용이었으니 획기적인 조치라 아니할 수 없었다.

그만큼 상황이 심각했던 것이다.

세종 당시 도성의 가옥은 1만 7,000호 정도가 있었고, 도성 인구는 약 9~10만 정도였다. 그런데 2,200여 채가 불에 탔으니, 전체 가옥의 13퍼센트가 타버린 엄청나게 큰 화재였던 것이다. 방화범을 추적한 결과 여러 사람이 체포되었는데, 대부분이 함길도 출신이었다. 당시 함길도 사람들은 사소한 원한에도 남의 집에 불을 지르는 풍습이 있어 그 지역의 재산피해가 상당하다는 보고가 있었는데, 아마 그것에 기인했을 것이다. 방화범으로 7~8명이 잡혀왔는데 모두 노비 출신이었다. 사안이 중대하다 보니 처벌도 가혹했다.

당사자들은 모두 능지처사되었고, 가족들까지 연좌가 되어 남자들은 교형에 처해지고, 처와 딸은 노비가 되었다. 심지어 삼촌과 조카까지 연루되어 모두 3,000리 밖으로 유배되었다.

방화범들에 대한 처벌이 마무리되자 그 다음은 이재민의 구호와 화재재발방지 연구였다. 우선 이재민들에게 구호 양곡을 지급해 굶주리지 않도록 했고 장 300석을 나누어 주었으며, 새로 지을 집의 목재와 기와를 공급해 주었다. 화재가 다시 나지 않도록 세종은 길을 넓히고 방화장을 쌓게 했다. 개인집에도 5간, 10간마다 우물을 파게 했고, 종묘와 대궐 안, 종루의 누문에는 소화기를 비치하도록 했다.

당시의 소화기는 어떻게 생겼을까? 장영실 같은 과학자들이 있었으니 아마 어떤 방식이든 소화할 수 있는 기기였을 것이다. 그리고 금화도감을 설치해 소방수를 양성했다. 이렇게 방비를 철저히 한 덕분인지 그 후로는 조선왕조 내내 큰 화재가 없었다.

세계의 대형 화재는 1세기 로마의 네로황제 시대의 대화재와 17

세기 영국 런던의 대화재가 있다. 로마 대화재는 네로가 불을 지른 다음 하프를 타며 불구경을 했다고 전한다. 그리고 나중에 불을 낸 범인으로 기독교인들을 지목해 박해했다고 배웠으나, 하이구 이것도 소설이예요. 당시 네로는 불이 난 현장에서 50km 이상 떨어진 데 있었고, 불을 잡고 이재민 구호하느라 되게 바빴어요.

런던 대화재는 5일간 이어졌는데, 이 화재로 87개의 성당과 1만 3,000여 채의 가옥이 불탔다. 런던의 80퍼센트가 불타버린 엄청난 재난이었다. 이때가 조선이 개국한 지 얼마 안 된 15세기 초인데, 가옥 수를 보니 당시 한양과 런던의 규모가 비슷하다는 것을 알 수 있다. 그런데 조선 멸망 때인 19세기 말이 되면 런던의 규모가 한양 규모의 거의 20배 정도가 된다. 이러한 대형 화재는 이재민 당사자에게는 크나큰 재앙인 반면 나라로서는 더럽고 좁아터진 도시를 새로 기획하여 재건하는 기회가 된다. 런던은 화재 후 현대적인 도시가 되었다.

음부 유감동 사건

세종 9년인 1427년, 성종 때의 어을우동에 비견되는 희대의 음부 유감동이 스스로 창기를 자처하며 38명에 이르는 중앙, 지방의 고위 관리들과 섹스를 가진 스캔들이 터져나와 조정이 발칵 뒤집어졌다. 관련자 명단에 사헌부와 사간원의 관리들까지 거명되자 드디어 수사 중단의 명령이 떨어졌다. 하여간 영의정인 정탁서부터 정탁의 조카인 이조판서 정효문, 그리고 성삼문의 할아버지인 성달생까지 같이 자빠져 자서, 도대체 누가 누구를 수사할 수도 없었고, 더 나아가다가는 누구 이름이 튀어나올지 알 수 없었기 때문이었다.

유감동은 창기가 아니라 검한성 유귀수의 딸로 평강 현감 최중기와 혼인했다가 간통 사실이 발각되어 버림을 받았다. 그리고 그 길로 경외의 관리들과 섹스 행각을 벌이다가 들통이 나서 사헌부의 탄핵을 받게 되었던 것이다. 그런데 이상한 것이 그녀가 색녀라면 욕정을 채우는 데만 급급했어야 하는데, 그녀는 동침한 상대의 이름과 관직 등 인적사항을 모두 정확히 기억하고 있었다.

사실을 알아본 결과 그녀는 무안 군수로 부임하는 남편을 따라갔다가 병을 치료하기 위해 서울로 올라오는 길에 김여달이란 무뢰배에게 걸려 순찰을 핑계로 외진 구석으로 끌려갔고, 김여달 일당이 저항하는 그녀를 집단 윤간했던 것이다. 그 후 그녀는 연약한 여자 하나 지켜 주지 못하는 조정에 앙심을 품고 고위 관리들을 유혹하여 스캔들을 만들어냈던 것이다. 당시에도 요새의 집단강간이나 인신매매 같은 범죄가 있었다. 신하들이 들고 일어나 유감동을 극형에 처해야 한다고 간했으나 상황을 전해 들은 세종은 《대명률》에 따라 장형을 내리고 변방의 관비로 내쫓게 했다.

변비 효자

조선은 유교의 나라였으며, 특히 충과 효를 중요시했다. 그래서 《삼강행실도》 등 효자와 효녀의 모델을 수록한 서책을 발간, 전국에 배포하여 백성들을 교화하고 충의와 효심을 앙양했다. 효자나 열녀가 나면 그 고을의 입구에는 정문(홍문)을 세우고, 효녀, 효자들에게는 세금 일부를 면제해 주는 등 혜택을 주었다. 물론 효자, 효녀가 자주 나는 고을의 원은 근무 평점이 좋게 마련이었다.

효자가 되려면 삼대 효행 중 하나를 해야 되는데, 첫 번째가 단지(단무지의 약자로 착각 마라, 손가락을 절단하는 것이다)였고, 두 번째가 할고(나눌 할, 넓적다리 고)라고, 가난한 집안의 효자가 부모에게 드리기 위해 넓적다리 살을 베어내어 굽던지 삶던지 하여 불고기나 수육접시를 대접하는 것을 말하고, 세 번째가 상분이었다. 즉 중병에 걸린 부모의 똥을 찍어서 먹어보고 병세를 파악하는 방법이었으니 효자 되기가 절대 쉬운 일이 아니었다.

이 방법으로 팔자를 고친 인물이 있는데, 기원전 5세기의 월나라의 구천이다. 구천이 오나라와의 전쟁에 패해 오나라 포로로 잡혀 있을 때, 오왕 부차가 병이 들자 변을 찍어 먹어본 후 증세와 완치 시기를 예언했는데, 이것이 맞아들어가 풀려나서 제 나라로 갈 수 있었으며, 이후 이를 갈고 복수전을 준비하여 오나라를 멸망시켰다. 급할 때는 한 번 시도해 볼 만한 방법이 되겠다.

그런데 위 방법보다 훨씬 능률적으로 효자가 되는 기막힌 방법이 하나 있었다. 바로 변비 치료였다. 지금도 그렇지만 당시에도 변비는 가볍지 않은 병이었다. 조일전쟁 때 영의정을 지낸 유성룡은 변비가 심해 사직을 하려 할 정도였다. 부모가 변비가 심해서 고생할 때 아들이 입에 기름을 잔뜩 머금고 빨대를 문 다음 빨대를 변비 환자의 항문에 꽂고 힘껏 불면 막혔던 변이 나오는 수가 가끔 있었다. 그것이 효자 되는 가장 쉬운 방법이었고, 다른 방법을 택하려다가는 효자도 좋지만 병신 되기 십상이었다. 조선시대 효자 중 상당수가 부모의 변비를 고쳐 주고 효자상을 받았던 것이다.

7

우리 민족의 위대한 문화유산 훈민정음 창제

언어와 문자

언어와 문자는 인류의 문화, 문명 일체를 이끌어 온 수레의 앞뒤 바퀴이며, 역으로 인류의 문화, 문명은 언어, 문자의 소산이다. 인간의 사유는 언어에 의하여 수행되며, 사유의 내용은 말이나 글로 표출된다.

지구상에는 현재 약 6,000여 개의 언어가 존재하는데, 글은 100여 개 정도만 있다. 인간이 말 비슷한 것을 하기 시작한 것은 호모 하빌리스(200만~170만 년 전) 시대인 것으로 추정된다. 그 이전까지는 원숭이와 마찬가지로 손짓, 몸짓으로 간단한 의사를 소통할 수 있었으나 점점 생활이 복잡해지면서 의사소통의 필요성이 생기기 시작했으며, 인간 뇌의 용량도 점점 커져서 사물의 인식, 사유 등을 행할 수 있게 되었다.

말이 한 사람의 입을 통하여 다른 사람의 귀로 전해지려면 두 사람이 같은 시간, 같은 공간에 있어야 한다. 만약 두 사람이 시간과 공간을 공유하지 못한다면 말하는 사람의 기억에 의존하는 수밖에 없다. 이렇게 청각에 의존하는 의사전달 방식의 불편이 너무 크자 인간은 말을 시각화할 수 있는 방안을 생각하기 시작했으며 그 결과로 탄생한 것이 글이다. 글이란 인간의 사고를 시각화해서 생산, 저장, 유통시키는 도구를 말한다.

최초의 문자 발명 시도는 경제활동에서 비롯되었다. 기원전 8,000년 전에 물표가 제작되어 말의 결점을 보완하고 경제활동에 정확을 기하려는 노력이 나타났으며, 이는 문자의 기원과도 깊은 관련이 있다. 아니, 그런데 아담, 이브 전에 누가 글을 쓰기 시작했을까. 아담, 이브는 학교에 다닌 일이 없었으니 아마 문맹이었을 것이다.

문자가 생긴 것은 대략 6,000년 전이었고, 최초의 문자는 대부분 경제활동에서 기인한 숫자 계산, 거래, 재고 파악 등의 내용이었다. 고대문자로서 지금까지 남아 있는 글자는, 출현한 순서대로 메소포타미아의 설형문자, 이집트의 상형문자, 중국의 갑골문자, 그리고 그리스의 선형A, B문자 등이다. 이중 설형문자, 상형문자, 갑골문자는 해독되었고, 그리스 선형 A문자는 아직 해독을 못하고 있다.

수메르 설형문자는 650자, 애굽 상형문자는 약 1,500자이며 갑골문자는 1,488자로 상형문자와 비슷하고, 한자는 6만 5,000자에 이른다. 우리나라 말의 어휘는 약 20만 어인데, 그 중 한자어가 70퍼센트, 순수한 우리말은 30퍼센트 내외에 지나지 않는다.

문자체계의 진화는 대체로 그림문자(상형문자)에서 시작해서 뜻글자(표의문자)를 거쳐 표음문자(음절문자, 음소문자)의 순서로 진화되어 왔다. 고대 이집트 문자나 고대 중국의 갑골문자는 그림문자이고, 갑골문자에서 진화한 한문은 표의문자이며, 한자의 초서체에서 나온 일본의 히라가나와 가타가나는 음절문자다.

현대에서 가장 널리 쓰이는 알파벳의 일종인 라틴문자와 키릴문자, 그리고 그 문자들의 원류인 그리스 문자와 한글은 음소문자이다. 음절을 자음과 모음으로 구분한 것이 음소다.

알파벳의 원형은 고대 이집트 그림문자이며, 특별한 제자 원리 없이 수천 년 동안 모양이 조금씩 변형되어서 지금의 알파벳 문자가 되었다. 반면에 훈민정음은 인도 구자라트 문자와 파스파 문자를 일부 본떴으나, 제자에 있어서 고도의 음성학 · 음운론 지식이 응축되어 있다. 글자꼴 자체가 조음 기관을 본떠서 만들었고, 소리 종류에 맞추어 글자꼴을 체계화시켰다고 알려져 있다.

훈민정음 창제자들은 음절을 음소로 분석하는 데서 더 나아가

다시 자질로 분석할 줄 알았다. 자질이란 만든 글자에 획 등을 더하여 다시 다른 글자를 만들 수 있는 것을 말한다. 예를 들어 ㄷ(디귿) 자에 획을 더해 ㅌ(티읕) 자를 만드는 것을 말하는 것이다. 알파벳에서는 이것이 불가능하다.

한글은 알파벳과 같은 음소문자이면서도 알파벳과 달리 음절로 모아서 쓴다. 이것은 그때까지 수천 년간 써온 한문의 영향력 때문이다. 즉 우리글은 음소문자이면서도 운용에서는 음절문자 수준에 머물러 있는 것이다. 그래서 그간 풀어쓰려는 시도가 여러 번 있었으나 오랜 관습을 깨뜨릴 수 없어 성공하지 못했다.

참고로 북한에서는 한글의 자모 수가 40자이다. 겹글자들도 독립적 글자로 취급하기 때문이다. 겹글자는 닿소리 다섯(ㄲ. ㄸ. ㅃ. ㅆ. ㅉ)에 홀소리 열하나(ㅐ. ㅒ. ㅔ. ㅖ. ㅘ. ㅙ. ㅚ. ㅝ. ㅞ. ㅟ. ㅢ)를 합쳐서 열 여섯 자이다.

정음 창제

세종 25년(1443) 12월 30일, 세종(4대)의 최대 치적이며, 한민족 역사상 최고의 문화유산인 훈민정음이 창제되었다. 아, 정말 기쁘다. 덕분에 필자같이 한문을 쥐뿔도 모르는 사람도 이렇게 쉽게 글을 쓸 수 있으니. 그러나 정음의 반포는 검증 때문에 다시 2년 반의 세월을 더 기다린 끝에 세종 28년(1446) 9월 29일에 반포되었다. 21세기 초인 현재 한글은 사용 인구 세계 12위, 유네스코 지정 세계기록유산, 그리고 단지 24자만 가지고서 1만 1,000~1만 2,000가지의 소리를 표현할 수 있는 세계 최고의 글이다.

우리는 세계 최고의 문자를 가지고 있지만, 그렇다고 한국어

(한국말)가 세계 최고라는 말은 아니다. 이를 혼동하지 마라. 우리말은 배우기가 대단히 어려운 말에 속한다. 외국인에게 숫자 한 번 가르쳐 보실래?

한글은 세계에서 가장 우수한 글이고, 창제자가 알려져 있는 유일한 글이다. 이 얘기는 지금까지 쓰이고 있는 중요한 글 중에서 그렇다는 얘기지, 역사상 출현했던 모든 글에 대하여 얘기하는 것은 아니다. 만약 우리 한국인에게 언어만 있고 글이 없다면, 또는 지금까지 글을 한문으로 쓰고 있다면 우리는 우리 민족의 정체성이나 우수성에 대해 자부심을 가질 수 없을 것이고, 아마 지금까지도 중국의 속국쯤으로 치부될 것이다.

우리나라가 세계적인 IT강국으로 발돋움한 것도 우리글에 힘입은 바가 엄청 크다. 컴퓨터 자판에 들어가는 문명어는 알파벳과 우리글뿐이며, 우리글은 전화기의 작은 자판으로 문자 메시지를 보낼 때도 타문자보다 훨씬 능률적이다.

우리 문자가 얼마나 뛰어난지 비교를 해보자.

뜻글자인 한문을 쓰는 중국에서는 한문의 음을 적을 때 알파벳을 쓰고 있다. 또 알파벳을 모르면 컴퓨터 자판을 이해할 수 없기 때문에 중국에서는 초등학교 때부터 알파벳을 가르친다. 이제 왜 중국 애들이 우리나라 사람들보다 영어를 잘하는지 아시겠지?

중국어는 문자 수가 너무 많아 컴퓨터 자판에 들어갈 수 없으니 선택은 알파벳 아니면 우리글뿐이다. 그런데 이 싸가지 없는 인간들이 바로 옆에 붙은 나라 글자는 놓아두고 멀리 있는 알파벳을 선택한 것이다. 그런데 막상 컴퓨터를 쓰게 되면 먼저 발음을 알파벳으로 입력해야 하고, 발음에 해당되는 한문 수십 개가 주르륵 뜨면 그 중 필요한 글자를 다시 클릭해서 한 글자씩 쓰게 된다. 이 속도는 우리가 손가락이 보이지도 않게 자판을 칠 수 있는 속도에 비하여 자그마치 7~8배 정도나 늦다. 이제 왜 우리가 IT 강국이 되었는지 감을 잡으셨어? 당신이 잘나서 그런 게 아니고 바로 우리의 자랑스러운 한글 때문인 것이다.

또 한글의 장점 중 가장 뛰어난 것이 소리의 표현이다. 현존하는 문자 중 한글만큼 다양한 소리를 표현할 수 있는 글은 없다. 이는 한글이 창제될 당시 주변 나라의 말 즉, 외국어인 중국어와 일본어, 몽골어, 만주어 등 다른 나라의 글들을 우리의 소리로 표현하는 것이 창제의 중요한 목적이었기 때문에, 뜻이나 모양보다 소리내는 것에 치중한 결과다. 이렇게 한글은 세계에서 가장 독창적이고 과학적인 글자로 인정받아서, 유네스코에서는 한글 창제자의 이름을 딴 상을 제정하여 문맹퇴치에 공헌한 사람에게 매년 '세종대왕상'을 수여한다.

그러나 한글은 창제된 후 약 400여 년간이나 빛을 보지 못하다가, 1896년 대한제국이 설립되기 1년 전에 창간된《독립신문》이 순 한글을 사용하면서 우리글의 혁명을 시작했고 우리의 겨레 글로 정착되기 시작했다.

원본《훈민정음》이 세상에 알려진 때는 1940년이었다.《훈민정음》서책은 경상도 안동의 고가에서 발견되어 간송 전형필 선생이 보관해 오다가, 국보 제70호로 지정되어 간송미술관의 간송문고에 소장되어 있다. 이때 발견된《훈민정음》에는 세종의 '어제'와 정인지의 '서문'이 실려 있고, 세종의 어제에 대해 주석을 다는 형태로 본문격인 '해례'가 자세히 수록되어 있었다. 이 해례가 발견되기 전에는 전혀 알려지지 않았던 내용으로, 훈민정음의 자모가 만들어진 구체적인 원리와 소리, 글자를 만드는 방법과 원리, 훈민정음의 용례 등이 상세히 적혀 있었다.

이 해례본은 현재 인류가 사용하는 수많은 언어 중에서 창제 과정과 그 원리에 대해 상세히 서술하고 있는 유일한 문헌이며, 이로써 한글은 문자 중에서 창제자, 창제 시기, 제자 원리가 밝혀진 유일한 언어가 되었다. 주변국의 소소한 문자들 빼고.

훈민정음 창제는 언어학자 수준의 지식을 가진 세종이 주도했고 이를 보좌한 학자들은 집현전의 정인지와 젊은 학자층인 신숙주, 성삼문, 박팽년, 이개, 최항, 이선로, 강희안 등이었다. 왕실 가족으로는 문종, 수양대군, 안평대군 등의 아들들이 참여했고, 특이하게도 딸인 정의공주가 한글로 구결을 표음하는 문제를 해결했다 해서 은상을 받은 기록이 보인다. 이에 반하여 최만리, 신석조, 김문, 정창손 등 집현전의 노장 학자들은 훈민정음 창제에서 제외되었는데, 정음 창제 후 모두 이를 반대하고 나섰다. 특이한 것은 젊은 집현전 학자였던 하위지가 반대 대열에 선 것이었다.

신숙주의 《홍무정운역훈》이나, 성삼문이 지은 한어 자습서 《직해동자습》의 서문에는 문종이 세종을 도와 한글을 창제했다는 기록이 있다. 똑똑했던 문종도 한글 창제에 깊이 간여했던 것이다.

세종이 정음을 만들면서 한밤중에 궁녀를 불러다 놓고 여러 소리를 내도록 시킨 다음 입과 혀 그리고 목구멍의 모양을 살폈다는 이야기도 전하는데, 이것이 사실이든 아니든 세종이 창제 과정을 비밀에 부친 것은 확실하다.

정인지가 훈민정음 반포 서문에서 밝힌 것처럼, 훈민정음은 '바람 소리' '학의 울음 소리' '닭 우는 소리' '개 짖는 소리' 등을 적을 수 있을 뿐만 아니라, 한자보다도 몇 갑절 배우기가 쉽고 운용하기 쉬운 문자라 했다.

최만리 등 신하들이 내세운 반대 명분은 앞으로 어려운 한자를 공부하느니 쉬운 새 문자를 배우는 관리가 당연히 늘어날 것이고,

이로써 중국에서 받아들이는 예악이나 문화가 매우 천박해질 것을 걱정한다는 것이었다. 하지만 실상은 누구나 글을 배워 소나 말이나 모두 관계에 진출할 것을 걱정한 것이었다. 당시까지 문자생활이란 사대부들만이 누리는 특권이었던 것이다.

이런 최만리의 상소에 대하여 세종은 백성들이 한문보다 쉽게 익히도록 설총이 만든 이두는 찬성하면서, 역시 백성들이 한문이나 이두보다 더 쉽게 글을 배우도록 만든 정음을 반대하는 이유는 뭐냐고 질책한 다음, 한편으로 과거는 정음으로 보지 않고 계속 한문으로 보게 될 것이라고 신하들을 안심시켰다. 즉 백성들을 위하여 정음을 만들었다 하나 역시 한계가 있었던 것이며, 세종 또한 한문이 지배층의 문자로서 지니고 있는 특권을 침해할 생각은 전혀 없었던 것이다. 실제로 세종은 한글이 한문을 대신할 것이라고 생각하지 않았으며, 그것은 정음 창제 후에도 한자의 지위가 한 번도 흔들림이 없었다는 것에서 알 수 있다.

정음 창제의 계기와 목적

세종이 한글 창제에 관심을 갖기 시작한 시기와 원인은 세종 8년경(1426)《대명률》 율문의 어려움을 인식한 때부터인 것으로 보인다. 이때부터 훈민정음이 창제되는 세종 25년까지 걸린 시간은 약 18년인데, 본격적인 창제 작업은 중국과 일본에서《운서》를 수입한 후로, 세종 18년인 1436년경에 시작한 것으로 보인다. 왜냐하면 한글 창제와《운서》 번역 등을 주도했던 학자들이 대개 1434년부터 1440년 사이에 등용되었기 때문이다.

세종 29년 신숙주가《동국정운》 편찬을 완성하고 그 서문에서 밝힌 훈민정음의 창제 목적을 보면, 정음 창제의 가장 중요한 목적의 하나는 중국의 한자음을 우리식으로 제대로 적으려는 의도였다. 그 다음으로 법의 바른 이해를 위해서 백성들이 글을 알아야 했기 때문이었으며, 마지막으로 문자 생활을 모르는 백성들에게 유교 국가의 신민으로서 알아야 할 충효를 가르치기 위해서였다.

이중 가장 중요한 목적은 세월이 가면서 중국과 조선의 한자 발음이 점점 달라지는 것을 바로잡아 통일시키기 위해서였다. 당시 명에 지극 사대하던 입장에서, 명의 말과 글인 한자를 제대로 발음하지 못하거나 제멋대로 발음해서 혹시 상국의 사신과 의사가 불통하는 일이라도 생기면 박살이 나는 불상사가 생길 수 있었다.

또 법을 집행하는 관리들에게는 법률적인 전문지식과 함께 그동안 판이하게 달라진 중국식 한자 읽기와 우리식 한자 읽기의 커다란 차이를 극복하는 것이 당시로서는 가장 큰 난관이었다. 읽기뿐만 아니라 율문 자체가 너무나 어려워 율을 공부하는 유생들도 이해하지 못하는 부분이 많았고, 또 이로 인해 죄의 경중을 가림에 있어 실수가 잦으므로 조정에서 이를 조선식 한자와 이두로 번역하도록 했다. 따로 무지한 백성들을 위하여 큰 죄에 해당되는 율문을 이두로 쉽게 번역하여 반포하도록 했으나, 이마저도 백성들이 법을 농단할 우려가 있다는 신하들의 반대에 부딪친다.

즉 백성들이 글을 알면 사대부들과 무슨 차이가 있겠는가? 사대부들은 자신들의 입지가 좁아질 것에 대한 우려 때문에 정음 창제를 무조건 반대했던 것이다.

훈민정음이 반포된 이후 가장 먼저 한 일이 법률문서를 훈민정음으로 작성하는 일이었다. 정인지가 《훈민정음해례》의 서문을 썼는데 거기서 훈민정음의 효용을 이렇게 강조했다.

그런 까닭으로 지혜로운 사람은 아침 나절이 되기 전에 이를 이해하고, 어리석은 사람도 열흘만에 배울 수 있게 된다. 이로써 글을 해석하면 그 뜻을 알 수 있으며, 이로써 송사를 청단하면 그 실정을 알아낼 수가 있게 된다.

또 다른 계기는 세종 10년에 일어난, 진주 사람 김화가 제 아비를 죽인 친족 살인사건에서 기인하였다. 세종은 이 사건이 자신에게 덕이 없어 일어났다고 한탄하며 효행록을 수정증보한《삼강행실도》를 편찬하도록 했다. 이 책은 백성들이 알아보기 쉽도록 그림을 붙이고 쉬운 한문을 써서 편찬하여 백성을 교화하도록 만들어졌다. 세종은 훈민정음을 창제한 후《율문》과《삼강행실도》를 언문으로 번역하여 백성들을 교화하고 이로 인하여 죄를 짓지 않도록 배려했던 것이다. 결론적으로 정음 창제의 목적은 한문음의 표준화, 율문의 용이한 해석, 풍속 바로세우기 등 세 가지로 집약할 수 있겠다.

비밀리에 창제된 정음

한글 창제의 과정은 지금까지 비밀에 싸여 있으며, 창제에 관한 어떤 기록도 실록에는 남아 있지 않다. 결론적으로 훈민정음은 비밀리에 창제되었다는 스토린데, 그 원인은 우선 명나라에 알려질까 두려워했던 것이 첫째였고, 두 번째 이유는 창제 과정에서 쏟아져나올 신하들의 상상을 초월한 반대 목소리였을 것이다. 그래서 훈민정음 창제에 직접적으로 참여한 인물은 세종과 몇몇 아들들 그리고 집현전 학자들 중 정인지, 성삼문, 신숙주 등 측근 중의 측근 몇 명뿐이었다. 실제로 훈민정음 창제 사실이 알려진 다음 해인 세종 26년 집현전에서 오래 근무한 최만리와 정창손 등이 상소를 올려 훈민정음의 반포를 격렬히 반대했다.

세종의 훈민정음 창제에는 운 또한 따라 주었다. 세종이 훈민정음을 창제하고 반포하기 바로 전인 세종 27년 명나라 음운학의 대가인 황찬이 요동에 유배를 와 있었다. 세종은 신숙주와 성삼문 등을 열 세 차례나 요동으로 보내 황찬으로부터 음운학을 배워오도록 했다. 두 사람은 한문을 정음으로 푸는 일, 즉 언해사업을 도맡아 했던 것이다.

정음을 뒷받침할 음운학에 대한 연구가 어느 정도 이루어지자 궁궐 안에 정음청을 설치하고 본격적으로 한글의 음운연구에 나섰으며, 음운연구가 마무리되자 이를 반포하게 되었던 것이다. 훈민정음을 창제한 이후 제일 먼저 벌인 사업은 한자의 발음을 표준화하는 일이었고, 이때 그 발음기호로 훈민정음이 사용되었으며, 그 표준음을 모아놓은 책이 바로《동국정운》이다.

정음 창제시 세종과 집현전 학자들은 주변국가들의 글자들을 모조리 모아놓고 검토하여 구상하고 있는 정음에 쓸 수 있는 글자들을 가려냈으며, 거기에 더하여 새 문자 창제에 천지인의 삼재와 주역 팔괘의 원리를 활용했다.

당시 조선만 글자가 없었지 다른 나라들은 모두 글자가 있었다. 즉 명나라의 한문, 일본의 가타가나와 히라가나, 여진 문자, 파스파 문자(몽골 문자), 서하 문자(티벳 문자), 거란 문자, 위구르 문자, 타이 문자, 베트남 문자, 인도 문자, 유구국 문자, 타이완 문자 등 수많은 문자가 있었다.

이렇게 주변 나라들의 문자를 참고로 하고, 마지막 단계로 글자 모양을 옛 전서와 팔괘의 모양을 본떠서 어금닛소리, 혓소리, 입술소리, 잇소리, 목구멍소리로 나누었다. 홀소리 11자는 삼재의 원리를 본떴다.

정음이 창제된 후에도 창제된 문자를 검증하기 위하여 기존의 문서를 번역해 봐야 했고, 또 음운학 이론서들을 더욱 깊이 탐구하여 정음의 음운학적 기초를 다져야 했다. 세종은 그 작업의 일환으로 집현전 학자들을 시켜 중국의 음운학 이론서《운회》를 정음으로 번역하게 했다.《운회》의 번역 완수 사실이 실록에 없어 도중에 번역이 중단된 것으로 보이는데, 대신 조선의 한자음을 정리해서 규범화, 표준화하기 위하여《동국정운》을 편찬하게 되었다.

《동국정운》의 서문은 신숙주가 썼는데, 신숙주는 어려서 중국어를 익히고 훗날 일본어, 몽골어, 여진어에 두루 통했던 언어의 귀재였다. 성삼문은 신숙주만 못했으나 그 또한 전문가 수준의 언어학 지식을 갖고 있었다.

훈민정음이 창제된 후 최만리 등이 주장한 반대 논리를 보자.

최만리는 상소에서 오랑캐들이나 따로 가지고 있는 글을 만들면 명나라 사대에 부끄러움이 있을 것이고, 이두를 활용하면 되는데 무엇하러 문자를 새로 만들며, 율령을 언문으로 번역한다 해도 억울한 송사가 역시 많을 것이라고 주장했다.

세종은 최만리 등 반대론자들을 불러서 토론을 가진 후 최만리, 김문, 정창손 등 훈민정음 반대론자들을 유배보내거나 파직시켰다. 당시 새로 글자를 만든 것에 찬성하는 유학자는 별로 없었다. 수십 년의 시간과 경비를 들여 공부했는데, 이제는 아무나 단시일 내에 자신들과 같은 지식을 가질 수 있을 것이라 생각하니 당연히 열을 받을 것이었다. 그러나 실록의 기록에 따르면 최만리는 부정과 타협을 모르는 강직하고 정직한 관리였다. 단지 그는 지독한 원칙주의자였고 성리학의 명분 외에는 다른 길을 걸을 줄 몰랐던 전형적인 보수꼴통이었다. 최만리는 훈민정음 반대상소에 앞장섰다가 도의적인 책임을 지고 낙향했으며, 그 이듬해에 세상을 떴다. 최만리는 죽고 난 뒤에 청백리의 반열에 올랐다.

다음 상소문들은 최만리, 신석조, 김문, 정창손, 하위지, 송처검, 조근 등의 집현전 학자들이 언문 창제에 반대하여 세종에게 올린 것들이다.

> 우리나라는 일찍부터 지성으로 사대하여 오직 중국의 제도문물을 중심으로 같은 글자를 써왔습니다. 이러한 때에 지금 따로 언문을 만들어 중국을 버리고 오랑캐와 같이 되는 것은 분명히 큰 폐단이 아닐 수 없습니다.

> 지금 이 언문은 신기한 장난에 지나지 않습니다.

> 언문은 모두 옛 글자를 본뜬 것이고 새로된 글자가 아니라 하지만 글자의 형상은 비록 옛날의 전문을 모방하였을지라도, 음을 쓰고 글자를 합하는 것은 모두 옛 것과 반대되니 실로 의거할 데가 없사옵니다.

정음의 기원 추적

* 인도 산스크리트설

수메르 및 이집트 문자와 이로부터 발달된 표음문자는 아시아 제민족의 문자형성에 영향력을 미쳤는데, 그 중 불교의 전파를 따라 전파되기 시작한 인도 문자는 이 지역 민족들의 표음문자 발전에 실질적이고 지대한 영향을 미친 것으로 추정된다.

한글의 기원으로 인도 문자가 거론되는 견해가 있는데, 인도 남부 구라자트주의 고유 문자는 한글의 자모와 거의 모양이 일치하고 사용법도 대단히 유사할 뿐더러 모음 또한 10자이다.

자음 중 ㄱ ㄴ ㄷ ㄹ ㅁ ㅅ ㅇ은 한글과 모양이 거의 같고, 모음 ㅏ ㅑ ㅓ ㅕ ㅗ ㅛ ㅜ ㅠ ㅡ ㅣ 도 같으며, 받침도 쓰는 문자였다. 한글이 산스크리트를 본땄다는 이론을 뒷받침하는 증거로는 1525년 성종 때 성현이 지은《용재총화》에 있는 다음과 같은 기록이다.

> 초종성 8자, 초성 8자, 중성 12자의 글자 모양은 인도 산스크리트 글자(범자)를 본으로 했다.

인도 고대문자인 산스크리트는 종교, 철학, 문학 용어로서 지식계급 사이에서 중심적인 위치를 차지해 왔으며, 불교 경전이 바로 이 산스크리트로 기록되어 있다. 산스크리트는 고대 셈계 문자가 상인들에 의하여 페니키아에서 메소포타미아를 거쳐 기원전 8세기경에 인도로 전해졌다고 추측된다. 고대 인도 문자는 굽타 문자를 낳았고, 굽타 문자는 티벳 문자를 낳았으며, 티벳 문자는 파스파 문자를 낳았다.

* 몽골의 파스파(팔사파) 문자설

이익은 《성호사설》에서, 유희는 《언문지》에서 각각 한글의 몽골 문자 기원설을 주장한 바 있는데, 이는 상당히 일리가 있다. 1269년에 원나라 세조의 명에 의하여 티벳의 라마승이자 학자였던 파스파가 창제한 파스파 문자는 별로 빛을 보지 못하고 묻히고 말았으나, 정음을 만드는 데는 훌륭한 참고자료가 되었을 것이다. 파스파 문자는 우리 말과 같이 음소문자였으며, 음절 단위로 모아쓰기를 했다.

지금 쓰는 우리글과 똑같은 형식이었고, 파스파 문자 역시 한자의 발음 표기를 목적으로 했기 때문에 정음의 문자 체계는 파스파 문자의 체계를 따른 것으로 보인다. 결국 이 파스파 문자가 우리 한글의 운용에 결정적인 영향을 미쳤던 것이다. 파스파 문자는 우리나라가 몽골 식민지 시대였던 고려 후기 당시 지배층에서는 꼭 알아야 될 문자였다.

파스파 문자는 티벳 문자를 기초로 그것을 방형화하고 왼쪽부터 세로로 몽골어를 적었다. 만든 해에 공용문자로 채택했으나 빨리 쓸 수 없고 불편해 보급이 잘 되지 않다가 원이 멸망한 후 거의 쓰이지 않는 죽은 문자가 되었다. 이 파스파 문자 중에는 정음의 자모와 비슷한 문자가 있다. 즉 ㄱ, ㄷ, ㄹ 등은 정음과 같다.

중국의 《육서략》

정음 창제의 또다른 주요한 참고자료는 중국 송나라 때의 학자 정초(1104~1106)가 쓴 《육서략》을 들 수 있다. 특히 《육서략》

의 제5장에 적혀 있는 '기일성문도'라는 기록이 매우 흥미롭다. 《육서략》은 중국 문자학의 고전인 《설문해자》(기원전 99년)의 전통을 이은 문헌으로 '기일성문도'에는 'ㅡ'와 'ㅣ'에서 문자를 만들어가는 과정이 논리적으로 서술되어 있다.

그것에 따르면 ㅡ를 꺾어서 ㄱ을 만들고, 돌려서 ㄴ을 만들었다. 또한 ㅡ를 비스듬히 돌려서 꺾으면 ㅅ을 만들 수 있으며, 두 번 꺾어 돌리면 ㄷ을 만들 수 있다. 한편 ㅡ를 당겨 둘레를 치되 네모나게 돌려치면 ㅁ을, 둥그렇게 둘러치면 ㅇ을 만들 수 있었다. 결국 이러한 《육서략》의 기록 내용을 참고하면 정음의 기본 자음 자를 거의 모두 만들 수 있는 것이다.

사실 이러한 합리적인 논리를 따르는 것이 애매하고 복잡한 발음기관의 모양을 들여다보고, 즉 혀가 돌아가는 모양을 깊이 연구하거나, 말을 시켜보고 목구멍을 깊숙이 들여다보고 상형하는 것보다 제자하는 데 훨씬 쉽다는 것을 알 수 있다. 결국 정음은 여러 문자와 서적을 참고해 글자를 만든 다음 그 제자 이론을 발음기관 상형설과 음양오행, 천지인 삼재설이 뒷받침했다고 볼 수 있다.

한자를 근간으로 해서 만들어진 문자는 거란, 베트남, 서하, 여진, 일본 등의 문자가 대표적이며, 인도의 표음문자에 기원을 두고 발전한 문자는 티베트 문자, 몽골의 파스파 문자가 있다. 이 유형에 들지 않는 문자로서 돌궐 문자와 한글을 들 수 있는데, 돌궐 문자는 갑골 문자와 수메르 및 이집트 문자를 기원으로 만든 독특한 문자이다. 한글은 인도 문자와 파스파 문자 일부를 받아들인 것으로 추정되나, 조음기관을 상형하고 만든 것으로 알려진 유일한 인공문자로 인정되고 있다.

오행에 근거한 정음

정음의 제자 이론을 뒷받침한 음양오행 사상은 중국의 전국시대에 형성된 것으로서 서로 독립되어 있던 음양과 오행이 이때 결합하여 우리나라에는 삼국시대 때 전해졌다.

이 사상은 음과 양의 소멸, 생성, 변화 그리고 음양에서 파생된 오행, 즉 수, 화, 목, 금, 토의 움직임으로 우주와 인간생활의 모든 현상과 생성소멸을 해석하는 이론이다.

훈민정음을 만든 사람들은 우리의 말소리에 음양과 오행의 원리가 적용되어 있다고 믿었다. 오행에 근거한 다섯 개의 닿소리 씨앗은 ㄱ, ㄴ, ㅁ, ㅅ, ㅇ이었다.

그것들은 불어내는 숨의 세기와 닿고 떨어지는 세기에 의해 다른 소리로 변했다. ㄱ은 ㅋ과 ㄲ으로, ㄴ은 ㄷ과 ㅌ으로 변했으며, ㅁ은 ㅂ과 ㅍ으로, ㅅ은 ㅈ과 ㅊ으로 변했다.

닿소리와는 별도로 삼재에서 생겨난 아, 으, 이가 있었다. 이 홀소리들은 서로 어우러지고 얽혀 아, 야, 어, 여, 오, 요, 우, 유가 되었다. '·'와 'ㅡ'가 어우러지면 오나 우가 될 것이었다.

입술을 안으로 말면 '오'가 되고, 밖으로 내밀면 '우'가 된다. '오'는 부드럽고 작고 따뜻하고 가벼운 소리고, '우'는 무겁고 차고 크고 깊은 소리였다. 마찬가지로 '·'와 'ㅣ'가 어우러지면 '아'나 '어'가 되었다. 즉 모음도 하늘, 땅, 사람이 어우러져서 만든 자이니 음양오행 사상이 추구하는 조화의 정신과 상통한다. 이와 같이 우리말의 자음과 모음은 하늘, 땅, 사람 등의 구성 요소와 그 운행 원리인 음양오행 사상이 반영되어 있는 것이다.

글자의 명칭

글자의 명칭 기역, 니은, 디귿의 이름은 16세기 초 당시 최고의 역관이자 한학자였던 최세진이 편찬한 한자교육서 《훈몽자회》의 일러두기에 쓰여 있는 한문 자모의 명칭을 우리말로 적은 것이다.

글자의 명칭이 부르기 어려운 것은 처음부터 글자의 이름을 정음으로 지은 것이 아니라 한자의 음과 뜻을 이용하여 표기한 것을 우리말로 바꾸었기 때문이다. 예를 들어 '기윽'이라는 글자 이름에서, 한자에는 '윽'이라는 표현이 없기 때문에 '윽' 대신에 비슷한 '역'이라는 글자를 가져다 썼기 때문에 '기역'이 된 것이다.

글자의 순서도 《훈민정음해례》에 자모 설명은 있으나 자모 순서는 나와 있지 않다. 이 역시 《훈몽자회》에서 자모의 순서를 볼 수 있다. 자모의 순서는 《훈민정음해례》의 조음 위치에 따른 배열 순서와 일치한다. 즉, 어금닛소리(ㄱ), 혓소리(ㄴ), 입술소리(ㅁ), 잇소리(ㅅ), 목소리 (ㅇ)의 순서로 배열되었다.

정음의 전자 모방설

《세종실록》 24년 계해 12월조의 기록이다.

이 달에 임금께서 친히 28자를 만들었는데, 그 글자는 고전을 모방했다.

이 기록을 보면 훈민정음 창제는 세종이 직접 주도했다는 것을 알 수 있다. 그러나 여기에 쓰인 한문 '전' 자가 무슨 뜻인지 알 수 없는, 희한한 글자다. 하긴 3,000년 전 글자니까.

《세종실록》 세종 25년 병무조의 세종이 훈민정음을 반포한 내용에 이런 구절이 있다.

> 글자의 모양은 비록 옛날의 전문을 모방하고 글자를 합쳐 소리를 내나 모두 옛 것과 반대이다.

그런가 하면 정인지의 훈민정음 서문에는 또 이런 구절이 있다.

> 계해년 겨울에 우리 전하께서 정음 28자를 처음으로 만들어 간략하게 들어보이고 명칭을 훈민정음이라 하였다. 물건의 형상을 본떠서 글자는 옛날의 전자를 모방하고…….

보시는 대로 모두 '전자' '전자' 하는데 '전자'가 무엇일까? 전서체는 기원전 10세기 전후 은나라(상나라)가 멸망하고 주나라가 섰을 당시 청동기에 쓰인 것이 발견되었다. 그 후 주나라에서는 대전체가 발달했으며, 기원전 3세기 진나라의 진시황이 천하를 통일한 후 한자체를 통일하는 과정에서 진의 승상이던 이사가 주나라 때 필서체의 하나이던 대전을 바꾸어 소전을 만들었다. 대전은 소전보다 덜 발달된 한자로 표구 같은 것에 쓰여 있는 그림과 비슷한 한자이다. 이렇게 춘추전국시대에 쓰이던 글자인 전자라는 것이 문제인데, 이걸 역사소설에 나오는 가림토 문자라고 우기는 사람들도 꽤 된다.

기타 문자

*《규원사화》와《한단고기》의 가림토 문자

《규원사화》에 의하면 기원전 3,800년경 한웅이 신지 혁덕에게 글자를 만들도록 명했으며, 혁덕은 사슴의 발자취를 보고 녹도문을 만들었다고 했다. 말 그대로면 엄청 오래 됐다. 중동의 설형문자가 출현한 시기하고 비슷한 시기니, 목소리 큰 인간만 찾으면 우리가 세계에서 가장 먼저 글자를 만들었다고 우길 만하다.

또《한단고기》의 단군세기에 의하면 기원전 2,181년 삼랑 을보륵에게 명하여 정음 38자를 만들도록 했으며 이를 가림토 문자라 했다 한다. 가림토 문자는 일본에서 서역까지 사용되었으며, 이를 수정, 보완하여 만든 것이 훈민정음 28자라 한다. 이것도 만든 시기가 만만치 않네.

그런데 문제는 이런 문자들이 우리 고대 자료에 한 번도 등장한 적이 없었고,《한단고기》와《규원사화》는 역사서가 아니라 잘 쓴 '팩션'(팩트와 픽션의 합성어로, 사실에다 소설을 더한 즉,《삼국지연의》와 같은 종류의 작품을 말한다)이라는 점이다.《한단고기》는 1911년 독립운동가 계연수가《삼성기》《단군세기》《북부여기》《태백일사》등 네 종류의 책을 하나로 묶어 편찬했다는 책을 말한다. 계연수는 1920년 만주에서 독립운동을 하다가 일본군에게 피살되었다. 이때 제자에게 경신년(1980)이 된 후에 이 책을 세상에 공개하라는 유언을 남겼다 하며, 그래서 이 책이 최근에야 알려지게 되었다는 스토리다.

가림토 문자가 있었다고 주장하는 사람들은 훈민정음이 가림토 문자 38자를 보고 만들었다고 하고, 그것이 일본에 전해져 신대문자가 되었으며, 몽골로 가서는 파스파 문자가 되었고, 인도로 가서는 구자라트 문자가 되었다고 우긴다. 하여간 모조리 우리 것을 보고 만들었다는 얘기다. 파스파 문자와 인도의 구자라트 문자는 한글을 만드는 데 중요한 참고가 된 글자들이다.

이 스토리가 사실이라면, 가림토 글자는 만들어지고 거의 4,200년이나 되도록 한 번도 나타나지 않다가 별안간 한글 창제 때 잠깐 나타나서 정음을 만드는 데 결정적인 도움을 준 다음, 아무런 흔적도 남기지 않고 다시 사라져 버렸다는 미스터리가 된다. 그리고 가림토 문자가 있었다면 왜 고대에 우리 선조들은 한문인 이두와 향찰을 썼고, 거기에 가림토 문자의 흔적이 전혀 남아 있지 않을까?

믿어지셔? 에이, 소설이지.

조선조 세조(7대)의 공신인 권람의 《응제시주》에 '가림토 문자로 고조선 역사를 기록했다'라는 기록이 있다는, 《신지비사》라는 문헌의 이름이 언급된 적은 있다. 정인지가 저술한 《고려사》 열전 중 김위제전에 고조선의 위치와 형세를 설명하는 《신지비사》의 내용이 부분적으로 기술되어 있다. 전해져 오지는 않지만 그런 책이 옛날에 있기는 있었나 본데, 거기에도 《한단고기》와 같이 가림토 문자라는 말만 나오지 그런 글자가 존재했다는 증거는 어디에도 없다.

* 남해 석각의 회화 문자

남해의 낭아리 또는 두모리라고 부르는 지역에 있는 한 섬의 바위에 암각된 문자가 있다. 이것은 가로 1m, 세로 50cm의 크기로, 진시황의 방사 서불이 불로초를 찾아다니다 섬에 들러 바위에 기록하였다는 전설이 있으며, 회화문자의 일종으로 추측된다. 회화문자란 그림과 글자의 중간 형태로서 상형문자 이전의 문자다.

상형문자는 중국 은나라 때인 기원전 1000년에서 기원전 1600년 사이에 발생했다고 추정되며, 회화문자는 그보다 앞선 기원전 2000년경의 문자이다.

* 중국어

중국어는 고립어이기 때문에 문장에서의 위치에 따라 그 쓰임이 정해진다. 한국어는 이와는 달리 교착어이기 때문에 인칭 뒤에 문법적 요소인 조사류 '가' '는' '의' '에게' '를' 등이 붙어서 문장에서의 기능을 나타낸다. 중국어는 문장에서 글자의 위치에 따라서 명사도 되고 동사도 될 수 있지만 우리말에서는 이러한 현상이 일어나지 않는다.

기원전 15세기서부터 기원전 11세기 정도에 존재했던 은(상)나라에서 쓰던 한자는 4,500자 정도였는데, 진나라가 천하를 통일하자 1만 자 정도가 되었고, 18세기가 되자 거의 5만 자가 되었다. 이렇게 글자 수가 많다 보니 자기 나라 글을 배우는 데 일생을 바쳐야 하는 문제가 심각하게 거론되기 시작했다. 결국 1955년 한자의 획수를 획기적으로 줄이고 간단히 만든 새로운 약자가 선보였으며, 1958년부터는 한자음을 로마자로 토를 달게 되었다.

중국에서 쓰는 언어를 우리는 그냥 중국어라 부르지만 중국에는 55개 민족이 살고 있고, 쓰는 언어도 크게 나누어서 8개 정도의 다른 언어를 쓴다. 예를 들어 한어, 몽골어, 위구르어, 티벳어, 조선어 등이 있고 또 수십 개의 방언이 있다.

컴퓨터가 등장하기 전에는 아시다시피 모두들 타자기를 썼다. 중국 타자기 한 번 구경해 보실래? 중국 타자기는 사람이 손으로 치는 것이 아니다. 그 많은 숫자의 글자가 어디에 들어가겠는가?

중국 타자기의 글자판은 꼭 인쇄할 때의 조판 같다. 한 판에 2,000개 이상의 깨알 같은 글자가 들어 있는 조판을 들여다보면서 타이피스트는 기계 팔로 한 글자씩 집어낸다. 우리나라 같으면 분당 250~300자가 기본인 타자의 속도를 중국 타이피스트는 분당 20~30자를 칠 수 있고, 그냥 보통 사람들은 분당 서너 자 친다. 컴퓨터로 바뀐 후에도 한글 자판을 치는 속도보다 7~8배가 느리다.

알파벳으로 발음을 우선 친 다음, 그 발음에 해당되는 글자 수십 개가 뜨면 다시 한 자를 클릭하는 식으로 써나가기 때문이다. 세종대왕께 묵념 한번 더 하자.

중국어는 성조언어로 각 글자마다 1성, 2성, 3성, 4성 등의 성조가 있으며, 광동어는 성조가 여섯이나 있다. 이래서 중국 애들이 액센트에는 귀재다. 동일한 글자도 성조에 따라 그 의미가 달라지며, 문장 서술의 순서가 영어나 독일어 등 게르만 계열의 언어와 같다.

* 일본어

일본은 3세기말 혹은 4세기에 백제의 왕인 박사에게서 처음 한문을 배우면서(사실 확인되지 않은 기록이다) 한문이 도입된 것으로 보이며, 가타가나와 히라가나는 8~12세기 사이에 만들어졌다.

일본 문자는 한자의 초서체에서 만들어졌다. 일본어의 핵심적인 단어는 한자로 쓰고 토는 히라가나로, 외래어는 가타가나로 기록하는데, 이는 우리말의 향찰이나 이두로 표기하는 것과 똑같은 방법이다.

그럼 일본 애들은 히라가나 50개만 알면 글을 쓸 수 있을까? 아니, 한문은 어떡하구? 그렇다면 일본 애들은 한자를 얼마나 알아야 자기 나라 글을 제대로 쓸 수 있을까? 일본어를 대강 구사하는 데는 약 2,000개의 한자가 필요하고, 글 좀 쓴다 하면 최하 5,000개 정도의 한자를 알아야 한다고 한다.

일본 초등학교에서만 약 1,000개의 한자를 가르친다. 우리말이 얼마나 쉬운 말인지, 쓰다 보니 눈물이 핑 돈다. 일본에서는 한문을 해석하는 데 있어서 구두점, 반점 등을 기입하고, 원문의 한자 순서를 일본어 어순으로 바꾸어 일본어 문장으로 읽는 방식이 오래 전부터 이루어졌다. 일본어는 우리글과 어순이 같아 배우기 쉽다고 하는데, 라틴어 계열인 스페인어는 우리말의 동사와 구조나 용법이 거의 같아 일본어보다 배우기가 더 쉬운 외국어다.

* 일본의 신대 문자(아히루 문자)

조선시대 이전에 창건된 일본의 이세신궁 박물관에 아히루 문자가 수록되어 있는데, 이 아히루 문자는 문자의 형상이 한글의 자모와 매우 유사하다. 아히루 문자는 대마도의 아히루 가문에서 전해져 내려왔다는 글자로서 신들이 쓰던 문자라 하여 신대 문자라고도 한다.

한글이 일본에 알려진 시기는 조일전쟁이 막 끝난 17세기 초로 추정되고 있다. 그런데 이 신대 문자는 한글과 비슷한 정도가 아니라 거의 같아서, 일본의 국수주의자들은 한글이 신대 문자의 영향을 받아 만들어졌다고 우긴다. 독도에서도 보셨지만, 얘들 우기는 데는 아무도 못 당한다.

일본에서도 쇼와시대(1926~1989) 초기 신대 문자가 쓰였다는 문헌이 있다는 주장이 있었으나, 조사 결과 헛소리라는 것이 밝혀졌고, 일본 고대에 그런 문자가 있었다는 것은 조작된 스토리라는 것이 정설이다. 일본 고대 문서에 신대 문자가 쓰인 일이 없고, 일본글은 한자를 빌려 썼다는 기록을 찾을 수 있기 때문이다.

더구나 신대 문자가 고대부터 있었다면 한자를 빌려서 문자를 사용했을 리 없고, 신대 문자는 음소문자인데 일본의 가나는 음절문자로서 글자의 발전 방향이 거꾸로라는 모순이 있다. 신대 문자는 모두 단음문자로 되어 있어서 오늘날의 음절문자인 가나보다도 더욱 발전된 형태를 취하고 있는 문자인 것이다. 즉 신대 문자는 17세기 일본에 훈민정음이 전파된 이후 이를 본떠서 만든 글자로 추정되는, 말하자면 후대에 완전 조작된 문자인 것이다.

* 거란 문자

920년에 요나라의 태조 야율아보기가 한자를 참조해서 만든 문자로 거란 대자라 부르며 표의문자다. 그러나 거란어는 우리 말과 같이 어미와 조사가 발달한 교착어이기 때문에 거란 대자는 표기가 대단히 불편했다. 925년 태조의 아우 야율질라가 터키어를 사용하는 위구르인들로부터 배운 문자를 바탕으로 다시 표음문자인 거란 소자를 만들었으며, 이후 약 300여 년간 통용되었다.

* 여진 문자와 만주 문자

여진 말도 우리말과 한 종류인 알타이어계 퉁구스 언어 계열이다. 1119년 금나라 태조 완안아골타가 완안희윤에게 명하여 문자를 만들게 했으며, 완안희윤은 거란 문자를 바탕으로 한자의 해서체를 모방하여 여진 대자를 만들었다. 이 또한 표의문자여서 그 불편함 때문에 1138년 희종이 표음문자를 새로 만들어 이를 여진 소자라 했고, 여진 대자와 같이 통용되었다. 우리나라에는 고려시대인 1338년 충숙왕 때 건립된 '여진문자비'에 여진 문자가 남아 있으며, 이 비는 함경남도 신포시에 세워져 있다.

만주 문자도 여진족이 만든 문자지만 여진 문자는 12세기 금나라 때 쓰였고, 만주 문자는 그로부터 500년 뒤인 17세기에 청나라에서 통용되었던 문자다. 만주 문자는 청태조 누르하치가 1599년에 만들도록 했는데, 문자 모델은 위구르식 몽골 문자로 표음문자였다. 조청전쟁 때 청태종이 조선을 정복하고 서울 송파구에 세운 삼전도비에 쓰여진 문자가 바로 한문, 몽골 문자 그리고 만주 문자인 것이다.

정음의 보급

세종은 훈민정음 반포 후 대간들의 죄를 언문으로 써서 의금부와 승정원에 내려 보냈으며, 그해 말에는 하급 벼슬아치를 뽑을 때 언문으로 시험을 치도록 했다. 이두를 언문으로 대체하려고 서리 10여 명을 뽑아 언문을 가르치기도 했다. 세종은 빗발치는 반대를 무릅쓰고 언문 보급을 위해 심혈을 기울였던 것이다.

세종 27년(1445년) 세종은 정인지 등에게 《용비어천가》를 짓게 했다. 이 노래는 세종의 조상들의 사적을 찬양하는 서사시로 한문으로 시를 쓰고 정음으로 풀이했는데, 이 《용비어천가》가 정음으로 쓰여진 최초의 책이다. 1447년에는 순 언문으로만 쓰인 불서 《석보상절》이 편찬되었으며, 《석보상절》의 내용을 바탕으로 《월인천강지곡》을 지었다.

세종은 불교에 심취해 있었는데, 정음창제 후 수양대군을 시켜 부처의 일대기와 불경을 정음으로 번역하도록 명했고, 그 완성된 책이 24권 분량의 《석보상절》이다. 세종은 직접 《월인천강지곡》을 지었다. 내용은 달이 천 개의 강을 비추듯이 부처님의 공덕이 세상을 두루 비추고 있다고 칭송하는 서사시로서 불교의 진리를 예술적으로 승화시킨 최초의 국문 시조다.

이렇게 세종이 정음 반포에 힘을 쓰자 유학자 출신의 문신들은 정음을 언문이라 천시하면서도 배우지 않으면 안 되었고, 하급 벼슬아치는 공문서에 이두를 쓰는 한편 언문을 반드시 배워야 했다. 그러나 한문은 학문이나 증명을 삼을 만한 것을 적는 일에는 필수였기 때문에, 당시 조선에서 한문을 자유롭게 쓸 수 있다는 것은 글쓰기 이상의 의미를 가져서, 신분이나 권위를 의미하기도 했다.

정음이 반포되자 궁중의 여자들이 제일 먼저 언문을 배우기 시작했고, 이는 급속히 민간으로 퍼져나갔다. 초기 언문 보급의 최고 공로자는 여성들이었고, 그 다음은 서민 남정네들이었다. 당시 사대부 집안의 여성들도 《소학》 정도 읽으면 높은 수준의 교육을 받았다고 여겼기 때문에 한문을 자유롭게 쓸 만한 실력이 없었으므로 자연히 쉬운 정음을 배워서 썼다. 그 후 격문이나 금령 따위를 알릴 때는 언문으로 써서 길거리에 방을 붙였다. 한문으로 써 붙이면 일반 백성들이 알아볼 수 없었기 때문이었다.

그렇다면 양반들은 정음을 배우지 않았을까? 양반들도 언문을 모르면 불편했다. 언문을 우습게 보긴 했지만 모르면 불편한 데다 마음만 먹으면 금방 배울 수 있으니, 배워두는 것이 몸에 좋았다. 만약 대비전에서 언문으로 전교를 내리는데 이것이 무슨 소린지 모르고 헛소리를 했다가는 집에 가서 쉴 수도 있었기 때문이었다.

양반들은 정음을 알고는 있었으나, 문자생활을 한문으로 한 것이다. 그 증거로 정철이나 윤선도, 이퇴계, 허균이나 김만중 같은 양반들은 시조나 소설을 한글로 썼다. 이들이 쓴 《관동별곡》이나

《어부사시사》 같은 작품들은 백성들을 위하여 쓴 작품이 아니었다. 이 작품들은 일반 백성들의 정서와는 전혀 상관없는 작품들이었기 때문에 양반들을 위해서 썼다는 것을 알 수 있다. 만일 양반들이 한글을 몰랐으면 그들은 이런 작품들을 한문으로 썼을 것이다.

또 정음은 태어날 때부터 단절되어 있던 지배층과 피지배층의 언로 소통에 큰 역할을 했다. 한글로 상소하거나, 한글 대자보를 붙일 수 있어 백성들이 하고 싶은 말을 지배층에게 전달하는 수단이 되었으며, 궁에서는 왕후나 대비들이 언문으로 신하들에게 교지를 내릴 수 있었다.

그러면 일반 백성들은 어떻게 정음을 배웠을까?

조선시대 초등교육은 주로 서당에서 이루어졌다. 서당은 문중이나 마을에서 자제들의 교육을 위해 인근의 학자를 훈장으로 초빙해서 열기도 했으며, 훈장이 직접 서당을 열어 학생들을 가르치기도 했다. 당시 서당에서 가르치던 기본 교재는 《천자문》《동몽선습》《소학》 등이었는데, 이들은 모두 한자를 익히기 위한 책이었다.

서당에서는 《천자문》을 가르칠 때 한글로 음과 훈을 달아 가르쳤다. 또한 《동몽선습》《소학》 등도 한글로 번역된 책으로 공부했기 때문에 진도를 나가려면 자연히 한글을 익혀야 했다. 이렇게 한문교육을 시키려면 먼저 한글을 알아야 했던 것이다. 이러한 서당이 조선 후기로 오면서 각 고을마다 아무리 적게 잡아도 30개 이상 있었고, 서당을 마치면 향교로 입학했다. 향교는 서당을 마친 16세 이상의 학생들이 진학하는 공립학교였고, 당시 사립학교는 바로 서원이었다. 향교의 학생 수는 대개 30~100명으로 지역에 따라서 학생 수가 조금씩 달랐다.

우리 민족은 사실 역사상 한 번도 가난을 벗어나 본 적이 없는, 궁하기 짝이 없었던 민족인데도 불구하고, 지금 이렇게 잘 나가는 것은 교육에 대한 높은 열기 때문이다. 일제 식민지 시절인 1918년 조선총독부 조사에 따르면 그 당시 전국 서당이 2만 1,619개나 되었고, 서당에 다니는 학생은 모두 25만 명이 넘었다. 이러한 교육에 대한 열기가 지금의 우리를 있게 했던 것이다.

한글 보급은 서당만 통해서 했을까?

서당 외에 한글 보급의 공로자는 소설가였다. 한글이 만들어지기 전에는 소설이라는 것이 별로 없었다. 그런데 한글이 창제된 이후 한글 소설이 쏟아져나오기 시작했다. 한글로 가장 먼저 쓰여진 소설은 허균의 《홍길동전》이 아니고, 채수의 《설공찬전》인데, 이 소설은 나온 후에 소설 내용 때문에 채수를 죽이느니 살리느니 말이 많았다. 어쨌든 이렇게 17세기 후반이 되자 책을 대여하는 만화가게(세책가)가 생기기 시작했다. 처음에는 소설을 필사해서 빌려 주었는데 수요를 감당할 수 없자, 목판본으로 인쇄해서 대여하기 시작했다(방각). 당시 가장 큰 독자층은 과부와 유부녀들이었다. 18세기가 되면서 인쇄술이 보편화되자 소설도 찍어내고, 위조 족보도 쉽게 찍어내게 되었다.

소설 외에 한글 보급에 기수가 되었던 것이 천주교였다.

최초의 천주교 교리서는 정약용의 형 정약종의 《주교요지》였고, 대부분의 천주교인들이 한글로 된 천주교 교리서, 찬송가 등을 몇 권씩 갖고 있었다. 당시 천주교인들 중에는 평등을 부르짖는 (물론 속으로만) 중인, 서얼, 천민, 여성들이 특히 많았기 때문에 천주교 교리서는 대개 한글로 쓰여졌다. 당시 조선에 천주교인들이 제법 되었다.

이렇게 여러 경로를 통해 한글이 보급되다 보니, 19세기말 조선에 왔던 영국의 작가이자 지리학자인 이사벨라 버드 비숍은 그의 저서《조선과 그 이웃 나라들》에서 글을 읽는 천민들을 보고 놀랐다는 기록을 남겼다. 또 캐나다의 선교사 제임스 스카스 게일도 1909년 저술한《전환기의 조선》이라는 책자에서 '교육을 전혀 받지 못한 사람도 한 달 남짓 공부하면 성경을 읽을 수 있다' , '중국이나 인도에서는 천 명 가운데 하나가 읽을지 말지 한데, 조선에서의 읽기는 거의 보편적이다'라며 조선의 낮은 문맹률에 놀라워했다.

아시지, 지금 우리나라가 가진 것은 교육받은 고급 인력뿐이라는 것을. 그게 바로 조선시대부터 내려온, 딱 한 가지 쓸 만한 전통인 것이다.

언문은 연산군대에 들어 최초로 탄압을 받은 적이 있다. 연산군은 1504년 민간에서 자신에 대한 비난을 언문으로 적어 돌리거나 거리에 붙이는 일이 벌어지자 언문으로 엮은 책을 불태우라 명하고 한동안 언문 사용을 금지시켰다. 그러나 이 조치는 투서범을 잡을 동안뿐이었고, 연산군은 치세 동안 한글 사용을 금하지 않았으며, 오히려 장려했다. 한글로 역사책을 번역하도록 했고, 제문을 번역하거나 악장을 한글로 인쇄하기도 했다. 연산군 치세 내내 한글 사용을 금한 것은 아니었던 것이다. 그러나 어떤 왕은 한문만 숭상하고 정음을 우습게 여겨 제대로 배우지 않은 경우도 있었다. 예를 들면 숙종은 상소문이 한글로 올라오면 이를 읽지 못해 한문으로 번역한 후에야 읽을 수 있었다.

한글의 대중화

모화관(중국을 사모하는 관)은 조선시대에 중국 사신을 영접하던 곳이었다. 19세기 말 청나라가 쇠퇴하고 민중의 의식이 고양되자 모화관을 독립관으로 명칭을 바꾸고 독립협회가 회관으로 사용했으며, 모화관 옆에 세웠던 영은문 자리에 독립문을 세웠다. 또 독립협회는 조선 민중의 독립심을 고취하기 위하여 최초의 한글 신문인《독립신문》을 발간했다.

우리나라 최초의 근대신문은《한성신보》인데, 1882년 수신사로 일본에 다녀온 박영효 일행이 국민들을 계몽시키고 개화운동을 전개하기 위하여 1883년 10월 30일에 창간했다. 이 신문은 정부 기관지였고 순한문으로 발행되었으며, 열흘에 한 번씩 14개월간 발행되다가 갑신정변이 일어나자 중단되었다.

1894년 11월 고종은 우리 문자사에 기록될 획기적인 칙령을 공포한다.

> 법률 칙령은 다 국문을 본으로 삼고 한문 번역을 붙이며, 또는 국한문을 혼용한다.

고종(26대)도 세종과 마찬가지로 법률문에 대한 한문의 어려움을 잘 알고 있었던 것이다. 그리고 이 칙령에서 우리글에 대한 명칭을 언문에서 국문으로 격상시킨 점이 주목된다.

이와 같은 풍토에서 서재필이 발행한《독립신문》이 순한글로 발행된 것은 획기적인 사건이었다. 세종대왕이 한글을 창제한 후 450년 만에 비로소 한글이 조선의 전면적 표기수단으로 공인된 것이다.《독립신문》의 순한글 발행은 한반도가 역사 이래 거의

2,000년을 한자문화 속에서 살다가, 한자가 공용문자의 자리를 내준 언어사적 대전환으로 기록되는 사건인 것이며, 《독립신문》은 우리 문자사에서 한글 사용의 기수가 되었다.

이러한 획기적인 사건이 일어날 수 있었던 것은 《독립신문》의 발행 주체가 서양의 학문을 받아들인 신지식인들이었기 때문에 가능했다. 쉽게 얘기해서 그 양반들도 필자와 마찬가지로 한문에는 완전 깡통이었던 것이다. 필자의 저서를 봐라. 역사책에 한문 없는 거 처음 보시지?

《독립신문》의 발행인 서재필은 김옥균 등과 갑신정변을 일으켜 10대에 조정의 고관이 되었으나, 정변이 실패로 끝나자 일본을 거쳐 미국으로 망명했다. 서재필은 워싱턴대학 의과를 졸업하고 박사학위를 받아 조선인 최초의 미국 의사로서 미국 시민권을 얻은 인물이다.

그러나 식자층에서는 여전히 한문을 애용하고 있었다. 2,000년이나 내려온 문자 관습이 하루 아침에 바뀔 수는 없었던 것이다. 《독립신문》은 모두 4면으로 발행되었는데, 1~3쪽은 한글, 4쪽은 영문으로 발행되었다. 《독립신문》의 순한글 발행이 갖는 또다른 의미는 그간 띄어쓰기가 없다가 우리글에 명실상부한 띄어쓰기가 이로부터 비롯되었다는 것이다.

우리글의 명칭

우리 문자가 처음 만들어졌을 때의 명칭은 훈민정음이었다. 그러나 정음은 상말글이라는 의미의 언문, 언서, 언어 등으로 격하되었고, 여자들이나 아이들 그리고 천민이었던 중들이 사용한다 하여 '암클' '아랫글' 또는 '중글' '절글'이라 불렀다. 그러나 언문이 꼭 비하하는 의미만을 가진 말은 아니었다. 우리말의 이름인 훈민정음은 고유명사고, 언문이란 단어는 중국어를 제외한 다른 언어를 지칭하는 보통명사였다. 훈민정음은 심지어 한자를 읽기 위한 보조수단이라는 의미로 한자 발음 표기법의 명칭인 '반절'로도 불렸다. 이 중 언문이라는 이름이 가장 보편적으로 사용되었는데, 갑오경장 이후 고종(26대) 황제가 종묘에서 자주 독립을 선포한 뒤 나랏글이라는 의미의 '국문'이란 이름이 통용되었다.

'한글'이라는 이름은 19세기 말 '하나밖에 없는 위대한 글' 또는 '큰 글'이라는 뜻으로 국어학자 주시경이 처음 이름을 붙인 것이다. 이 말은 1913년 간행된 주시경의 《아이들 보이》라는 한글 잡지에 처음 등장했다. 1928년에는 훈민정음 반포 기념일인 '가갸날'을 한글날로 고쳐 부르게 되면서 한글이라는 이름이 일반에게 알려지기 시작했다.

주시경은 최초로 자신의 호와 아이들의 이름을 순한글로 지었다. 원래 훈민정음을 만든 취지도 모든 조선 백성이 사용하라는 글이 아니었다. 지배층은 여전히 한문을, 중인층은 이두를 그냥 썼고, 단지 문자를 모르는 일반 백성들인 피지배층을 겨냥하여 만든 글이 훈민정음이었다. 그러나 한글이라는 우리글의 정식 이름이 생김에 따라 한국인 모두의 글로 격상되었고, 또 세계의 주요 글의 하나로 위상을 굳히는 계기가 되었다.

우리글의 풀어쓰기

한글이나 알파벳 그리고 우리글의 창제에 큰 영향을 미친 산스크리트는 모든 글자 중 가장 발전된 형태를 가진 음소문자다. 그런데 음소문자를 음절 단위로 모아 쓴 문자는 세계에서 한글이 유일하다. 처음에 훈민정음은 한자의 우리말 표기의 발음기호 역할을 했다. 그러다 보니 새로운 문자가 표기하고자 한 한자가 음절과 대응되는 사실이 훈민정음의 운용법을 결정짓는 요인이 된 것이다. 즉 한자는 한 글자가 한 음절로 표현되는 관계로 새로운 소리 문자는 운용상 음절을 표현하는 음절문자의 형태가 되었던 것이다.

최초의 풀어쓰기와 가로쓰기 논의는 이미 19세기 말부터 시작되었다. 이때부터 풀어쓰기 논쟁은 찬성과 반대 의견이 팽팽히 맞선 채 이후로 60여 년 정도 논란의 대상이 되었다. 이러한 시도의 중심에 주시경이 있었고, 그가 주장한 풀어쓰기의 장점은 쓰기와 읽기, 그리고 인쇄가 가장 간편하다는 것이었다.

그의 주장은 그의 제자들인 북한의 학자 김두봉과 남한의 최현배가 계승했다. 확실히 주시경의 논리는 우월했으나, 수백 년을 이어온 모아쓰기 전통을 바꿀 수는 없었다. 해방 후에도 이에 대한 논쟁이 치열했으나 결국 대중들의 지지를 받지 못해 1960년 이후 사실상 논의가 중단되고 말았다.

사실 풀어쓰기는 지금까지의 한글 문화와의 단절을 염두에 두지 않으면 대단히 편리하다.

첫째로 모아쓴 글자에 비해 읽기와 쓰기가 쉽고, 알파벳의 필기체처럼 필기체를 만들어 쓰면 쓰기가 매우 빨라진다.

둘째는 기계화가 매우 용이하다. 모아쓰기는 2,500~3,000개의 활자가 필요한 데 비해 풀어쓰기를 하면 60개 정도의 활자만 가지고도 충분하다.

셋째는 단어를 한 덩어리로 표기하게 되면서 철자법이 간편해진다. 모아쓰기의 받침이 풀어쓰기에는 없어지게 되므로 어려운 받침은 소리대로 바뀌며 철자법이 단순화된다. 영어에는 맞춤법이 없다는 것을 기억하라.

넷째 한자 폐지를 앞당기는 계기가 된다. 풀어쓰기를 하면 한자를 쓸 수 없기 때문이다.

그러나 이러한 많은 장점도 결국 관습을 뛰어넘을 수는 없었다. 또 한글 타자기의 발전과 컴퓨터의 등장으로 모아쓰기에 불편이 없어지면서 풀어쓰기 논쟁은 더 이상 힘을 얻지 못했다.

우리글의 단점을 살펴보자.

첫째, 음소문자를 음절문자로 쓰다 보니 글자의 모양이 예쁘지 않는다. 둘째, 받아쓰기에서 소리나지 않는 겹받침이 매우 어렵다. 셋째, 읽는 대로 쓰면 안 된다. 넷째, 소리로는 구별이 안 되는 단어가 많다.

이러한 어려움은 풀어쓰기를 했으면 대부분 해결할 수 있었을 것이다.

세종대왕상과 세계기록유산 등록

세종대왕상은 유엔 산하의 유네스코에서 제정한 상으로 정식 이름은 '세종대왕 문맹퇴치상'이다. 1989년 6월 한글 창제에 담긴 숭고한 세종대왕의 정신을 기리고, 전세계에서 문맹을 퇴치하기 위하여 헌신하는 개인, 단체, 기관들의 노력을 격려하고 그 정신을 드높이기 위해 제정되었다.

만약에 알파벳의 창제자가 있었다면 이 상의 명칭은 알파벳 창제자의 이름이 되었을 것이다. 이 상의 수상자에게는 상장과 메달 그리고 3만 8,000불의 상금이 수여된다. 훈민정음은 국보로 지정되어 있고, 1997년 10월 유네스코의 세계기록유산에 등록되어 있다.

외국인 언어학자가 본 한글

외국인이 한글에 보인 최초의 관심은, 1960년대에 미국 하버드대학의 라이샤워 교수와 페어뱅크 교수의 저서《동아시아, 그 위대한 전통》이라는 저서에서 찾아 볼 수 있다. 1963년 역시 미국의 언어학자인 포스는 미시간대학에서 출간한《극동아시아 언어에 대한 논문 모음집》에 한글에 대한 논문을 실었으며, 이 책에 대해 미국의 저명한 언어학자 맥콜리는 미국 언어학회 잡지《언어》에 서평을 쓰게 된다.

> 포스가 최상급형을 쓴 것은 정당화될 수 있다. 그것은 한글이 벨의《보이는 음성》(1867)이란 책에서 제시한 아이디어보다 무려 400년이나 앞선 것이기 때문이다(《언어》 42권 1호. 1966).

이 짤막한 한 문장이 세계 언어학계에 한글의 과학성과 독창성을 알리는 중요한 계기가 된 글이다. 이 글이 한글을 크게 평가하는 것은, 벨이 발음기관을 본떠 만든 '보이는 음성'보다 무려 400여 년 전에 한글은 이미 발음기관을 상형하여 문자를 만들었다는 사실 때문이다. 이전까지 서양에서는 '보이는 음성'이 최초로 발음기관을 상형하여 만든 문자인 줄 알고 있었다.

그것 말고도 한글이 얼마나 쉬운 글인가? 세계 최강국인 미국 국민 중 거의 20퍼센트가 영어를 제대로 쓸 줄 모르는 문맹인이지만 한국에는 문맹이 거의 없다. 집에 여유가 있어서 그런 것이 아니라, 순전히 한글 덕인 것이다.

8

요절한 제5대 문종,
제6대 비운의 소년 단종과
제7대 야심 덩어리 수양대군 세조

요절한 문종의 삶

문종은 어려서부터 총명하고 학문이 뛰어난 인물이었다. 그는 세종(4대) 3년에 세자가 되었으며 세종을 닮아 근면성실하고 호학이었으나 병약하여 즉위한 지 2년만인 39세에 세상을 떠났다.

세종은 건강이 악화되어 세종 18년이 되자 병석에 눕게 되었고, 결국 1442년 29세가 된 문종에게 섭정을 맡겼다. 세종이 세상을 떠나기 전 8년간은 문종이 세종을 대신하여 섭정을 했으므로, 실제로 문종의 재위는 10년 정도가 된다. 세종은 문종에게 섭정을 맡긴 후 정음 창제 마무리에 총력을 기울였을 것이다.

문종 이향은 성색을 멀리하고 성리학에만 전념했다. 더불어 역사를 보고 치란의 기틀을 강구하는 데 게으르지 않았다. 실록에는 문종이 '천문, 역상, 성률, 음운 등에 통하지 않는 곳이 없었다'라고 기록되어 있다. 문종은 병약했지만 문약은 아니었다. 문종이 세자 때 활을 겨냥하여 쏘면 반드시 과녁을 맞혔다 한다. 그는 직접《진법 9편》을 지어 군사훈련을 직접 감독했고 중앙과 지방의 군사제도까지 정비하는 면모를 보여주었다. 이러한 문종의 다양했던 군사지식 덕분에 다연발 로켓 발사대인 화차를 발명할 수 있었을 것이고, 측우기를 발명하는 뒷받침이 되었을 것이다. 아까운 인물이 또 너무 일찍 죽었다.

똑똑했던 문종은 동생들을 시원치 않게 보았는데 이게 큰 실수였다. 바로 밑의 동생 수양대군의 야심이 얼마나 크며, 또 그가 야심을 달성하기 위하여 수단 방법을 가리지 않는 잔인함을 숨기고 있다는 것을 몰랐던 것이었다. 결국 동생 수양에 의하여 자신의 아들인 단종이 죽임을 당한다.

문종은 불행한 결혼생활을 했다. 세자 때 맞이한 첫 번째 세자빈 휘빈 김씨는 문종의 사랑을 받기 위하여 방술과 투기를 행하다 폐비되었고, 두 번째 세자빈 순빈 봉씨는 시녀들과 진한 동성연애를 하다 소문이 나서 폐출되었으며, 세 번째가 단종의 모후인 현덕왕후 권씨였으나 그녀는 아들을 낳은 지 3일만에 죽었다.

그 이후에는 소헌왕후와 세종이 잇따라 병석에 눕는 바람에 세자빈을 맞아들이지 못했고, 즉위한 뒤에도 자신의 병 때문에 중전을 맞을 수가 없었다. 세종은 창병(종기)으로 죽었으며, 문종도 그 병을 앓다 죽었다. 정조(22대)도 이 병으로 죽었는데, 이 병이 실제 종기였는지 아니면 다른 병인지 매우 궁금하다.

세종 21년이 되자 세종은 몸이 한두 군데 아픈 것이 아니었다. 다리에 관절염이 있었고, 등에 부종을 앓고 있었으며, 당뇨병을 앓은 지 10년이 넘어섰을 때고, 임질이 있다 했으며, 눈병이 있어 조금만 떨어져 있어도 사람을 알아보지 못할 지경이 되었다. 아마 당뇨가 심해지면서 여러 가지 합병증이 발병했을 것이다. 이때부터 세종은 국가의 큰 일만 결정하고 자질구레한 일들은 세자인 문종이 처결하도록 했는데, 이때 세종의 나이가 겨우 마흔 세 살이었다. 세종 25년이 되자 세자가 정식으로 섭정을 시작했다.

아깝다, 문종이 일찍 죽지 않았으면 수양의 찬탈도 없었을 것이고, 조선은 좀더 발전하지 않았을까?

계유정난

후에 단종이 되는 홍위의 모친이자 세종의 며느리이며 문종의 세 번째 비인 현덕왕후는 홍위를 낳고 산후 후유증으로 출산한 지

3일만에 죽었다. 홍위는 세종의 후궁이자 자신의 서조모인 혜빈 양씨의 손에서 자랐다. 홍위는 여덟 살이 되던 세종 30년(1448년)에 세손으로 책봉되었다.

세종은 정비에게서만 여덟 왕자를 낳았는데 첫째가 문종, 둘째가 수양, 셋째가 안평이었다. 세종은 장손인 홍위를 유난히 귀여워하여 간혹 원손을 안고 집현전에 가기도 했다. 집현전 학자들도 똘똘하고 귀여운 원손을 예뻐했으며, 특히 성삼문, 신숙주, 박팽년 등은 원손을 매우 사랑했다. 세종은 말년에 집현전 학자들인 성삼문, 박팽년, 이개, 하위지, 유성원, 신숙주 등의 소장 학자들을 불러놓고 세손의 앞날을 부탁했으며, 신하들은 눈물로 충성을 맹세했다.

1450년 세종이 죽고 장남 이향이 문종으로 즉위하자 열 살이었던 홍위가 세자로 책봉되었다. 병약했던 문종은 즉위 2년 3개월만에 신하들에게 어린 세자를 부탁한다는 유언을 남기고 세상을 떠났고, 홍위는 열 두 살의 어린 나이로 즉위하여 6대 단종이 된다.

아무것도 모르는 어린 나이에 즉위한 단종에게는 수렴청정할 대비도 없었고, 대왕대비도 이미 세상을 떠나 아무도 없었다. 그래서 나랏일은 의정부와 육조에서 도맡아 했는데, 당시 영의정이 황보인, 좌의정이 정본, 우의정이 김종서였다. 꼬마 단종은 아무것도 모르는 허수아비였고 황보인과 김종서가 무소불위의 권력을 휘두르게 되었다.

이렇게 되자 세종의 다섯 아들 중 수양대군과 안평대군이 대신들의 권력 독점에 불만을 갖게 되었고 각자 자신의 세를 키우기 시작했다. 수양대군은 신숙주와 권람, 한명회 등을 수하로 끌어들였고, 안평대군은 이현로 등을 자기 편으로 끌어들였다. 드디어 세종의 자식들간에 권력 쟁탈전의 서막이 오른 것이다.

1453년 10월 선수를 친 수양대군은 대신들이 단종을 없애고 안평대군을 왕위에 앉히려는 역모를 꾀했다는 구실로 무사들을 데리고 기습하여 김종서, 황보인을 죽였다. 이어 모든 대신들을 궁으로 모이게 한 다음 궁궐 입구에서 한명회가 살생부를 들고 호명하는 사람마다 모조리 철퇴로 때려죽였다. 조정의 중신들이 하루 저녁에 대부분 참살되어버린 것이다. 이는 내금위 별제사 유수가 수양대군 편에 섰기 때문에 가능했으며, 유수의 수하에 있던 대궐의 시위무사들은 이 살육을 방관했다. 결국 계유정난은 수양과 안평, 그리고 김종서와 황보인 등 세 세력간의 권력 쟁탈전이었는데 미리 철저한 준비를 하고 선수를 친 수양이 승리했던 것이다.

계유정난이 일어났을 때 성삼문을 비롯한 집현전 학자들은 이를 방관하거나 오히려 난의 주모자들을 두둔하는 듯한 자세를 취했는데, 이는 김종서나 황보인 같은 권신들이 권력을 마음대로 농단하고 있었다는 의심을 갖게 한다.

계유정난이 일어난 뒤 수양대군은 영의정이 되어 모든 권력을 장악했고, 좌의정에 정인지, 우의정에 한확, 이조판서에 정창손, 병조판서에 이계전이 임명되었다. 수양은 정적이었던 동생 안평대군을 강화도로 귀양보낸 다음 사람을 보내 죽였다.

계유정난의 소식을 들은 함길도 도절제사 이징옥이 김종서의 한을 풀어 준다는 명분으로 난을 일으켰으나 실행에 옮기기도 전에 수하인 정종과 이행검의 배신으로 암살되어 봉기는 실패하고 말았다. 김종서의 부하로 육진 개척에 공이 컸던 이징옥은 자신의 직위를 교체하려는 수양에 항거하여 난을 일으키려다 미수에 그치고 만 것이다.

결국 수양대군의 폭압으로 두려움에 떨던 단종은 울면서 옥새를 수양대군에게 넘겨주고 양위한 뒤 수강궁으로 옮겨갔다. 수양이 즉위하여 7대 세조가 되었으며, 당시 수양의 나이는 39세였다. 그러자 단종(6대)을 복위시키려는 집현전 소장학자들의 움직임이 일어나게 된다. 세조가 비록 쿠데타를 일으켜 왕이 되긴 했지만 유교 정치이념으로 볼 때 세조의 왕권 찬탈에는 아무런 명분도 정통성도 없어 도덕성에 치명적인 약점을 가지고 있었다.

재산이 29만 원밖에 안 남은, 불쌍한 신세가 된 전통이 장충체육관에서 억지 대통령이 된 것과 마찬가지였다. 세조(7대)가 즉위한 후 밥값을 했다고 해서 도덕성이 회복되는 것도 아니었고, 명분이 서는 것도 아니었다.

전통은 별로 똑똑하지도 못했지만, 제까짓 게 정치를 잘했다고 거지 같은 쿠데타가 면죄부를 받는 것은 아니었다. 백담사가 아니라 좀더 먼 소림사쯤으로 참선지를 정했어야 했는데, 멍한 물태우. 이런 상황에서 집현전 학자들이 주도한 상왕복위 기도사건이 일어났다.

상왕복위 기도사건

1456년 세조 즉위 4개월만에 집현전 학사 출신의 대신들과 일부 무인들이 주동이 되어 세조를 암살하려는 모의를 꾸미다가 발각되어 모조리 처형되는 사육신의 옥사가 일어났다.

성삼문, 박팽년, 하위지, 이개, 유성원, 김질 등의 문관들은 유응부, 성삼문의 부친인 성승 등의 무관들과 모의하여 세조 척살과 단종복위계획을 세우다가 고변으로 발각되었다. 이 계획의 주모자는 성삼문과 박팽년이었다.

이 계획은 명나라 사신이 조선에 오겠다는 통보에 맞추어 도총관인 성승과 유응부가 왕을 시위하는 별운검에 임명되면서 구체화되었다. 당시 세조는 명나라 책명사를 맞이하기 위해 상왕 단종과 함께 창덕궁으로 가게 되어 있었는데 바로 그 순간에 별운검 유응부가 세조를 살해한다는 계획이었다.

그러나 세조의 책사 한명회가 안 좋은 분위기를 눈치채면서 별운검을 취소시키자 유응부, 성승 등 무관들은 비록 별운검이 취소되었다 하더라도 계획대로 당일 거사하여 세조와 한명회를 죽이자고 주장했다. 그러나 문관이자 주모자인 성삼문이 거사의 실패를 우려하여 이를 말림으로써 거사는 미루어졌다. 이렇게 되자 거사에 확신이 없어진 김질이 배신하여 장인인 정창손에게 모의를 털어놓았고, 정창손이 이 모의를 세조에게 알림으로써 세조 제거 모의는 수포로 돌아가고 사육신의 신화가 생겨나게 된 것이다.

그래서 중대한 일을 결정할 때 우유부단은 금물이다. 칼을 뽑았으면 눈 딱 감고 무라도 잘라야 하는 것이다. 결국 결정적으로 세조가 목숨을 구하게 된 것은 한명회가 별운검을 폐지했기 때문이었고, 주동자이자 문관인 성삼문의 우유부단이 거사를 실패로 몰고 갔던 것이다. 이 사건으로 17명이 투옥되어 국문을 받은 끝에 모두 거열형으로 처형되고 사흘 동안 효수되었으며 토막을 낸 몸은 소금에 절여 팔 도에 나누어 보내졌다.

처형된 인물 중 성삼문, 박팽년, 하위지, 이개, 유성원, 유응부가 사육신으로 기록되었다. 사육신에 대한 처형이 마무리되자 세조는 한명회에게 도승지를 제수하고 그의 딸을 자신의 둘째아들과 혼인시켜 한명회는 국구가 되었다.

효수된 후 버려졌던 사육신의 머리는 김시습이 수습하여 염습한 후 노량진에 묻었으니 김시습으로 인해 오늘까지 사육신의 묘가 전해지는 것이다. 그런데 노량진에 있는 사육신의 무덤은 여섯이 아닌 일곱이다. 그럼 사칠신이란 말이냐? 사실 사육신의 묘역에는 사육신 이외에 김문기의 묘가 하나 더 있다. 김문기 역시 상왕복위 기도사건에 적극적으로 참여했다가 처형된 인물이다.

최근인 1970년대에 들어서서 김문기의 후손들이 단종복위운동에 참여한 김문기의 자료를 제시하며, 김문기도 사육신과 똑같은 추숭을 받아야 한다고 여러 곳에 탄원했다.

말씀을 들어본즉 대단히 일리가 있는 말씀이기는 한데, 그렇다고 몇 백년을 가르쳐온 사육신을 사칠신으로 바꾼다는 것에는 애로가 많았다. 그래서 할 수 없이 사육신은 여섯 사람을 그대로 두기로 하고, 사육신의 묘역에 가묘 한 기를 추가하여 그 공을 기리기로 했다. 이것이 바로 사육신 묘역에 무덤이 일곱 개가 있는 이유이다.

사육신의 모의가 실패로 돌아간 뒤 단종은 영월로 유배되었다. 이후 두 번째 단종복위 기도사건이 터졌다. 두 번째 복위사건은 수양의 친동생이자 세종(4대)의 여섯째 아들인 금성대군이 일으키려고 했으나, 거사 직전에 관노의 고발로 실패로 돌아가 체포된 후 처형되었다. 단종복위의 움직임이 멎지 않자 종친의 원로인 양녕대군이 종친들과 대신들을 이끌고 단종을 주살할 것을 세조에게 권한다.

세조는 단종을 죽이는 것이 별로 내키지 않았으나(?) 양녕대군이 세 번씩이나 단종 주살을 상주하자 드디어 단종을 사사시킨다. 이로써 단종은 왕권을 빼앗긴 지 2년만에 열 일곱 살의 나이로 사사되었으며, 단종의 비는 노비로 떨어져 구차한 생을 마쳤다.

사육신과 생육신

사육신은 모두 학식이 깊고 청빈했다. 모진 고문을 받으면서도 모두 절개를 지켰고 세조와 추국관인 신숙주를 꾸짖었다. 이개는 이색의 증손자였으며, 성삼문과 박팽년, 이개 모두 세종의 정음 창제에 크게 공헌한 인물들이다. 유성원은 자결했고, 유응부도 매우 청렴하여 죽은 뒤에 재산을 몰수당했으나 방에는 해진 짚자리만 있었다 한다.

사육신에 대비되는 생육신이 있다.

생육신은 살아 있으면서 귀머거리나 소경인 채, 또는 방성대곡하거나 두문불출하며 단종을 추모했던 인물들이다. 김시습, 원호, 이맹전, 조려, 성담수, 남효은 등이 생육신으로 불린다. 근데 사실 남효은은 당시 겨우 두 살이었는데, 나중에 세조의 찬탈행위를 비난함으로써 생육신이 된 인물이다.

이중 김시습이 가장 유명한데 김시습은 조선시대 대표적인 천재로도 이름이 높다. 그는 세 살에 이미 시에 능했고, 다섯 살에는 《중용》《대학》에 통했다고 알려진 조선의 천재였다. 김시습은 21세 때인 세조 1년 삼각산 중흥사에서 공부하다가 수양대군이 왕위에 올랐다는 소식을 듣고 통분하여 책을 태워버리고 중이 되어 이름을 설잠이라 짓고 방랑을 하다 죽었다.

김시습은 유교, 불교, 도교에 모두 통하였으며, 재주와 지혜가 탁월하였는데 유가의 종지를 잃지 않았다고 했다. 또 아까운 천재 하나가 시대와 타협하지 못하고 스러져버렸다. 김시습은 우리나라 최초의 한문 단편 소설집인 《금오신화》를 썼으며, 탁월한 문장으로 일세를 풍미하였다. 저서로는 《매월당집》《매월당시사유록》《십현 담요해》 등이 있다.

세조의 치적과 인과응보

단종을 죽이고 왕이 된 수양대군은 재위 14년간 적지 않은 업적을 남겨 밥값을 확실히 했다. 수양대군은 외모도 특이하여 얼굴이 크고 기이했으며 기골이 장대했고, 어렸을 때부터 영특했다 한다. 5세에 이미《효경》을 외우고 성인이 되었을 때는 사서에 두루 통달했다. 성리서 읽기를 좋아하고 역수, 음률, 의복, 기예 등 여러 분야에 재주가 있었다.

그는 학문만 익힌 것이 아니라 무예도 출중하여 말타기와 활쏘기가 탁월했으며, 출타할 때는 항상 활과 화살을 가지고 다녔다. 정치에서도 용인의 재주와 결단력이 매우 뛰어난 것으로 평가되고 있다. 세종은 이런 호쾌한 둘째아들 수양을 좋아하여 군국의 대사를 결정할 때 자주 참여시켰던 것이다. 세조는《팔도지리지》와 지도를 찬수했으며《동국통감》과《국조보감》을 편수하고, 조선의 종합법전인《경국대전》의 찬술을 시작했으며,《잠서》를 정음으로 해석했다. 또《대명률강해》《역학계몽》《주역구결》《금강경언해》《대장경》 등을 인쇄 간행했다.

호패법을 시행했으며, 그 동안 부패로 얼룩져온 과전법을 개혁해 현직 관원에게만 과전을 주는 직전제를 시행했고, 오랫동안 북방 국경에서 속을 썩이던 건주위 여진을 토벌하여 추장 이만주의 목을 베었다. 또 군사제도를 개혁하여 '오위체제'를 확립하면서 군사력이 크게 증강되었다. 국가 회계를 체계화하여 재정문제를 개선했으며, 양잠을 장려하고 둔전을 증설하는 등 경제 안정에도 힘을 기울였다.

세조는 상왕복위 기도사건에 집현전 학자들이 대거 연루되자 사건이 마무리된 후 집현전을 철폐하고 말았다. 만약 단종이 죽지 않고 순조롭게 치리했으면 세조보다 더 나은 왕이 될 수 있었을까? 세조의 업적이 패륜을 덮을 수 있는 것일까? 수양대군의 문제는 많은 것을 생각하게 한다.

세조가 왕이 된 후 장남인 의경세자가 갑자기 병으로 요절하자 둘째 해양대군(예종)이 세자가 되었다. 죽은 의경세자의 빈이 한확의 딸로 이가 바로 인수대비다. 해양대군의 빈은 한명회의 딸이었는데 원손을 낳다가 난산으로 죽고 말았다. 세조 집안의 불행은 계속되어 원손이 세 살 되던 해 풍질을 앓게 되었다. 원손을 살리기 위해 갖은 방법이 다 동원되었으나 원손은 결국 세 살에 죽고 말았다.

세조는 죽는 날까지 "수양 숙부, 나를 살려 주시오!" 하는 단종의 목소리가 또렷이 떠올라 계속되는 불면증에 시달리자 불교에 빠져들었다. 결국 세조는 52세로 병사했으며, 둘째아들 해양대군 예종도 즉위한 지 1년 2개월만에 스무 살로 죽었다. 해양대군 예종이 열 아홉 살에 즉위하자 세조비인 정희황후가 조선왕조 역사상 최초로 잠깐 수렴청정을 했고, 또 뒤를 이어 13세로 즉위한 자산군 성종의 수렴청정을 7년간 했다. 그녀는 수렴청정을 하면서 여자답지 않게 과감하고 결단력 있게 정사를 끌어가 왕권을 안정시킨 다음 성종이 20세가 되자 물러났다. 예종이 죽은 후 인수대비는 자신의 남편인, 죽은 세조의 큰아들 의경세자의 둘째아들이자 자신의 친자인 이혈로 왕위를 계승케 하니 이 인물이 바로 성종이다.

성종은 한명회의 둘째딸과 혼인했다. 한명회는 두 딸을 세조의 아들 해양대군 예종과 손자 성종에게 혼인시켜 대대로 권력을 누렸으며, 73세까지 장수했으나 죽은 뒤 연산군대에 이르러 폐비 윤씨 문제로 부관참시되었다. 당시 사람들은 세조 집안의 불행을 세조가 단종을 죽이고 왕위를 찬탈한 데 대한 인과응보라고 수군거렸다.

성삼문과 신숙주의 인연

집현전 출신 젊은 학자들의 리더였던 성삼문은 충청도 홍성 출신이며, 오위도총부 총관(정2품) 성승의 아들로 안평대군과 동갑이었다. 신숙주는 전라도 나주 출신으로 대제학을 지낸 신장의 아들로서 수양대군과 동갑으로 둘 다 세종(4대)에게는 아들뻘이었다. 두 사람은 나이도 비슷하고 비슷한 시기에 과거에 급제하여 매우 친한 사이였으나, 나중에 둘의 인생 역정은 크게 엇갈리게 된다.

둘은 집현전에서 함께 일하는 동지로서 정음 창제에 깊이 간여했다. 단종 1년(1453년) 10월 수양대군이 주도한 쿠데타인 계유정난이 일어났다. 계유정난의 논공행상 시 1등공신에는 수양대군과 정인지, 한명회, 권람, 최항이 포함되었고 2등공신에는 신숙주가 들어 있으며, 성삼문도 3등공신에 끼어 있었다. 성삼문이 공신에 낀 것은 집현전에서 영향력이 큰 성삼문에 대한 회유책으로 여겨진다.

수양대군이 왕위를 찬탈했을 때 신숙주는 도승지, 성삼문은 동부승지였다. 세조를 제거하려는 사육신의 모의가 탄로난 후 성삼문은 계하에 꿇어앉아 국문을 받는 대역죄인이 되었고 신숙주는 병조판서로서 국문자의 입장이었다. 사육신은 거열형에 처해지고 효수되었으며, 신숙주는 역모를 잘 다스린 공으로 우찬성이 되었다. 죄인들이 처형된 후 남은 가족들 중 여자들은 노비가 되어 공신의 집에 나뉘어졌다. 신숙주는 죽은 자들의 부인과 딸들을 차지하게 되었다.

신숙주를 상징하는 대표적인 명칭이 바로 숙주나물이다. 사육신 처형 때 절의를 지키지 않았다 하여 붙여진, 폄하된 명칭이다. 그러나 신숙주는 수양대군과 매우 친했으며, 능력 있는 수양대군이 왕위를 계승하는 것이 어린 단종이 치리하는 것보다 나라를 위해서는 더 나은 결정이라고 생각했을 것이다.

사실 신숙주는 뛰어난 언어학자이자 외교관이었으며, 다섯 임금을 모시고 20년이나 재상노릇을 한 인재였다. 일본, 중국과의 외교에서 탁월한 업적을 남겼으며, 일본에 사행을 다녀와서는 《해동제국기》라는 일본대책론을 저술했다. 북방의 여진을 평정한 후에는 《북정록》을 썼고, 주요 외교 문서들은 모두 그의 손을 거쳐야 했다.

상왕복위 기도사건이 실패로 돌아가고부터 신숙주가 찬밥이 된 것이 아니라, 그로부터 200여 년이 지난 17세기 이후 성삼문이 절의의 대명사로 받들어지면서부터 신숙주가 폄하되기 시작한 것이다. 조청전쟁 이후에 명에 대한 절의를 지켜야 한다는 풍조가 확산되면서 성삼문을 절의의 상징으로 내세운 다음이었다.

신숙주에 대한 악질적인 일화가 또 하나 있다. 사육신들이 모두 처형되는 날, 신숙주의 부인이 신숙주가 업무 시간이 끝난 후 제 발로 걸어서 멀쩡히 집으로 들어오자, 어찌 살아 돌아왔느냐고 쪽팔려서 못살겠다고 하면서 스스로 목을 맸다는 스토리가 있다. 그런데 이건 완전 소설이다. 신숙주의 부인은 사육신의 옥사가 있기 이미 5개월 전에 병사했다. 이 스토리는 춘원 이광수가 신숙주를 박살내기 위하여 야사에서 흘러다니던 얘기를 주워모아 소설

《단종애사》에 옮긴 것이다. 사실 신숙주는 소문보다 훨씬 괜찮은 인물이었던 것이다.

김종서와 정인지의 인연

김종서는 충청도 공주 출신으로 1390년에 출생하여 16세에 문과에 급제하였고, 그보다 여섯 살 아래였던 정인지는 태종(3대) 14년 19세 때 문과에 장원으로 급제했다. 정인지가 김종서보다 나이는 어리나 장원으로 급제했기 때문에 둘은 비슷하게 관직에 몸을 담았으며 비슷하게 승진하게 된다. 둘은 비슷한 품계의 관직에 있었으나 정인지는 일 처리에 자주 허점이 노출되어 장을 맞거나 투옥된 일이 여러 번 있었다. 이에 반하여 김종서는 맡은 일을 칼같이 처리하여 세종의 깊은 신임을 얻었다. 정인지는 학문에는 뛰어난 재능이 있었으나 행정에는 영 서툴렀던 것이다. 정인지가 집현전에 자리를 잡자 세종(4대)의 총애가 시작되었다. 둘은 세종이 키운 대표적인 인재였다.

> 김종서는 성격이 굳세고 기운이 날래어 일을 과감하게 하기 때문에 뒷날 정승이 되면 신중함을 잃어 일을 허물어뜨릴까 우려된다.

김종서의 작은 잘못도 용납치 않고 꾸중했던 명재상 황희의 평이다.

세종 21년에 정인지는 형조판서가 되었고, 세종 22년 6진 설치를 완성하고 내직으로 돌아온 김종서는 정인지의 뒤를 이어 역시 형조판서가 되었다. 세종 32년 세종이 죽고 문종이 즉위했다. 당시 김종서와 정인지는 모두 춘추관지사로 임명되어 함께 《고려사》 편찬에 힘을 쏟고 있을 때였고, 《고려사》는 문종 1년 8월에 139권의 편찬이 완료되었다. 《고려사》 편찬이 끝난 후 김종서는 우의정으로 승진했다. 계유정난이 일어나자 김종서는 맞아 죽은 후 대역죄인이 되었고 정인지는 정난공신이 되면서 하원부원군이 되고 좌의정이 되었다. 상왕복위 기도사건(사육신 사건)이 일어난 후 세조는 김종서의 며느리, 딸 등을 정인지에게 노비로 내렸다. 참, 해도 너무했다. 친구의 딸, 며느리가 집안의 노비라니. 세종에 의해 역사가로 키워진 정인지는 훗날 《세종실록》을 완성했다.

세조의 장자방 상당군 한명회

한명회는 청주 한씨로 자는 자준, 호는 압구정과 사우당이다. 그는 좋은 집안에서 태어났으나 과거에 급제하지 못해 젊은 시절을 불우하게 보냈다. 한명회는 일곱 달만에 칠삭둥이로 태어나 사지를 제대로 움직이지도 못했다고 한다. 늙은 여종이 포대기에 감싸 정성껏 키운 덕에 몇 달 지나자 겨우 아이의 형용을 갖추었으나 머리가 너무 크고 인물이 못생겼다. 양친은 그가 자라기도 전에 죽어 한명회는 증조부 한상경의 슬하에서 자랐다. 한명회는 어렸을 때부터 매우 총명했으나 38세까지는 별 볼일 없는 인생을 살았다.

한국의 젊은 백수들이여, 절망하지 말지어다.

그는 젊었을 때 당대의 학자인 서거정, 권람 등과 교유하면서 천하를 주유했다. 천하 주유 도중 중추부사 민대생이란 인물을 만났다. 민대생은 한명회의 용모는 비록 볼품이 없으나 그의 총명함과 눈빛을 보고 크게 될 인물임을 알아보고 자신의 딸을 주어 처를 삼게 했다.

서거정의 자는 강중, 호는 사가정으로, 세종(4대) 26년에 식년문과에 급제한 뒤에 사재감직장을 지내고 그 뒤 집현전 박사와 경연사경이 되었다가 낙향하여 학문의 일가를 이룬 인물이다. 사가정은 문종(5대) 1년에 부교리에 올랐으며 세조(7년) 3년에 문과중시에 병과로 급제하여 우사간과 지제교에 초수되었다. 사가정은 사은사로서 중국에 갔을 때 그곳 학자들과 함께 문장과 시를 논하여 해동의 귀재라는 찬탄을 받을 정도로 학문이 높은 인물로 신라 이래 역대 한문학을 집대성한 《동문선》을 엮었다. 시문집으로는 《사가집》이 있고, 《동국통감》《동국여지승람》《경국대전》《연주시격언해》 등을 공동으로 편찬했다. 서거정 문집으로는 《역대연표》《동인시화》《태평한화골계전》《필원잡기》《동인시문》이 남아 있다.

찬성사를 지낸 권근의 손자이자 우찬성 권제의 아들인 권람의 자는 정경이며 호는 소한당으로 문종이 즉위하던 해에 향시와 회시 및 전시에 모두 장원으로 급제하여 장안을 떠들썩하게 했다. 그는 사헌부 감찰이 되었다가 이듬해 집현전 교리가 되어 《역대병요》의 편찬에 참여하면서 수양대군과 밀착되었다. 또 당시 중요한 인물로 정인지가 있다. 정인지는 태종(3대) 때 장원급제를 한 후 세종조에서 집현전 부제학과 조정의 요직을 두루 거치고 문종(5대) 때는 좌참찬에 이른 원로대신이다.

한명회는 학문이 뛰어났으며 인맥을 만드는 데도 비상한 재주가 있었고, 좌중을 압도하는 카리스마를 갖고 있었다. 한명회는 주유 천하를 하면서 훗날 자신의 팔다리 노릇을 할 인물들인 양정, 홍달손, 유수 등의 무인들을 사귀었고, 홍윤성과도 교우관계를 가졌다.

문종이 죽고 단종(6대)이 즉위하자 수양과 안평의 세력 싸움이 본격적으로 시작되었다. 한명회는 안평대군의 심복 이현로의 청에 따라 안평대군을 만났고, 그 뒤 권람의 권유로 수양대군을 만났다. 한명회는 두 사람을 모두 만나본 뒤 수양에게 일생을 걸기로 결심했다. 안평대군은 풍류를 즐겨 주로 문인들을 사귀었고, 수양대군은 성품이 강하고 단호하여 주로 무인들과 가까웠다.

수양대군이 왕위를 찬탈하는 데는 한명회라는 책사의 결정적인 뒷받침이 있었다. 세조는 후대에 책략의 달인, 권모술수의 대가, 노회한 정치가 등의 평을 듣는 한명회를 나의 '장자방'이라고 불렀다. 칠삭둥이인 한명회는 과거에 급제하지 못하고 개성의 일개 궁지기로 있다가 세조의 즉위에 결정적인 공을 세워 일인지하 만인지상인 영의정을 지냈으며, 두 딸을 세조의 아들과 손자에게 시집보내 국구까지 올라 성종 때까지 권력의 정상에 있었다.

그는 은퇴한 후 한강 남쪽에 압구정(물새가 희롱하는 정자)이라는 정자를 짓고 선비들과 시연을 베풀며 유유자적하게 말년을 보냈다. 한명회 치세 때 이시애의 난(1467년)이 일어났으나 곧바로 평정되었고, 남이장군이 억울하게 역모로 몰려 죽었다.

한명회는 세조의 왕위 찬탈에 1등공신이었기 때문에 역사적으로는 부정적으로 평가되지만, 성균관을 정비하여 학문을 일으키고, 재상으로서 탁월한 경영능력을 발휘하여 세조 때부터 예종, 성종 때까지 태평성대를 이끌었다. 73세까지 장수하면서 권력을 누렸던 한명회는 죽은 뒤 연산군 시대에 이르러 폐비 윤씨 문제에 연루되어 부관참시되었다.

이시애의 난과 남이의 옥사

세조 13년(1467년) 길주 출신의 호족 이시애가 아우 이시합과 공모하여 난을 일으켰다. 이시애는 세조의 중앙집권정책이 강화되어 강력한 지방 호족으로서의 위치가 흔들리는 데다 호패법까지 시행하게 되자, 남도인들이 북도인들을 몰살시킨다는 유언비어를 퍼뜨린 다음 난을 일으켰다. 이시애의 난에 호응한 북도인들의 수효는 3만이 넘었다. 원래 북도인들은 개국 때부터의 차별정책 때문에 조선 조정에 깊은 반감을 가지고 있었다.

봉기한 이시애는 먼저 세조에게 장계를 보냈는데, 절도사 강효문과 길주부사 설장신이 반란을 일으켰고, 서울에서 신숙주, 한명회, 김국광 등이 내응하기로 했으니 모두 소탕하라는 내용이었다. 격노한 세조가 일단 신숙주와 한명회를 하옥시키고 대응책을 논의하는 동안 함길도 관찰사의 장계가 도착하여 먼저 장계가 이시애의 간계임을 알게 되었다. 애꿎은 신숙주와 한명회는 그 바람에 빵에서 고생 좀 했다.

세조는 즉시 귀성군 이준을 사령관으로 임명하여 토벌군을 편성케 하고 그 휘하에 어유소, 남이, 강순, 허종 등을 배속시킨 다음 10만 대군을 동원했다. 세조 때까지만 해도 조선에 군병력이 제법 있었던 것이다.

그 사이 이시애는 함흥 이북의 땅을 모조리 점령하고 기세를 올리고 있었다. 북진해 온 관군을 맞아 이시애의 반란군은 일주야간 치열한 전투를 벌였으나 병력면에서 압도적으로 우세한 관군에게 크게 패했다. 이시애는 만주로 망명할 생각으로 가족과 재물을 싣고 경성에 이르렀다. 이때 이시애를 추격하던 장군이 남이로, 남이는 경성을 지나쳐 두만강가의 회령에 진을 쳤다.

남이는 감회에 젖어 두만강을 바라보며 호쾌한 시 한 수를 읊는다.

백두산 돌은 칼 갈아 다 없애고
두만강 물은 말 먹여 없애리
남아 20이 되어 나라를 평정하지 못하면
후세에 누가 대장부라 부르리

아깝다, 조선이 무기력하게 망해갈 때 이런 인물이 몇이라도 나왔으면 조선의 명줄이 그렇게 쉽게 끊어지지는 않았을 텐데. 하여간 개만도 못한 인간들이, 사람이 좀 멀쩡해 보이면 그냥 놔두질 않아요. 어쨌든 이 시를 갑사 유자광이 듣고 나중에 남이를 모함하여 죽게 만든다. 그러던 중 허유례가 계교를 써서 이시애 형제를 체포했으며, 포박당한 이시애 형제가 군진 앞에서 참형에 처해짐으로써 이시애의 난은 어렵지 않게 평정되었다.

남이는 태종(3대)의 외손자로 17세에 무과에 급제하여 무인의 길로 들어섰다. 이시애의 반란 진압에 이은 여진 정벌에 여러 차례 공을 세운 남이는 세조에 의하여 28세에 오위도총부 도총관 겸 병조판서가 되었다. 물론 남이는 팔자 고쳤다고 좋아했으나, 너무 어린 나이에 병권을 잡고 고위관료가 된 것이 바로 화근이 되었다. 훈구파들이 남이를 위험인물로 경계하기 시작한 것이다.

이윽고 세조가 죽자 예종이 즉위했다. 예종은 한명회의 사위였으며, 남이를 무척 싫어했다. 어린 임금을 끼고 한명회가 하늘 높은 줄 모르고 권세를 부리자 남이와 강순 등은 한명회 일당을 몹시 미워하여 뒤에서 몰래 씹곤 했다.

남이를 질투하고 미워하던 병조참지(정3품) 유자광은 남이의 시 중 '나이 20세에 나라를 평정하지 못하면'이라는 구절을 '나이 20세에 나라를 얻지 못하면'으로 글자 한 자를 바꾼 다음 남이가 역모를 꾀하고 있다고 말을 퍼뜨렸으며, 예종(8대)을 직접 만나 남이가 간신들을 제거한다는 명분을 내세워 역모를 꾀하고 있다고 모함했다.

또 남이가 병조판서에서 겸사복장으로 좌천되었을 당시 혜성이 나타났었다. 남이는 혜성을 보고 "혜성이 나타남은 묵은 것을 몰아내고 새로운 것을 받아들일 징조다"라고 말한 적이 있는데, 그때 옆에서 이것을 들은 유자광이 거기다 좀더 보태서 고변했던 것이다.

이 고변으로 남이의 측근들이 모조리 잡혀와 국문을 받았는데, 남이의 수하인 문효량이 고문에 못 이겨 역모를 시인하고 말았다. 잡혀온 남이는 다리 뼈가 부서지는 모진 고문을 받고 허위자백을 하고 말았다. 아니, 생 다리 뼈가 부서지는데 시키는 대로 대답하지 않을 자신 있는 사람 있으면 나와 봐.

남이는 평소에 자신과 같이 한명회를 씹다가, 막상 자신이 지독한 고문을 당하자 팔짱끼고 구경하고 있던 영의정 강순이 미웠다. 그래서 그와 공모하였다고 끌어넣었으며, 강순 또한 80세의 나이로 고문을 못 이겨 여러 사람을 찍었다. 이렇게 해서 남이와 강순 그리고 관련자 30여 명이 저잣거리에서 거열형을 당하고 효수되었다.

남이의 옥사는 유자광의 고변에 의하여 벌어졌으나, 본질적으로는 한명회, 신숙주로 대표되는 훈구파들이 이시애의 난 이후 새롭게 대두된 무인 세력을 꺾어버린 사건이었다. 항간에는 남이가 병조판서에서 해임되고 겸사복장(경호실장)으로 좌천된 데 대한 불만으로 실제로 역모를 꾀하다 발각되어 처형되었다는 주장도 있다. 그리고 유자광이 남이를 고변하면서 그의 시 중 한 구절을 고쳐 '미평국'을 '미득국'으로 바꿔치기했다는 주장은 사실 정사가 아니고 야사에만 있는, 신빙성이 좀 떨어지는 스토리다.

남이의 역모사건은 실제 남이가 역모를 꾀했다기보다, 같은 무장끼리 술을 마시면서 시국에 대한 불만을 토로한 것을, 남이를 시기한 유자광이 부풀려서 고변한 것으로 보인다. 그러나 당시 남이의 역모는 사실로 받아들여졌고, 250년이 지나 조선말인 순조(23대) 때 가서야 비로서 남이의 신원이 이루어졌다.

남이 역모에 대한 고변으로 유자광은 익대공신 1등에 책봉되고 무령군의 작위를 얻었다. 그러나 유자광에게 작위가 내릴 때마다 언론삼사에서 '천한 서자에게 그런 벼슬을 내린다는 것은 천부당만부당하다'는 상소가 줄을 이었다. 유자광과 언론삼사는 불구대천의 원수가 될 수밖에 없었다.

모함의 귀재 유자광

유자광은 조선사에서 첫 손가락에 꼽을 수 있는 모함의 귀재였다. 그는 세조 13년 이시애의 반란 평정에 공을 세워 세조의 총애를 받던 무신이었다 그는 호조참의를 지낸 유규의 서자로 무예에도 남다른 재질이 있는 역사였다.

유자광은 힘이 세고 호탕했으며, 정면 돌파를 서슴지 않는 전형적인 무인이었으나, 서얼이라는 태생의 부담을 평생 지고 다녀야 했다. 그는 젊은 시절에 서자로 태어난 설움을 삭이지 못해 무뢰배 생활을 하며 지냈기 때문에 집에서는 그를 사람으로 취급하지 않았다.

세조 때 이시애의 난이 일어나자 무명소졸로 군에 복무하던 유자광이 상소를 올려 반군 진압의 계책을 밝히고 선봉에 서겠다고 기염을 토했다. 세조는 이를 기특하게 여겨 그를 겸사복(경호실 요원)으로 임명했다. 진압군을 따라 종군한 유자광은 반군 진압에 공을 세웠고, 돌아와서 정5품 병조정랑에 임명되었으며 과거에도 급제했다. 서얼로는 드물게 과거에 급제되는 행운을 누렸으나 유자광이 있는 데서는 서얼차별의 목소리가 언제나 따라다녔다. 그러나 세조는 유자광을 총애하여 유자광에 대하여 거부하는 목소리들을 잠재웠다. 이렇게 서자라 하여 사대부들에게 숱한 설움을 받으며 살아온 유자광의 사대부들에 대한 원한은 점점 깊어만 갔다.

다음 해 세조가 세상을 떠남으로써 유자광의 도약은 좌절될 뻔했으나 남이의 역모가 일어나면서 유자광은 다시 출세의 가도를 달리게 된다. 예종(8대)은 재위 1년 2개월만에 20세로 병사했으며 이로써 한명회의 시대가 가고 간신 유자광의 시대가 열렸다.

유자광은 성종(9대) 때 정2품인 오위도총부 도총관이 된다. 요즘으로 치면 육군 총참모장에 해당되는 막강한 자리였다. 이후 유자광은 현석규를 탄핵하다가 역풍을 맞고 의주로 유배를 갔다. 성종이 죽고 연산군(10대) 3년이 되자 특진관에 임명되었다. 특진관은 경연에 참석해 국정을 자문하는 일종의 자문관이었다.

대간들의 재탄핵에도 불구하고 연산군은 유자광을 총애하여 그를 다시 도총관에 임명했다. 유자광은 무오사화를 확대 재생산한 후, 무오사화에 연루된 자들을 국문하는 일을 도맡았다. 유자광은 김종직 일당의 죄상을 소상히 밝혀냄으로써 도총관으로 승진한 것이다. 그러나 유자광은 갑자사화에서 이극균과 교류한 사실이 드러나 관직을 박탈당하고 벌금형에 처해졌다. 이에 불만을 품은 유자광은 그 후 반정에 가담하여 또 다시 공신이 된다. 하여간 운신의 귀재다.

연산군의 폭정이 극에 달했을 때 숨을 죽이고 있던 유자광은 반정의 기미가 보이자 반정 삼대장과 밀착했다. 유자광은 연산군의 폭정을 부추기지는 않았으나 직언도 하지 않아 연산군의 신임이 두터웠는데 연산군이 폐위될 듯하자 반정세력에 붙은 것이었다. 그러나 중종대에 사림의 기세가 살아나서 김종직의 신원이 이루어진 중종 2년, 사림들은 총공세를 펴 유자광을 탄핵했다. 결국 중종은 유자광을 귀양보냈으며, 유자광은 귀양살이 5년 만에 74세로 쓸쓸히 죽었다.

9

명이 짧았던 제8대 예종과
잘 먹고 잘 살다 간
제9대 성종

예종과 성종

세조(7대)의 맏아들 의경세자가 19세로 요절한 후, 19세에 즉위한 둘째아들 해양대군 예종도 즉위한 지 겨우 1년 2개월만에 스무 살도 채 못 되어 병사하고 말았다. 예종에게 아들 제안대군이 있었으나 그때 겨우 네 살이었기 때문에 왕실에서는 다른 후보를 찾게 되었다. 후보자는 죽은 의경세자의 장남 월산대군 이정과 차남 자산군 이혈이었다. 서열을 따진다면 당연히 월산대군이 왕이 되어야 했으나, 세조비인 정희왕후 윤씨는 한명회와 짜고서 둘째인 열두 살짜리 이혈로 하여금 왕위를 계승하도록 했다. 이혈의 장인이 한명회였던 것이다. 둘째를 세운 이유를 "원자는 아직 포대기 속에 있고, 월산군은 본디 질병이 있다"라고 둘러대었다.

세조 때부터 공신이자 권신인 한명회는 장녀를 죽은 예종에게 시집보냈다. 시집간 장순왕후 한씨는 아들 인성대군을 낳다가 산후조리를 잘 못해 열 여섯 살에 죽었으며, 얼마 후 인성대군도 죽고 말았다. 한명회는 다시 둘째딸을 의경세자의 둘째아들 자산군 이혈에게 시집보냈다. 즉 자산군은 숙모의 여동생과 혼인한 것이다.

자산군이 성종으로 즉위하면서 한명회의 둘째딸은 공혜왕후가 되었으나 자식이 없었다. 어쨌든 한명회는 두 딸 모두 왕후를 만들어 놓음으로써 죽을 때까지 권세의 탄탄대로를 깔아 놓았다. 성종 즉위 후 원상들은 왕권에 위협이 된다고 보이긴 하지만 왕권에는 전혀 관심이 없었던, 문무겸전한 아주 쓸 만한 인물 구성군 이준을 귀양보내고, 그간 수양대군이 허용했던 종친들의 정치 참여를 법으로 금지시켰다. 이때부터 왕실의 종친은 겉돌거나 술, 여자, 골프로 인생을 보내게 된다.

구성군 이준은 세종(4대)의 넷째아들 임영대군의 아들로서 문무를 겸전한 인물이었다. 이준은 이시애의 난이 일어나자 사도병마도총사로 임명되었고, 난을 평정한 후 오위도총부 총관에 임명되었다가 다음 해 영의정이 되었다. 이때 구성군의 나이가 겨우 스물 여덟 살이었으니, 이 인물도 너무 일찍 출세하는 바람에 남이짝이 난 것이었다.

결국 구성군 몰락 사건은 신권을 견제하기 위하여 종친을 등용, 대항케 할 수 있었던 왕의 카드를 대신들이 빼앗은 사건으로서 신권이 왕권에 도전하는 계기가 되었다. 왕위를 빼앗긴 제안대군과 월산대군도 죽을 때까지 어리석은 척하며 몸을 낮추고 풍류나 즐기면서 살 수밖에 없었다. 하여간 인간들이 어느 때고 조금만 똑똑한 인물이 있으면 그 꼴을 못 봐요.

성종은 특별한 치적은 없었으나 조선 임금 중 밑에서 중간은 갔다. 그는 열 세 살에 왕위에 올라 스무 살이 될 때까지 7년간 할머니인 정희왕후가 대리청정을 했다. 그는 호학이었고, 호색이었다. 머리도 괜찮은 편에 들었고, 인물도 멀쩡했으며 기상과 도량이 뛰어나다 했다. 성품이 담대하여 형인 월산군과 함께 글을 읽고 있는데 갑자기 내려친 벼락을 맞고 곁에 있던 어린 환관이 즉사했다. 모두들 우두망찰하여 정신을 못 차리고 있는데 성종만 아무 일이 없었던 것처럼 침착했다고 한다. 성종은 비교적 키가 작았던 조선 왕들 중에서 드물게 기골이 장대하고 키가 컸다고 한다. 장대하다니 아마 155~160cm 정도 되지 않았을까?

성종은 수렴청정을 받는 7년 동안 경연에 참석해 성실하게 공부했으며, 이후에도 제왕학 연마에 수 년을 투자했다. 성종의 호학과 성실은 타고났던 것이며 머리도 어느 정도 뒤를 받쳐주었다.

성종은 숭유억불 정책을 강화하여 불교의 장례제도인 화장을 금하고, 사대부 집안의 부녀자가 비구니가 되는 것도 금지했다. 이로써 고려 때부터 내려온 불교 관습에 따라 그 전까지 흔하던 화장이 성종대에 없어졌는데, 지금 생각하면 참으로 멍청한 결정이었다. 지금은 매장할 땅이 없어 난린데 말이다.

유럽에서 최근에 새로운 시신 처리법이 개발되어 필자가 이를 잠깐 소개할까 한다. 그 시신 처리법이 미국에 도입된 후 필자가 죽으면 그 처리법을 이용할까 생각하고 있기 때문이다. 필자에게 죽는다는 의미는 소멸한다는 의미가 결코 아니다. 그간 죽을 때(다른 세상으로 도약할 때) 화장을 할까 했는데, 몇 년 전에 신문에 난 기사를 보고는 생각이 달라졌다.

대개 화장을 하면 타고 남은 뼈를 가루로 만들어 땅이나 물에 뿌린다. 쓸데없이 땅을 차지하지 않아 좋기는 하지만, 화장의 문제는 시신을 태우면 그것이 무기질로 변해서 비료로서의 효용에 별 볼일 없다는 데 있다.

유럽의 최신 시신 처리법은 시신을 화장하지 않고 특수한 용기에 넣은 후 전신의 수분을 빼내는 것이다. 아시는 대로 사람의 육체는 70~80퍼센트의 수분으로 구성되어 있으므로 수분을 빼고 나면 작은 상자로 하나 정도의 분량이 남는다고 한다. 이것을 조그만 종이 박스에 담아 나무 밑에 묻으면 이 이상 더 좋은 유기질 비료가 없다 하니 백 번 그렇게 해야 될 것 같다. 시신을 묻어서 전신이 썩을 때 온갖 벌레들이 기어다니면서 파먹도록 하고 싶은 사람은 그냥 매장하는 것이 좋겠다.

공부가 어느 정도 끝나자 성종은 사냥과 술, 여자에 빠져들었으며 이는 죽을 때까지 계속되었다. 이때가 조선이 가장 융성했던 시기였고, 주변에는 속썩이는 나라도 없었으니, 왕이 주색에 빠지지 않으면 심심해서 못 살 때였다. 아들 연산군이 마찬가지로 주색잡기에 몰입한 것도, 연산군이 성종을 빼닮았기 때문이라기보다 당시 시대가 그러했던 것이다.

원래 차례가 오지도 않을 왕 자리를 꿰어찬 것이 성종이지만, 성종 치세시 권력은 성종을 왕으로 세운 한명회(54세), 신숙주(52세), 정인지(73세) 등 세 원로 대신들이 쥐고 있었다.

성종 7년이 되어 한명회를 제외한 대부분의 훈구 대신들이 사망하자 성종은 새로운 정치세력을 필요로 했고, 또 남은 훈구파에 대한 대항책으로써 사림파를 키우기 시작했다.

이때 처음으로 조선에 사림파가 등장하기 시작한 것이다. 그러나 성종은 재위시 왕비를 폐출한 데다 너무 일찍 죽는 바람에 기껏 키워놓은 사림파를 아들 연산군이 대거 숙청하게 하는 빌미를 제공했다. 조선은 연산군(10대)대 이후부터 쇠퇴하기 시작했다. 이때까지가 조선이 잘 나갔던 시기였던 것이다.

이후로는 무능하고 멍청해서 밥값도 제대로 못하는 임금들이 줄을 이은 데다 조일전쟁, 조청전쟁 등의 전쟁이 계속되어 백성들의 삶은 점점 비참해졌으며, 조선 말기까지 아무런 희망 없이 살아가게 되었다. 조선은 이쯤에서 망했어야 했고, 다른 왕조가 들어섰어야 했다. 조작된 것으로 판단되지만 정여립의 역모, 허균의 역모, 칠서의 역모 등 여러 역모가 있었는데 아쉽게도 모두 실패로 돌아가고 말았다. 제일 거지 같은 인조반정만 성공했다.

어쨌거나 앞으로 당쟁의 주역이 될 사림파는 성종조에 부상하기 시작했다. 초장에 사림파는 늙고 배에 기름진 권신들에 비하면 대단히 참신한 세력이었다. 그러던 것들이 신권이 왕권을 압도하게 되고 저희들에게 권력이 넘어오자 그때부터 저희끼리 피 튀기는 정권 쟁탈전을 벌이게 되었고, 왕을 선택하거나 하물며 죽이는 일에도 가담하는 등 팍삭 썩기 시작한다.

성종의 치세를 평가하면 그는 좋은 시대에 왕위에 올라 큰 과오 없이 왕위를 수행한, 그냥 겨우 밥값이나 한 왕이었다. 성종은 재위 16년에(1485)《경국대전》을 반포했고, 유교정치의 기틀을 확립했으며, 두만강과 압록강 이북으로 군사를 진주시켜 여진족을 토벌하는 등 내외치를 그저 그런 대로 이끈 왕이라고 볼 수 있다. 물론 별 성과는 없었지만.

《경국대전》

고려시대의 법은 중국법과 관습법이 같이 적용되었다. 조선은 개국한 후 법전 편찬에 힘을 기울여, 1394년 정도전이《조선경국전》을 편찬했고, 조준이《경제육전》을 편찬했다.《경제육전》은 우리나라 최초의 성문통일 법전이었다.

태종대에는《원육전》과《속육전》을 편찬했고 세종대에 들어서는《신찬경제육전》을 편찬했다. 세조는 즉위 후 국가적인 사업으로《경국대전》의 편찬을 시작하여 성종대에 완성되었고, 1485년부터 시행에 들어갔다.《경국대전》의 완성은 법치주의를 표방한 조선의 통치규범 체제가 확립되었음을 뜻한다. 이후 몇 차례의 법전 편찬이 더 이루어졌으나,《경국대전》은 조선이 멸망할 때까지 조선의 근본적인 법체제를 뒷받침한 법전이었다. 그런데 이《경국대전》에는 과부의 개가를 금지하고, 서얼 자손에 대하여는 과거 응시를 금지하며, 노비 매매를 허용하는 등 악법이 그대로 실려 있어 현대적인 관점에서 보면 문제가 많은 법전이었다.

성종대에 《경국대전》의 편찬 이외에도 노사신의 《동국여지승람》, 서거정의 《동국통감》《삼국사절요》《동문선》, 강희맹의 《국조오례의》, 성현의 《악학궤범》 등이 간행되었다. 《동국여지승람》은 《팔도지리지》에다 《동문선》에 수록된 동국문사의 시문을 첨가한 것으로, 나중에 증보하여 55권의 《신증동국여지승람》이 편찬되었다.

《동문선》은 우리나라 역대의 시문선집으로 총 130권의 방대한 문학 총서이다. 《동문선》에는 신라시대부터 당시까지 약 500명에 달하는 작가들의 작품인 시와 문장 4,300여 편이 실려 있다. 성현의 《악학궤범》은 조선시대의 의궤와 악보를 정리하여 편찬한 악서로, 이 악서가 남아 있었던 덕분에 조일전쟁 후 타버리고 없어진 악기와 악보를 복원할 수 있었다.

명 파병

성종 10년 명은 여진의 건주위를 토벌하기 위하여 조선에 파병을 명했다. 파병을 논의에 부친 결과 대신들은 찬성하고 무신들은 반대했으나 성종의 결단으로 1만 명을 파병하게 되었다. 총사령관은 무인인 어유소가 맡고 선전관은 심안인이 맡았다. 그러나 기세 좋게 떠난 원정군이 떠난 지 한 달만에 파진했다는 소식을 조정에 전해 왔다. 병력이 압록강에 도착했으나 얼음이 제대로 얼지 않아 강을 건널 수 없었다는 것이다. 명에 할 말이 없어진 성종은 한명회의 주장에 따라 다시 2차로 4,000명을 파병하여 겨우 16명의 목을 베고 15명을 포로로 잡는 쪽팔리는 전과를 거두고 돌아왔다. 그 뒤로도 여진족 정벌을 시도했으나 별 볼일 없는 전과만 거두었을 뿐이다.

공신의 양산

성종이 왕위에 오른 후 70여 명의 좌리공신이 책봉되었다. 태조(1대) 때부터 공신들을 보면 개국공신, 정사공신, 좌명공신, 정난공신, 좌익공신, 적개공신, 익대공신, 좌리공신 등 8종의 공신들 400여 명과 그들의 친척인 원종공신 약 3,000명이 생겨났다. 정상적인 통치에서는 공신이 나올 턱이 없었으니 조선이 창업된 후 얼마나 많은 비정상적인 사건이 있었는지를 짐작케 한다. 그나저나 이렇게 많은 공신이 배출되었고, 그들은 상으로 노비, 시종, 은, 말 등 부상을 받는 것을 제외하고서도 넓은 땅을 과전으로 받았다. 1등 공신은 150결을 과전으로 받았는데, 1결이 3,000평(1헥타르) 정도이니 150결이면 45만 평 정도였다.

이렇게 공신들에게 땅을 나누어주다 보니 국유지는 동이 나버리고, 어느 틈에 땅이 모두 공신과 그들의 친척, 그리고 그 후손들이 독차지하게 되어 조선초에 결행했던 토지개혁은 도로아미타불이 되고 말았다. 이렇게 공으로 얻은 땅에서 소출이 지천이고 성종 또한 공부를 마친 다음 주색에 빠져들자 왕이고 신하고 모조리 사치에 빠져들었다. 당시까지의 공신들 중 가장 여러 번 공신에 책봉된 자는 한명회였고, 죽을 때까지 그의 권세는 왕 밑에 있지 않았다.

사헌부와 사간원 그리고 홍문관

성종 때부터 권력기관으로 부상하기 시작한 사헌부와 사간원의 임무를 살펴보자. 사헌부는 고려 때부터 있던 기관으로 조선시대 사림파의 등장으로 본격적인 권력기관으로 등장하게 된다. 사헌부의 임무는 정치의 시비에 대한 언론활동, 백관에 대한 규찰, 풍속을 바로잡고 원통하고 억울한 일을 해결해 주는 일이 주업무였으니까 요즈음의 검찰과 비슷한 역할을 했다. 사간원은 본격적인 언론기관으로 사헌부와 함께 언론 양사라 했다.

언론의 내용은 간쟁, 탄핵, 시정, 인사 등으로 구분된다. 사헌부의 직무 가운데 사간원과 함께 하는 경우가 많아 이 두 기관의 관원을 별칭할 때는 대간이라 했다.

세조(7대)는 사육신을 비롯해 자신에게 반대한 세력이 대부분 세종(4대) 때의 집현전 출신이라는 이유로 집현전을 폐지하고 예문관에 이관되어 있던 장서각을 홍문관으로 개편했다. 홍문관은 주로 궐내의 경서관리와 국가의 공식문서를 관장했다. 성종대에 들어서면서 홍문관은 신진 인사의 교두보 역할을 하면서 점차 정치에 대한 영향력을 키워가기 시작했다. 성종은 세종 때 실시했던 사가독서제를 홍문관에 도입했다. 이렇게 성종이 훈구파들에게 대항시키기 위하여 의도적으로 키운 홍문관은 사헌부, 사간원과 더불어 언론 삼사의 역할을 맡게 된다.

당쟁의 주역 사림파의 등장

사림파란 '학문을 강론하고 도를 논하는 사람들'을 일컫는데, 그 기원은 고려말의 온건 개혁파들과 신흥 사대부들이었다. 사림의 학통은 대개 정몽주, 길재, 김숙자(김종직의 아버지), 김종직으로 내려왔다고 본다. 김종직은 세조(7대) 5년 식년문과에 급제해 관직에 나섰다. 그는 홀로 된 모친을 봉양하기 위하여 사직을 청했는데 성종은 그에게 고향 근처인 함양 군수를 제수하여 어머니를 돌보게 했다.

이때부터 김종직은 고향에서 후학을 양성했으며, 이것이 그를 사림파의 영수로 만드는 계기가 되었다. 김종직은 문장에 뛰어났으며, 사학에도 능통해 조선시대 도학의 학맥을 이어가는 중추적 역할을 했다. 그가 함양 군수 시절 경내 누각에 걸려 있던 유자광의 친필 액자를 떼어내어 불살라 버린 일이 있었다. 남이의 옥사를 일으킨 유자광을 소인배라 하여 경멸하던 차에 누각에 걸린 그의 필적을 보고 분기가 치솟아 현판을 떼어내어 불살라 버린 것이다. 그런데 나중에 이것 때문에 여럿이 박살난다.

그가 고향에서 가르친 후학들이 후에 영남학파를 형성했다. 남효온, 권오복, 유호인, 이원, 정희량, 강희맹, 이계맹, 김흔, 유순정, 강혼 등 당대에 이름을 날리던 유학자들 상당수가 그의 제자였다. 성종 9년에 홍문관이 설치되었는데 사림은 주로 홍문관과 예문관 그리고 대간(사헌부, 사간원)에 포진하고 있었으며, 그들의 무기는 언론이었다.

당시 도승지는 훈구파인 임사홍이었다. 임사홍의 부친인 임원준은 좌리공신 3등에 책봉된 훈구파의 일원이었으며, 임사홍 자신은 효령대군의 손자사위였고, 세 아들 중 둘이 임금의 부마였던 종친이었으므로 세도가 당당했다.

그의 아들 중 임광재는 예종의 딸 현숙공주의 남편이었고, 임승재는 성종의 딸 휘숙옹주의 남편이었다. 사림파와 훈구파간의 첫 대결은 사림파와 임사홍 간에 일어나 대신들이 임사홍의 고신(임명장)을 거두지만, 이로 인해 양관의 관원 20여 명이 파직을 당함으로써 두 파의 싸움은 승패를 가리지 못했다. 사림파에서는 성종에게 끈질기게 상소를 올려 임사홍 부자의 부패를 탄핵함으로써 결국 임사홍 부자와 그를 편들던 유자광까지 모두 유배에 처해졌다. 이때 귀양간 임사홍은 성종조에서 더 이상 서용되지 않다가 연산군(10대) 때 다시 기용되어 복수의 칼을 휘두르게 된다.

성종 18년(1487)이 되자 세조 때의 원상으로서 마지막까지 생존해 있던 한명회와 정창손이 드디어 죽었다. 성종은 사세를 보아 적당히 훈구파의 편도 들고 사림파의 편도 들면서 정국을 끌어나갔다.

훈구파와 사림파가 치고박고 하는 가운데 사림파의 영수인 김종직이 도마 위에 올랐다. 김종직은 이미 성종 23년(1492)에 사망해 '문충공'이란 시호를 받았는데, 훈구파 쪽에서 이 시호가 너무 과하다고 시비를 건 것이다. 훈구파 대신들의 공격으로 김종직의 시호는 '문간공'으로 격하되었다.

김종직은 성종의 총애를 받아 성종 14년 통정대부 홍문관 부제학으로 당상관이 되었으며, 그때 그의 나이는 53세였다. 다음 해 김종직은 도승지로 임명되었다. 김종직은 62세에 세상을 떠났으며, 그의 저서로는 《청구풍아》《당후일기》《점필재집》 등이 전한다. 이렇게 사림파가 성종의 후원을 등에 업고 본격적으로 정계에 등장하여 세력을 굳혀갈 무렵, 성종이 재위 25년만에 37세로 사망하고 연산군 시대가 열렸다.

임사홍이 간신인가?

임사홍은 세조(7대) 때 문과에 급제하여 벼슬길에 들어섰으며, 그의 글씨는 자타가 공인하는 당대의 으뜸이었다. 더군다나 중국어에 능통하여 여러 차례 중국에 사신으로 다녀오기도 했고, 승문원에서 중국어를 가르치기도 한 아주 괜찮은 집안의 괜찮은 선비였다. 더구나 그가 홍문관 교리로 있었을 때는 소신도 뚜렷하고 바른 말 잘하는 선비로 평가되었고, 이에 따라 성종의 총애가 각별하여 도승지를 지냈다.

성종 9년 흙비가 내리는 천변이 있었다 하여 대간의 요청으로 술을 금하게 되었다. 이때 임사홍이 "약간의 흙비가 내렸다고 그것이 천변이라고 무턱대고 삼가는 것은 지나칩니다"라고 성종에게 말했다. 물론 임사홍 자신이 술을 약간 좋아하는 데다가, 성종이야 술 없으면 못사는 왕이니까 알아서 긴 것인데, 이 별것 아닌 멘트에 온 조정이 발칵 뒤집혔다.

당시 천재지변은 임금에 대한 하늘의 엄중한 경고였다. 그런데 임사홍이 이 경고를 우습게 알고 이런 발언을 했으니 난리가 안 날 수가 없었다. 언론 삼사가 일제히 들고 일어나자 성종은 할 수 없이 대간들을 파직하고 임사홍의 직첩을 거두는 것으로 이 사건을 마무리했다.

당시 임사홍은 기상에 대해 깊이 있는 철학을 가졌던 것으로 보인다. 대간들은 계속해서 임사홍을 집요하게 탄핵했으나, 실제 죄명은 없고 "소인이다" "거만하다" 등 주관적인 얘기밖에 없었다. 언론삼사가 집요하게 물고 늘어지자 성종은 할 수 없이 임사홍을 귀양보냈다. 결국 임사홍은 성종에게 내침을 받아 성종 치세시를 별 볼일 없이 보냈으나 연산군이 즉위하자 왕실 어른으로 행세하면서 유자광을 사주하여 무오사화를 일으키고, 또 연산군(10대)과 함께 갑자사화를 일으켜 사림들을 도륙하게 된다. 천재지변 때의 한을 푼 것이다.

임사홍이 귀양에서 풀려난 것은 성종이 죽고 뒤를 이어 재위한 연산군 6년 때였다. 그나마 연산군과 친했던 아들 임승재의 상소에 의하여 풀려났으니, 자그마치 22년 동안이나 유배생활을 한 것이다. 이러니 언론삼사에 대한 임사홍의 원한은 골수에 맺히지 않을 수 없었다. 성종은 임사홍을 유배 보내놓고 그만 잊어버린 것이다. 임사홍이 조정에 복귀했으나 주변의 눈초리는 매우 차가웠고, 할 일도 없어 별 볼일 없이 빈둥거리며 세월을 보냈다.

연산군 10년 어느 날 임승재의 집에서 술을 마시던 연산군에게 임사홍이 연산군의 어머니인 윤씨가 폐비된 까닭이 당시 엄숙의와 정숙의의 모해 때문이었다고 고했다. 이것이 엄청난 피를 부른 갑자사화의 시작이었다. 갑자사화로 희생된 훈구와 사림은 합쳐서 100명이 넘었다. 이를 임사홍의 복수로 보는 관점도 있으나, 이를 빌미로 연산군이 주위에 걸리적거리는 신료들을 모조리 제거해 버렸다는 주장도 있다. 양쪽 주장이 다 옳다.

임사홍은 갑자사화 이후 정식으로 등용되어 병조판서에 이르렀으나, 원로대신 취급을 받지 못했고 여전히 별 볼일 없는 글씨를 쓰거나 채홍사 등의 업무를 맡게 되었다. 그가 채홍사였다는 것이 임사홍을 간신으로 모는 중요한 모티브였으나 그는 그 일이 마음에 안 들어 대강대강 했다가 연산군에게 비난받은 기록이 실록에 실려 있다. 이후 2년 동안 연산군은 중종반정으로 폐위될 때까지 최악의 엽기와 패륜으로 임기를 채우게 된다.

결국 임사홍은 중종반정이 일어나면서 연산군의 음란한 생활을 조장하였다 하여 공적 1호로 지목되어 처형되었다. 그가 죽을 때 한 말은 남아 있지 않고, 사서에 간신으로만 기록되었다. 여기까지 봐서는 임사홍이 간신인지 아닌지 잘 모르겠는데, 사서에 다음의 사건이 기록되어 있다.

임사홍의 아들 임희재는 김종직의 제자이자 명필이었다. 임희재가 병풍에 시 한 수를 써놓았는데 진시황이 헛되이 만리장성을 쌓아놓고도 진나라가 금방 망한 것을 탄식하는 내용이었다. 임사홍의 집에 들렀다가 이 시를 본 연산군(10대)은 이 시의 내용이 자신을 빙자한 것이라 지레짐작하고 임사홍에게 임희재를 죽이겠다고 말했다. 임사홍이 대답하기를 "이 자식의 성질과 행실이 온순하지 못한 것은 전하의 말씀과 같습니다. 미리 아뢰려고 하다가 미처 못했습니다"라고 하였다. 제 자식을 죽이겠다는데도 눈 하나 깜짝하지 않는, 임사홍은 처신에는 귀재였던 것이다. 임희재는 결국 연산군 10년에 능지처사되었는데, 아들이 죽는 날 임사홍은 잔치를 베풀고 풍악을 울리며 평일과 다름없이 고기를 먹으니 연산군이 이 사실을 알고 크게 기꺼워했다고 한다. 그런데 이 기록이 사실일까?

임사홍을 다르게 보는 시각도 있다. 김종직이 임사홍의 집이 화려하고 사치하다고 하자 대간들은 임사홍의 탄핵에 들어갔다. 성종이 임사홍의 집 공사현장에 직접 나가서 조사해 보니 그저 평범한 규모였다. 노한 성종이 관계자들을 추궁했으나 김종직은 병을 칭하고 대질 심문에 나오지 않았다. 사림파의 영수가 잘 알지도 못하고 나섰다가 엄청 쪽팔리게 된 것이다.

정통 성리학자인 김종직은 유학자가 잡학을 배우는 것은 있을 수 없다 하여 세조의 노여움을 사서 파직된 일이 있었다. 이에 반해 임사홍의 부친 임원준은 세조의 명에 따라 잡학에 전념하여 의학, 풍수, 역술 등에 해박한 조예를 쌓았다. 임사홍 역시 그의 부친 못지 않게 잡학에 조예가 깊었으며, 당시 조정 관원 가운데 중국 사신과 중국어로 얘기할 수 있는 거의 유일한 인물이었다. 임사홍은 또 당대의 서예가이기도 하였다. 그는 연산군 때 행사에 따르는 주요한 글을 거의 도맡아 썼다.

이렇게 다방면에서 학식을 쌓은 임사홍은 재이설과 성리학을 대단치 않게 생각하고 있어서, 흙비 사건 때 별 일이 아니라고 생각했기 때문에 정통 성리학자들인 대간들로부터 간신으로 탄핵당할 수밖에 없었던 것이다. 임사홍은 의외로 시대에 앞선 인물이었는지도 모른다.

갑자사화를 임사홍이 주도한 것으로 알려져 있으나, 임사홍과 유자광은 갑자사화 당시 처형된 이극균과 알고 지냈다는 사실이 드러나 중형에 처해졌다가 곧 3,000리 유배에 해당되는 벌금형으로 감형되어 가까스로 위기를 넘긴 일이 있다. 그 후 이극균과 명함을 보내고 교류한 사실이 다시 밝혀져 경기도의 수자리(군복무)로 충원되는 위기를 맞았으나 폐비사건 때 윤씨의 폐출을 극력 저지한 점이 참작되어 장형에 해당되는 벌금을 내는 것으로 마무리되었다.

성종 8년 폐비 논의가 일어났을 때 윤씨의 폐출을 몸을 던져 저지한 사람은 임사홍뿐이었다. 아니, 그럼 임사홍이 갑자사화를 일으켰다는 얘기는 완전 소설 아냐? 스토리가 점점 이상해지네. 임사홍이 실제 간신이었을까? 신숙주가 간신이었나?

폐비 윤씨

성종은 대단한 호색한이었다. 성종은 4명의 왕후와 8명의 후궁 등 모두 12명의 부인을 두었고, 16명의 왕자와 12명의 공주 그리고 옹주 등 모두 28명의 자식을 두었다.

한명회의 딸인 공혜왕후 한씨가 열 아홉의 나이로 자식 없이 죽자 후궁 윤씨가 왕비로 책봉되었다. 별 볼일 없는 집안 출신이었던 윤씨가 왕비가 되자 다른 후궁들이 반발했으며, 이어서 투서사건이 일어났다. 이 투서사건이 빌미가 되어 조사를 벌인 결과 왕비 윤씨의 방에서 비상과 굿하는 방법이 쓰인 '방양서'가 발견되어 윤씨의 투기가 문제되기 시작했다.

당시 윤씨는 세조비인 대왕대비 정희왕후와 《내훈》을 펴낸 성종의 모친인 인수대비 한씨에게 모두 미움을 받고 있었다. 하여간 둘 다 윤씨를 엄청 미워했다. 또 윤씨는 성종이 자신만을 사랑해 주기를 원했으나 12명이나 되는 비와 수백 명의 궁녀들에게 둘러싸인 데다 여자라면 거절할 줄 모르는 성종에게는 웃기지도 않는 소리였다.

어느 날 성종이 총애하는 후궁과 함께 방에 있을 때 윤비가 그곳에 뛰어들었다가 성종에게 귀싸대기를 얻어맞는 일이 터졌다. 뭘 할 때 들어갔다가 얻어맞았지? 이때 윤비가 성종의 얼굴을 할퀴었다는 얘기도 있다. 이 사건 이후 윤비에게 냉랭하게 대하던 성종은 투기사건으로 대왕대비가 폐비문제를 의논케 하자 얼른 찬성하여, 여러 대신들의 반대에도 불구하고 성종 10년 왕비 폐출 교서를 반포했다.

윤씨가 쫓겨날 때는 이미 원자를 생산하여 연산군에 책봉되어 있을 때였다. 폐출된 윤씨는 민가로 쫓겨났으나, 대부분의 대신들과 민간에서는 윤씨에 대한 폐출이 너무 심했다며 모두 그녀를 동정했다. 후에 성종이 내시를 시켜서 윤씨의 생활을 염탐하게 했는데 내시가 보고하는 것을 듣고 잘못을 반성하지 않는다 하여 사약을 내렸다. 이 사약을 마실 때 윤씨가 발설했다는 스토리가 섬뜩하다. 결국 그 스토리 때문에 연산군(10대) 치세 때 수많은 사람이 죽게 된다.

윤비는 사약을 앞에 두고 눈물을 흘리다가 눈물을 닦아 피묻은 수건을, 아마 눈물이 피와 섞여 나왔나 보다, 어머니 신씨에게 주며 "우리 아이가 다행히 목숨을 보전하거든 이것으로 나의 원통함을 말해 주고, 또 나를 임금이 거동하는 길 옆에 장사하여 임금의 행차를 보게 해 달라"고 유언했다. 그래서 가족은 그녀를 건원동길 왼편에 장사했다.

윤씨가 폐출될 때 연산군은 네 살이었고, 사약을 받았을 때는 일곱 살이었다. 세자가 열 세 살이 되었을 때 윤씨의 뒤를 이어 왕비가 된 정현왕후 윤씨에게서 진성대군(중종)이 태어났다. 성종이 사망할 때 세자 융은 18세였고, 진성대군 역은 6세였다. 1494년 세자 융이 10대 임금으로 즉위하여 연산군의 시대가 열렸다.

음욕의 화신 어을우동

어을우동은 성종대의 승문원 관리 박윤창의 딸로서 왕실 친척인 태강수 이동에게 시집갔는데 처음부터 행실이 좋지 않았다. 어을우동은 음욕을 못 참아 상대를 가리지 않고 정을 통했는데, 노비서부터 고관대작까지 걸리는 대로 같이 잤다. 이건 병으로, 음욕과다증이라고 부른다.

수많은 인물들이 어을우동과의 스캔들에 관련되자 조정도 곤혹스러워졌다. 고위급은 증거 불충분으로 없는 것으로 처리했고, 일부는 유배를 보냈으며, 어을우동은 교수형에 처해졌다. 세종 때의 유감동과 같은 인물이 성종조에도 있었던 것이다. 이후 개가한 여자의 자손에게는 과거 응시를 허락하지 않는다는 악법이 성종 8년에 확정되었다.

10

철딱서니 없이 황제를 흉내낸 제10대 연산군과 사화의 시작

연산군의 치세

우선 성종(9대)의 아들인 연산군 이융에 대하여 살펴보기 전에 조선의 정치체제에 대한 약간의 이해가 요구된다. 연산군 하면 '폭군'의 대명사로 우리 머리에 각인되어 있으나, 조선 27대 왕 중 왕권을 마치 중국의 황제처럼 제대로 휘두른 왕은 실제로 연산군 하나뿐이었다. 단지 왕권을 백성들을 위하여 휘둘러야 하는데 자신의 향락을 위하여 휘둘렀기 때문에 조선 최초로 신하들에게 쫓겨난 왕이 된 것이다.

조선의 정치이념인 성리학은 인간을 지배층인 사대부와 피지배층인 일반 백성으로 나누는데, 바로 사대부의 자리에서 세상을 해석한 것이 성리학이다. 성리학에 따르면 국왕 역시 사대부로서, 단지 제일 사대부일 뿐이므로 자연히 다른 사대부들과 의논하여 국정을 이끄는 것이지, 국왕 마음대로 할 수 있는 일은 아무것도 없었다. 요즘 대통령 책임제 하의 대통령의 권한보다도 훨씬 끗발이 없었던 것으로, 조선은 군신공치의 국가였던 것이다.

이런 조선에서 연산군은 성리학을 부정하고 유학을 거부했다. 그는 공자를 모시는 성균관을 이전토록 하고 그곳을 자신의 환락의 장소로 바꿔 버렸다. 결국 성리학은 지배층인 사대부 즉, 양반들이 피지배층인 백성들을 합리적으로 뜯어먹고 살 수 있도록 법적인, 아니 학문적인 뒷받침을 해주었던 것으로, 백성들에게는 참으로 개 같은 학문이었다.

1494년 성종이 죽자 세자 융은 18세의 나이에 즉위하여 12년간 재위한 후 30세에 폐위되었다. 공부를 싫어한 연산군은 세자 때부터 경연을 싫어하여 성종과 다른 성격의 인물이었으며, 머리도 성종만 못했다. 즉 처음부터 제대로 된 임금 노릇을 할 싹수가 별로 없었던 것이다. 그러나 즉위 초 몇 년간 연산군은 임금 노릇을 제대로 했다. 관료의 기강을 바로잡기 위하여 전국에 암행어사를 파견했고, 별시 문과를 실시하여 인재를 확충했으며, 사가독서제를 실시하여 유능한 문신들에게 학풍을 진작하도록 했다. 초장에는 이렇게 잘 나가던 연산군이 무오사화와 갑자사화를 거치면서 돌아버린 것이다.

연산군은 아마 어머니인 폐비 윤씨의 기억 때문에 그렇다고 생각되나, 아버지인 성종을 엄청 미워했다. 그는 성종이 기르던 사슴을 잡아서 구워먹고, 성종의 반신 영정을 때리고 활로 쏘기까지 했다. 또 성종의 후궁들을 장살했으며, 성종이 세운 옛 법들을 폐지했다. 연산군의 군은 성품이 성종과 닮았으면서도 부친을 극도로 미워한 것은 의외의 일이었다. 연산군은 또한 인수대비도 싫어했다. 연산군이 성장할 때 폐비 윤씨를 미워했던 인수대비는 연산군 역시 미워하여 지나치게 냉대했던 것이다.

연산군이 즉위하던 시대는 성종의 시대를 거쳐 조선 성리학이 완성되는 시점이었고, 또 외침도 없는 태평성대로서 왕실과 민간에 사치가 범람할 때였다. 좀 있다 하면 혼례와 상례에 막대한 돈을 썼으며, 호화주택을 건설했고, 양반집 여자들은 겨울이 되면 담비코트(지금의 밍크코트다)를 걸쳐야 나들이를 나갈 정도였다. 사치에 들이는 돈을 벌충하기 위하여 고관들은 고리대금을 했고, 유생들은 공부는 뒷전에 미루고 교복도 입지 않고 사복을 입었으며, 걷는 대신 말을 타고 다녀 빈축을 샀다. 시류에 편승하여 일반 백성들에게도 외래품 선호현상이 만연되었다. 중국의 비싼 도자기가 대량으로 수입되어 국고의 유출이 심각하자 도자기 사용을 금하는 법까지 나올 정도였다. 즉 태평세월이 너무 오래 가니 모두 조금씩 나사가 빠지고 긴장이 풀어졌을 때였다.

우리나라의 도자기 굽는 기술은 고려 때부터 유명했다. 그런데 어쩐 일인지 조선 왕조로 바뀌면서 그 명맥이 끊어져 궁중에서는 할 수 없이 중국의 비싼 도자기를 수입하여 사용해 왔다. 다행히 성종(9대)조에 들어서 조선 백자를 생산하는 기술이 개발되어 엄청난 도자기 수요를 어느 정도 충족할 수 있게 되었다. 그 귀한 도자기 제조 비법의 맥이 끊어질 수밖에 없었던 것이, 조선에서는 도자기 굽는 사람을 사람으로 대우하지 않았으니, 누가 제 자식에게 그 기술을 가르쳐 주고 싶어하겠는가? 도공이 사람으로 대우받은 곳은 조선이 아니라 조일전쟁 후 일본에 포로로 끌려간 일본에서였다. 참으로 거지 같은 나라가 조선이었다.

결론적으로 조선 왕조가 개국한 지 100년쯤 지났을 무렵인 성종과 연산군의 치세시가 조선 왕조 전기간 중 가장 풍요로운 시기였다. 당시 연산군의 사치가 얼마나 심했는고 하니 사냥용 매를 관리하는 응방에 종사하거나 전속 사냥터를 관리하는 인원이 1만 명에 달했고, 궐 안에서 부리는 천인의 수가 2만 2,000명에 달해 왕실의 사치 때문에 국고가 고갈될 지경이었다. 이 정신나간 인간이 그 경비를 백성들을 위해 썼으면, 귀양가서 그렇게 빨리 죽지도 않았을 텐데.

연산군은 즉위하자마자 대간들과 충돌했다. 성종은 대간들을 키워 훈구 대신들에 대한 견제에 활용했으나 연산군은 그런 정치적인 식견이 모자라 오히려 훈구 대신들을 자기 편으로 여겼다. 조선은 이미 세종 때부터 군신공치의 국가였고, 성종 때부터는 사헌부, 사간원, 홍문관 등을 장악한 사림이 정치세력의 한 축을 이루고 있어 절대왕권이란 있을 수 없는 희망사항이었다. 그러나 연산군은 두 번의 사화를 거치면서 사림파와 훈구 대신들을 제거하고, 또 언로를 철저히 봉쇄함으로써 절대왕권을 누리다 이에 반발한 신하들에 의하여 폐위되었던 것이다.

연산군은 재위 동안 포악하고 잔인했으며, 향락에만 빠진 극악무도한 임금의 전형으로 알려져 있다. 과연 그랬을까?

연산군이 술과 여자 그리고 사냥을 좋아한 것은 부왕 성종을 꼭 빼닮았으나 성종은 그 일로 별로 욕을 안 먹고 연산군은 폭군이란 오명을 썼다. 그 이유는 성종은 자제할 줄 알았고 연산군은 자제할 줄 몰랐던, 그 차이였다. 연산군은 군왕의 풍류를, 풍요를 구가하는 치세에 부합되는 군왕의 생활양식의 한 부분으로 인식했던 것이다. 그런데다 연산군은 시를 엄청 좋아하여 실록에 남아 있는 그의 시는 자그마치 130편에 달한다. 역대 왕들 중 최다이다. 또 부왕 성종과 마찬가지로 글씨를 매우 잘 써서 조선에 오는 중국 사신마다 그의 글을 받아가기 위하여 안달했을 정도의 명필이었다. 양녕대군하고 노는 꼴이 많이 비슷하다.

연산군이 이렇게 호방하고 낭만적인 성격으로 문학을 좋아하다 보니, 그의 눈에는 성리학자들이란 것들이 문학적 소양은 개뿔도 없으면서 매양 교조적인 왕도주의만을 내세워 진부한 논리로 왕권을 압박하는 오만하고 쓸모없는 무리들로 비춰졌던 것이다. 거 모처럼 말 되네.

사실 왕도주의 하의 군왕은 요즘의 통치제도에 비추어보면 내각책임제 하의 대통령과 비슷하고, 패도주의 하의 군왕은 국가의 모든 결정을 제왕 혼자서 내리는, 지금의 대통령 중심제의 대통령보다 훨씬 강력한 권력을 가진 제왕이다. 그러므로 현명한 국왕은 신하들과 함께 국정을 논의하여 결정하는 왕도주의와 패도주의를 적당히 균형을 맞추어 통치하는 것이 최선이라고 할 수 있다. 그러나 연산군은 극단적인 패도주의에 치우쳐 폐위의 비운을 맞은 것이다.

조선은 성리학을 통치이념으로 했기 때문에 연산군조 이후에는 신권이 왕권을 압도하여 신료들끼리 서로 주도권을 다투게 되었다. 이것이 조선 중기 이후에 나타나는 붕당, 즉 당쟁이다. 이 붕당은 왕권과 신권의 대립이 아니고 왕권보다 우위에 선 신권이 정국 주도권을 놓고 서로 다툰 사건으로 조선 쇠퇴의 중요한 요인이 되었다. 사실 성리학이란 태평성대에는 쓸모가 있는 학문이겠으나 전란과 같은 국가적 위기상황이 닥치면, 평소에 무를 천시하고 문관 우월주의를 지나치게 추종한 데다, 또 지나친 명분주의에 사로잡혀 있어, 위기에 전혀 효과적인 대응을 하지 못하는 결정적인 단점을 갖고 있다.

이렇게 성리학에 의하여 훼손된 상무정신의 결과가 조일전쟁과 조청전쟁 등 두 차례의 국가적 위기를 초래했으며, 그런 국가적 위기에서 성리학은 아무런 도움도 되지 않았다. 시대가 바뀌면 시대에 맞는 새로운 사상과 개혁이 끊임없이 필요함에도 불구하고, 성리학은 명분만 찾는 고루함 때문에 시대와 호흡을 할 수 없는 죽은 학문이었다. 결국 조선의 쇠퇴는 진부하고 고루하기 짝이 없는 유교와 실질 생활과 동떨어진 채 성리학을 극단적으로 추종하면서 이빨만 까는 사대부들의 책임이었다. 그걸 나중에야 누가 알고 《공자가 죽어야 나라가 산다》던가 하는 책을 쓴 기억이 난다.

흥청의 진실

《연산군일기》에는 연산군이 호색하고 황음무도하다고 기록되어 있으나, 연산군이 진정 사랑한 여인들은 미인이 아니라 시나 기예에 뛰어난 여인들이었다. 연산군의 여인 편력에 등장하는 흥청은 실상 기생 집단이 아니라 당시의 태평성대를 기리기 위한 여성 가무악대였다. 물론 그 중에 마음에 드는 애를 데리고 잤을 수는 있지만, 연산군이 기예에 뛰어난 여자들을 뽑은 것은 자신이 시를 좋아하는 데다, 거문고 등 배우기 어려운 악기들을 다룰 줄 알고 또 작곡이나 작사를 할 만큼 음악적인 재능도 뛰어났기 때문이었다.

사실 흥청이란 고려 때부터 내려오던 궁중음악을 연주하는 관기들을 지칭하는 것으로서, 여악이 되려면 장악원에 들어가 가무와 예절을 익히고 글을 배워야 했다. 이들은 고려조 때부터 팔관회 등 각종 행사에 동원되어 음악을 연주했다. 이들의 역할은 조선 왕조에 들어와서도 계속되다가 대한제국이 멸망하기 1년 전인 1909년이 되어서야 폐지되었다. 실로 여악의 전통은 고려조, 조선조 합해서 거의 1,000년간을 유지해왔던 것이다. 이렇게 흥청이란 여인 가무악대였지 연산군이 음락을 즐기기 위하여 만든 기구가 아니었다. 그리고 흥청에 선발된 여인들은 양갓집 규수가 아니라 창기, 또는 공사천 가운데서 자색이 있고 음률을 아는 여인들이었다. 이들 중 연산군과 교감을 (정신적인 또는 육체적인) 나누었던 여인은 월하매와 광한선 정도였다.

백모 강간과 서모 장살의 진실

연산군을 황음무도한 폭군으로 매도할 때 그 논거로 거론되는 또다른 사건이, 그가 백모인 월산대군 부인 박씨를 강간했다는 것이다. 실록에는 연산군의 간통설과 관련해 사관이 이를 확인하거나 믿을 만한 자료를 인용해 기록한 것은 없고, 모두 항간에 떠도는 소문이나 추측을 사실인 양 인용한 것뿐이다.

그러나 박씨는 당시 쉰이 넘은 나이였고, 연산군은 서른 살도 안 되었을 적이라 이 스토리가 소설이라는 심증을 갖게 한다. 아니 궁궐에 영계가 줄을 섰는데 쉰 살이나 먹은 퇴계라니. 당시 쉰 살이면 오늘, 내일 할 나이였다.

더구나 월산대군은 박씨와 혼인하여 20년을 같이 살았으나 소생이 없었다. 이는 박씨에게 문제가 있었다는 증거다. 왜냐하면 월산대군은 첩에게서 두 명의 자식을 두었기 때문이다. 이는 박씨 부인이 연산군의 아이를 잉태하여 자살하였다는 스토리가 소설이라는 증거다.

《연산군일기》를 보면 "월산대군 이정의 처 승평부부인 박씨가 죽었다. 왕에게 총애를 받아 잉태하자 약을 먹고 죽었다고 사람들이 말했다"라며 "사람들이 말했다"라는 소문을 적어 넣어 사실인 양 꾸민 것이다. 어쨌든 박씨의 죽음은 연산군의 명줄을 앞당겼다. 후에 누이 박씨의 죽음에 원한을 품은 박원종이 주동이 되어 반정을 일으켜 연산군을 내쫓은 것이다.

또《연산군일기》에 연산군이 서모였던 성종의 후궁 엄씨와 정씨를 때려죽인 다음 살을 찢어 젓을 담아 산천에 뿌렸다는 기사가 있는데, 실록에는 연산군이 대신들과 함께 엄씨와 정씨의 장례문제를 논의한 기록이 있다. 연산군이 찢어 죽인 다음 젓을 담아 산천에 뿌린 사람들의 장례문제를 대신들과 논의하였다는 것은 말도 안 된다. 이러한 기록들을 자세히 살펴보면 연산군이 황음무도한 폭군이라는 것은 침소봉대되었을 가능성이 매우 크다.

국기일 폐지

연산군의 업적 중에 국기일 폐지가 있다. 지금 우리나라의 국기일은 현충일뿐이다. 그러나 당시 조선에서는 죽은 왕과 왕비의 기일이 모조리 국기일이었다. 그러다 보니 해가 지날수록 국기일이 늘어나 엄청난 폐단이 발생했다.

왕과 왕비가 죽은 날이 국기일인데, 한 왕에 왕비가 한둘이라야지. 국기일의 문제는 첫째, 그날은 모든 대소 관원들이 업무를 보지 말아야 했고, 두 번째는 국기일에 치르는 상례에 들어가는 엄청난 경비문제였다.

이순신 장군의《난중일기》를 보면 '오늘은 누구누구의 기일이라 업무를 보지 않았다'라는 구절이 거의 매월 한두 번씩 꼭 나온다. 세상에, 전쟁중인데 국기일이라고 전쟁을 하다 말고 쉬다니 한심한 생각이 절로 났었는데, 연산군 치세시에 이러한 폐단을 없애고 쓸데없는 예산을 줄이기 위하여 과감히 국기일을 폐지했다.

그러나 연산군이 죽은 뒤 국기일이 도로 복원되어 이순신은 업무를 보고 싶어도 못 보게 된다. 살펴본 바와 같이 연산군의 행적을 기록한《연산군일기》나《중종실록》은 그를 폐위시킨 반정파에 의하여 쓰여졌으므로 모두 믿을 수는 없다. 모쪼록 행간을 잘 살펴 묻혀 있는 진실을 찾아내어 연산군도 재조명을 받아야 할 것이다. 연산군은 분명 문제가 많은 왕이었으나, 그렇다고 폐위시킨 다음 바로 죽일 만큼 질이 나쁜 인간은 아니었던 것으로 보인다. 연산군 때의 인구는 대략 세종(4대) 때와 비슷한 1,000만 명 정도였다.

홍길동이 의적이었나?

16세기초 연산조의 대표적인 도적으로 홍길동이 있었다. 우리는 홍길동을 허균의 소설을 통하여 잘 알고 있다. 선조(14대)와 광해군(15대)대의 인물이었으며, 천재이자 시대의 선각자였던 허균은《홍길동전》을 세종(4대)대를 무대로 그렸는데, 하필 세종대인지 모르겠다.《홍길동전》에 따르면 홍길동은 서자 출신으로 활빈당의 수령이다. 홍길동은 홍판서의 시비 춘섬의 소생으로 어려서부터 도술을 익히고 장차 훌륭한 인물이 될 기상을 가졌으나 서출이라 그 뜻을 펼칠 수가 없었다.

비범한 능력을 가졌던 홍길동은 산채로 들어가 그들의 두목이 되어 지방 수령들의 불의한 재물을 탈취하여 빈민에게 나누어 주되 가난한 백성들의 재물은 절대 손대지 않았다. 말하자면 홍길동은 조선의 대표적인 의적이었으며, 그들 도적 집단을 활빈당이라 불렀다. 그 뒤 길동은 이상국인 율도국의 왕이 되어 나라를 잘 다스린다는 것이 허균 소설의 줄거리인데, 율도국은 오키나와로 추정된다.

홍길동은 광해군 때 허균이《홍길동전》이라는 소설을 쓰면서 미화해 영웅적인 인물로 비추어졌으나 실상은 일개 간 큰 도적에 지나지 않았다. 홍길동이 당상관의 옷차림을 하고 관아를 무시로 드나드는 대담성을 보여준 일 등으로 보아 분명 보통 도둑은 아니었다. 홍길동은 선조 때까지 이연수와 같이 흉악범의 대명사로 회자되던 도둑이었다. 이연수는 중종(11대) 26년 친부모를 살해한 죄로 능지처참을 당한 당대의 패륜아였다. 걔하고 한동네로 취급되던 인물이 홍길동이었던 것이다. 홍길동은 연산군 6년에 체포되어 참형에 처해졌다.

조선의 부패한 정치에 절망한 백성들은 유명한 강도 홍길동을 자신들의 원수인 부패한 관료나 부호들을 털어 그 재산을 빈민들에게 나누어 주는 의적 홍길동으로 둔갑시켜 대리만족을 얻은 것이다. 그리고 그 배경에는 썩어빠진 조선의 부패한 정치구조가 있었다. 농민들은 홍길동을 자신들의 한을 대신 풀어줄 인물로 인식했었다. 개국 후 겨우 100년이 지난 연산군 때부터도 백성들의 조정이나 지방관에 대한 인식이 이렇게 좋지 않았다.

광해군 5년(1613) 서양갑 등 7명의 서얼이 여주 강변에 모여 군신부자의 의리를 끊는다는 의미로 자신들을 '무륜'이라고 부르고, 사람들을 모아 반란을 도모한 '칠서의 옥'이 일어났는데 허균이 바로 그들과 같이 어울린 인물이었다. 역모사건이 터졌을 때 허균은 북인에게 붙어 목숨을 부지했으나 후에 결국 역모 혐의로 처형되고 만다.

허균은 시대를 앞서 산 선각자였으나, 그가 한글 최초의 소설 《홍길동전》을 썼느냐 하는 데는 약간 문제가 있다. 허균의 외손자 이필진에 의하여 전해진 그의 문집 《성소부부고》 어디에도 《홍길동전》에 대한 언급이 없을 뿐더러, 그의 다른 작품인 《남궁선생전》 《엄처사전》 《손곡산인전》 《장산인전》 등이 모두 순한문 소설이기 때문이다. 그가 《홍길동전》을 썼다는 증거는 택당 이식의 문집인 《택당전》에 이식이 허균을 비난하면서 쓴 글 속에 언급된 것뿐이다.

또 《홍길동전》은 허균의 판본 말고도 여러 판본이 있어 우리가 읽고 있는 《홍길동전》은 허균의 것과 적지 않은 차이가 있다. 《홍길동전》이 한글로 쓴 최초의 소설이라는 등식은 1996년에 깨졌다. 1996년에 발견된 채수의 《설공찬전》이 《홍길동전》보다 최소한 50년 이상 먼저 한글로 쓰여진 소설이라는 것이 확인되었다.

허균의 형제들인 허봉, 허난설헌 등은 모두 천재들이었으나 모두 제명에 못 살고 죽었다. 천재들은 일찍 죽는다. 조선의 개 같은 악법인 서얼금고법에 의하여 세상에 진출할 길이 막혀버린 수많은 불쌍한 서얼들을 대신하여 허균은《홍길동전》을 썼던 것이다.

무오사화(1498/연산군 4년)

조선 중기의 사대사화 중 무오사화(1498)와 갑자사화(1504)는 연산군조에, 그리고 기묘사화(1519)는 중종(11대)조에, 을사사화(1545)는 명종조에 일어났다. 약 50년 동안 네 번의 사화가 일어나서 사림 수백 명이 죽임을 당하거나 귀양을 갔다. 다시 선조 때 기축옥사가 일어나 수백 명의 선비가 죽고 수백 명이 귀양가는 참사가 일어났다. 하나같이 멍청하고 모자란 왕들 시대에 아까운 선비들이 대거 희생되었던 것이다.

그 중 첫 번째 사화인 무오사화는 세조(7대)를 폭군으로 비유한 김종직의《조의제문》을 그의 제자인 김일손이 사관으로 있으면서《성종실록》에 삽입하는 과정에서 벌어진 사건이다. 이 사건의 본질은 왕권에 대한 신권의 도전을 연산군이 무자비하게 억누른 사건이라고 볼 수 있다.

연산군 4년(1498) 7월 윤필상, 노사신, 한치형, 유자광 등 훈구 대신들이 사관을 배석시키지 않고 연산군을 면대했다. 그 직후 의금부도사들이 경상도 청도군으로 당시 풍병을 앓고 있던 김일손을 잡으러 갔다. 정6품 사관이었던 김일손은 사초에 자신의 상관인 실록청 당상관 이극돈과 관련된 불미스러운 사항을 낱낱이 적었으며, 이극돈은 이 조항들을 삭제하려다 실패했다.

이극돈의 불미스러운 일이란, 세조비 정희왕후 상중에 당시 전라 감사로 있던 이극돈이 근신하지 않고 기생들과 어울려 놀았다는 것을 규탄하는 상소문을 사초에 적어 놓은 것이었다. 사초란 사관이 당시의 시정을 기록한 사료로서 실록 편찬의 토대가 되는 자료였다. 여기저기 압력을 넣어 사초에 실린 자신에게 불리한 기록의 삭제를 시도했으나 결국 실패한 이극돈은 유자광을 끌어넣었다. 유자광은 사림파들로부터 매번 천한 서자라 하여 차별받은 원한을 품고 있었다. 게다가 김일손의 스승인 김종직이 함양 군수 시절 함양군의 한 정자에 걸려 있던, 자신이 쓴 현판을 떼어내어 불사른 원한을 잊지 않고 있었다.

유자광과 훈구파 대신들이 김일손의 사초가 상대의 불리한 일들을 곡필하여 기록했다고 모함하자, 연산군은 김일손의 관련 사초를 모조리 가져오라고 명했다. 왕은 사초를 보지 못하도록 되어 있었으나 훈구 대신들은 연산군의 요청에 의하여 김일손이 기록한 사초가 종묘 사직에 관계가 있다는 핑계로 이를 발췌하여 연산군에게 바쳤다. 이것이 조선 최초로 왕이 사초를 보게 된 사건이다.

무오사화는 이극돈으로부터 시작되었으나 이를 확대재생산하여, 세조 즉위를 부정한 대역죄라고 했다고 몰고 간 인물은 유자광이었다. 유자광은 김일손의 옥사를 이용하여 사림파를 몽땅 제거해 버리려는 계획을 세웠다. 옥사가 생각대로 확대되지 않자 그는 김일손을 국문하면서 김종직의 《조의제문》을 끌어넣었다.

《조의제문》이란 '의제를 애도하는 글'이란 의미로, 김종직이 생전에 꾼 꿈에 대해 쓴 글이었다. 꿈에 신인이 나타나서 "나는 초나라 회왕 손심인데 서초패왕 항우에게 살해되어 빈강에 잠겼다"라고 말하곤 갑자기 보이지 않았다 한다.

이 꿈을 꾼 후 김종직은 글을 지어 의제를 조문했으며 그 글이 《조의제문》이다. 유자광은 이 글에서 말한 의제는 단종(6대)을 의미하는 것이고, 서초패왕은 세조를 은유한 것으로 결국 《조의제문》은 단종을 죽인 인물이 세조인 것을 후대에 가르쳐 주기 위한 글이고, 더구나 세조가 단종을 죽여 강에 던져버렸다는 것을 후대에 알릴 생각으로 이 글을 쓴 것이라고 악의적으로 해석했다.

《조의제문》을 검토하던 연산군은 그러나 《조의제문》보다 더 큰 문제가 사초에 있음을 알아차렸다. 세조(7대)가 과부가 된 자기 며느리 귀인 권씨를 범하려 했다는 소문이 잠깐 돌았는데, 김일손이 이를 사실인 양 사초에 기록해 놓았던 것이다. 더구나 단종의 시신을 '산 속에 던져 까마귀와 솔개가 날아와 쪼아 먹었다'라고 기록해 놓았다.

김일손이 쓴 사초를 보고 뚜껑이 확 열린 연산군은 이미 죽은 김종직의 제자들을 모조리 잡아들여 국문을 시작했다. 제자들이 무슨 죄가 있으랴마는 거듭되는 고문에 칡넝쿨 얽히듯 연루자가 불어났다. 사초와 관련된 사건이다 보니 사관들이 많이 연루되었으며, 그래서 무오사화의 '사' 자에 '역사 사' 자를 쓰기도 한다.

이미 죽은 김종직은 관에서 꺼내져 부관참시를 당했고, 사신 김일손, 권오복, 권경유는 능지처사에 삼족이 처형당했다. 그 외에도 25명의 신진 세력들이 참형을 당하고 유배에 처해져서 무오사화의 총 피화자는 44명에 이른다. 이로써 성종조에 부상했던 사림은 씨가 말라버렸다. 귀찮고 말 많던 사림들을 싹쓸이하고 나서 연산군은 신하들의 생사 여탈권을 쥔 절대 권력자로 부상했다.

부관참시된 김종직은 부친이자 스승인 김숙자에게서 명분을 중시하는 정통 성리학을 이어받음으로써 조선 성리학의 조종으로까지 추앙받은 인물이다. 당시 사림 세력에서 김종직의 권위는 거의 절대적이었다.

갑자사화(1504/연산군 10년)

갑자사화는 무오사화보다 그 기간이 길었던 데다가 가화자와 피화자의 범위가 훨씬 넓었다. 이 사건의 본질 또한 왕권과 신권의 갈등 속에서 일어난 사건이며 피화자에 훈구 대신이 대거 참여한 것이 무오사화와 다르다. 갑자사화의 주 원인은 윤씨 폐비 문제였으나, 내면으로는 왕권을 능멸하는 신권에 대한 연산군의 징벌의 성격이 짙었다.

연산군이 모친 윤씨가 폐비된 것을 안 것은 재위 3개월만이다. 재위 1년이 넘었을 때는 윤씨의 기일도 알게 되었다. 재위 10년이 된 어느 날 연산군은 임승재의 집에 가서 임사홍을 불러 술을 올리도록 하였는데, 이 자리에서 임사홍이 "엄숙의와 정소용이 모후를 참소하여 폐비했다"라고 하니 임금이 울고, 궁으로 들어와서 곧 정, 엄 두 후궁을 불러 손수 죽였으며, 그 자식들까지 모두 죽여버렸다. 광기에 휩싸인 연산군은 장검을 들고 자순대비(정현왕후 윤씨)의 침전으로 가서 밖으로 나오라고 소리질렀다.

그러나 자순대비는 나오지 않았으며, 펄펄 뛰던 연산군은 말리는 왕비 신씨로 인하여 겨우 진정했다. 연산군은 다시 인수대비의 침전으로 쳐들어가 행패를 부리다가 돌아왔으며, 죽인 엄숙의와 정소용의 시신을 찢어 젓을 담근 후 산과 들에 뿌리도록 했다(앞에서 얘기했지만 이 기록은 소설이다).

인수대비는 연산군이 폐비사건에 대해 복수의 칼날을 휘두르는 와중인 연산군 10년 4월에 세상을 떴다. 야사에서는 연산군이 병석에 누운 할머니 인수대비에게 달려들어 머리로 들이받았고, 인수대비는 이 충격으로 죽었다고 전한다.

연산군은 드디어 명을 내렸다.

"폐비할 때 참여한 재상과 궁궐에서 나갈 때 시위한 재상 및 사약을 내릴 때 참여한 재상들을《승정원일기》를 조사하여 모두 아뢰어라."

드디어 피의 광풍이 불기 시작한 것이다. 윤씨에게 사약을 들고 간 이세좌의 가족과 친족들은 모조리 처형되었으며, 이극균, 윤필상이 사약을 받았고 이미 죽은 한명회, 정창손, 이세겸 등이 폐비 논의 때 찬성했다 하여 모조리 부관참시를 당했다. 거기다 연산군은 무오사화 때 유배된 사림파들에게도 당시의 형이 공정하지 않았다 하여, 유배지에 있던 사림파들을 모조리 사사했다. 이 갑자사화 때 등장한 형벌이 '쇄골표풍'이다. 쇄골표풍이란 시체의 뼈를 빻아 바람에 날려버리는 형벌을 말한다. 조상 숭배를 중요한 덕목으로 삼던 당시에 쇄골표풍은 제사를 지낼 근거마저 없애버리는 극악한 형벌이었다. 이미 효수한 이세좌와 윤필상이 죽은 후에 쇄골표풍의 형벌을 다시 받았다.

사약

연속극이나 역사소설을 보면 사약이라는 것이 수시로 나오고, 4대 사화에서도 숱한 선비들이 사사된다. 근데 사약은 무엇으로 만들었을까?

조선시대에 사약을 받고 죽은 인간의 수가 만만치 않다. 사약이 독약인가? 사약의 '사' 자는 '죽을 사' 자가 아니라 '내릴 사' 자이고, '약'은 '약 약' 자이다. 약은 내리지만 영양제는 아니니 알아서 먹으라는 스토리다.

조선시대의 사형은 교수형과 참수형, 요참형, 능지처사형 등이 있었는데, 관료들에 대한 사형으로 대개 사약을 내렸다. 신체가 절단되지 않도록 많이 봐 준 것이다. 그러나 사약을 받고 죽은 자들 중에는 왕의 마음에 안 들거나, 상대 정파의 정치공작이나 모함으로 사약을 받은 관료나 선비가, 실제 죄를 지어 사약을 받은 인간들의 몇 배나 되었다.

일단 죄인에게 사약을 내리라는 왕의 명이 떨어지면 의금부도사가 내의원을 찾아 사약을 부탁하고 수령했다. 사약을 만드는 내의원의 사약 제조방법은 비밀이었기 때문에 처방이 전해 오지 않아 제조 약재에 대한 의견이 분분하나, 혈관 확장제였다는 설이 유력하다. 아니면 비상, 수은, 짐독서부터 온갖 독성의 재료를 섞어 독살시켰다는 설도 있고.

금부도사가 일단 사약을 받을 죄인의 집에 도착하면 사약의 약효가 잘 발휘되도록 하기 위해 방에 불부터 땠다. 죄인은 사약을 마시기 전 임금이 있는 궁궐 쪽을 향해 4배를 하고 약을 마셨다.

그런데 문제는 사약을 마시고도 멀쩡한 인간들이 제법 있었던 것이었다. 방이 뜨끈뜨끈해져서 약효가 발휘돼야 하는데, 그만 체질에 따라 씨가 안 먹히는 사람이 있었던 것이다. 죄인이 사약을 다 마셨는데도 눈을 멀뚱멀뚱 뜨고 멀쩡하거나, 빨리 죽지 않고 버둥거리면, 금부도사는 데리고 온 나장들을 시켜 죄인의 목을 졸라 죽였다. 즉 사약을 내렸다고 모두 약을 먹고 죽은 것은 아니었던 것이다.

조선 후기 효종, 숙종 때 노론의 영수 송시열도 사약을 받고 죽었는데, 그는 평소에 애들 오줌을 먹고 건강을 지켰다고 한다. 그래서 그런지 사약을 시원하게 한 대접 쭉 다 들이켰는데도 까딱없었다. 초조해진 금부도사는 확 목을 졸라 버리려다가 대유 송시열의 체면도 있고 해서 좀더 기다렸다. 결국 송시열은 입 천정을 손톱으로 긁어 피를 낸 후 사약을 큰 대접으로 세 대접이나 더 마시고서야 죽을 수 있었다. 배 엄청 불렀겠다.

사실 2,400년 전 그리스의 저명한 철학자 소크라테스도 독약을 마시고 죽었다. 책에 써 있는 대로 독약을 마시고 즉시 평온하게 죽은 것이 아니라, 온통 방안을 헤매면서 한참 동안 토악질을 하고 돌아다니다가 고통 속에서 죽었다. 나중에 치우느라고 혼났단다.

이 책의 제목 '왕을 참하라'는 몇몇 쓸 만한 왕을 뺀 나머지 멍한 왕들을 왕조 내내 참혹한 삶을 산 백성들이 징치하는 표현으로 선택되었으나, 실제 왕은 내쫓겨도 죽이지는 않았다. 또 왕을 죽인다 해도 사약을 내리거나 독살을 하면 했지 참할 수는 없었다. 쫓겨나서 두 달만에 죽은 연산군은 독살당한 듯하고, 광해군(15대)은 귀양가서 천수를 누렸다.

삼족

대역죄를 지었을 때 흔히 '삼족을 멸한다'고 한다. 삼족이란 당사자의 아버지, 아들, 손자를 말한다. 그러나 이 중에서 80세 이상 되거나 16세 이하 그리고 심한 병자와 남의 집에 양자로 간 사람은 형에서 제외되었고, 여자들은 처형하지 않고 관아나 양반집에 노비로 보내졌다. 그리고 직계가 아닌 숙부나 조카들은 유배형에 처해졌으며, 신분은 천민으로 떨어졌다.

문제는 역모라는 죄 자체에 있었다. 사실 실제로 역모를 일으킨 경우는 몇 안 되어서 손가락으로 셀 정도이고 나머지 역모는 모조리 적대 정파의 정치적인 조작과 모함으로 일어났던 것이었다. 그래서 삼족을 싸그리 죽인다는 것은 국문을 맡은 인간도 그렇고, 왕도 그렇고 해서 대강 직계 아래윗대만 죽이고 나머지는 훈방하거나 가벼운 유배형 정도의 벌에 처했던 것이다. 중국에서는 역모가 발각되었을 때 구족을 멸했는데, 영락제 때는 친구까지 포함하여 십족을 멸한 일도 있다. 십족을 멸하니 한 900명 정도가 처형되었다고 한다.

연산군과 장녹수

갑자사화가 수그러들자 연산군은 전국에 운평을 두었다. 기생의 이름을 운평이라고 바꾸어 부른 것인데, 대궐로 뽑혀 올라온 운평을 홍청이라 했다. 홍청망청은 여기서 생긴 말이다. 또 채홍사를 임명하여 각 지방에 파견했다. 운평은 처음에는 300명 정도였는데 나중에는 늘어나서 1,300명이나 되었다. 대궐이 좁자 연산군은 홍청들을 종친들의 집에 유숙시켰다.

연산군은 신하들의 부인도 가리지 않고 간통했다 한다. 궁정에서 잔치를 베풀어 신하들 부부를 함께 초대한 후 마음에 드는 여인은 나인을 시켜 화장이나 차림이 잘못되었다 하고 내실로 불러들여 간통했다는 것이다. 연산군이 총애했던 후궁은 장녹수와 전전비 그리고 김귀비였는데 이 중 장녹수가 가장 유명했으나, 그녀는 반정 후 민중들에게 돌로 맞아죽었다. 처형된 후 군중들이 돌을 던졌다고도 하고.

장녹수는 원래 제안대군 집안의 여종이었다. 처음에는 집이 매우 가난하여 몸을 팔아서 생활했으므로 시집을 여러 번 갔다. 그러다가 대군 집안의 종의 아내가 되어 아들 하나를 낳은 뒤 노래와 춤을 배워서 창기가 되었다. 장녹수는 원래 노래를 잘해서 입술을 움직이지 않아도 소리가 맑아서 들을 만하였으며, 나이는 30여 세였으나 얼굴은 16세 아이와 같았다 한다. 왕이 듣고 크게 기뻐하여 드디어 궁중으로 맞아들였는데 이로부터 총애함이 날로 융성하여 말하는 것은 모두 좇았고 숙원으로 봉했다(《연산군일기》).

장녹수의 얼굴은 중간 정도에 지나지 않았는데 남모르는 교사와 요사스러운 아양이 견줄 사람이 없었다고 전한다. 이에 왕이 혹하여 '상으로 내려준 것이 거만이었고, 부고의 재물을 모두 그 집으로 보냈으며, 금은주옥을 주어 그 마음을 기쁘게 했는데, 노비, 전답, 가옥도 또한 이루 다 셀 수 없었다'라고 기록되었다.

연산군이 얼마나 장녹수에게 빠졌는지,《연산군일기》에 장녹수가 '왕을 조롱하기를 마치 어린아이와 같이 했고, 왕에게 욕하기를 마치 노예처럼 하였다'라고 기록되어 있다. 더구나 장녹수는 연산군이 다른 여자를 가까이 하는 것에 질투를 내지 않고, 오히려 종친이나 사대부 부인들을 강간하는 것을 즐겨 도와 주었다 한다. 그러나 장녹수는 연산군이 폐위될 때까지 정3품인 소용에 지나지 않았다.

둘 다 천인 출신인 장녹수와 전전비는 함께 왕의 총애를 믿고 위세를 부려 많은 백성들을 못살게 굴었다. 장녹수는 연산군의 아이를 셋이나 낳았으나 하나만 남고 둘은 어렸을 때 죽었다. 연산군이 폐위될 때 다른 후궁들은 모두 무사했으나 장녹수는 맞아죽고, 전전비와 김귀비는 처형되었다.

또 연산군은 사냥을 좋아해 봉순사란 관청을 새로 설치하고 말과 매를 기르기 위한 운구와 응방을 두었다. 뿐만 아니라 양주, 파주, 고양 등 도성과 가까운 고을의 인가 사방 100리를 허물어 사냥터를 만들었으며, 이곳에는 왕실의 물품을 조달하는 내수사의 노비들만 거주하도록 했다. 동쪽과 북쪽 100리에 푯말을 세우고 민가와 관가를 모두 헐어 통행을 금지시키고 놀이터를 만들었는데, 이곳을 범한 백성은 사형에 처했다. 또한 채홍준사나 채청사의 일을 방해하면 사형에 처했기 때문에 이들은 백성들에게는 공포의 대상이었다. 이렇게 해서 집에서 쫓겨난 백성들은 길거리를 유리하게 되었고, 숭례문 밖과 노량진 사이에 유리하다 죽은 시체가 산더미처럼 쌓여 있었다 한다. 이걸 보면 사실 좀 봐주려고 해도, 연산군은 너무했다.

내관 김처선 사건

내관 중에 정2품 내관인 김처선이란 자가 있었는데 연산군 초기에는 총애를 받던 자였다. 연산군 10년 김처선은 장 100대를 맞았고, 다음 해에는 죽임을 당했다. 왕이 김처선에게 술을 권했는데 그가 취해서 규간하는 말을 하니 왕이 노해서 직접 칼을 뽑아 그의 팔다리를 자르고 쏘아 죽였다 한다.

야사에 의하면 어느 날 김처선이 연산군에게 간했다.

"늙은 것이 네 조정을 섬겨서 대강 사기를 읽었사온데 전하와 같은 분은 일찍이 없었습니다. 어찌 나라를 생각하지 않으십니까?"

화가 난 연산군은 활을 쏴 그의 가슴을 맞췄다. 김처선이 활을 맞은 채로 계속 간했다.

"조정 대신 죽이기도 꺼리지 않는데 저 같은 늙은 것이 죽음을 아끼겠습니까? 다만 전하께서 임금 노릇을 오래 하시지 못할 것이니 그것이 한입니다."

이에 열받은 연산군은 그의 다리를 자른 다음 혀를 끊고 배를 갈랐다고 전한다. 그리고 나서도 김처선의 자식을 죽이고 그의 집을 파서 못으로 만들었으며, 김처선의 본관인 전의현까지 혁파했다. 또 김처선 부모의 무덤을 뭉개고 그 석물을 치우게 했다 한다.

말마다 옳은 김처선의, 임금 노릇을 얼마 못할 것이라는 간언에 연산군이 얼마나 열받았는고 하니 벼슬아치와 군사 중에서 김처선과 이름이 같은 글자가 있으면 이름을 고치게 했고, 모든 문서에도 '처' 자를 쓰지 못하게 했으며, 처서에 '처' 자가 있다는 이유로 '조서'로 고치도록 명했다 했다. 이건 맛이 가지 않고서야 도저히 설명이 안 된다. 그런데 궁중의 일개 환관이 목숨을 내놓고 왕에게 바른 말을 하는데, 그 잘난 사대부들은 다 어디에 있었는가?

중종반정

연산군은 하늘이 왕에게 내리는 경고인 기상이변을 보고하지 못하게 했다. 재변에 대하여 연구하는 관상감은 재변을 보고했다고 혁파되었으며, 그 전에 홍문관과 사간원은 말이 많다고 이미 혁파되었고, 사헌부의 지평 두 사람도 없애 언로를 아예 막아버렸다. 연산군 당시의 간쟁은 곧 죽음이었다.

이렇게 조정의 모든 절대권력을 한 손에 거머쥔 연산군이 할 일은 향락밖에 없었다. 시를 좋아하던 연산군은 시를 할 줄 아는 기생들을 구해 올리라 하였으며, 두모포로 놀러 갈 때는 무려 1,000여 명의 궁녀를 데리고 가면서 길가에서 간음했다 한다. 글쎄 이 간음 스토리는 반정을 주동한 인간들이 썼는데, 좀 말이 안 된다.

연산군은 혹시 반란을 일으킬 인물이 있을까 하여 주변을 면밀히 살피고 의심한 결과 애매한 이장곤이 걸려들었다. 이장곤은 활을 잘 쏘기로 유명한 인물이었는데, 그가 활을 잘 쏠 뿐만 아니라 죽은 이극균의 천거로 관직에 나선 것이 국문의 이유가 되었다. 그러나 이장곤이 끝까지 혐의를 부인하자 장 100에 남해로 유배되었다.

이듬해 연산군이 사람을 보내 이장곤을 죽이려 하자 이를 눈치챈 이장곤이 도주하여 종적을 찾을 수 없게 되었다. 연산군이 이장곤의 행방에 신경을 곤두세우고 있을 무렵 반정의 싹은 생각지도 않은 곳에서 자라고 있었다.

박원종은 무과에 급제했으면서도 동부승지를 역임하고 이후 함북도 병마절도사로 있었는데, 연산군이 도성으로 불러 도총부 도총관이 되었다. 그때 박원종의 누이인 월산대군의 부인 박씨가 죽었는데, 연산군의 아이를 배어 자살했다는 소문이 파다했다. 박원종은 억울하게 죽은 누이의 복수를 결심하고, 종2품 이조참판을 지내다 연산군에게 미움 받아 종9품 부사용으로 좌천되어 원한을 품고 있던 성희안을 끌어들였다. 그들은 다시 이조판서 유순정을 동지로 끌어들였으며, 몰래 무사들을 모았다. 연산군 12년 9월 1일 밤 박원종, 성희안, 유순정 등 반정 삼대장은 군사를 이끌고 반정의 깃발을 높이 들었다. 조선 개국 이래 최초로 신하가 임금을 갈아치우는 상황이 벌어진 것이다.

반정군이 궁으로 들이닥치자 연산군을 위해 나서는 사람이 아무도 없었다. 대부분 반정군에 동조하거나 도망쳐서 궁이 텅 비어버렸다. 반정군은 대비를 모시고 나와 진성대군 이역을 왕으로 추대하는 교서를 발표했다.

장녹수는 군중들에게 맞아죽고, 전전비, 그리고 김귀비는 군기시 앞에서 참수되고 가산이 적몰되었다. 반정세력은 폐주 연산군을 강화도로 유배보냈으며, 종자 다섯 명을 딸려보냈다. 연산군이 평교자를 타고 강화로 유배갈 때 노인과 아이들이 모두 길에 나와 서로 손가락질하면서 통쾌해했다 한다. 연산군은 강화 유배 후 두 달이 지난 중종 1년 11월 역질로 죽었으며, 역시 같이 유배되었던 그의 세 아들은 모조리 사사되었다.

쫓겨날 때 멀쩡했던 연산군이 유배 후 겨우 두 달만에 죽었다는 것은 독살을 의심케 하나 증거가 없다. 쿠데타가 일어나면 전조의 신료들은 대개 죽음을 당하거나 조정에서 내쫓기는 것이 상식이다. 그런데 중종반정의 특징은 전조의 신료들 중 임사홍과 왕비의 오빠인 신수근 둘만 처형되고 나머지 신료들은 반정 후에도 거의 그대로 자리를 유지했다는 데 있다.

반정세력은 거사 당일에 자순대비와 진성대군에게 거사 사실을 알린 다음 왕으로 진성대군을 추대했다. 결국 중종(11대)은 당일 통보 받을 때까지 반정 사실 자체를 모르고 있었다. 반정세력이 찾아와 즉위를 권유했을 때 잘 알지도 못하고 얼씨구 좋다고 대답했다가 만약 반정이 실패로 끝나기라도 하면 모조리 역적으로 처형된다.

중종은 반정 당일 추대받아 왕위에 올랐는데 얼마나 급했으면 즉위식 때 면류관도 못 쓰고 통상적으로 쓰는 익선관만 쓴 채 즉위식을 마치고 왕위에 올랐다. 반정을 이끈 세력은 박원종, 성희안, 유순정 삼대장인데, 그들 모두가 연산군의 총신들이었다. 셋 중 성희안이 반정을 계획하고 이를 실천에 옮긴 가장 핵심적인 역할을 하였다. 세 사람 외에 반정의 일등공신은 군기시의 차석 책임자인 신윤무였다. 그는 무기고를 실질적으로 관장하는 군기시 부정의 자리에 있으면서 반정군의 무장에 결정적으로 공헌한 인물이다.

반정세력들은 반정 성공 후 중종이 즉위하자 중종의 비인 신씨를 내치도록 압력을 가해 결국 신씨는 내쳐졌다. 그녀는 죽은 신수근의 딸로서, 신수근은 연산군의 처남이니 결국 중종은 연산군의 이복동생이자 처조카사위였다.

중종은 즉위 후 명에 보낸 사신을 통해 연산군이 병으로 순순히 양위한 것으로 허위 보고했다. 연산군 폐위 이후 중종조부터 신권은 왕권을 뛰어넘었으며, 이는 조선이 멸망할 때까지 계속된다. 이것이 조선의 첫 번째 쿠데타인데 반정세력에게 추대된 인물이 하필이면 얼간이 중종이 되는 바람에 조선은 그냥 내리막을 타게 되었다. 이때부터 조선에는 무능하고 멍청한 인간들이 왕이라고 버티는 한심한 세월이 시작되었고, 조일전쟁, 조청전쟁이 일어났으며, 이로 인해 백성들의 삶은 점점 더 절망의 구렁텅이로 추락하게 된다.

11

제11대
얼뜨기 중종과
조광조의 좌절

덜 떨어진 왕 중종

반정에 의하여, 생각지도 않고 있다가 잭팟이 터져 19세로 왕위에 오른 중종은 똑똑하지도 못한 데다 성격이 우유부단하여, 거의 40년이나 왕위에 있었으면서도 밥값도 제대로 하지 못한 대표적인 무능한 왕이었다. 또한 밀어 주던 개혁사상가 조광조를 개혁 도중 처형함으로써 조선이 내리막길에서 반전할 수 있는 기회를 스스로 박찬, 멍청하기 짝이 없는, 덜 떨어진 임금이었다. 그래서 시호에 어정쩡한 '중' 자가 들어간 것이다.

반정 당일 반정군은 진성대군을 왕으로 추대하기 위하여 집으로 몰려와 사저를 에워쌌다. 호위를 겸한 것이다. 멍청이 진성대군은 이를 연산군(10대)이 자신을 죽이려고 군사를 보낸 줄 알고 자살하려 했다. 그러자 부인 신씨가 말리면서 "군사들의 말머리가 이곳을 향해 있으면 우리를 죽이려는 것이지만, 말머리를 밖으로 향해 있으면 대군을 호위하려는 뜻이니 잘 살펴보고 난 후에 죽으세요"라고 했다. 하인을 내보내 자세히 살피게 하니 말머리가 모두 집 밖으로 향해 있기에 진성대군은 자살하지 않았고, 왕으로 추대되었다고 야사가 전한다.

이 스토리에서 보다시피 진성대군은 좀 모자라고 부인은 야물딱졌는데, 아쉽게도 진성대군이 중종이 된 후 반정세력의 강요로 중종과 금슬이 좋았던 신씨는 신수근의 딸이란 이유로 궁에서 내쫓긴다. 이 스토리를 배경으로 한 '치마바위 전설'이 전한다. 중종은 신씨가 그리워지면 높은 누각에 올라가 사가가 있는 쪽을 바라보며 그리움을 달랬다는데, 이 소식을 들은 신씨는 인왕산 바위 위에다 평소에 즐겨 입던 치마를 펼쳐놓았고, 중종은 바람에 날리는 신씨의 치마를 보고 신씨에 대한 애틋한 감정을 달랬다고 한다. 아무것도 모른 채 반정세력에 의하여 즉위한 중종은 이렇게 멍한 데다 완전히 허수아비였다.

반정이 마무리된 후 정국공신 117명이 책봉되었는데, 이 중 공도 없이 낀 자들이 많았다. 반정 삼대장은 반정 삼정승이 되었으며 박원종은 병조판서까지 겸임했다. 반정 삼대장의 권세가 얼마나 대단했고, 이에 비하여 나이 어린 중종의 권위가 얼마나 초라했는지, 중종은 이들 삼대장이 조회에 참석한 후 물러갈 때면 꼭 자리에서 일어났다가 그들이 문을 나간 후에야 비로소 자리에 앉았다. 왕조 국가에서 전례가 없던 일이었다.

반정 삼대장은 권세와 부귀를 누렸으나 명은 길지 못하여 중종 8년까지 모조리 병사하고 말았다. 이때 중종의 나이는 겨우 25세였으며, 이들이 장악했던 권력에 공백이 생기자 권력 투쟁이 일어난 것은 필연이었다.

삼포왜란(1510)

중종 5년 성종(9대), 연산군대에 잠잠하던 왜구들이 대마도의 지원을 받아 폭동을 일으켰다. 왜구들은 제포와 부산포를 함락시키고 웅천을 공격하여 경상도 해안 일대가 쑥밭이 되었다. 조선 조정은 이 삼포왜란으로 일본과 단교했으나, 아시카가 막부의 간청으로 1512년 임신조약을 체결했다. 이 삼포왜란 이후 왜인들에게는 제포 하나만 개항했으며, 왜인들의 출입을 엄격하게 제한했다. 그러나 그 후에도 왜인들이 추자도, 전라도, 사량진 등지에서 왜변을 일으키자, 조선은 왜인들의 내왕을 완전히 금지해 버렸다.

이렇게 왜인들의 내왕을 완전히 금하고 무역을 단절한 것이 명종대를 이어 선조(14대)대까지 계속되었으며, 이는 조일전쟁의 한 원인이 되었다.

중종 8년 신윤무와 박영문의 역모사건이 일어났다. 두 사람 모두 반정 일등공신이었는데 단지 관노인 정막개의 고변만으로 추국된 후 참형에 처해졌으며, 그 아들들은 교형에 처해졌다. 반정공신들은 이에 불만을 품고 고변자 정막개의 벼슬을 박탈할 것을 요구했고, 중종은 정막개를 이용하여 공신 일부를 제거할 수 있었으므로 못 이긴 채 그 청을 받아들였다. 중종은 왕권을 제대로 행사하기 위하여 새로운 정치 세력이 필요하다는 것을 느꼈다. 이때 등장한 인물이 바로 조광조였다.

조광조의 등장

조광조는 중종 10년에 34세로 문과에 급제하여 관직에 나갔다가 38세인 중종 14년 기묘사화로 사약을 받고 죽었다. 그가 조정에서 활약한 기간은 겨우 4년이 채 안 되었으나, 그 사이에 그는 조선 역사에서 빼놓을 수 없는 인물이 되었다. 조선에서 조광조처럼 불과 4년만에 여러 관직을 두루 거쳐 대사헌까지 오른 인물은 일찍이 없었으며, 그때 그의 나이 겨우 30대 후반이었다.

조광조는 젊은 시절 무오사화와 갑자사화 그리고 중종반정 등 사림파가 다수 희생당하는 정치적 격변을 보면서 성장했다. 그는 이러한 사건들을 보면서 조선의 기강을 다시 세워야 한다는 명제를 품게 되었다. 즉 세조의 찬탈이나 연산군의 폭정과 중종반정 그리고 중종반정 이후 반정세력의 타락 등이 모두 공자의 가르침을 실천하지 않은 왕과 신료들의 잘못 때문이라고 보았던 것이다. 그는 당시 조선 왕조 지배층의 도덕적인 각성을 촉구했으며 또 조선 왕조가 지향해야 할 유교이념의 방향을 재확립하기 위해 노력했다. 조광조는 짧은 기간 동안 정통 유교적 정치이상을 세우려고 노력하다가 결국 실패하였으나, 그가 남긴 사상적 유산은 조선 왕조 유학사에 길이 남아 그를 찬양하게 하고 있는 것이다.

조광조는 김종직의 제자인 김굉필의 제자로 김종직 문인의 계열이다. 김굉필은 벼슬에 뜻이 없어 늦게 출사했다가, 무오사화 때 김종직의 제자란 이유로 평안도에 유배되었다가 갑자사화 때 50세의 나이로 사사되었다. 김굉필은 유배지에서 한 소년에게 성리학을 가르침으로써 역사에 이름을 남기게 되었다. 그 소년은 평안도 희천 유배 시절에, 근처에 찰방으로 부임한 아버지를 따라왔던 17세의 조광조였다. 후에 조광조는 성균관에 들어갔는데, 성균관 학생 중 학행이 뛰어난 자를 천거할 때 첫째로 뽑힐 만큼 뛰어났다.

중종이 조광조에게 벼슬길에 나오도록 미관말직을 제수하려 하자, 그가 너무 뛰어나다는 이유로 학문에 정진하도록 하라고 서용에 반대하는 신료들이 있을 정도였다. 훗날 크게 쓰기 위하여 지금 서용하지 말자는 간언이었는데, 조선 역사상 그런 대접을 받은 인물은 조광조뿐이었다. 문과 전시에 합격한 조광조는 사간원 정언으로 임명되었다. 간쟁을 주로 하는 대간이 된 것이다.

중종의 왕비인 장경왕후 윤씨가 세자 인종을 낳다가 죽자, 담양 부사 박상과 순창 군수 김정이 함께 폐출된 왕비 신씨의 복위를 청원하는 상소를 올렸다. 이 문제는 예민한 문제가 되어 조정에 공론을 불러일으켰다. 대간들은 그들의 의도가 간사하다며 죄

주기를 청했고, 정승들은 이를 반대했던 것이다. 중종은 대간들의 편을 들어서 박상과 김정은 의금부에 체포되었다. 이때 조광조가 등장한다.

대간이었던 조광조의 주장은 같은 대간이라도 죄를 주자고 주장하여 언로를 막았으니 그런 대간들과는 같이 일을 못하겠다며 대간들을 모조리 파직하라는 것이었다. 삼정승이 정언 조광조의 편을 들고 나서자 중종은 어쩔 수 없이 대간 전부를 교체했다. 비록 신씨는 복원되지 못했으나 이로써 조광조는 일거에 조정의 주목대상이 되었다.

중종 8년에 반정 삼대장이 모조리 사망하자 그간 허수아비로 지내던 중종은 왕권을 강화하기 위하여 새로운 정치세력을 찾게 되었고, 조광조로 대표되는 사림 세력이 그 대안으로 부상했다. 그러나 조광조의 정치 목적은 왕권 강화가 아니라 성리학에 입각한 도덕정치의 실현에 있었다. 이러한 두 사람의 동상이몽이 후에 중종이 조광조를 버리고 사림파들을 대거 숙청하는 기묘사화를 불러오게 된다.

기신재와 소격서 혁파

힘을 얻기 시작한 조광조는 사림의 선두가 되어 기신재와 내수사의 이자놀이를 혁파했다. 기신재란 고려 때부터 내려온 궁중의 불교행사였다. 조선이 비록 숭유억불 정책을 시행하고는 있었으나 왕실과 민간에는 아직도 불교가 광범위하게 영향력을 발휘하고 있었다. 사림파는 기신재를 혁파해 왕실의 비용을 줄이고, 가난한 백성들을 상대로 한 내수사의 이자놀이에 제한을 가하려 했던 것이다.

기신재를 혁파한 조광조는 다음으로 도교적 기구인 소격서를 혁파하려 했다. 소격서는 나라에 천재지변이 일어났을 때 옥황상제와 노자에게 제사를 지내는 도교색의 관청이었다. 조선초부터 왕실에서는 천재지변이 일어나거나 왕실의 일원이 병이라도 나면 소격서에서 쾌유를 비는 제사를 수시로 지내곤 했다. 중종이 소격서 혁파를 거부하자 대간들은 일제히 사직했다. 소격서 논쟁은 오랜 시일을 끌었으나 중종 13년 정승들이 대간들의 편을 들어 소격서 혁파에 찬동하자 중종은 어쩔 수 없이 소격서를 혁파하고 말았다.

현량과 실시

이렇게 사림파들이 성리학적 질서를 세워가는 동안 조광조는 조정의 실세로 떠올랐다. 그러나 훈구 대신들이 조광조의 부상을 견제하기 시작하자 세 불리를 의식한 조광조는 일시에 세를 불리기 위하여 '현량과' 제도를 추진했다. 현량과는 과거제가 아니라 추천제로 관료를 선발하는 제도였다. 과거제로 자파를 불리기에는 너무나 많은 시간이 걸렸고 한계가 있을 수밖에 없어 대안을 찾은 것이 바로 현량과였던 것이다. 당시 중종도 훈구파와 맞설 정치세력을 키울 생각을 하고 있을 때였기 때문에 조광조의 의견을 지지했다. 드디어 중종 14년(1519) 개국 이래 최초로 현량과가 실시되었다. 중앙과 지방에서 천거된 120명을 심사한 결과 28명이 급제했다.

원래 과거제도는 중국에서 시작되었다. 우리나라에는 10세기 고려 광종(4대) 때 후주의 귀화인 쌍기에 의하여 과거제도가 도입되어 조광조의 시대까지 중앙의 관리를 선발하는 가장 중요한 제도로 정착되어 있는, 중국과 우리나라에서 유구한 역사를 가진 관리선발제도였다. 그러므로 유구한 전통의 이 제도에 근본적인 개혁을 시도하려는 노력은 지금까지 단 한 번도 없었다. 이 제도를 근본적으로 바꾸려는 시도는 국가 지배체제의 핵심을 개혁하려는 대단히 과감하고도 위험한 시도였다. 자연히 그에 대한 반발도 거세 조정 내에서는 대립과 갈등이 격화되었으며, 조광조는 현량과가 실시되던 해에 실각했다. 조광조가 실각한 후 현량과는 도로 폐지되어 과거 개혁은 무위로 돌아갔으며, 이후로도 과거제도에 대한 개혁 논의는 다시는 없었다. 물론 현량과가 폐지되면서, 현량과를 통하여 합격한 자들은 그 자격을 도로 빼앗기고 말았다.

토지개혁과 위훈삭제

당시 조선에는 노비가 전인구의 3분의 1정도나 되었다. 잘 나가는 집안은 노비가 수천 명에서 1만 명이 넘는 경우까지 있었다. 가난한 백성들이 가뭄이나 홍수로 흉년이 들어 호구를 해결할 수 없으면 스스로 부잣집의 노비로 들어가거나, 병역이나 세금을 회피하기 위하여 노비가 되는 경우가 흔했기 때문이었다.

조선초에 토지개혁을 실시하여 가난한 백성들이 일시 땅을 소유했었으나 공신들이 급증하는 데다 권문세족들이 힘 없는 백성들의 땅을 강제로 점유하기도 했다. 그 바람에 땅이 없는 백성들은 점점 늘어나고 공신들과 권문세족의 땅은 점점 커져 빈익빈 부익부가 심각한 사회현상이 되었다. 사림파들은 이 부조리한 토지

정책을 타파하기 위하여 여러 가지 방안을 도출했으나 토지개혁은 기득권자의 강한 반발 때문에 쉬운 일이 아니었다.

그래서 조광조가 생각해 낸 방안이 위훈삭제였다. 즉 공신들을 다시 심사하여 아무런 공도 없이 공신이 된 자의 공신 자격을 박탈해, 소유한 땅을 환수하면 일부나마 토지개혁의 성과를 거둘 수 있다고 생각했던 것이다. 중종반정에서 공을 세운 자는 실제 몇 안 되었으나, 공신 책봉시 공신들이 공도 없는 자신의 친척들을 공신 명단에 대거 넣는 바람에 공신 책봉자가 117명이나 되었던 것이다.

중종 14년 대사헌이 된 조광조와 대사간 이성동은 위훈삭제의 칼을 빼어 들었다. 사실 위훈삭제는 대단히 위험한 작업이었다. 지금까지 나라에서 그냥 퍼준 넓은 땅에, 많은 노비에, 손가락 하나 까딱 않고 편안히 잘 먹고 잘 살던 공신들의 친척에게서 그들의 편안함과 부를 몽땅 도로 환수하는 작업이니 반발이 얼마나 심하였겠는가를 상상하면 된다.

대간들의 위훈삭제 상소에 중종이 이를 망설이자 대간들은 총사직으로 맞섰다. 중종과 대간들의 지루한 싸움 결과 정승들이 일부 조정하여 결과는 사림파의 승리로 끝났다. 117명의 공신 중 76명의 녹훈이 삭제된 것이다. 녹훈이 삭제된 공신들은 전답과 노비들을 몽땅 국가에 반납해야 했다.

비록 사림파가 커다란 승리를 거머쥐었으나 그들의 집단행동과 뜻을 관철하려는 과격한 방법에 겁먹은 쪼다 중종은 이미 조광조에게 등을 돌리기 시작했다.

사림파가 일하는 방식에 겁도 먹었고 또 자신이 사림파에게 등을 떠밀려 일을 처리하는 듯한 불쾌감을 떨치기 어려웠던 것이다. 조광조의 인기가 하늘을 찌를 듯한 데다, 반정세력이 무너지면 조광조의 전횡을 불러오지 않을까 걱정이 된 중종은 반정세력과 손을 잡고 조광조를 제거하기로 결심했다. 하여간 멍청이는 죽을 때까지 멍청이다.

훈구 공신들은 중종의 이러한 의도를 눈치채고 조광조를 모함하기 위하여 별 수를 다 썼다. 공신들 중 녹훈을 빼앗긴 심정과 남곤은 사림파를 제거하기 위하여 홍경주와 모의했으며, 홍경주는 딸인 중종의 후궁 희빈 홍씨를 시켜 매일같이 조광조를 씹게 했다. 남곤은 더 구체적인 모함을 하기 위하여 꿀로 나뭇잎에 '조씨가 왕이 된다'는 뜻의 '주초위왕'이라 쓰고 벌레가 파먹게 했다. '주초'란 조광조의 한문 성인 '조' 자를 파자한 것이다. 그런 다음 벌레가 파먹은 나뭇잎을 물에 띄워 대궐 안으로 흘려보냈다. 이 엉성한 나뭇잎 스토리는 야사에만 있다. 이렇게 위훈삭제 공신들의 반발로 기묘사화가 일어났던 것이다.

안 그래도 사림파의 압박에 기분이 썩 안 좋은 데다가, 후궁들이 조광조를 계속 씹어대고, 거기다 물에 떠내려왔다는 '주초위왕'의 나뭇잎을 보자 멍청이 중종은 점점 불안해졌다.

위훈삭제가 시행된 지 겨우 나흘만에 훈구 대신 남곤, 심정은 홍경주를 중종에게 보내 면담을 청했다. 허락을 받고 밤에 신무문으로 몰래 들어온 남곤과 심정을 만난 후 중종은 밀지를 내렸다. 사림파를 모조리 내쫓고 훈구 대신들을 조정의 대신으로 새로 임명한 다음, 의금부의 나장을 시켜 조광조를 비롯한 그 일파를 모조리 잡아들이게 한 것이다.

조광조가 하옥되었다는 소문이 퍼져나가자 성균관 유생 1,000여 명이 대궐 앞에 모여 상소를 올리고 통곡했다. 그 중 일부를 잡아 가두었으나 서로 갇히려 하는 바람에 옥이 좁아 더 가둘 수 없어 결국 사흘만에 모두 석방하고 말았다.

기묘사화(1519/중종 14년)와 조광조의 죽음

드디어 조광조에 대한 국문이 시작되었다. 국문을 담당한 추관들은 조광조 일파가 붕당을 지어 사사로이 세를 불려 영달을 꾀하였으니 참형에 처해야 한다고 아뢰었으나, 이런 죄는《경국대전》에 없었다. 국문을 받는 조광조 일파는 모두 30대 초중반의 선비들로 당당했다. 사욕은 추호도 없었으며 모두 조정을 위하여 한 일이라는 것이었다. 영상 정광필이 중종에게 조광조 일파의 감형을 눈물로 호소하여 참형에 처하지는 않고 유배로 낙착되었다.

조광조 일파가 몰락한 후 현량과는 폐지되었고 소격서는 부활했으며 위훈삭제된 공신들은 모두 다시 복훈되어 전답, 노비들을 돌려받았다. 조광조와 그 일파가 시도한 도덕재무장운동과 개혁이 몽땅 도로아미타불이 된 것이다. 조광조는 유배된 지 한 달만에 37세의 젊은 나이로 사사되었다. 당시 조광조가 얼마나 인기있는 선비였는고 하니, 그가 저잣거리에 나가면 사람들이 모여들어 말 앞에 엎드려 "우리 상전이 오셨다"며 예를 갖추었다 한다.

남곤 등은 중종이 불안하도록 그가 크게 인심을 얻었다면서 은근히 유언비어를 만들어냈다. 등신 같은 임금 중종은 사림파의 기세가 무서운 데다가 조광조의 개인적인 인기가 너무 치솟자 위기의식을 느끼고 위훈삭제된 훈구파의 공격을 빌미삼아 조광조를 죽여버렸던 것이다. 이로써 개혁의 한가닥 희망이 끊어지고 말았으며, 조선은 쇠퇴의 관성을 멈출 수가 없었다. 기묘사림은 구체제의 폐단을 척결하여 전통의 유교적 명분을 회복하고, 또 새로운 통치질서를 수립하기 위해 개혁을 추진했다. 그러나 그들은 아직 젊고 미숙하여 기다림을 몰랐고, 늙고 노회한 훈구 대신들의 반격이 예상보다 거셌으며, 멍청이 중종도 사림의 세력이 커지자 겁을 먹고 등을 돌리는 바람에 개혁은 완전히 실패로 돌아갔던 것이다.

그런데 조광조가 추진한 것이 개혁이었나?

사실 조광조가 추진한 것은 개혁이라기보다는 도덕재무장운동에 가까웠다. 개혁이란 '체제의 모순으로 인해 고통받는 백성들의 문제를 전격적으로 해결하려는 시도'라고 볼 수 있으나, 조광조가 추구한 것은 체제 모순의 타파가 아니라 진정한 유교정치의 실현이었다. 조광조는 유교 사상의 진정한 전도사였던 것이다. 조광조의 유교적 왕도정치 실현 시도에 대한 평가는 대유인 율곡이 그의 저서《석담일기》에 수록하고 있다.

> 그는 어질고 밝은 자질과 나라를 다스릴 재주를 타고났음에도 불구하고 학문이 채 이루어지기 전에 정치 일선에 나간 결과, 위로는 왕의 잘못을 시정하지 못하고, 아래로는 구세력의 비방도 막지 못하였다.

이와 같이 후대의 학자들은 그의 개혁 실패를 아쉬워했으나, 역시 조광조의 정치력 미숙과 성급함을 탓하고 있었던 것이다.

권신 김안로

조광조가 죽임을 당하고 10여 년 후 기묘사화의 주동 세력들은 서로간의 반목으로 분열되었다. 중종 22년 기묘사화의 주동자이자 당시 영의정이었던 남곤이 죽었고, 심정은 김안로의 지지자들에 의하여 유배되었다 다음 해에 사사되었다. 중종 28년에는 김안로를 제거하는 쿠데타가 일어났고, 이로써 조광조의 숙청을 주도했던 인물들은 모두 죽고 말았다.

1530년대에 이르자 중종은 더 이상 정치를 이끌어 갈 수 있는 능력을 상실했다. 조광조를 죽이는 데 일조했던 중종은 사림파의 외면을 받았고, 또 조광조를 지지했었다는 빌미로 훈구 대신들로부터도 비판을 받았다. 중종의 권위는 땅에 떨어졌으며, 게다가 후계자 결정을 둘러싼 외척의 경쟁이 겹쳐 정국은 매우 혼란했다.

중종 말년에 부마 김희의 부친인 권신 김안로가 중종의 신임을 등에 업고 왕실과 의정부, 육조의 대신을 거의 모두 자신의 영향력 하에 두었다. 김안로는 삼사에도 절대적인 영향력을 행사했는데 이처럼 한 개인이 국왕의 전폭적인 지지를 바탕으로 대신과 삼사를 아우른 모든 관원을 장악한 경우는 일찍이 없었다.

당시 시대 상황은 중종 20년 이후부터 자연재해가 빈발하여 가뭄과 홍수 그리고 역질, 병충해 등이 해마다 일어나 심각한 흉년이 계속될 때였다. 이렇게 되자 먹고살 수 없게 된 양인들이 토지를 대거 상실하는 상황이 벌어졌고, 그와 반비례로 지주들의 토지 독점 현상은 가속화되었다.

이렇게 양인들이 스스로 노비가 되고 또 기존의 노비와 결혼하여 노비를 재생산하니 노비의 비율은 계속 늘어났고, 16세기 전반 이후 신분 구성은 양민보다 천민이 더 많은 형태로 재편되었다. 이러한 사회경제적 변동 시기에 사족층이 지배세력으로 등장했다.

사족들이 중심이 된 삼사는 그간 본연의 임무인 탄핵과 간쟁을 성실하고 용감하게 수행하여 존재 가치를 인정 받았었다. 그러나 중종대에 김안로가 득세하면서 삼사의 인사권을 모두 장악해 자신과 의견이 다른 사람은 등용하지 않고 자신의 친인척을 대부분 기용하자 삼사는 김안로의 개인적 이해에 따른 언론활동을 펴게 되었다. 삼사의 기능이 김안로의 정적들을 탄핵해 실각시키는 것으로 변질되어 버린 것이다.

중종 26년 김안로는 삼사와 결탁하여 심정을 사사시키고, 대신 정광필을 탄핵하여 유배보냈다. 사화가 연이은 데다가 김안로의 전횡으로 삼사까지 제구실을 못하자 공부할 의욕을 상실한 유생들의 학문 저하가 심각한 수준에 이르렀을 정도였다. 이러한 김안로의 전횡은 중종 32년 김안로가 숙청됨으로써 끝을 맺었다.

중종이 죽고 인종(12대)이 즉위했는데, 몇 개월 후 중병에 걸렸다. 인종은 죽기 전에 조광조의 관작을 회복시키고 현량과 급제자들을 다시 등용하라는 유언을 남김으로써 조광조가 신원되었다. 조광조는 선조(14대)대에 영의정에 추증되고, 기묘사화가 끝난 후 80여 년이 지나서 마침내 문묘에 모셔져 조선 왕조 성리학의 성인으로 추앙받게 되었다.

16세기가 시작된 중종대부터 조선은 완연히 기울기 시작했다. 중종은 재위 40년간, 거의 반 세기 동안 아무것도 한 일이 없이 등신짓만 하다가 아까운 세월 다 보낸 것이다. 중종 뒤로 명종(13대), 선조(14대) 등 멍청이들이 줄을 잇다가, 조일전쟁이 터지는 바람에 조선은 완전히 주저앉았다. 조선은 이쯤에서 망했어야 했다.

명기 황진이

조선시대에 가장 유명했던 기생 황진이는 중종대에 활약했다. 기생은 천민이라 황진이에 대한 이야기를 사서에서는 찾아볼 수 없으나, 수많은 야사가 시재가 뛰어났으며 오만하고 당당했던 황진이라는 미모의 기생 이야기를 전하고 있다.

황진이의 원 이름은 전해지지 않고, 기명은 진이 또는 명월로 전한다. 황진이는 아마 기생의 딸이었기 때문에 기생이 되었을 것이다. 그러나《소호당문집》은 황진이가 기생이 된 연유를 다음과 같이 전한다. 황진이를 짝사랑하다가 상사병에 걸려 죽은 총각이 있었다. 그 관을 끌던 말이 황진이 집 앞에 도착하자 더 이상 움직이지 않아 황진이가 입던 속옷을 관에 덮어 주니 그때야 말이 움직이더라는 것이다. 하여튼 황진이는 이 일로 크게 느낀 바가 있어 만인에게 즐거움을 나누어 주려고 기생이 되었다 한다. 그런데 말이 관을 끈다는 말은 금시초문이다.

황진이와 서화담 사이에 있었던 일화는 유명하며, 이로 인해 황진이, 서경덕, 박연폭포는 송도삼절로 꼽혔다. 당시 서경덕은 관로에 나가지 않고 송도에 농막을 지어놓고 토함 이지함 같은 제자들을 가르치고 있었는데, 서경덕에게 반한 황진이가 빽하면 술병을 들고 찾아왔다. 황진이는 서화담 그리고 그의 제자들과 같이 술도 마시고 시도 짓고 대화를 하면서 꼬셔보려고 엄청 애를 썼으나 결국 별 볼일이 없어서, 술값만 없앴다는 스토리다. 황진이가 꼬시는데 안 넘어가는 남자가 있다니. 그렇다고 무슨 부담이 생기는 것도 아닌 기생의 몸인데. 하여간 서경덕 선생은 어디가 잘못되었거나, 아니면 대단한 인물임이 틀림없다.

지족선사 스토리도 유명하다. 이 양반은 30년 면벽하고 내려왔다가 황진이가 꼬시자 그대로 자빠지는 바람에 30년 공부가 도로 아미타불이 되었다는 스토리다. 아니 달마대사 같은 양반은 10년 면벽에 불교 종파를 하나 세웠는데, 30년 면벽했으면 참신한 종파를 하나 세우든가 아니면 최소한 공중부양 정도는 해야 되었을 텐데, 황진이에게 걸려서 그만 뜨다가 떨어졌다는 스토리다.

지족선사의 대선배인 지수선사라는 고승이 부처님 시대에 살

왔다. 어느 날 지수선사가 부처님을 찾아왔다.

"안녕하세요, 부처님."

"오, 지수군. 한동안 안 보이더니, 그래 어떻게 지냈나? 몸이 좀 빠졌는데."

"예, 30년 면벽을 마치고 막 출관했습니다."

"호오, 장하군. 그래 무엇을 깨달았는가?"

"방금 갠지스 강 위를 걸어서 건너오는 길입니다."

옛날에는 도가 트면 물 위를 걷는 것이 기본이었다. 예수님 봐라. 부처님도 가끔 인더스, 갠지스 강을 걸어서 건너 다니셨고, 바쁠 때는 날아다니셨다. 정말이다.

"대단한 일을 했군, 가서 쉬게. 돈 있으면 가다가 보신탕이라도 한 그릇 하든지."

"예, 안녕히 계십시오."

지수가 나간 다음 부처님은 혼자말로 중얼거렸다.

"미친 놈, 뱃사공에게 50전만 주면 건널 수 있는 것을 30년씩이나……."

어쨌든 이런 화끈한 스토리 말고도 황진이는 시재가 매우 뛰어난 기생이었다. 아마 허균의 누이 허난설헌, 그리고 이매창과 함께 조선시대를 대표하는 세 여류 시인일 것이다. 황진이는 40대 초반에 죽은 것으로 알려져 있으며, 자기가 죽으면 매장하지 말고 까마귀, 솔개의 밥이 되게 해달라고 유언을 했다 한다. 이 장례법이 바로 티벳의 조장이다.

엄청 아깝다. 똑똑하고 예쁜 데다 재주까지 있는 여자가 타고난 신분 때문에 평생을 기생으로 보내야 했고, 게다가 일찍 죽었으니.

천민들의 고결한 사랑, 이매창과 유희경

조선의 국제신사 허균의 누이인 허난설헌 이야기는 뒤에 나오니, 여기서는 이매창을 추적해 보자. 이매창은 전북 부안 출신의 기생으로 16세기 말과 17세기 초에 살았다. 그러니까 선조(14대)대부터 광해군(15대)대에 걸쳐 살았던 기생이다. 그녀는 비록 천민인 기생이었으나 한시에 능하고 거문고도 잘 타서 그 명성이 전국에 퍼졌다. 당시 사대부들 중에는 그녀를 만나러 부안에 오는 이들이 적지 않았다.

부안 시내 한가운데 위치한 서림공원 입구에 매창의 시비가 있다. 1974년에 세운 이 시비는 매창의 팬들이 사비를 털어서 세운 것으로, 그녀에 대한 부안 사람들의 애정을 잘 나타내고 있다. 또 시내에서 좀 떨어진 매창공원에는 매창의 무덤이 있다. 시와 거문고에 능했고 절개도 지킬 줄 알았던 기생 매창은 이 고장 출신의 대표적인 예술인으로 기억되고 있는 것이다.

매창이 죽은 뒤 그녀의 시는 아전들의 입을 통하여 구전되었다 한다. 그렇게 구전되던 매창의 시를 개암사에서 목판본으로 간행했는데, 원하는 이가 너무 많아 절의 재정이 바닥날 지경이어서 목판본을 불살라버렸다는 이야기가 전해 내려온다.

부안 사람들은 '송도삼절'에 대비한 '부안삼절'을 말한다. 송도삼절이란 박연폭포와 황진이 그리고 서화담을 말하는데, 부안삼절은 부안의 명물인 직소폭포와 이매창 그리고 이매창의 연인이었던 유희경을 말하는 것이다. 그만큼 부안 사람들은 매창을 사랑하고 자랑스럽게 여긴다.

매창은 16세기 후반 부안현의 아전 이탕종의 첩에게서 태어났다. 출신은 비록 천했으나 어렸을 때부터 글을 좋아했고, 거문고 연주를 즐겼다. 원래의 이름은 계생이었으나, 기생이 된 후 이름을 계랑으로 바꾸고 호를 매창이라 했다.

그녀를 찾은 사대부 중 유명인은 이귀와 허균이 있다. 허균은 그녀와의 만남을 '얼굴은 비록 뛰어나지 못하지만 재주와 정취가 있어 함께 얘기를 나눌 만했다'라고 기록했다. 당대의 재사인 허균이 대화 상대가 될 수 있다고 평한 것은 그녀에 대한 대단한 칭찬이다. 매창이 마음에 든 허균은 그녀와 잠자리를 같이 하지 않고, 이 후 10여 년을 시를 주고받으며 친구같이 지냈다.

비록 기생의 몸이었으나, 매창은 행동거지가 바르고 절개가 곧았다. 많은 손님들이 그녀를 유혹했으나 모두 거절하여, 기생이면서도 기생의 삶을 살지 않았다. 이러한 매창의 절개는 시에서도 발견되고, 이에 따라 후세 사람들은 그녀의 시문의 가치를 더욱 높게 평가하는 계기가 된다. 이러한 매창에게 사랑이 싹튼다. 그녀가 스무 살이 되었을 때, 그녀보다 자그마치 스물 여덟 살이나 많은 촌은 유희경을 만나면서 비로소 사랑에 빠지게 된다. 유희경 또한 천민 출신의 시인이었으나, 조일전쟁 때 의병으로 참전하여 공을 세워 나라로부터 벼슬을 받아 면천을 하게 되는 인물이다.

유희경이 처음 매창을 찾아갔을 때 매창이 묻는다.

"유, 백 중 누구세요?"

당시 유, 백이란 둘 다 천민 시인으로 유명하던 유희경 본인과 백대붕을 지칭하는 것이었다. 유희경이 남긴 문집인 《촌은집》에는, 유희경이 그때까지 뭇여성을 가까이 하지 않았는데 매창을 만나고서 파계했다고 기록되어 있다.

절개가 굳었던 매창과 여성을 가까이 하지 않았던 유희경, 이들이 서로 만난 순간 신분의 한계에 대한 동지의식과 시를 사랑한다는 공통점이 둘을 하나로 묶어 주었을 것이다.

유희경이 매창을 만난 다음 해에 조일전쟁이 터졌고, 유희경은 의병으로 전쟁에 참전했다. 유희경은 전쟁중 큰 공을 세워 종2품 가의대부까지 승진한다.

유희경은 어렸을 때 부친을 여의고 당시 학자 남언경의 문하로 들어가 당대에 손꼽히는 상례, 장례 전문가로 성장하게 된다. 또 다른 유희경의 스승은 당대 담백한 경향의 시를 추구하던 그 시대 최고의 시인인 박순이었다. 사대부의 상갓집에 드나들면서 시를 논하던 유희경의 자질을 본 박순이 그를 가르치게 된 것으로, 유희경의 시재는 이런 훌륭한 스승 밑에서 닦여 빛을 발하게 되었던 것이다.

다른 천민 시인인 백대붕은 배를 만들고 수리하는 전함사의 노비 출신이었는데, 그 역시 한시에 조예가 깊어 유희경과 함께 시작을 즐기던 인물이었다. 둘은 풍월향도라는 천민과 평민들의 문학 동아리를 만들어 수시로 모임을 가졌으며, 풍월향도는 조일전쟁 전까지 활발한 활동을 전개하던 모임이었다. 이렇게 유희경과 가깝게 지냈던 백대붕은 조일전쟁 중에 사망하고 말았다.

매창과 유희경이 다시 만난 것은 처음 만난 때로부터 15년이나 지나서였으나, 15년이란 세월도 두 사람 사이에 거리를 만들 수 없었다. 다시 만난 둘은 부안의 명소를 같이 돌아다니며 풍광을 즐기며 시를 짓고 재회의 기쁨을 누렸다. 짧은 재회 후 유희경은 다시 한양으로 돌아갔고, 홀로 남은 매창은 유희경과 같이 다니며 즐겼던 장소를 찾거나, 늦은 밤 홀로 거문고를 타면서 외로움을 달랬다.

그로부터 3년 후 매창은 세상을 떴다. 아마 40 가까운 나이였으니 황진이의 생애와 비슷한 세월을 이승에서 보낸 것이다. 재인이나 천재들은 원래 명이 짧다. 그들이 오랫동안 속세에 머무는 것을 하늘이 원치 않기 때문이다. 이렇게 조선 중기 이후부터 시와 문학을 사랑하는 평민들과 천민들이 드물지만 출현하기 시작했던 것이다.

12

독살당한 제12대 인종과 제13대 마마보이 명종, 그리고 부패한 암탉 문정왕후

인종의 죽음과 끊이지 않는 옥사

거의 40년이나 공밥을 축내던 중종(11대)이 드디어 죽고 세자 이호가 30세에 인종으로 즉위한 지 겨우 8개월만에 후사 없이 병사(?)하자, 12세의 이복동생 경원대군이 즉위하여 명종이 되었다. 세자가 1544년 중종의 뒤를 이어 인종으로 즉위했을 때 많은 사람들이 기대를 가졌다. 인종은 호학이었으며 사림파를 좋아해 문풍이 다시 불 것을 기대했으나 아깝게도 재위 8개월만에 독살되고 말았다. 《폐일록》도 윤원로, 윤원형, 이기 등 소윤들이 인종의 성복날 서로 하례하며 의기양양했다고 기록하고 있어 독살설에 신빙성을 부여했다.

야사에서는 대비 문정왕후가 인종을 독살했다고 전하고 있다. "언제 우리 모자를 죽일 거요?"하며 평소에 인종을 핍박하던 대비가 하루는 문안을 드리러 온 인종을 만면에 웃음을 띠면서 맞더니 다과를 내놓았다. 인종은 계모 윤씨가 난생 처음 자신을 반겨주는 것에 감격해 맛있게 다과를 먹었는데, 그 후 앓기 시작하더니 결국 숨을 거두었다. 야사가 아니더라도 문정왕후의 악독함을 보면 인종을 백 번 독살하고도 남을 여자다.

《인종실록》은 인종의 사인을 중종의 장례 때 지나치게 슬퍼하여 몸을 상했기 때문이라 하였는데, 젊은 애가 며칠 울었다고 죽어? 실록의 기록은 소설일 가능성이 매우 크다. 인종이 죽은 후 문정왕후의 아들 명종이 즉위했으며 인종 지지 세력은 조정에서 곧바로 축출되었다. 인종이 죽자마자 인종의 외삼촌으로 인종을 지지했던 윤임과 유관, 유인순, 이휘 등이 참형에 처해졌고 많은 사림파가 귀양을 갔으니, 이것이 을사사화다.

썩은 암탉 문정왕후가 섭정하는 동안 옥사가 끊이지 않았으며 수백 명의 사림들이 살해되었다. 참으로 암캐 같은 왕후였다. 사실 인종은 하늘이 낸 효자라는 얘기를 들을 정도로 효자였으며, 학문을 좋아하고 선비를 아낀 호학애사의 군주였다. 인종은 주관이 뚜렷한 군주로서 부왕 중종에게 억울하게 죽은 조광조의 신원을 명했고, 조광조의 정책이었던 현량과를 회복하도록 유언을 하고 죽었다. 어쨌거나 명종보다는 백 배 나은 인물이었다.

동생인 명종을 즉위시키려는 문정왕후 일파의 유언비어와 모함의 한복판에 있었던 인종은 덕이 있고 총명하여 성군의 자질을 지닌 왕으로서 신하들은 물론 민간으로부터 많은 추앙을 받았다. 경원대군 명종이 12세의 어린 나이로 왕위를 잇게 되자 모친인 문정왕후가 8년간 섭정을 했으며, 그 바람에 명종 재위기간 내내 사화가 그치지 않았다. 소윤이 대윤을 몰아낸 을사사화가 있었으며, 대윤을 몰아낸 소윤도 문정왕후가 죽은 후 몰락했다.

문정왕후란 여편네가 얼마나 못됐는고 하니, 제가 원하는 일이 있으면 메모지에 적어 명종에게 보냈다. 그래도 덜 멍청한 명종이 메모지에 요구한 것이 말이 좀 안 되면 모친의 명이라도 듣지 않았다. 그러면 문정왕후는 왕을 불러놓고 악다구니를 쓰기 시작한다.

"야, 니가 누구 덕에 왕이 된 줄 알아? 망할 자식, 왕이 되더니 뵈는 게 없구나. 너 종아리 걷어!"

왕인 명종에게 욕을 해대고, 귀싸대기를 때리는가 하면 종아리도 쳤다니, 참으로 개 같은 여편네였다.

멍청하지는 않았으나 심신이 약해빠졌던 명종은 이렇게 제 어미에게 얻어맞으며 살다 22년 동안 아무것도 한 일 없이 죽었다. 게다가 세자도 일찍 사망하여 후사가 없자 왕위는 중종의 제9자인 덕흥대원군의 셋째아들 하성군에게 돌아가 이 하성군이 선조가 된다. 족보상으로 따지면 꿈도 못 꿀 왕자리가 그냥 얻어 걸린 것이다. 이 선조대에 조선 최대의 옥사인 기축옥사와 조선 최대의 참사인 조일전쟁이 일어났다. 무능하고 비겁한 데다 모질고 시기와 질투에 찬 정말 싸가지 없는 왕 선조 때문에 조선 백성들은 국난 동안 엄청난 고생을 해야 했다. 하여간 얼뜨기 중종(11대)과 소인배 선조 둘이 재위한 기간만 거의 1세기다.

참, 명종이 아무것도 안한 것이 아니라 한 가지 아주 잘한 것이 있다. 16세기 초인 중종 때 삼포왜란이 일어난 데다, 명종대인 1555년 왜구들이 배 70여 척을 끌고 전라도 강진, 진도 일대를 침범하여 해안 일대를 점령한 후 약탈, 방화를 일삼으며 한참 동안 난동을 부렸다. 놀란 조정에서는 토벌대를 급파했으나 지휘관들이 전사하여 패전하고 말았다. 조정에서는 호조판서 이준경을 도순찰사로 임명한 후 다시 대규모의 토벌대를 파견하여 겨우 왜구를 섬멸할 수 있었다.

이를 을묘왜변이라 하는데, 이렇게 왜구들의 침입이 자주 있자 명종은 왜구들이 육지에 상륙하기 전에 바다에서 초전박살 내기 위하여 당시까지 조선 수군의 주력선이던 맹선보다 두 배쯤 큰 판옥선을 개발하여 실전에 배치했다. 이 결단 때문에 바로 다음 대인 선조대에 일어난 조일전쟁의 해전에서 조선 수군의 주력선이 된 세계 최강 판옥선 함대를 이끌고 이순신 장군이 일본 수군을 쉽게 물리칠 수 있었던 것이다.

을사사화(1545/명종 원년)

조선의 왕비 중에는 특히 윤씨가 많았는데 중종의 두 왕비도 모두 윤씨였다. 그 중 장경왕후의 집안이 대윤, 계비 문정왕후의 집안이 소윤이라 불렸다.

장경왕후는 다음 왕인 인종을 낳았으며, 문정왕후는 훗날의 명종인 경원대군을 낳았다. 문정왕후는 자식인 경원대군을 왕으로 만들기 위하여 자신의 두 동생인 윤원로와 윤원형을 동원했다. 이렇게 해서 왕이 된 명종은 즉위 당시 겨우 열 두 살이었으므로 문정왕후가 수렴청정을 하게 되었다. 인종의 죽음에 소윤이 책임이 있다고 믿은 대간들이 윤원로를 탄핵하자 문정왕후는 할 수 없이 윤원로를 자원부처하고 대신 다른 동생 윤원형을 내세웠다.

문정왕후는 윤원로를 실각시킨 배후 조종자 중에 장경왕후의 오빠인 형조판서 윤임이 있다고 믿어, 몰래 윤원형을 시켜서 윤임을 치죄하도록 했다. 문정왕후의 밀지와 윤원형 일당의 모함으로 윤임을 비롯한 대윤들은 죄도 없이 모조리 지방으로 유배되고, 윤원형 일파가 권세를 잡게 되었다.

유배를 당한 윤임, 유관, 유인숙이 유배지에 도착하기도 전에 이들을 사사하라는 명종의 명이 도착해 있었다. 대윤 일파가 사그리 죽자 윤원형, 정순붕, 이기, 임백령, 허자 등이 위사공신으로 책봉되었다. 문정왕후와 간신들이 짜고 쳐서 반대파를 숙청한 다음 그것도 공이라고 저희끼리 나눠 처먹은 것이다.

사화는 이것으로 끝나지 않았다. 윤임을 사사한 직후 경기도 관찰사 김명윤이 역모를 고변했다. 윤임 일파가 윤임의 조카인 계림군 이유를 왕으로 옹립하려는 모의를 했다는 모함이었다. 계림군 이유는 행실이 바르고 호학이라 왕족 중에서도 명성이 자자했으나 서자였으므로 왕위에 오를 희망은 전혀 없었다. 그러나 사림을 제거할 좋은 기회로 본 소윤파는 이를 역모사건으로 확대 조작했다. 즉시 계림군 체포령이 떨어졌는데 겁먹은 계림군이 두려움에 빠져 도망치자 역모는 사실이 되어버렸다. 계림군 그리고 계림군과 교유했던 인물들, 윤임을 모함할 때 반대했던 신하들이 줄줄이 엮여 잡혀와 모조리 참형에 처해졌다.

그 후로도 양재역의 대자보 사건이 일어나 또 한번 애매한 사람들 수백 명이 연루되어 죽임을 당했다. 하여간 이렇게 모함으로 죽은 쓸 만한 인재가 조선조에 모두 수백 명은 될 것이다. 이런 인재들이 나라를 이끌어갔으면 조선은 아마 신라보다도 더 긴 왕조가 되었을 것이다. 개만도 못한 것들.

문정왕후의 동생이자 대표적인 간신인 윤원형은 그 동안 본부인을 내쫓고 기생 출신인 첩 정난정을 정경부인으로 봉했다. 그는 난정이 낳은 서자들을 적자로 만들었으며, 서자들도 벼슬에 나갈 수 있도록 법을 바꾸는 등 무소불위의 권력을 누렸다. 명종 20년 문정왕후가 죽자, 평소에 선비들을 도륙한 것을 언짢아하던 명종은 윤원형을 조정에서 쫓아냈으며, 거리의 백성들은 그에게 돌을 던졌다.

결국 난정은 자살하고 윤원형은 난정의 시체를 안고 통곡하다가 얼마 후 죽어 자빠지니 모두가 하례하며 기뻐했다 한다. 이 을사사화가 사림파들에 대한 훈구파의 마지막 공격이 되었다. 이 후로는 사림파가 조선 정계의 주도세력이 되었으나 또 저희끼리 권력을 놓고 다투어 동인, 서인, 남인, 북인, 탁남, 청남, 대북, 소북, 노론, 소론, 벽파, 시파 등 수많은 파벌이 등장해 죽고 죽이는 당쟁에 몰두하여 국력을 소모하고 나라를 망치게 된다.

사림파는 성종 때부터 등장하기 시작하여 명종 때까지 훈구파와 죽고 죽이는 사화를 몇 차례 거친 후 훈구파가 몰락한 명종대를 거쳐 선조 때부터 정계를 완전 장악했다. 이후의 피 튀기는 당쟁으로 볼 때, 과연 훈구파가 정계를 장악하고 있었을 때보다 사림파는 좀더 나은 정치를 폈느냐? 라는 물음에 대하여서는 별로 할 말이 없다. 똑같은 놈들로, 똑같이 육갑들을 떨었기 때문이다.

개만도 못한 윤원형

윤원형의 누이가 중종(11대)의 세 번째 왕비로 간택되면서 윤씨 집안은 뜨기 시작했다. 당시는 조광조 일파의 전성기였다. 윤원형은 문재가 있어 과거에 급제하여 벼슬길에 들어섰으며, 젊었을 때는 똑똑하고 담백하며 청렴한 청년으로 제법 인기가 있었다고 한다. 반대로 형인 윤원로는 무식한 데다 뭐 찾아먹을 것이 없나 하고 정치판이나 기웃거리는 완전 양아치였다.

누이인 문정왕후가 후에 명종이 되는 경원대군을 낳자, 문정왕후와 그의 형제들은 장경왕후가 낳은 세자(후에 인종)가 있음에도 불구하고 세자 자리를 노리기 시작했다. 그리하여 경원대군을 세자로 미는 세력인 소윤과 이에 맞서 세자를 지키려는 세자의 외숙부인 윤임을 중심으로 하는 대윤 사이에 암투가 벌어졌다. 대윤의 영수인 윤임은 무인 출신으로 무식하고 우직했으며, 윤원형 같은 간교한 잔머리가 없었다.

윤원형은 조정 대신들과 언론 삼사의 인물들을 꾸준히 포섭하여 자신의 세력을 불려나갔다. 두 세력간의 대립이 첨예해지면서 조정의 신료들간에 문제가 커지자, 중종은 그들을 징계하여 윤임을 귀양보내고 윤원형은 파직했다.

그러는 동안 중종(11대)이 죽고 인종이 즉위했다가 겨우 8개월 만에 후사 없이 죽자, 동생인 어린 경원대군 명종이 왕위를 계승했다. 문정왕후가 섭정을 시작하고 동생인 윤원형이 영수로 있는 소윤이 권력을 잡게 되자 대윤 세력을 역모로 모함했고, 이에 따라 윤임 일파가 대거 귀양을 가게 되었다. 백인걸이 정당한 절차도 없이 조정 대신들을 귀양보내는 부당한 처사에 대하여 탄핵하자, 역적을 비호하고 대왕대비를 능멸한다는 죄목을 걸어 또다시 수많은 사림들이 사사되고 귀양을 갔다. 이것이 을사사화이며, 이 사화로 총 56명이 희생되었다.

문정왕후는 섭정을 하면서 정무를 조정 대신들에게 일임했는데, 그 정무를 총괄한 자가 바로 윤원형이었다. 권력을 한손에 거머쥔 윤원형은 사림 분열책을 써서 그들을 박해했으며, 문정왕후의 뜻에 따라 승려 보우를 중용해 선교양종을 부활시키고, 과거에 승과를 설치했으며 거창하게 법회를 여는 등 불교를 엄청 밀어 주었다. 이때가 유일하게 조선시대에서 불교가 제대로 밥 먹을 때였다. 좌우간 한양에는 들어오지도 못했던 중인 보우를 병조판서를 시킬 정도였으니, 그때 일본 애들이 쳐들어왔으면 큰일 날 뻔했다.

문정왕후가 죽은 뒤 보우는 유생들에게 탄핵되어 병조판서직을 박탈당하고 제주도로 유배갔다가 거기서 죽었다. 하여간 중이 정치 전면에 나서서 제대로 된 적은 우리나라 역사상 아마 고려말의 신돈뿐인 것 같다. 신돈이 요승이라는 스토리는 소설이고, 그는 아주 괜찮은 개혁가였다.

윤원형은 권력을 농단하여 관리의 임용과 진급, 죄수의 처벌과 방면 등 모든 것을 혼자 주물렀다. 그러다 보니 윤원형의 집에 뇌물 바리가 줄을 이어 들어오게 되었다. 오죽하면 뇌물을 실은 배가 윤원형 때문에 지방에서 한양으로 정기적으로 운행했다고 한다. 그것도 모자라 수군의 군선을 징발해 뇌물배로 쓰고, 이를 수군들이 호위했다 하니 얼마나 조정이 썩었는지 알 수 있겠다. 이런 개판에서 임꺽정이 출현했던 것이다.

윤원형이 얼마나 재물에 눈이 멀었는지 보자. 뇌물배 말고도 국가 비품 납품에 개입해서 엄청난 이득을 챙기고, 명나라에 공무차 가는 역관들에게 물자를 사오라고 압력을 넣어 국제 무역에서도 부를 쌓았으며, 뇌물이 넘쳐 쌓아둘 곳이 없자 집 앞에 그 뇌물들로 시장을 열 정도였다.

그는 10여 채가 넘는 대저택을 지어놓고 비단 휘장을 치고 금은 그릇으로 밥을 처먹었으며, 궁궐에서처럼 전문 요리사를 고용해 팔진미를 처먹어 끼니마다 1만 전을 썼다고 한다. 부패의 극치였다. 조강지처를 버려 죽게 만들고, 기생 정난정을 정실부인으로 들였으며, 형인 윤원로가 대우에 불만을 표하자 죽여버렸다.

이러한 부패와 패륜에 조정 신료들과 온 백성들이 모두 치를 떨었고, 사관들도 윤원형을 '개만도 못하다' '벌레나 다름없다' 등으로 악평을 서슴지 않았다. 이렇게 잘 나가던 윤원형도 명종 20년 문정왕후가 죽자 그냥 낙동강 오리알이 되었으며, 삼사에서는 그를 탄핵하는 상소가 빗발쳤다.

평소에 외삼촌 윤원형의 행실을 떫게 보았던 명종은 윤원형을 파직하고 낙향시켰다. 윤원형이 힘을 잃고 낙향하자 그를 죽이라는 상소가 끊이지 않았으며, 윤원형의 처소에 돌이 날아들고 화살이 꽂혔다. 겁이 난 윤원형은 정난정과 노비 몇만 데리고 산으로 숨어들었다. 언제 자신들을 잡으러 금부도사가 내려올지 전전긍긍하고 살던 어느 날 옆동네에 다른 죄인을 압송하기 위해 금부도사가 내려왔다. 그러자 자신들을 잡으러 온 것으로 안 정난정은 독을 마시고 자살했고, 윤원형은 죽은 아내의 시신을 안고 통곡하다가 자신도 뒤를 따랐다. 정말 잘 죽었다.

윤원형을 내친 명종은 내내 병을 앓다가 2년 만에 죽는다. 어머니 문정왕후의 등쌀과 외숙부 윤원형의 전횡으로 재위 내내 아무것도 못 해본 채 허무하게 죽은 것이다. 참으로 어리석은 인간들이여, 윤원형의 종말을 보고 생의 의미를 다시 새겨라. 당시 사림의 영수로는 김인후, 이언적, 이황, 조식이 있었다. 김인후와 조식은 초야에 묻혀버렸고, 이언적과 이황은 벼슬살이를 하면서 지조가 없다는 비판을 들어야 했다.

조선의 불교

보우와 신돈 얘기가 나온 김에 불교 얘기를 좀 하자. 고려는 불교국가였다. 조선은 개국하면서 숭유억불 정책을 취하여 불교를 억압하면서 불교가 쇠퇴하기 시작했으나, 그래도 민중들 사이에서는 불교가 광범위하게 펴져 있었다.

조선은 숭유억불 정책의 일환으로 도첩제를 시행했다. 고려 후기에 승려가 너무 많아져서 인력의 낭비가 상상을 초월했기 때문이었다. 도첩제는 승려가 될 때 국가에 세금을 미리 바치고 허가를 얻어야 하는 제도를 말한다. 도첩제가 시행되면서 승려의 숫자는 현저히 줄어들었으며, 일반 승려들의 생활은 급속히 몰락했다. 일을 하고 품삯이나 제대로 받으면 다행일 정도로 승려의 신분이 천민으로 완전히 주저앉았다. 고려시대에 잘 나가던 승려들이 조선시대에 천민인 중이 되면서 나앉은 것이다.

조선시대 내내 천민이 된 중들은 조정에서 성 쌓는 부역을 명할 때 땡전 한푼 못 받고, 몇 달 내지는 몇 년씩 성 쌓는 공사에 강제 동원될 정도로 괄시를 받았으면서도 찍소리 못하고 살았다. 조선 조정은 도첩제를 실시하여 불교를 억눌렀으나 궁중에서는 불교를 믿는 인물들이 많았다. 이성계와 비 강씨, 그리고 세종(4대), 세조(7대)도 불교 신자였으며, 이성계는 무학을 선교도총섭으로 추대하고 조선의 왕사로 삼았을 정도였다. 이렇게 개국 초부터 괄시를 받던 승려들이 조일전쟁 때 의병으로 봉기하고 나라를 위하여 순국하는 일이 잦아지자 선조는 당시 휴정 서산대사를 팔도도총섭에 임명하여 승군을 효과적으로 이끌도록 했다. 종전 후 휴정은 선조(14대)와 함께 말을 타고 한양으로 입성했는데, 이것이 조선 개국 이래 승려의 공식적인 첫 입성이었다. 조선은 승려들을 모조리 산으로 몰아내고 도성 출입을 금지했기 때문이었다. 조선 조정에서는 이렇게 불교를 억압하면서 도성에 있던 수많은 절들을 산으로 내쫓고 숫자를 줄이면서 재물을 엄청 건졌다. 절들이 가지고 있던 땅이며 노비를 모조리 빼앗은 것이다.

광해군(15대)과 왕비 유씨도 불교 신자였다. 당시 성지라는 요승이 풍수에 밝아 광해군의 총애를 받았는데, 그가 인왕산에 불온한 왕기가 서려 있으니 새 궁궐을 지어 그 기세를 눌러야 한다고 광해군을 꼬드겼다. 그의 말에 따라 광해군은 인왕산 아래에 있는 민가 수천 채를 헐어내고 인경궁을 지었는데 많은 사람들이 이 공사에 시주하고 벼슬을 얻었다. 그러나 인경궁 건축은 불온한 왕기를 누르기는커녕 수천 채의 민가를 헐어내는 바람에 백성들의 원성이 자자했고, 이는 결국 반정의 한 빌미가 되어 광해군을 임금자리에서 내쫓기게 했다. 결국 광해군이 쫓겨난 후 인경궁은 반정세력에 의하여 도로 헐리고 말았다.

광해군(15대) 때 요승 성지의 꼴을 본 인조(16대)는 승려들의 도성 출입을 엄금했고, 남한산성을 쌓으면서 전국의 승려를 무차별 동원했다. 강제 동원된 승려들은 인조의 명에 따라 남한산성을 쌓으면서 돈 한푼 못 받고 2년여의 중노동을 해야 했다. 거기다 인조는 양민이 중이 되는 것을 엄격히 금지했으며, 이 법을 어긴 자는 찾아서 도로 환속시키고 중벌을 내렸다.

1662년(현종 3년) 전라 감사 이태연이 보고했다.

"도내 여러 절의 불상에서 땀이 흐르니 이상스런 변괴입니다."

모두 무슨 변고일까, 근심중에 민정중이 이를 반박했다.

"중들이 불상을 조성할 때 으레 나무로 바탕을 만들고 그 위에 금을 덧씌우기 때문에 장마철만 되면 습기가 엉키고 맺혀서 물방울이 가득 떨어집니다. 겨울철에 춥지 않아 여름에 밴 습기가 완전히 걷히지 않으면 안개와 이슬이 증기로 맺힙니다."

이 이론이 과학적으로 맞을까? 아니면 성모 마리아가 땀을 흘리는 것과 같은 기적일까?

당시 많은 백성들이 부역과 군역 그리고 수령의 수탈을 피하여 절로 들어갔다. 더구나 범죄인들이 절을 목숨을 보존하는 소굴로 여기고 들어가 머리 깎고 먹물 장삼을 입으면 전혀 구별할 수 없었다. 절이 범죄인의 도피처 역할을 하고 있었던 것이다. 더구나 17세기 말 우역과 역질이 전국에 크게 유행하여 수천 마리의 소가 죽고 인구가 140만 명이나 줄었다. 이러니 모든 것을 피해 절로 들어가는 백성들이 줄을 섰고, 거기다 불교의 미래불인 미륵신앙이 팽배하여, 구세주 신앙이 사회 밑바닥에 자리잡았다. 수많은 돌팔이들이 이 미륵신앙과 종말론을 이용해 사기를 치고 유언비어를 만들어 냈으며, 비밀결사를 만들었다. 그건 요새도 그렇다.

대도 임꺽정

조선 후기 실학자인 이익은 조선의 3대 도적으로 홍길동, 임꺽정, 장길산을 들었다. 임꺽정은 홍길동 시대가 한 세대 지난 16세기 중반인 명종 14년(1539)부터 출현하여 체포되어 처형당한 명종 17년까지 3년 이상 황해도를 중심으로 평안, 경기, 강원 지역에서 활약했던 조선의 대표적인 도적 우두머리였다. 임꺽정이 활약하던 시대는 외척이자 간신인 윤원형이 발호해 정치가 말도 못하게 문란해져서 관료들의 수탈이 심해진 데다가 여러 해 동안 흉년이 들어 백성들의 생활이 극도로 피폐했을 때였다.

그때가 겨우 조선 중기였는데, 조선은 이미 활기를 잃었고 백성들은 도저히 살 수가 없을 지경에 이르러, 길가에는 거지떼가 우글거리고 산에는 도적들이 우글거리는 한심한 세상이 되었다. 도대체 어느 인간이 알지도 못하고 이런 썩어빠진 조선을 찬양하는지 어이가 없다.

막강한 관군의 체포작전에도 불구하고 임꺽정이 3년씩이나 도망을 다닐 수 있었던 것은 백성들의 비호 덕이었다. 물론 백성들이 임꺽정의 활약에 속이 시원하여 임꺽정 일당을 싸고 돈 경우도 있겠으나, 대부분은 임꺽정 일당의 정보를 관군에게 주었을 경우 당하는 보복이 두려워서였다.

임꺽정의 무리는 양반과 토호의 집을 습격하거나 공물을 털었고, 대낮에 마을을 습격하여 약탈하는 등 그 대담함이 유례를 찾기 힘들었다. 그들은 관아의 옥을 부수고 동료들을 구출하거나 관리들을 살해하는 등 공권력에 도전하는 행위를 서슴지 않았다.

개성부 포도관 이억근은 군사 20명을 거느리고 임꺽정의 소굴을 습격하다가 살해되었으며, 부장 연천령은 선전관 정수익과 함께 500여 군사를 거느리고 구월산을 공격하다가 역시 살해되었다. 임꺽정은 이렇게 상당한 세력을 거느린 큰 도적 집단의 괴수였으나 결국 모사 서림의 배반으로 관군에 잡혀 처형되었다.

임꺽정이 토포군에 몰려 한 민가로 숨어들었다. 임꺽정은 주인 노파를 위협하여 "도둑이야!"라고 외치게 한 다음 자신이 뛰쳐나가 도둑이 달아난다고 소리쳤다. 관졸들이 임꺽정이 가리키는 방향으로 몰려가자 그는 군졸들의 말을 빼앗아 타고 달아나려 했다. 그때 임꺽정의 모사였던 서림이 "저 사람이 임꺽정이다!"라고 외쳐 그는 끝내 부상을 당하고 체포되어 처형되었다.

벼슬아치의 탐학이 심해지면서 생활이 파탄에 다다른 백성들은 관군을 격퇴하는 임꺽정의 대담함에 대리만족을 느꼈고, 그의 행적을 미화했던 것이다. 뒤에 홍명희가 이러한 구전설화를 바탕으로 임꺽정을 의적으로 그린 것이지, 임꺽정은 홍길동과 마찬가지로 단지 큰 도적 집단의 괴수였다.

구도장원공 율곡 이이

선조(14대)가 왕 노릇을 하던 16세기에 걸출한 학자들이 여럿 출현했다. 구도장원공 율곡 이이, 성리학의 태두 퇴계 이황, 실천적 성리학자 남명 조식, 실학의 선구자 토정 이지함 등이다. 율곡 이이의 부친은 이원수고, 어머니는 유명한 신사임당이다.

율곡이 태어나던 날 밤 율곡의 어머니 신씨는 흑룡이 바다에서 집으로 날아 들어오는 꿈을 꾸고 율곡을 낳았다 하여, 율곡의 어릴 때 아명은 현룡이었다.

시문, 서화와 경서에도 통했던 신사임당은 율곡의 성장기에 큰 영향을 끼쳤다. 율곡은 어렸을 때부터 매우 총명하여 8세 때 시를 지었고, 13세에 진사시에 합격할 정도였다. 15세 때 어머니가 세상을 뜨자 율곡은 한때 금강산에 입산하여 불교에 귀의했었다. 그러나 곧 다시 하산하여 노경린의 딸과 혼인한 율곡은 성주 목사로 있던 장인에게 들렀다가 근방에서 후학을 가르치고 있던 35세 연상의 이퇴계를 만나게 된다.

성리학의 두 거두가 우연히 만난 것으로, 이 만남은 조선 성리학을 발전시키는 데 중요한 계기가 되었다. 이황은 젊은 율곡의 재능을 인정했고, 율곡은 노학자의 학식과 경륜을 존경하여, 두 사람은 이후 나이 차이를 떠나 편지를 주고받으며 성리학에 대한 토론을 해 나갔다.

이이는 29세 때부터 벼슬길에 나가기 시작했는데, 그는 각종 과거에서 아홉 번이나 장원을 하여 '구도장원공'이라는 명예로운 칭호를 듣게 되었다. 하여간 확실히 천재는 천재였다. 이이의 저술로는《만언봉사》《성학집요》《격몽요결》 등이 있고, 또 병조판서로 있으면서 국방대책인 '시무6조'를 올렸다. 또 이율곡이 경연에서 '십만양병설'을 주장하였다 하나, 이는《선조실록》에는 기록이 없고, 그의 문인 김장생의 문집에만 실려 있는 내용이므로 사실이라고 보기 어렵다. 이이가 죽은 몇 년 뒤 조일전쟁이 일어났는데, 멍청이 선조가 당시 병조판서로 있었던 이율곡의 '시무6조' 건의만 제대로 수용했어도 그런 참혹한 전화를 피할 수 있었을 것이다. 서인에 속했던 이이는 편당을 들지 않고 화해에 힘을 기울였으나, 그의 성격 자체가 원만치 못하여 남을 포용하기 어려웠으므로 별 성과를 거두지 못했다. 이이는 학자이자 청렴한 정치가로서의 삶을 살았고, 그의 후학들인 김장생, 조헌, 이귀, 황신 등은 조선 후기 정치사상사에 큰 영향을 끼쳤다.

남명 조식과 퇴계 이황

조식과 이황은 둘 다 16세기를 산 인물들로 영남학파의 양대 산맥이다. 진주가 근거지인 조식은 경상우도, 안동이 근거지인 이황은 경상좌도를 이끌었다. 둘의 학풍은 서로 달라, 퇴계의 학풍은 학문으로서 인을 숭상하고, 남명의 학풍은 절의로서 의를 숭상했다. 또 퇴계의 학문이 바다처럼 넓다면, 남명의 학문은 태산처럼 높다 했다.

퇴계는 합리적이고 온건한 인물이었으나, 남명은 경과 의의 상징으로 '성성자'라는 방울과 칼을 차고 다녔다. 그는 과격하고 직설적인 화법으로 당시 조정을 뒤집어놓은 인물이었다.

퇴계와 남명은 같이 50여 년간의 사화기를 겪으면서 출사보다는 학문연구와 후진양성에 주력했다. 조일전쟁 때 왜적에 대한 입장에서도 둘은 아주 달랐다. 퇴계는 회유책을 주장한 반면 남명은 강력한 토벌책을 주장했다. 남명은 제자들을 가르치면서 "왜적이 설치면 모가지를 확 뽑아 버려야 한다"라고 할 정도였다. 이런 영향을 받아 외손녀사위 곽재우는 뛰어난 의병장이 되었으며, 조일전쟁을 통하여 가장 많은 의병장들이 남명 문하에서 배출되었다.

개혁사상가였던 조식은 당시 썩어빠진 양반들을 비난하며, 백성들의 현실을 직시할 것을 강력히 주장한 선각자였다. 다양한 학문에 개방적이었던 조식은 외세의 침입을 예견하고 제자들에게 병법을 가르쳤으며, 그의 제자들로서 조일전쟁 때 의병을 일으킨 사람이 자그마치 50명이나 되었다. 썩어빠진 조선 조정이 이런 인재를 포용할 그릇이 되지 못한 바람에 조선은 쇠퇴를 거듭한 것이다.

조선 성리학의 이론적 기틀을 확립한 퇴계의 성리학은 조일전쟁 때 포로로 일본에 끌려간 강항에 의해 일본에서도 뿌리를 내렸다. 올곧은 선비였던 강항은 포로로 잡혀간 후 불교가 융성하던 일본에 주자학의 뿌리를 내려 주고 2년여 만에 성주의 호의로 풀려나 귀국했으며, 지금도 일본에서 주자학의 선구자로 추앙받고 있는 인물이다.

웃기는 것이, 주자의 성리학은 중국이 발상지지만 중국에서는 여러 학풍 중 그저 한 가지 학풍에 지나지 않았다는 사실이다. 그런데 조선에서는 이를 국시로 받아들이고 모든 현상과 가치를 주자학에 두는 바람에, 중국에서는 별 볼일 없는 주자학이 조선에서는 모든 학문의 기준이자 완성이 되었던 것이다.

퇴계와 남명 두 사람은 서로 잘 알고 있었으나 편지만 주고받았고, 한 차례의 만남도 갖지 않았다. 꼭 조선 후기의 대학자인 박지원과 정약용의 관계와 비슷하다.

이후 퇴계를 추종한 퇴계학파는 남인이 되었고, 남명을 추종한 남명학파는 북인이 되었다. 퇴계학파의 수장은 유성룡이었으며, 남명학파의 수장은 정인홍으로서, 유성룡은 조일전쟁 때 나라를 지키는 데 크게 기여했고, 정인홍은 용맹한 의병장으로 이름을 떨쳤으나, 전후 광해군(15대) 정권에서 영의정을 지내다 서인의 쿠데타인 인조반정이 일어나 실세한 후 처형당했다.

기인 토정 이지함

16세기를 살았으며, 《토정비결》의 저자로 알려진 이지함은 조선시대 실학의 선구자였으며 기인이었다. 그는 이색의 후손으로 명문가 출신 양반이면서도 목에 힘을 주거나 위선을 떨지 않았다. 행색도 나막신을 신고서 머리에 솥을 뒤집어쓰고 돌아다녔다. 딱

보면 상한 사람이지 정상적인 사람은 아니었다. 그가 솥뚜껑을 뒤집어쓰고 다닌 이유는 당시 관리들의 횡포에 시달리던 백성들의 고통을 몸소 체험하기 위해서였다고도 하고, 또는 이지함이 전국을 유랑하는 것을 좋아해 어디서든 밥해먹기 편하도록 머리에 솥을 쓰고 다녔다고도 한다. 어느 것이 맞는지는 각자 알아서 판단하기 바란다. 하여간 쓰고 다녔다.

이지함은 학문에만 조예가 깊은 것이 아니라 천문, 지리, 의약, 복서, 율려, 산수, 소리에 능했다. 뿐만 아니라 관상, 신방, 비결 등 통하지 않는 분야가 없을 정도로 박식하기 짝이 없는 인물이었다. 이지함이 살았던 시절은 양반이라는 것들이 손에 물도 묻히지 않고 죽치고 앉아 현실과 동떨어진 허망한 경전의 구절만 외우고 있던 16세기였다. 그럴 때 이지함은 '농촌 경제에만 묶이지 말고 상업, 수공업, 유통경제의 활성화를 통해 전반적인 국가의 부를 창출하고, 그 혜택이 백성들의 생활에 반영되어야 한다'는 실학사상을 주장한 시대의 선각자였다.

이지함이 상업에 관심을 가지면서 찾아간 곳이 화담 서경덕의 문하였다. 서경덕을 중심으로 모인 인물들은 현실 문제를 해결하기 위해서 정통 성리학에서 벗어나 다양한 학문을 수용했던 개방적 학풍의 지식인 그룹이었다. 이렇게 조식, 이지함, 서경덕, 정여립 같은 대어들이 줄줄이 나타나던 시대였으나, 그들은 학문적인 업적만 일부 남겼을 뿐 아무도 뜻을 펼쳐보지 못한 채 세상을 등지고 말았으니, 참으로 안타까운 일이었다.

이지함 자신도 탁월한 장사꾼이었다. '몸소 장사를 하고 생업을 경영하여 2~3년만에 몇 만 섬의 곡식을 쌓았다'라는 《토정유고》의 기록에서도 확인할 수 있듯이 그는 수완이 좋아 장사를 할 때마다 매번 많은 이윤을 남겼다. 그러나 이지함은 자기 자신을 위해 돈을 번 것이 아니었다. 그는 장사를 해서 돈을 벌 때마다 그것을 곡식으로 바꾸어 헐벗고 굶주린 백성들에게 나누어 주었다.

당시 양반이 장사를 한다는 것은 품위를 떨어뜨린다고 몰매 맞을 일이었다. 더구나 조선 사회는 한 번 장사꾼이 되면 그 후손까지 관직에 나가지 못할 만큼 상업을 천시했던 한심한 나라였다. 그러나 이지함이 어울리는 사람들은 같은 양반들이 아니라 저잣거리에서 장사를 하거나 막일을 하는 상인들과 천민들이었다. 실학이 봇물을 이루었을 때가 정조(22대) 때인 18세기 후반이었으니, 이지함은 실학이 대두하기 벌써 200년 전부터 실학의 효용성을 몸으로 보여준, 시대를 뛰어넘은 인물이었다.

사실《토정비결》은 이지함이 저술했을 수도 있고, 그의 이름을 빌린 것일 수도 있다. 이지함은 16세기를 살았는데,《토정비결》은 19세기 후반에 들어서야 유행되기 시작했기 때문이다. 어느 것이 맞는지 밝혀지지는 않았으나,《토정비결》에는 이지함의 사상과 유사한 부분이 많은 것은 사실이다.

이지함은 사화가 난무하는 것을 보고 출사를 단념했었으나 잠깐 동안 지방 수령을 지냈다. 그는 지방 수령을 지내면서 상소를 올려 백성들의 자급과 국부증진에 대한 주장을 피력했다. 당시 농업국가인 조선에서, 더구나 성리학의 폐해로 다른 학문이나 상업을 천시하던 풍조에서 이지함은 산업의 가치를 중요시하여 상업, 어업, 수공업, 광업 등의 적극 개발을 나라에 건의했으나 하나도 받아들여지지 않았다.

조선이 얼마나 가난한 나라였는지는 여러 기록에서 보이지만, 조선 중기에 살던 이지함이 경기도 포천 현감을 하면서 남긴 기록이 있다.

포천현의 형편은 이를테면 어미가 없는 고아 비렁뱅이가 오장이 병들어서 온몸이 초췌하고 고혈이 다하였으며 피부가 말랐으니 죽게 되는 것은 아침 아니면 저녁입니다.

이런 형편이었다. 한양에 가까운 경기도의 형편이 이랬으니, 다른 곳은 얘기할 것도 없었다. 조선의 백성들은 왕조 내내 이렇게 인간 이하의 생활을 했던 것이다. 도대체 이런 놈의 나라가 왜 존재했어야 하는지 필자는 도저히 모르겠다. 아마 공부가 모자라는가 보다.

이러한 백성들의 비참한 삶을 직접 접한 이지함은 조정에 땅이며 바다를 따질 것 없이 적극적으로 개발하여 국부를 늘리고 백성들을 자급하게 하는 것만이 깊어진 병통을 치유하는 길이라고 역설했다. 그러나 얼뜨기 같은 임금들과 썩어빠진 관료들은 그의 주장을 콧등으로도 듣지 않았다.

13

비겁하고 간교한 소인배 제14대 선조와 망국의 당쟁 시작

세자 교육을 받지 못한 선조

선조 이균은 중종(11대)의 아홉 번째 서자의 세 번째 아들로 왕실 족보대로라면 왕위는 꿈도 꿀 수 없는 하찮은 신분이었다. 명종(13대)이 후사 없이 죽자, 인순왕후는 후계자로 평소에 귀여워하던 하성군 이균으로 왕위를 잇게 했다. 왕위를 이은 선조의 가장 큰 약점은 방계 승통이었다. 그래서 그가 그 콤플렉스 때문에 다른 왕들보다 더 못되게 굴었는지 모른다.

선조는 왕이 되기 전에 세자 교육을 받지 못했기 때문에 글씨나 쓰고 시나 지으면서 세월을 죽이고 있었다. 그래서 그런지 재위 41년 동안 제대로 한 것은 하나도 없다. 그의 재위시 망국의 당쟁이 시작되었으며, 조일전쟁이 발발해 나라를 말아먹을 뻔했다.

이 멍청이 선조와 얼뜨기 중종, 둘의 재위 기간이 16세기 내내 거의 1세기 가까이나 되는데 아무것도 한 것이 없으니 조선 꼴이 어땠겠는가? 참으로 한심한 인간들, 아니 왕들이었다.

조선 왕조사에서 가장 참혹한 시기가 근대 동아시아 최대의 전쟁인 조일전쟁이 일어났던 선조대이다. 선조는 머리가 특별히 나쁘지는 않았으나 간교하고 비겁한 데다, 무능하고 질투와 시기가 많아 군왕 그릇은커녕 대표적인 소인배였다. 이런 인간이 조일전쟁 때 왕노릇을 하고 있었으니 당시 뭇 백성들의 고난을 어찌 다 말로 할 수 있었겠는가?

또 선조대에는 조일전쟁 말고도 조선 역사상 최대의 옥사가 벌어져 아까운 선비 거의 1,000여 명이 억울하게 연루되어 죽임을 당하거나 유배되었다. 바로 서인에 의해 조작된 역모인 기축옥사, 즉 정여립 역모사건이다.

선조는 자신의 치세 때 시작된 당쟁에 제대로 대처하지 못해 향후 조선이 당쟁의 폐해로 쇠퇴하도록 방치했으며, 조일전쟁이 일어났을 때도 효과적으로 대처하지 못하고 도망만 다녔다. 침입한 왜군에 강력히 맞서는 대신 자신의 안전만 생각하여 도망가는 데만 급급했으며, 공을 세운 무장들을 시기해 김덕령을 죽이고 이순신을 거의 죽음 직전까지 몰고 갔다. 하여간 중종대와 선조대를 거치면서 조선은 회생 가능성이 아예 사라지고 말았다.

선조의 잔머리 양위선언

조일전쟁이 일어났을 때 선조는 급한 대로 둘째 광해군(15대)을 세자로 세워 분조를 맡겼다. 이때 광해군이 눈치 있게 업무를 대강 수행했으면 되었을 것을, 쓸데없이 열심히 수행한 덕분에 선조의 눈 밖에 나버렸다. 이런 판에 명나라 또한 선조의 무능에 짜증이 나서 광해군에게 왕위를 넘기는 것이 어떻겠느냐고 압력을 넣고 있었다. 이 위기를 벗어나기 위해 선조는 잔머리를 굴렸다. 권력에는 아비 어미고 새끼고 없는 법이다.

그가 할 수 있었던 일은 전쟁을 제대로 수행하는 방법을 찾는 것이 아니라, 양위선언을 하는 것이었다. 전쟁의 와중에, 그것도 자그마치 10여 차례나. 이 빌어먹을 양위선언은, 당사자인 왕은 실제 양위를 할 생각은 눈꼽 만치도 없는데도 불구하고, 그것과 관계없이 왕이 양위선언을 할 때마다 백관들은 그 선언을 취소하도록 수도 없이 상소를 올려야 했다. 뿐만 아니라, 모두들 왕 앞에 나아가 양위취소 선언이 있을 때까지 엎드려 통곡하면서 며칠이고 죽치고 있어야 하는 한심한 상황을 연출해야 했다.

물론 거기에 빠졌다가는 천하의 불효자가 되니 무릎이 아픈 것을 꾹 참고 광해군도 같이 엎드려 있어야 했다. 국력을 모두 기울여 전쟁을 수행해야 하는 중차대한 시점에 이게 무슨 등신 같은 짓이냐 말이다. 이걸 선조는 재위중에 자그마치 15번이나 함으로써 신하들의 충성심을 유도하고 자신의 입지를 굳히는 방편으로 삼았다. 물론 선조는 실제로 양위할 생각은 벼룩 등짝 만큼도 없었다.

그런데 만약 이 상황에서 신하들이 선조에게 양위하는 것이 천고의 드문 결단이라는 둥 입바른 소리를 했다가는 목숨을 부지하기 힘들다. 3대 태종 때, 태종이 세자 양녕에게 양위하겠다고 헛소리를 한 일이 있었다. 태종이 일으켰던 제1차 왕자의 난 때 대장군과 장군으로서 이방원 편에 참전하여 대공을 세워 일등공신이 되었던 태종의 처남 민무휼과 민무회가 태종의 그 말에 얼굴에 희색이 돌았다 하여 나중에 모조리 처형된 사실이 있다. 그러니까 어느 놈이라도 양위선언을 하면 무조건 고개 들지 말고 엎어져 울어야지, 혹시 어디가 간지러워서 웃기라도 했다가는 그날이 제삿날이 된다.

정유재란이 끝난 후인 1600년 의인왕후 박씨가 세상을 떠나자 선조는 그 2년 뒤인 쉰 한 살 되던 해에 열 아홉 살짜리였던 김제남의 딸을 새로운 왕비로 맞았으니 그녀가 인목왕후다. 그런데 국혼 4년 후에 인목왕후가 영창대군을 낳으면서 조정에 문제가 생기기 시작했다. 당시 선조의 맏아들 임해군과 둘째아들 광해군은 공빈 김씨 소생이었고, 셋째아들 의안대군과 넷째아들 신성군은 인빈 김씨 소생이었다. 그리고 인목대비가 낳은 영창대군이 바로 선조가 기다리던 정비 소생이었으니, 이때부터 선조의 마음이 광해군에게서 떠나기 시작했다.

선조가 재위 41년을 맞으면서 병세가 심해졌다. 가망이 없음을 안 선조는 전교를 내리기 위해 세 정승들을 불렀다. 이때 영창대군의 나이 겨우 두 살이었다. 아무리 애새끼가 예뻐도 그렇지 지금까지 세자의 직무를 16년이나 잘 수행해 온 서른 네 살짜리 세자가 있는데 이를 폐하고 두 살배기를 세자로 책봉한다는 것은 무리였다. 결국 선조가 죽고 광해군이 즉위했다.

선조의 죽음에 대해 북인이 기록한 《선조실록》에는 선조가 병으로 죽었으며 마지막 임종을 왕비 인목대비가 지켰다고 했다. 그런데 서인측의 기록인 《광해군일기》에는 '선조가 승하하는 당일 미시에 광해군이 찹쌀떡을 올렸는데 상이 먹고 갑자기 기가 막히는 병이 발생하여 위급한 상태가 되었다'라고 기록되어 있다. 이긍익은 《연려실기술》에서 남계집을 인용해 선조 독살설을 간접적으로 전하는데, 그에 따르면 입시했던 선비 의원 성협이 "임금의 몸이 이상하게 검푸르니 바깥 소문이 헛말이 아니니다"라고 말했다는 것이다. 어쨌거나 선조는 그때 잘 죽었다.

광해군이 즉위하자 광해군의 승계를 반대했던 소북의 영수 영의정 유영경은 유배되었다가 사사되고, 광해군의 형 임해군도 자택연금 상태에 있으면서 변장하고 탈출극을 벌이다 체포되어 귀양갔다가 살해되었다. 남은 것이 영창대군인데, 걔도 성할 리가 없었다.

광해군 5년인 1613년 '박응서의 옥사(칠서의 난)'가 일어났다. 이들 관련자 7명의 서자는 조선의 적서차별에 반발하여 난을 일으키려다 사전에 모의가 발각되어 모두 잡혀 처형되었다. 그러나 이들이 모의에서 영창대군을 왕으로 추대하려 했다는 것이 드러나자 영창대군과 외할아버지 김제남 그리고 그의 세 아들이 모두 처형되었다. 인목대비 집안은 인목대비만 남고 멸족된 것이다.

이 칠서의 역모에 가담했던 서자들과 교분을 갖고 뒤를 밀어주던 인물이 바로 허균이었다. 결국 허균이 이 일에 연루되어 나중에 역모 혐의로 처형되고 만다.

광해군(15대)이 악수를 둔 것은 광해군 10년 인목대비를 폐하고 존호를 깎아 서궁으로 칭하고 그녀를 유폐시킨 것이었다. 조선이 개국한 이래 아들이 어머니를 폐한 사태는 이것이 처음이었고, 만약 일반 사가에서 이런 일이 벌어졌다면 무조건 사형이었다. 결국 인목대비의 폐모는 많은 저항을 불러 일으켰고, 나중에 서인들에게 쿠데타를 일으키는 명분을 제공하게 된다.

광해군 15년인 1623년 드디어 서인들이 쿠데타를 일으켜 광해군을 쫓아내고 광해군의 조카뻘인 능양군을 왕으로 추대했으니, 이것이 바로 인조반정이다. 인조반정 후 복위된 인목대비에게 광해군은 철천지 원수였다. 자식과 아버지를 죽이고 친정 오빠까지 모조리 주륙했으니 살을 씹어먹어도 시원치 않았을 것이다. 반정 직후 인목대비가 광해군 처형을 주장하고 나섰으나 반정의 주역들은 이를 반대했다. 그러자 인목대비는 광해군의 선조 독살설을 주장하고 나섰다.

결국 광해군은 유배지에서 죽었으나, 조선이 멸망할 때까지 정권을 잡았던 서인들에게 광해군의 선조 독살설은 하나의 사실로 받아들여졌다.

비범한 인재 정여립

기축옥사는 선조 22년, 조일전쟁 3년 전에 일어났다.

당시에는 천재들이 수두룩하던 시대였다. 기대승, 퇴계 이황,

율곡 이이, 화담 서경덕, 남명 조식, 토정 이지함, 이산해, 서애 유성룡 등과 기축옥사에 연루된 정여립, 송익필, 이발, 정철 등 역사에서 한가닥 한 인물들이 대거 출현한 시대였으나 그들은 당파나 서로간의 입장 차이가 커서 아쉽게도 공존할 수는 없었다.

정여립은 전주에서 태어났으며, 어렸을 때부터 무예와 활쏘기에 뛰어나고 총명하여 한 번 배우면 잊는 일이 없었다. 밤을 새워 책을 읽을 만큼 책을 좋아하여 제자백가의 학문에 두루 능통했으며, 글씨와 시에도 능해 전주 일대에서는 그를 능가하는 사람이 없었다. 그는 언변이 뛰어난 호남인 데다 호방한 성격의 문무겸전한 인물이었다. 또 정여립의 성격은 사리를 분별함에 있어 논의가 강직하고 비굴하지 않았다. 정여립은 드문 인재였던 것이다.

정여립은 선조 3년에 문과에 급제하여 여러 벼슬을 거치다가 그만둔 뒤 승려였던 도사 지함두, 도잠, 설청 등과 나라 곳곳을 돌아다녔다. 도성으로 올라가 벼슬을 살 때 정여립은 서인 이이의 문하로 들어갔다. 이이의 문하에는 인재가 넘쳤으나 그 중에서도 정여립은 논의가 높고 격렬한 데다가 재기가 뛰어나 다른 사람과 비교가 되지 않았다. 이이는 그의 재주를 아껴 기회가 닿는 대로 조정에 천거했다. 정여립이 조정 영관에 오른 것은 선조 16년 예조좌랑이 되면서였고, 그 이듬해 이이의 천거로 홍문관 수찬에 발탁되었다.

1584년 서인의 거두 이이가 사망했다. 이이는 인간관계가 원만하지 않았으며 마음이 그리 넉넉한 편이 못 되었다. 이이는 문장에는 능했으나 다른 사람의 말을 잘 듣지 않았으며, 경솔하고 편견과 아집이 있었다. 생전에 이이를 신뢰했던 선조도 이이가 죽고 나자 그에 대한 신뢰감이 점점 사라져갔다. 동인들은 이이를 탄핵하러 나섰고, 이이를 공격했다 귀양갔던 박근원 등이 귀양에서 풀려나 돌아오자 정여립은 서인을 버리고 동인 편에 서기 시작했다.

이이의 추천으로 조정에 발을 디뎠던 정여립이 스승이었던 이이와 성혼, 박순을 공격하기 시작한 것이다. 그 이유는 서인 측에서 정여립을 이조전랑으로 발탁하자는 의견을 내자 죽음 직전의 이이가 한사코 반대했기 때문이라고 전해진다. 이이는 겉과 달리 속으로는 정여립의 과격성을 걱정한 듯하다. 그리고 한 달쯤 뒤 정여립은 사직하고 고향으로 돌아갔다.

1년 후 조정에 다시 들어온 정여립은 경연에서 서인들을 공격하기 시작했는데《선조수정실록》에 다음과 같이 기록되어 있다.

> 박순은 간사한 무리들의 괴수이고, 이이는 나라를 그르친 소인이며, 성혼은 간사한 무리들을 편들어 상소를 올려 임금을 기만했습니다.

정여립이 스승인 이이를 나라를 망친 소인이라고 혹평하고 스승을 배반했다는 것이 공론화되면서 당쟁은 격화되었지만,《선조수정실록》은 정여립을 죽인 서인들이 쓴 것이므로 위의 스토리는 그대로 믿기 어렵다.

선조는 정여립이 스승인 이이를 배반했다고 떫게 보았으며, 정여립이 벼슬에 있으면서 임금에게 건의할 때 눈을 똑바로 뜨고 따지고 들던 것에 대하여 아주 좋지 않은 감정을 가지고 있었다. 정여립은 선조가 아둔하고 부덕한 임금이라는 사실을 진작 파악하고 있었던 것이다.

성격이 호방하고 과격했던 정여립은 가까운 사람들에게 '왕후장상의 씨가 따로 있는 것이 아닌 것처럼 귀천의 씨가 따로 없다. 천하는 백성들의 것이지 임금 한 사람이 주인이 될 수는 없다. 누구든 섬기면 임금이 아니겠는가?'라는 말을 흔히 했다. 선조가 자신을 꺼리자 정여립은 사직하고 고향으로 돌아갔다. 그때 그의 나이 39세였다. 고향으로 돌아간 정여립은 자기 집을 드나들던 사람들을 중심으로 기존의 체제에 도전하고 평등한 개혁을 실천하기 위한 조직을 만들었다.

반상의 귀천과 사농공상의 차별, 남녀의 차별도 없는 대동계를 만들어 누구나 조직에 들어오게 했다. 그리고 매월 한 차례씩 15일에 모여 글도 배우고 활쏘기를 겨뤘으며, 술과 음식을 장만해 먹고 마셔가면서 즐겼다.

전라도 일대에서는 정여립이 비범한 인물이라고 알려져 있었고, 또한 어수선한 세상에 어떤 일이 일어날지 아무도 알 수 없었다. 모두들 정여립의 청탁이 있기만 하면 곡식과 돈, 그 밖의 각종 생필품들을 바리바리 실어서 보내 주었다. 정여립은 전라도에서 일종의 사교 교주 역할을 한 것 같다. 당시 정여립의 학문은 전라도뿐만 아니라 당대에 가장 빼어났다고 알려져 있었으며, 읽지 않은 책이 없다고 할 정도였다.

정여립이 대동계를 조직하여 전주 지역에서 활동을 전개하고 있던 선조 20년, 전라도 해안 지방에 왜구가 쳐들어왔다. 당시 전주 부윤이던 남언경은 여러 고을에 병력 파견을 요청했으나 여의치 않자 정여립에게 도움을 요청했다. 정여립은 즉시 기백 명의 대동계원들을 집합시키고, 믿을 수 있는 무사를 장령으로 임명한 다음 출진시켜 왜구를 물리쳤다.

뒤에 남언경은 사헌부의 탄핵을 받고 파직되었는데, 그는 대동계를, 왜구를 대비한 지역 방어조직으로 보았고, 또 허약한 국가의 방위체제를 보완하기 위하여 만일을 대비한 사병을 양성한 것이었다고 진술했다.

대동계의 대동이란 대동소이, 대동단결, 태평성세의 의미로 쓰인다. 즉 아무 차별이 없고 모두 같이 잘사는 이상사회의 의미인 것이다. 당시 조선의 백성들은 그저 양반의 수탈 대상일 뿐, 사람이 아니었다. 양반은 천민을 죽여도 큰 문제가 안 되었으니 말하자면 천민은 말하는 짐승이었다. 이런 개 같은 사회를 엎어버리고 싶은 생각이 선각자 정여립에게 당연히 있었을 것이며, 그래서 그의 사조직을 대동계라 이름했던 것이다.

정여립은 그 당시의 정치이념이자 사회통념인 유교와 정면으로 충돌하여, 천하는 만민의 것이라는 대동사상을 내세웠다. 그리고 호남 일대를 중심으로 대동계를 조직해 세를 확대하던 중 모함에 걸려 자살한 것이다. 타살되었다는 설도 있는데, 그 설이 더 타당성이 있다.

정여립은 기존의 신분질서에 도전하고 백성 중심의 정치체제가 구현될 길을 모색하다가 정치적 희생을 당한 불운한 진보적 지식인이었다. 그 시대에 왕권 세습에 문제 제기를 했다는 것은 그가 지나치게 시대에 앞선 지식인이었다는 것을 증거한다.

이렇게 진보 지식인이었던 정여립은 풍수와 천문지리, 그리고 병법에도 일가견이 있었는데, 이런 것들은 주자학에서 볼 때 모조리 이단이었다. 거기다 대동계 계원들까지 수백 명을 거느리고 있으니, 서인들이 보기에는 영 꺼림칙했으므로 역모로 몰아 죽인 것이다. 이런 개 같은 짓만 골라 하던 서인들도 당시 세태에 대하여 한심함을 느끼기는 마찬가지였다. 그들이 낸 상소문 중에 이런 기록이 있다.

> 붕괴 직전에 이르러, 고치려 해도 이미 때가 너무 늦은 것 같다.

조선의 이런 꼴을 알면서도 제 당파, 제 집구석을 위해서 숱한 사람을 죽여나간 것이 서인들이었다. 차라리 정여립이 역모를 일으켜 성공했다면 조선은 회생했을 것이다.

단재 신채호의 평가를 보자.

> 정여립은 400년 전에 군신강상론을 타파하려 한 동양의 위인으로, 《민약론》을 저술한 루소와 견줄 만하다. 하지만 루소와 같이 역사적 평가를 받지 못하고 있는 이유는 루소의 사상은 프랑스 혁명으로 이어졌지만, 정여립의 경우에는 그렇지 못했기 때문이다.

필자는 신채호의 주장에 100퍼센트 동조하지는 않지만, 정여립은 조선사에서 드문, 비범한 인재였다. 또 아까운 인물 하나가 죽은 것이다.

서인의 역모 조작 기축옥사(1589)

기축년 10월, 안악 군수 이축, 재령 군수 박충간, 신천 군수 한응인 등이 고변을 했다. 수찬을 지낸 정여립이 전라도에서 역모를 꾸미는 것을, 안악에 사는 조구가 밀고했다는 내용이었다. 선조는 즉시 금부도사를 보내 정여립을 체포하도록 했다.

그 무렵 황해도 안악에 있던 동지 변승복은 조구가 정여립을 역모로 고변했다는 말을 듣고 안악에서 금구까지 나흘만에 달려가 정여립에게 그 소식을 전했다. 변승복은 별명이 '호랑이'라고 알려질 만큼 용맹한 인물로 정여립의 측근 동지였다. 소식을 들은 정여립은 아들 정옥남 그리고 박연령의 아들 박춘룡을 데리고 밤을 틈타 도망쳤다.

이튿날 금부도사가 들이닥쳤으나 정여립은 이미 도망친 후였고, 그 집에는 승려 지영과 사장 그리고 창고에는 백미 200석과 잡곡 100석 정도가 있을 뿐이었다. 당시 정여립은 동인에 속해 있었고, 동인들은 아무도 정여립의 모반을 믿지 않았다. 그러나 금부도사가 정여립의 집에서 나온 편지(무기가 아니고 편지다)들을 모조리 압수해 한양으로 가져갔다. 이로써 정여립과 편지를 주고받은 자들은 모두 역모의 연루자로 몰려, 애매한 죽임을 당한 자가 지천으로 생겨났다. 이전까지의 사화는 왕과 신하, 훈구와 사림 등의 대결양상을 보였으나 기축옥사는 사림끼리 죽고 죽이는 본격적인 당쟁의 시작이었다.

후에 조일전쟁 때 승병을 모집해 혁혁한 활약을 하게 되는 서산대사 휴정과 사명대사 유정도 모진 국문을 받은 후에 겨우 살아남았다. 1590년 고부 군수 정염이 조정에 고변장을 보냈다. 일부 승려가 역적의 괴수 길삼봉(조작된 허구의 인물)과 같이 역모를 꾀한다는 것이었다. 이 고변 역시 모함이었으나, 국문을 하는 과정에서 여러 승려 지도자들의 이름이 언급되었다. 이렇게 해서 휴정과 유정이 국문을 받게 되었던 것이다.

정여립은 변승복에게서 체포령이 떨어졌다는 소식을 듣고 금구에서 도망쳐 바로 진안 죽도 산골에 들어가 숨었으나 진안 현감 민인백의 포졸들에게 발견되었다. 정여립은 산골짜기에 들어가 밭가에 마른 풀을 쌓아놓고 그 속에 숨어 있었다. 관군이 사면으로 포위해 들어오자 정여립이 최후의 수단으로 칼을 빼어들고 달려들려 하자 변승복이 이를 말렸다.

“일이 이 지경에 이르렀으니 우리가 자결할 것이지 관군이 무슨 죄가 있소? 우선 나부터 죽여 주시오.”

정여립은 변승복을 칼로 쳐서 죽이고 아들 옥남이도 베었으나 칼이 빗나가 옥남이는 죽지 않았다.

민인백이 투항을 권고하자 정여립은 칼자루를 땅에 꽂아놓고 외마디 소리를 지르며 칼끝에 목을 찔러 죽었다. 그런데 그거 이상하다. 칼을 어떻게 자루부터 땅에 똑바로 꽂을 수 있었을까? 17세기 영조(21대) 때 남하정이 당쟁에 관해서 쓴 책인《동소만록》에는 다음과 같이 기록되어 있다.

> 정여립이 변승복의 꾐에 빠져 진안군 죽도에서 놀고 있을 때 선전관이 현감과 같이 두들겨 죽이고는 자살했다고 아뢰었다.

정여립의 시체는 서울에 도착하여 능지처사되었으며, 한 토막씩 잘린 다음 8도에 돌려졌다. 선조는 정여립의 집터를 파헤치고 숯불로 지져 그 맥을 끊고 연못으로 만든 다음 제왕의 기운이 있다고 전해 오던 정여립의 조상 묘터를 파헤쳐 유골을 꺼내어 가루로 만들어 날려버렸다.

3년 동안 정여립의 친척이거나 아는 사이였던 사람, 그리고 동인으로서 정철이나 송익필에게 감정을 샀던 사람들 가운데 죽고 귀양 가고 투옥된 사람이 모두 1,000여 명에 달했으며, 처형된 자는 모두 100여 명에 달했다. 서로 죽고 죽이는 당쟁의 와중에서 조선은 아수라장이 되었고, 백성들은 정여립이 죽지 않고 어딘가에 살아 있을 것이라는 믿음을 지니고 살았다.

1584년부터 정권을 잡지 못해 울분에 차 있던 서인들은 정여립 역모사건이 일어나자 손뼉을 치고 기뻐하면서 동인에서 역적이 나왔다고 좋아했다. 서인들은 모자의 먼지를 털면서 벼슬에 나갈 준비를 하며 서로 축하했다. '동인들이 스스로 물러나자 서인들이 그 자리를 차지해 사사로운 원한을 갚는데 거리낌이 없었다'(《폐일록》). 개 같은 것들.

기축옥사 조작의 증거

1,000여 명이나 피화자가 생긴 기축옥사가 얼마나 엉성한 조작이었는고 하니, 정여립과 편지 등으로 서로 교류하여 연루 혐의로 죽은 애매한 선비들을 빼고 나면, 역모에 참가한 사람이라고는 황해도에서 잡혀온 무지렁이 농민 두어 명뿐이었다. 조작이라는 증거가 자그마치 여섯 가지나 된다.

1. 역모를 꾀했다는 물적 증거가 단 한 가지도 없었다. 오로지 관련자들의 자백만이 유일한 증거였다. 편지하고.

2. 대동계는 반란을 위해 조직된 단체가 아니었다. 대동계는 관의 요청에 협조한 공개된 조직이었으며, 왜구가 침공하여 관의 힘이 달렸을 때 관군과 합세하여 왜구를 몰아낸 적이 있는 조직이었다. 만약에 대동계가 비밀무장조직이었으면 노출시키지도 않았을 것이고, 정여립은 죽기 전에 대동계를 이끌고 저항했을 것이다.

3. 정여립이 죽도에서 자살했다는 것은 사실이 아닌 듯하다. 정여립은 자신의 역모사건이 일어난지도 모르고 죽도로 갔다가 서인이 보낸 민인백에 의하여 살해된 것으로 보인다.

4. 정여립이 활동했던 지역은 전라도 전주인데, 황해도 관찰사가 역모를 고발했다.

5. 당시 조선은 동인이 정치 주도권을 잡고 있던 상황이었으며, 정여립은 동인인 데다 실세였기 때문에 반란을 모의할 이유가 없

었다.

6. 정여립 역모사건에 연루되어 처형되었던 사람들은 정여립만 빼고 나중에 대부분 신원되었다.

결론적으로 기축옥사를 부른 정여립 역모사건은 개만도 못한 인간들인 서인들에 의하여 조작된 사건이었다. 역모를 고발한 것도 전라도가 아닌 황해도였고, 역모 조직이란 것도 신분이 노출되어 있던, 겨우 수백 명의 대동계였으며, 정여립이 죽은 후에 직접적으로 역모에 연루된 자는 하나도 없고, 역모 준비에 필요한 무기 등도 발견되지 않았다.

더구나 정여립 역모사건의 최정점에는 길삼봉이란 인물이 있었는데 정여립은 그 다음 서열이라 했다. 전국에 비상망을 치고 괴수인 길삼봉 체포에 전력을 다했으나 길삼봉은 조선이 망할 때까지 체포되지 않았다. 당연한 것이 길삼봉은 실제 인물이 아니라 정여립 하나만 가지고는 역모로 모함하기에 좀 모자란 듯하여 서인들이 조작해 낸 허구의 인물이었던 것이다.

기축옥사의 가장 큰 피해자는 맑은 선비로 명성이 높았던 이발, 정개청, 최영경 등이었다. 정여립이 서인에서 동인으로 돌아서면서 동인의 실세 이발과 친해졌다. 이발은 임금 앞에서 보는 알성시에 장원급제한 인재인 데다 혁명가적인 기질을 지니고 있어서 정여립과 기질상 잘 맞았다.

이발의 부친은 전라 관찰사를 지낸 이중호이고, 형제들이 모두 벼슬에 나아가 이발은 아주 괜찮은 집안 출신이었다. 이발은 중후하고 엄정했으며 성격이 분명해 시비를 논하기 좋아했다. 이발도 아까운 인재였으나 정여립과 가깝게 지냈다 하여 혹독한 고문을 받고 죽었다.

이발의 친족이 모두 잡혀와 고문을 받았는데, 이발의 어머니 윤씨는 나이가 82세였으나 압슬형을 받고 죽었으며, 겨우 여덟 살이었던 이발의 아들도 선조의 명으로 맞아죽었다. 아니 팔십 먹은 노인네, 더구나 할머니에게 압슬형이라니.

압슬형이란 널빤지 위에 날카로운 사기 조각을 깔고 그 위에 무릎을 꿇게 한 다음, 무릎 위에다 무거운 돌을 올려놓는 형벌이다. 죄인이 그래도 죄를 불지 않으면 사람이 올라가서 밟는데, 글쎄 말라깽이들만 올라갔는지, 여섯 명까지 올라갔다는 기록이 있다. 역모를 고문할 때 흔히 쓰는 또 다른 고문이 낙형이다. 낙형이란 인두를 시뻘겋게 달구어 발바닥을 지져서 익히는 형벌이다. 사육신 사건 때 쓰인 일이 있다.

정여립과 한동네에 살던 정개청은 정여립의 집터를 봐주었다는 죄목으로 처형되었다. 또 그를 따르던 제자 50여 명이 처형되었고, 20여 명이 유배되었으며, 남아 있던 다른 제자들 400명은 과거 응시 자격을 박탈당했다.

도동서원에 위패가 모셔진 최영경이 옥에 갇히자 1,000여 명의 선비들이 모여들 정도로, 그는 학문과 덕망이 높은 선비였다. 최영경은 조작된 인물인 길삼봉이라는 누명을 쓰고 처형되었다. 조작된 인물인 길삼봉과 인상착의가 비슷하다는 것이 그의 죄였다. 개 같은 것들, 이렇게 사람이 조금만 쓸 만하면 모조리 죽여나갔으니, 남은 인간들은 개만도 못한 것들이었다.

기축옥사로 억울하게 죽은 사람이 얼마나 많은고 하니, 전라도 도사인 조대중의 경우를 보자. 조대중은 원래 마음이 약해 총애하던 관기와 이별하면서 안타까움에 눈물을 흘렸다.

어떤 놈이 도사가 우는 것을 보고 정여립의 죽음을 전해 듣고 슬퍼하며 울었다고 고자질해서 조대중은 국문을 받던 중 장살되었다. 조대중뿐만 아니라 그의 처첩과 자녀, 그리고 동생과 조카들도 잡혀와 모조리 죽임을 당했다. 기생과 헤어지면 헤어졌지 사내 새끼가 질질 짜기는 왜 짜서 집안이 풍비박산이 나냐.

이렇게 정여립과 안부편지를 주고받은 자들도 모조리 죽임을 당했을 뿐만 아니라 정여립의 죽음이 안되었다고 얼굴에 슬픈 표정만 지어도 식구들까지 모조리 때려죽였다.

조사 김빙은 평소에 눈병을 앓아 바람만 쐬어도 눈에서 눈물이 났다. 정여립을 추형할 때 김빙이 근처에 시립하고 있었는데 마침 바람이 불어 눈물이 나자 주변 인간들이 정여립의 죽음을 슬퍼해 울었다고 고하여 역시 국문 도중 죽었다. 하여간 어처구니가 없다.

기축옥사의 추관은 정철이었고, 백유함과 이춘영이 추국을 도왔다. 이것들이 옥사를 주관하면서 서인인 자신들과 의논이 다른 자들을 모조리 연루시켜 때려죽였던 것이다. 이렇게 억울하게 죽은 인물들은 셀 수도 없을 정도였다.

결론적으로 정여립 역모사건은 당시 서인의 영수 정철이 동인을 핍박하기 위하여 확대, 조작한 사건이다. 정철은 이 옥사를 공정하게 처리한 것이 아니라 서인이 동인을 누르고 다시 권력을 잡을 수 있는 호기로 여겼으며, 또 자신의 사적인 감정을 가감 없이 표출했다. 기축옥사를 조종해 역사에 지울 수 없는 오점을 남긴 정철은 본격적인 당쟁 시대를 연 장본인이기도 했다. 이 기축옥사로 이미 일어난 네 번의 사화의 희생자보다도 훨씬 더 많은 희생자가 생겼다.

원래 조선의 범죄 중 사형판결은 3심제인데, 역모는 단심제였다. 거기다 갖가지 참혹한 고문을 가하면서 그냥 죽여나가다 보니 처형된 숫자가 엄청 늘어났던 것이다.

당시 조선의 인구가 500만이라고 했는데(노비와 천민은 빼고 계산한 것 같다. 당시 인구는 1,000만 명 수준이었다) 1,000여 명이 죽고 유배에 처해졌으면 경천동지할 사건이었다. 소인배 선조는 이렇게 아까운 선비들이 죽어 나갈 때 어디서 무엇을 하고 있었을까. 맛있는 반찬에 밥 먹고 있었을까?

서인의 주정뱅이 투사 정철

정여립의 역모사건을 확대 재생산하여 동인들을 대거 제거하고 서인이 권력을 잡도록 한 소인배 정철을 보자. 정치야 어떻든 정철은 가사문학에서 뛰어난 업적을 남겼는데 그가 지은《관동별곡》《성산별곡》《사미인곡》 등은 한국 시문학의 백미로 평가되고 있다. 정철의 작은누이는 계림군 이유의 처로서 정철은 왕실과 친척 간이었다.

그러나 계림군이 을사사화에서 역적 혐의로 처형되는 바람에 정철 집안도 바람을 피할 수 없었다. 아버지 정유침은 여러 군데로 귀양을 갔으며, 정철은 귀양다니는 아버지를 따라 여러 곳을 전전했다. 명종 6년에 대사면이 있어 정유침이 사면되었고 정철은 아버지와 함께 선산이 있는 담양에 내려가 공부를 시작했다.

정철은 당시의 대학자인 기대승, 김인후, 양응정, 송순 등 호남 선비들에게서 학문을 배웠으며 임억령에게서 시를 배웠다. 원래 총명했던 정철은 학문을 깊이 깨우쳤으며 당대의 명사인 이이, 성혼, 송익필 등과 교유했다. 정철은 27세에 별시문과에 장원급제해 관직에 발을 들여놓았다. 정철은 머리가 잘 돌아가기는 했으나 성격이 강한 데다 직선적이고 다혈질이었으며 시기, 질투심이 많아 선천적으로 포용력이 없는 옹졸하기 짝이 없는 인물이었다.

당쟁이 일어나자 서인이 된 정철은 투사로 변신했으며, 그의 과격한 성격 때문에 평생 절친한 벗이 하나도 없었다. 그는 할 말이 있으면 반드시 입 밖에 내야 했고, 남의 허물을 보면 아무리 가까운 사람이라도 조금의 용서함이 없었으며, 화를 산 같이 입더라도 앞장서서 싸우기를 불사했다.

이런 성격이었으니 친구가 있을 리 없었고 정치가로 성공할 수는 더더욱 없었다. 거기다 정철은 술을 지나치게 좋아했다. 알코올 중독 증세가 심각해서, 조정에서 공무를 볼 때도 술이 취해 사모가 한쪽으로 비스듬히 기울어지곤 했다. 즉 하루종일 술에 취해 있었던 것이다. 오죽하면 같은 서인인 율곡이 정철에게 "제발 술 좀 끊고 말을 함부로 하는 버릇을 고쳐라" 하고 충고를 할 정도였다.

그가 강원도 관찰사로 있을 때는 일 처리가 공정치 못하여 백성들의 원성이 자자했다. 백성들이 정철에게 얼마나 원한을 가지고 있었으면, 이름을 잘 모르는 물고기가 잡히면 "이놈, 정철아!" 하고 욕을 퍼부은 다음 몽둥이로 때려죽였다 한다. 정철은 몇 군데에서 감사를 지낸 다음 대사헌에 발탁되었다. 선조 18년 정철은 조정을 물러나 낙향하여 수많은 가사를 지어 한국 시문학에 큰 족적을 남기게 된다.

정여립 역모사건이 일어나자 고향에 머물고 있던 정철은 주위의 만류도 뿌리치고 즉시 궁궐로 달려갔다. 선조는 이런 정철의 충성을 가상히 여겨 특명으로 우의정에 임명하고 정여립의 옥사를 맡게 하였다. 옥사의 책임을 맡은 정철은 항상 술에 취해 있었고, 사모를 삐뚤게 썼으며 말소리는 거칠었다. 그는 동인과의 투쟁에 앞장섰고, 투쟁을 승리로 이끌고 상대를 박살내기 위하여 할 수 있는 모든 수단을 동원했다. 정철이 옥사를 맡으면서 수많은 선비들이 억울하게 처형되었고 동인의 세력은 현저히 위축되었다.

정철은 서인의 영수가 되었으나 세월이 지나면서 선조도 과격한 정철을 점점 싫어하게 되었다. 이를 눈치챈 이산해가 세자책봉 문제를 정철에게 간언하도록 부추긴 후 저는 쏙 빠져버려 정철 혼자 간언하다 독박을 쓰고 파직되어 유배길에 올랐다. 영수인 정철이 유배되자 서인은 다시 몰락하였고 동인이 득세를 시작했다.

이런 상황에서 조일전쟁이 발발했는데 선조가 북으로 도망가다가 개성에서 부로들을 위로할 때 정철의 사면을 요청하는 간언을 듣고 그를 석방했다. 전쟁의 책임으로 이산해가 파면되고 서인 윤두수가 좌의정에 오르면서 다시 서인시대가 시작되었다.

1592년 9월 정철은 체찰사가 되어 기호지방과 호남으로 내려가 군무를 독려하게 되었고, 다음 해 중국에 파병 사은사로 갔으며, 돌아오자 자신을 모함하는 유언비어가 나돌면서 파직되어 강화로 물러났다. 성격은 더러웠으나 평생을 청렴하게 살았던 정철은 만년에는 입에 풀칠조차 하기 힘든 형편이었다. 정철은 빈곤과 울분 속에서 만년을 보내다가 선조 26년 58세의 일기로 세상을 떠났다.

기축옥사의 배후 조종자 송익필

기축옥사에서 정철 다음으로 중요한 인물이 구봉 송익필이다. 송익필은 학문이 도저하여 이이, 성혼 등과 함께 명성이 높았던 인물로 서인의 막후 실력자였다. 송익필의 부친은 송사련이었고 모친은 정씨였다. 송사련은 자신의 외삼촌이었던 안당과 그의 아들 안처겸을 고변하여 죽게 만들고, 그 공로로 당상관에 올라 죽은 안씨의 전답과 노비를 차지한 비열하기 짝이 없는 자였다.

안당은 조광조를 천거한 인물로서 기묘사화로 화를 입은 선비들을 두둔하다가 파직당했다. 그가 아들과 함께 기묘사화를 일으킨 간신들을 욕한 적이 있었는데, 송사련이 이를 듣고 고변했던 것이다. 당시는 기묘사화를 일으켜 조광조 일파를 제거한 간신들이 정권을 잡고 있을 때였기 때문에 안당은 즉시 잡혀가 교사형에 처해졌다. 외삼촌을 팔아먹고 부귀를 탐한 자가 바로 송익필의 부친인 송사련이었던 것이다. 그런데 상황이 역전되어 명종(13대) 때 조광조가 복권되고, 선조 때에는 기묘사화를 일으켰던 남곤 등이 삭탈관직되고 조광조와 안당에게도 시호가 내려졌다. 이렇게 되자 송사련은 무고죄로 몰리게 되었다.

동인들이 들고 일어나 안당의 손자 안윤으로 하여금 송사련을 제소하게 했다. 송익필의 할머니가 본래 안씨 가문의 노비로서 속량되지 않았으니 송씨 일문은 모조리 노비들이라는 주장이었다. 결국 송사의 판결이 안씨 가문에 유리하게 판결되어, 송익필 형제를 비롯한 송씨의 자손들 70여 명이 모조리 종의 신분으로 떨어지고 말았다. 송익필은 가까운 친지의 집을 전전하면서 숨어 지냈고, 나머지 70여 명도 안씨 가문의 복수를 피해 전국으로 흩어졌다.

송익필은 판세를 뒤집기 위하여 동인 세력을 몰아낼 결정적 단초를 찾기 시작했다. 그런 송익필에게 동인인 정여립이 무사들을 모아 대동계를 만들었고, 반체제적인 발언을 심심찮게 하고 다닌다는 제보가 들어왔다. 이때부터 송익필은 여러 곳을 돌아다니며 사람들을 만날 때마다 《정감록》 중 '목자는 망하고 전읍은 흥한다'는 참서를 보이고 다녔다. 그러면서 꼭 한 마디씩 토를 달았다.

"머지 않아 이씨가 망하고 정씨가 새로 왕이 될 것이다. 호남 쪽에 왕기가 서려 있으니 빨리 찾아보고 새 운명을 개척해라."

당시 16세기 조선에서는 통치자나 반란자들이 모두 《정감록》 같은 참설을 이용하여 민중을 현혹하였고, 어리석은 백성들 중에는 그 같은 참설을 믿는 자들이 많았다.

송익필은 서인의 막후 실력자로서 살아 있는 제갈공명으로 불릴 만큼 지모가 뛰어난 자였다. 거기다 학문도 도저하여 이지함 같은 사람도 시대의 스승으로 꼽은 인물이었다. 조일전쟁 때 전사한 의병장 조헌, 대제학에 올랐던 김장생, 인조반정 때 최고 지휘관 김류가 모두 그의 제자였다.

송익필은 경기도 고양군 구봉산 아래서 후학을 지도했으므로 구봉선생이라 불렸고, 그의 저술로는 《구봉집》이 있다. 송익필은 호남으로 가서 여러 참언을 널리 유포시켜 분위기를 잡아나갔다. 그러다가 안악의 유생 조구를 시켜 정여립을 고변하도록 한 것이고, 그렇게 해서 정여립에 대한 제보가 호남이 아닌 황해도에서 나왔던 것이다.

옥사가 벌어지자 송익필은 옥사의 책임을 맡은 우의정 정철의 집에 머물면서 그를 배후 조정했다. 송익필의 배후 조정에 놀아난 정철은 옥사를 호기로 여기는 송익필과 죽이 맞아 애매한 선비들을 처형하는 데 앞장섰던 것이다.

종의 신분이면서도 도망쳐 다녔던 송익필은 이후 아우 한필과 함께 잡혀 회천으로 유배되었다가 1593년 사면 때 풀려났다. 그 후 일정한 거처도 없이 아는 사람들의 집을 전전하다가 조일전쟁이 끝나던 해에 죽었다.

남인과 북인의 분열

기축옥사를 계기로 동인은 남인과 북인으로 나뉘었다. 사건을 조작한 서인을 불구대천지원수로 본 사람들은 북인이 되었고, 온건파는 남인이 되었다. 기축옥사의 진실이 채 밝혀지기도 전에 조일전쟁이 일어나 기축옥사의 진실은 역사 속에 묻혀버렸다. 정여립이 호남 선비였기 때문에 기축옥사 이후 호남은 반역향으로 지목되어 그때부터 호남 선비들은 인재등용에서 차별을 받고 소외되기 시작했으며, 이 연장선상에서 동학농민전쟁이 일어났다. 삼국시대 이후부터 전라도에 대한 차별이 있어 왔으나, 1589년 일어난 기축옥사를 기점으로 차별은 더욱 심화되었다.

《정감록》

배우지 못하고 어리석은 백성들은 사상이나 이념은 골치아파해도 구전되는 참설에는 혹했다. 《정감록》은 조선 개국 이래 전해오는 참설로서 계룡산에 있는 개태사를 장차 정씨가 도읍할 길지로 지목했다는 내용의 참서이다. 당시 떠돌던《정감록》은《주역》 등 길흉화복을 예언한 여러 기록을 집대성한 것으로 반왕조적이고 현실 부정적인 내용으로 되어 있어 금서였다. 이러한 참설이 광범위하게 유포되고 백성들이 믿게 된 바탕에는 현실을 부정하는 인식이 깔려 있었다. 조선 백성들의 삶은 너무도 비참하여 더 이상 내려갈 데가 없었기 때문에 누구나 세상이 뒤집히기를 기대했다. 제까짓 세상이 뒤집혀봐야 지금보다 더 나쁠 수는 없기 때문이다.

이때까지 조선의 상황이 최악은 아니었음에도 불구하고 백성들은 벌써 이런 인식을 가지고 있었다. 그래서 조일전쟁 때 일본군들이 조선인들을 포로로 잡아 일본으로 데려갈 때 같이 데려가 달라고 애원하는 천인들이 넘쳐났다니, 그런 나라가 어떻게 왜적을 물리칠 수 있었겠는가. 이러한 배경으로 참설과 미륵신앙 같은 일종의 구세주 신앙이 민초들 사이에 광범위한 믿음을 형성하고 있었다.

14

세계 최강 육군국 일본과
세계 최강 해군국 조선의 격돌,
조일전쟁의 진상

일본의 조선 침공

조선이 개국하고 딱 200년 되던 해인 1592년 4월 일본이 조선을 침공했다. 사실 필자가 '백성 편에서 본 조선통사' 원고를 탈고하고 보니 거의 1,300페이지에 육박했다. 원고의 분량이 세 권에 육박하자 필자는 고민이 생겼다. 만약 이 원고로 세 권의 책을 만들면, 이미 한두 권짜리 가벼운 읽을거리가 아니라, 이건 전집이 된다. 부담이 확 가는 것이다.

그렇다고 멀쩡한 원고를 폐기처분할 수도 없고, 그래서 《왕을 참하라》를 상 · 하 두 권으로 편집하고, 조일전쟁사 원고만 따로 추려내어 별도로 책을 만들기로 했다. 조일전쟁사만 따로 추려도 한 권 분량이 되기 때문이다. 천상 이 책에는 조일전쟁 중에 일어났던 몇 가지 중요한 사건만 추려서 가볍게 다룰 수밖에 없으니 독자들의 해량을 바라마지 않는다.

에이, 진짜 재미있는 것은 별책인 《세계 최강 육군국 일본과 세계 최강 해군국 조선의 격돌, 조일전쟁》인데. 나중에 시간이 되고, 여유가 있으시면 구해 보시기 바란다.

전쟁 개시, 양측의 병력과 화력

우선 전쟁의 이름부터 바꾸자. 이제부터 임진왜란이라 하지 말고 조일전쟁이라 부르자. 조일전쟁은 근대 동아시아에서 가장 규모가 컸던 국제전이었다. 독자들이 알고 있는 일본의 조총, 조선의 활, 이런 등식의 소규모 전쟁이 아니었다.

조일전쟁은 일본과 조선 그리고 명나라가 모두 50만 명 이상의 대군을 투입하여 동아시아의 정세를 완전히 바꾸어 놓은 대규모 전쟁이었다. 당시 전쟁에 동원된 무기도 현대전에서 쓰이는 기본적인 화기들이 거의 다 동원되었다. 탱크와 비행기, 그리고 항공모함만 없었다.

그래서 임진왜란이란 명칭이 어울리지 않는 것이다.

전쟁의 결과도 엄청 참혹했다. 조선은 200만 명 이상의 백성이 전쟁중 전사, 병사, 아사했고 전국의 농지는 모조리 황폐해졌다. 기근과 전염병이 덮쳐 수많은 시체가 길바닥에 굴러다녔으며 부모와 자식이 서로 뜯어먹었다. 나태하고 무기력했던 조선 조정에 대한 징벌로도 너무 심했다. 일본에서는 히데요시가 멸망하고 도쿠가와 막부가 섰으며, 명은 전후 40년만에 청에 멸망하고 말았다. 이런 대전쟁을 어찌 가볍게 '왜란'이라고 할 수 있는가.

일본을 통일한 도요토미 히데요시가 대륙을 경영할 욕심에 그 전초지인 조선을 15만의 대군으로 침공했다. 파병된 일본군은 상무국인 일본에서 전국시대 100여 년간 수도 없는 전쟁을 치르면서 갈고 닦은 무사들이었다. 또한 포르투갈에서 입수한 신무기인 조총을 자체 제작하여 전군의 약 20~30퍼센트가 조총으로 무장하고 있었고, 나머지는 주로 창과 칼로 무장하고 있었다. 무를 숭상하던 일본 무사들은 창칼을 쓰는 데는 모두 도사였다.

당시는 이미 양국간에 전쟁 징후가 농후했다. 히데요시의 친서를 가져온 일본의 사신이 '명을 칠테니 길을 내라'는 불손한 내용의 국서를 이미 가져왔기 때문에 조선 조정에서도 전쟁 발발에 대한 감을 잡고 있었으며, 이미 전쟁은 피할 수 없는 대세였다. 그리고 전쟁 바로 전 해에 일본에 사신으로 갔다 귀국한 사신단의 정사이자 서인인 황윤길이 전쟁 발발 보고를 했다. 그럼에도 불구하고 부사이자 동인인 김성일이 전쟁이 나지 않을 것이라는 허위보고를 하는 바람에 조정은 편안한 거짓을 선택하고 말았다. 정사와 서장관 등의 전쟁대비 주장을 싸그리 무시해버렸던 것이다.

이렇게 나라의 운명이 왔다갔다하는 중대한 시점에도 당파가 다르다고 무조건 반대 주장을 할 정도였으니, 당파 싸움 때문에 조선이 망했다는 얘기가 오백 번 맞다. 왕이나 대신들 모두가 그간 누려왔던 안일과 나태에 젖어 전쟁 생각만 해도 끔찍했던 것이다. 결국 그들은 편안한 거짓을 선택하여 거의 아무 준비도 하지 않은 채 전쟁을 맞게 되었다.

당시 상황을 살펴보자. 선조가 재위하고 있었던 당시 조선 조정은 완전히 썩은 데다, 그간 한 번도 전쟁을 치른 일이 없었다. 그래서 도대체 아군 병력이 얼마인지, 무기와 장비가 창고에 있기는 한지 아는 놈이 단 한 놈도 없었다. 군사를 모집하면 병역 면제자들인 유생들이나 몇 명 모였고, 참 양반들은 군대 안 가는 것 아시지? 나머지는 고개 돌리고 쳐다보지도 않았다. 전쟁 경험이 있는 장수도 없었고, 훈련을 제대로 받은 군사도 없었으며, 백성들은 나라가 빨리 망하기만 빌고 있었으니, 이런 빌어먹을 상황에서 조선이 전쟁에서 승리한다는 것은 노름판에서 잭팟 터지는 확률보다 더 낮았다.

군대는 이렇게 개판이었지만, 그래도 세종대에 세계 최강의 화약 무기국이었던 조선의 전통이 계승되어서, 중화기 면에서는 일본군을 압도했다. 또 다행히 바로 전대인 명종대에 전함을 판옥선으로 바꾸어 놓은 덕분에 전함도 막강했다. 즉 조선의 군대는 개판이었으나 무기와 수군의 전함은 일본군에 비하여 압도적으로 우세했던 것이다.

육군에는 비록 일본군의 조총보다 성능이 좀 떨어지긴 해도 조선 소총인 승자총통이 있었고, 중화기로는 로켓포, 대포, 박격포, 반자동 기관총, 수류탄, 지뢰 등 일본군에는 없는 거의 모든 화약 무기들을 보유하고 있었다. 또 조선 수군은 전함이 없었던 일본 수군에 비해 당시 세계 최강의 함대를 거느리고 있었다. 조선 전함의 주력은 판옥선이었다. 모든 판옥선이 함포를 10여 문 내지 20문씩 장착하고 있어서 함포가 없는 일본의 함선은 해전에서 도무지 게임이 되지 않았다. 거기다 육군에서도 전쟁 다음 해부터 일본군으로부터 입수한 조총을 본떠서 더 우수한 조총을 생산하기 시작하여 실전 배치함으로써 일본군을 압도하게 된다.

전쟁 초기에는 붙는 대로 박살이 났다. 우선 아무런 전쟁 준비가 없었고, 실전 경험이 있는 쓸 만한 장수도 없는 데다 왕이란 인간이 관민합심하여 침략군에 대처할 생각은 쥐뿔도 없었다. 선조는 일본군이 어디쯤 왔다는 말만 들으면 그냥 뒤도 안 돌아보고 튀기에만 정신이 없었다. 그러니 이런 판에 제 목숨 내놓고 싸울 놈은 단 한 놈도 없었던 것이다.

개전 20일만에 수도인 한양이 함락되고 뒤이어 제2의 수도인 평양이 무혈 점령되자, 선조는 의주까지 도망쳐 명나라에 망명을 받아달라고 대신을 요동에 보내 매일 빌고 있었다. 그러니 그 전쟁을 어떻게 이길 수 있었겠는가?

그래도 아직은 조선이 망할 때가 안 되어서 그런지 전국 각지에서 의병이 일어나 일본군의 군량 수송로를 끊었고, 해전에서는 이순신의 함대가 연승하여 서해로 가는 일본군의 해양 보급로를 막았다. 또한 전쟁의 불똥이 자기 나라로 튈까 염려한 명이 대군을 파병함으로써 조선은 겨우 숨을 돌릴 수 있었다.

이렇게 전후 5~6개월이 지나자 일본군은 점차 밀리기 시작했다. 전쟁이 시작되고 시일이 지날수록 일본군의 점령지가 넓어지고 길어지는 바람에 군량 수송로가 늘어나, 수송로에만 수만 명의 병력을 남겨두어야 했으므로 갈수록 전력이 약화되었다.

반대로 조선군은 계속 위로 몰리다 보니 밀집현상이 일어난 데다, 전투 경험도 조금씩 생겨서 오합지졸의 티를 벗기 시작해 점점 싸울 만해지기 시작했다. 이렇게 1차 전쟁에서는 서로 한 1년 정도 싸우다가 명일강화회담이 열렸다. 서로 속고 속이는 강화회담이 3년이나 질질 끄는 바람에 전쟁이 소강상태에 빠졌다가, 강화회담이 깨지면서 1598년 2차 전쟁인 정유재란이 발발했다. 재침공한 일본군이 북상하는 도중 일본의 히데요시가 병사하는 바람에 철군하여 7년에 걸친 조일전쟁은 비로소 끝난다.

자, 전쟁 전체를 간단히 조망해 보았으니 이제 육·해군의 전투를 따로따로 살펴보자. 아무런 저항 없이 부산에 상륙한 일본 육군은 부산성과 동래성을 해장 한잔 할 동안 점령한 다음 북상하기 시작했다. 멍청이 이일과 주제도 모르는 신립이 일본군을 막는다고 내려갔다가 상주와 탄금대에서 각각 박살이 났고, 이후 일본군은 아무 저항 없이 한양까지 진격했으며, 다 도망가서 아무도 없는 한양에 느긋하게 무혈 입성했다.

계속 북상하는 일본군을 맞아 도원수 김명원이 임진강 방어선을 쳤다가 깨졌고, 평양 수비를 하다 또 깨졌다. 병사도 오합지졸이었지만, 지휘관이라는 놈들이 모조리 문관이 되어서 전술이 뭔지 전쟁이 뭔지 아는 놈이 한 놈도 없어 붙기만 하면 깨졌다. 평양이 함락되면서 선조는 의주로 튀었다.

자, 이제 명나라 땅이다. 명나라에서 선조의 망명요청을 거절하자 갈 데가 없어진 선조는 비로소 꿈이 깨어 광해군(15대)과 조정을 둘로 나누고 명에 원병을 요청했다. 드디어 명에서 파견된 이여송의 대군이 호호탕탕히 대포를 앞세우고 조선 땅에 들어왔다. 죽은 아비가 살아온 것보다 더 반가웠던 선조는 명군의 뒤를 열심히 댔다.

명군은 조선군과 합세하여 조명연합군을 구성한 다음 평양성 탈환 공격을 시작해, 우수한 화포로 공격하여 일본군을 패퇴시키고 평양성을 수복했다. 한양까지 밀려내려간 일본군의 병력은 약 40퍼센트 정도가 줄어 있었다. 일본군은 전사 외에도 아사자, 동사자가 엄청 나왔으며 도망병 수도 만만치 않아, 도망병만 1만 명 정도 되었다고 한다. 일본군은 명군과의 강화회담을 승낙한 후 한양을 비우고 부산으로 퇴각했다. 일본군은 거기다 수십 군데 성을 쌓고 2차 전쟁까지 3년을 웅크리고 있게 된다.

행주대첩

참, 행주대첩 얘기를 해야겠네.

일본군은 서울에 주둔하고 있는 동안, 조명연합군이 내려오기 전에 우선 가까운 곳에 있던 행주산성에 있으면서 걸리적거리던 권율군을 박살내기로 결정했다. 그들은 3,000의 수비군이 있는 행주산성을 단숨에 식사할 생각에 3만의 군사를 동원하여 공격에 나섰다. 그러나 권율군은 비록 3,000의 수비병밖에 없었으나, 보유하고 있는 화기가 막강했다. 수도 없이 밀려오는 일본군의 공세를 권율군은 침착하게 포로 갈기고, 기관총을 퍼부었다.

자동기관총이야 19세기 말에 발명되었지만, 당시 권율군이 보유하고 있던 것은 수동식 기관총이었다. 즉 소총인 승자총통을 10개씩 5줄 구멍이 뚫린 나무틀에 고정시켜 놓고 뒤를 도화선으로 연결했다. 도화선에 불을 붙이면 50정의 승자총통이 연속 사격이 되어 기관총 구실을 하는, 기막힌 화력을 가진 화기가 되었다. 이것을 화차라고 불렀는데 행주산성에는 당시 약 300량의 화차가 있었다. 승자총통은 한 번에 15발의 탄환을 쏠 수 있어, 50정이면 750발이 되고, 300량의 화차에서 한꺼번에 쏘면 약 22만 발의 총탄이 발사된다.

이러니 일본군 제까짓 것들이 아무리 떼거리로 몰려와도 위에서 우박같이 퍼부어대는 총탄 세례를 당할 수가 없었던 것이다. 결국 일본군은 총사령관을 포함한 3명의 장군이 부상당했으며, 수천 명의 전사자를 버려둔 채 퇴각하고 말았다. 이것이 유명한 행주대첩인데 어느 인간이 행주치마에다 짱돌을 날라다 던져서 이겼다고 헛소리를 했어?

이순신과 해전 연승의 거품

한편 조선 수군은 이순신 장군의 지휘 하에 일본군을 상대로 연승하고 있었다. 다만 한 가지 알아둘 것이 있다.

임진왜란 하면 이순신 장군 얘기가 나오고, 이순신 장군 얘기만 나오면 해전 신화인 23전 23승 얘기가 나온다. 그런데 이건 실상 거품이 많이 끼어 있는 스토리다. 해전 23전 중에 제대로 한 해전은 3번쯤밖에 없었다. 나머지 10여 번은 전투를 한 것이 아니라 포구에 정박해 있는 일본 함선을 상대로 함포 사격 연습을 한 것이고, 또 그나마 3번의 해전에서는 이기지도 못했다.

이긴 3번의 전투란 한산도해전, 명량해전, 노량해전을 말하는데, 노량해전은 이순신 장군이 전사한 전투이니 열외로 하고, 다른 두 전투의 경과를 보자. 한산도해전에서는 조선 수군의 전력이 압도적으로 우세하여 이길 것을 그냥 이긴 전투였고, 명량해전만이 실제로 대첩 소리를 들을 만한 결정적인 승리를 거둔 전투였다.

독자 여러분, 《이순신》이라는 TV연속극을 보신 분 계시지? 그때 조선 수군이 어떻게 일본 수군을 이겼죠? 물어보면 생각이 안난대. 기억을 잘 더듬어보셔.

우선 조선 전함의 척 당 전력은 일본 함선의 5배 이상이었다. 앞서 말한 대로 조선 수군의 주력은 함포가 장착된 전함이었고, 일본 함선은 그냥 수송선이었다. 일본 수군의 무기라고는 조총뿐이었는데, 조선 전함에 장착된 막강한 함포는 유효사거리가 500m가 넘었고, 조총의 유효사거리는 겨우 100m정도였다. 일본군은 접근전이 아니면 싸울 방도가 없었던 것이다. 거기다 일본 수군의 전통적인 해전 방식은 서로 접근하여 배를 붙인 후 상대방 배의 갑판에 뛰어올라가 육박전을 벌이는 고전적인 스타일이었다.

하지만 이렇게 배를 붙여도 조선 전함의 흘수선이 워낙 높아 상대적으로 규모가 적은 일본 함선에 탄 일본군들은 조선 전함으로 넘어갈 수가 없었다. 또 가까이서 서로 들이받으면 백이면 백 일본 함선이 깨졌다. 조선의 판옥선은 소나무 원목으로 건조되었고, 일본 함선은 가벼운 삼나무 판자로 건조되어 있어서 충돌하면 그냥 일본 함선의 와수수였다.

명량대첩

명량해전은 아주 치열한 전투였다. 당시 삼도수군 통제사 원균이 칠천량해전에서 왜군의 접근전에 당해 조선 수군 함대 100여 척이 그냥 불에 타 침몰하는 바람에 조선 수군은 거의 사라진 상태였다. 그때 거북선 3척도 재가 되었고, 이후 거북선은 사라진다. 이순신 장군이 살려고 그랬는지, 전투 전날 배설이란 중간지휘관 한 놈이 겁도 난 데다가 원균의 지휘가 시원치 않아 잘못하면 사망할 것 같은 우려가 들자 자신의 지휘 하에 있는 판옥선 12척을 빼돌린 후 전장을 탈출했다.

원균이 죽자 이순신은 다시 삼도수군 통제사로 임명되었다. 이순신은 남은 함대 13척을 수색하여 모은 뒤, 지금의 진도대교 부근 울돌목에 진을 치고 일본 수군을 기다렸다. 울돌목은 우리나라에서 조류가 가장 빠르게 왔다갔다하는 곳으로서 배를 제어하기가 대단히 어려운 해협이다. 함선 수가 적은 이순신은 이런 울돌목에서 일본군과 한판 붙을 생각이었던 것이다.

드디어 일본 함대 200여 척이 바다를 까맣게 메우면서 나타나더니 그 중 130여 척이 울돌목으로 들어섰다. 너무나 큰 함대의 위용에 눌려 이순신의 부하 장수들이 싸울 의욕을 잃고 뒤로 빠질 때 이순신 장군은 그들을 질책하여 함께 일본 함대를 공격하기 시작했다.

한나절이 걸린 포격전 결과 일본 함선은 30여 척이 침몰하고 나머지 90여 척은 만신창이가 되었으며, 조선 수군은 단 한 척의 손실도 없었다. 일본군은 수천 명이 전사했으나 조선군 손실은 100명도 안 되었다. 이 전투는 사실 약간 위험한 전투였다. 일본 수군에 비록 함포가 없다 해도 130척이면 이순신 함대의 10배나 되는 함대였다. 그러나 이순신이 이러한 위험을 딛고 명량해전에서 승리를 거둠으로써 한국 역사상 가장 뛰어난 해군 제독으로 추앙을 받게 되었다.

전투라는 것이 많이 해야 명장이 되는 것도 아니고, 여러 번 이겨야 명장이 되는 것도 아니다. 별 볼일 없는 전투는 이기거나 지거나 대세에 영향이 없으니 신경 쓸 것 없고, 결정적인 전투 한 번만 이기면 영웅이 되는 것이다. 트라팔가르 해전의 넬슨이나 러일전쟁 때 쓰시마 해전의 일본 해군 사령관 도고 헤이하치로를 봐라. 딱 한 번 이기고 그 나라의 영원한 영웅이 되었다. 하여간 명량해전의 패배로 일본 수군은 칠천량해전 승리 이후 꽉 잡고 있었던 남서해의 제해권을 포기하는 수밖에 없었다.

광화문에 있는 이순신 장군의 동상은 박통이 만든 것으로 아는데, 실제 이순신 장군하고는 거리가 먼 쇳덩어리다. 이순신 장군의 초상은 남아 있지 않지만 여러 서책을 참고하면 용모가 단아하고 병약한 문관 스타일에 맨날 아팠다. 키도 크지 않아 140~145cm 정도였을 것으로 추정된다. 이순신 장군도 우리와 똑같은 인간이었다. 전투를 앞두고 불안해서 점도 쳤고, 고향 식구들을 걱정해서 잠을 설쳤다. 자, 이제 그만 이순신 장군을 차가운 구리 속에 가두어 놓지 말고 우리 옆에 따뜻한 피를 가진 구국의 영웅으로 되돌리도록 하자.

참, 마지막에 중요한 얘기를 빠뜨릴 뻔했다. 조일전쟁 후 일본을 통해 들어온 먹거리 얘기다. 빵, 고구마를 비롯한 많은 먹거리들이 조일전쟁 후 일본을 통해서 들어왔는데, 가장 중요한 것이 고추와 담배다. 고추는 중남미의 멕시코가 원산지로 1492년 아메리카가 발견된 후 기존 세계에 퍼졌고, 조선에는 포르투갈 상인들이 일본에 전래한 것이 전해졌다.

그럼 그 전엔? 그 전에도 김치, 깍두기 비슷한 것이 있었으나 백김치 백깍두기였다. 요새 같은 김치는 먹기 시작한 지 100년도 안 되었다. 요새 우리가 먹는 배추는 서양 종자를 개량한 것으로 19세기 말에야 들어온 것이기 때문이다.

담배도 아메리카가 원산지다. 담배는 17세기 초에 조선에 들어왔는데, 남녀노소를 불문하고 담배를 피워대서, 조선은 동양에서 첫째가는 담배 천국이 되었다. 그렇게 되는 데 걸린 시간은 담배가 들어오고 겨우 5~10년 사이였다. 하여간 한국인들은 담배를 엄청 좋아했다. 역사적으로 골초로 유명한 인물이 정조(22대)와 정약용이다.

별책《세계 제일의 육군국 일본과 세계 제일의 해군국 조선의 격돌, 조일전쟁》은 총 350여 쪽으로, 조일전쟁의 진실과 양국의 자세한 무기 비교, 육전과 해전의 상세한 전황, 당시 인물들에 대한 평가, 전후 포로의 실태 등 수많은 자료를 인용하고 있다. 아마 조일전쟁사의 총체적 진실에 최초로 접근한 책일 것이다. 필자가 원래 전쟁사를 전공했기 때문에 제법 볼 만하니, 구해 보시기 바란다.

15

개혁의 좌절,
아까운
제15대 광해군

광해군의 등극

선조(14대)와 공빈 김씨의 둘째아들로 태어나 1608년 선조를 계승해 왕위에 오른 광해군 이혼은 조선 왕조사상 연산군에 이어 쿠데타로 실각한 두 번째 왕이다. 선조는 적자는 없고 서자만 열셋이 있었다. 그 중 둘째인 광해군이 자그마치 16년 간이나 세자로 있다가 선조가 덜컥 죽는 바람에 겨우 왕위를 계승했다.

어려서부터 총명했던 둘째 광해군에 비하여 큰아들 임해군은 애가 멍하고 우둔한 데다 난폭해서 진작 빠졌고, 가토 기요마사에게 임해군과 함께 포로가 되었던 순화군은 애가 많이 상해서 뻑하면 사람을 패죽이고 패악을 일삼다 요절했다. 요절해도 백 번 싼 이 인간이 죽인 사람이 수십 명인데, 등신 같은 선조는 제 애새끼 예쁘다고 순화군을 싸고 돌았다. 결국 애새끼를 너무 싸고 도는 바람에 인간 말종이 되었다가 요절하고 말았으니, 애 기를 때 참고하기 바란다. 맹목적인 부모 사랑은 애새끼를 강도 새끼로 만드는 첩경이다.

선조가 죽고 광해군(15대)이 즉위한 1608년 초만 해도 왕위는 광해군 차례가 되기 어려웠다. 어차피 임해군이나 광해군 둘 다 적자가 아니었고, 자기 자신도 서자 출신이었으므로 선조는 좀더 기다리더라도 적자를 후사로 삼고 싶어했다.

그러는 동안 원래 영계를 밝히던 선조가 죽기 5년 전쯤에 자그마치 자신보다 서른 두 살이나 어린 인목왕후를 맞이하여 2년 뒤에 영창대군이 태어났다. 안 그래도 선조가 광해군을 떫게 보고 있는 와중에 적자인 영창대군이 태어나자, 선조의 눈치를 보면서 거기에 빌붙으려는 신료들이 줄을 섰으니, 이 소인배들이 소북이다.

이때 찬밥 직전이 된 광해군의 편이 되어 준 인물들이 대북파인 정인홍, 이이첨, 허균 등이었다. 사림의 원로이자 조일전쟁 때 의병장으로 혁혁한 공을 세운 북인의 영수 정인홍은 광해군에게 왕위를 넘기라고 선조에게 상소했다가 귀양을 갔으며, 선조는 광해군에게 '세자'라는 명목으로 문안도 오지 말라고 구박을 주었다.

그런데 광해군에게 왕위를 물려주라고 상소를 올렸던 정인홍을 유배보낸 직후인 1608년 2월 1일 선조가 덜컥 죽었다. 1568년 18세의 나이로 왕위에 오른 지 자그마치 41년만이었다. 하여간 한 것도 없이 엄청 오래 해 처먹었다.

선조가 죽은 다음 날 25세의 인목대비는 광해군의 즉위를 지지했고(선택의 여지가 없었다), 34세의 광해군이 왕위에 올랐다. 왕세자가 된 지 16년만의 일이었다.

당시 서모인 인목대비는 광해군보다 아홉 살이나 어렸고, 적자인 영창대군은 겨우 세 살이었으니 인목대비가 아무리 광해군이 왕위를 계승하는 것이 떫었어도 대세를 피할 수는 없었다. 사실 소북의 영수 영의정 유영경은 선조가 죽으면서 광해군에게 내린 선위교서를 공포하지 않고 감추었다가 발각되었고, 그 순간 죽음이 찾아왔다. 이래서 소북은 확실히 몰락하고 말았다.

광해군은 즉위 후 대북을 등용하여 황폐해진 국가를 재건하는 일을 최우선 과제로 삼았다. 광해군 조정은 경기도 일대에 대동법을 시행하고, 전란 때 소실된 서적 간행에 힘을 기울여《신증동국여지승람》《국조보감》 등을 다시 편찬했으며, 역사상 최고의 의서인 허준의《동의보감》이 간행되었다. 또 전란중에 일본군의 피습을 받아 불타버린 지방의 사고를 대신하여 적상산에 새로운 사고를 설치한 후 실록과 사서들을 다시 간행하여 보관했다. 양전사업을 실시하여 전란으로 황폐화된 농지를 다시 측량하고, 경작지를 확대하여 국가 재원을 확충하기 위하여 노력했다.

한편 대륙에서는 여진이 부상하고 명이 쇠퇴하는 조짐이 확연해지자 광해군(15대)과 북인 정권은 과거의 은원을 묻어둔 채 일본과 수교했다. 변화를 요하는 명 · 청 외교에 대처하기 위한 배후 안전책이었다. 수교조건은 선릉(성종의 묘)과 정릉(중종의 묘)을 훼손한 범인의 인도 요청이었고, 전쟁중 범인이 어느 놈인지 알리 없는 일본 조정이 아무 사형수나 몇 명을 넘기자 그들이 주범이 아닌 것을 뻔히 알면서도 그들을 처형하고 수교를 단행했다.

또 광해군이 명 · 청 교체기에 양대국의 눈치를 살피면서 기차게 처신한 외교 솜씨도 하수의 솜씨가 아니었다. 그 덕분에 조선은 국제분쟁의 회오리에서 한 발짝 비켜날 수 있게 되었다.

광해군은 인륜을 저버리고 황음무도하였다 하여 조선조 내내 대표적인 폭군으로 알려진 인물이다. 그러나 근자에 들어서 광해군이 재평가되고 있다. 구습을 타파하고 피폐된 국토를 재건하기 위하여 내정을 충실히 했으며, 국방력을 강화하면서 새로운 국제질서에 현명하게 적응하려 했던, 아주 괜찮은 왕으로 평가되고 있는 것이다. 하물며 일부에서는 그를 세종(4대)에 버금가는 명군으로 여기기도 한다. 광해군을 재평가해야 하는 것은 필연지사이나, 세종에 버금간다는 멘트는 세종에 대해서 몰라도 뭘 한참 몰라서 하는 소리다.

조일전쟁 극복의 주역 북인의 실종

조일전쟁 후 조선은 개국 이래 최대의 위기상황에 처하게 되었다. 7년에 걸친 조일전쟁의 후유증은 대단히 심각했다. 인구는 거의 절반으로 감소했고, 경작지는 3분의 1 수준으로 줄어들었다. 특히 경상도는 경작하는 땅이 겨우 전 토지의 6분의 1에 불과할 정도였다. 거기에다 기근, 전염병이 창궐해 백성들의 참상은 이루 말할 수 없었다. 국가 재건에 필요한 나라의 재정도 인구와 경작지의 감소로 바닥을 드러내고 있었다. 중국에서는 명의 몰락 조짐이 확연했고, 새로운 세력인 청이 뜨고 있었다.

조선이 해야 할 일은 새로운 국제 역학관계를 면밀히 검토하여 전쟁을 피하는 것이 첫째였고, 그 다음에는 정쟁을 중단하고 모든 국력을 국가 재건에 쏟아부어야 했다. 이렇게 어려운 시기에 광해군이 즉위했다. 당쟁사에서 광해군대에 정권을 잡았던 북인에 대한 언급은 별로 찾아볼 수 없는데, 이는 광해군을 내쫓은 인조반정에 성공한 서인들에 의하여 북인들이 모조리 처형되어 사라졌기 때문이다.

북인의 인물 중의 하나인 이이첨이 대표적인 간신 중의 하나로 기억되고 있지만 이는 서인들이 1623년 인조반정으로 정권을 잡은 후 이이첨과 그의 세 아들을 참형에 처한 다음 간신이라는 꼬리표를 만들어 붙인 것이다.

광해군과 북인 정권은 민생에 직결되는 각종 정책을 시행하여 전란 복구에 큰 성과를 이룩했으나, 소수였던 북인들은 세자 시절에 있었던 과거사 정리 문제를 거론함으로써 스스로의 발목을 잡았다. 정인홍은 북인의 영수 조식을 문묘에 종사하려다 실패하자 이언적(서인)과 이황(동인)의 문묘 종사를 반대해 서인과 동인, 남인까지 적으로 만들고 말았다. 대북의 영수 정인홍은 강직한 선비였으나 융통성이 전혀 없는 인물이었다.

광해군은 재위 5년에 일어난 '칠서의 옥'을 기화로 인목대비의 부친인 김제남과 영창대군을 죽이고, 재위 10년에는 인목대비까지 폐모시킴으로써 큰 논란을 불러일으켰다. 인목대비의 폐모는 정인홍, 이이첨, 허균, 백대연, 정호 등 대북이 주도했으나 내외의 커다란 반발을 불러온, 당시로서는 온당치 못한 처사였다. 이 사건은 원래 소수였던 대북을 더욱 고립시켰으며, 후에 서인들은 폐모를 명분삼아 반정을 일으키게 된다.

대북의 사상은 의와 명분을 유난히 강조하고 실천하는 사상이었으므로 불의와는 결코 타협하지 않는다는 강직한 정신이 서인을 훨씬 능가했다. 그래서 조일전쟁 때도 가장 많은 의병장이 대북에서 나왔다. 반면에 포용력이 떨어지고 융통성과 임기응변을 몰라 적을 많이 만들어 스스로 고립되는 단점이 있었다.

사림의 분열

선조(14대) 때 사림파가 훈구파에게 최종적으로 승리하고 정권을 잡자마자 사림파는 곧바로 분열되었다. 김효원의 이조전랑 임명을 찬성하는 소장파인 동인과 심의겸을 주축으로 임명을 반대하는 노장파인 서인으로 분열된 것이다.

동인들은 선조 때 일어난 정여립 역모사건에 연루된 자가 많아 실각하고 서인이 정권을 잡았으나, 곧 세자책봉 문제로 선조의 노여움을 사서 실각했다. 광해군(15대)을 밀었던 서인이 탈락하는 과정에서 동인들 중 서인들에 대한 엄중한 처벌을 주장하는 이산해 등 강경파들은 북인이 되었고, 관대한 처벌을 주장하는 유성룡 등은 남인이 되었다.

이 남북 분당은 학통에도 좌우되었다. 북인들은 주로 남명 조식과 화담 서경덕의 문인인 반면, 남인은 퇴계 이황의 문인들이었다. 남명 조식은 벼슬을 거부하고 평생 지방에 머물면서 후학을 기른 실천적 성리학자로서 그의 문하에서 오건, 정인홍, 김우옹, 최영경, 정구, 곽재우 들이 배출되었다. 기생 황진이와의 일화로 유명한 화담 서경덕은 평생 처사로 일관한 학자였으며, 그는 독학으로 일가를 이룬 다음 산림에 은거하면서 허엽, 박순, 박지화, 서기, 한백겸, 이지함 등을 길러냈다. 이렇게 북인은 현실정치에 깊이 간여하지 않은 파벌이었는데, 조일전쟁이 그런 북인들을 정치 현장으로 끌어들이는 계기가 되었다.

전쟁이 터지자 뒤도 안 돌아보고 튄 선조와 달리 북인들은 의병을 일으켜 일본군과 정면으로 맞섰다. 서인 쪽에도 조헌, 고경명 같은 의병장들이 있었으나, 조식의 문하였던 곽재우, 김덕령, 정인홍, 조종도 등 유명한 의병장의 대부분은 북인들이었다. 튀느라고 엄청 팔리게 된 선조는 이렇게 명분과 실천을 앞세운 북인들을 앞장세워 난국을 타개하고자 그들에게 정권을 맡겼다. 북인은 광해군대까지 정권을 잡고 있다가 인조반정이 일어남으로써 서인들에 의하여 모조리 처형되어 정계에서 사라지고 말았다.

인조반정 후 정권을 잡은 서인 중에서도 노론이 조선 멸망 때까지 정치의 주류가 되면서 유심적이고 비실용적인 사조가 만연하여 그것이 조선 쇠퇴의 중요한 원인이 되었다. 노론은 실사구시의 학문을 무조건 잡학으로 치부하여 천대했으며, 그들이 신봉하는 성리학도 케케묵은 교조적인 면만 강조하면서 개혁사상이 발을 붙이지 못하도록 막았다. 그 바람에 결국 허세와 위선이 판을 치고 무기력하고 안일한 풍조가 나라 전체에 만연하여, 조선은 아무런 대책없이 멸망을 향해 줄달음쳤던 것이다. 그래서 늙으면 죽어야 한다.

하여간 조선이라는 나라는 개국 중기부터 시작된 당쟁으로 국력의 반 이상을 소모한 한심한 나라였다. 멍청한 인간들이 세상이 어떻게 돌아가는지도 모르고 좁아터진 우물 속에서 서로 죽고 죽이며 쌈박질을 하는 와중에 수많은 아까운 인재들이 죽거나 재야에 파묻혀버려, 나라는 점점 진취성과 역동성을 잃어갔다.

이빨만 까다 살아남아 권력을 거머쥔 인간들은 나라에 대한 걱정은 쥐뿔도 않고 제 새끼, 제 집구석, 제 문중, 제 당파만 어떻게 잘 처먹고 잘사나 하는 연구만 했다. 그러다 보니 바깥 세상이 어떻게 돌아가고 있는지에 대해서는 전혀 관심이 없어, 조선은 점점 낙후되어 갔던 것이다.

광해군의 외치와 내치

광해군(15대)은 명과 후금의 틈바구니 속에서 탁월한 등거리 외교술을 발휘하여, 국제정치의 변화하는 상황에 기민하게 대처함으로써 조선이 국제분쟁의 소용돌이에 휩쓸리는 것을 막았다. 그리고 대내적으로는 백성들의 염원이던 대동법을 부분적이나마 시행했다. 국방 분야에서도 화약도감을 설치하고 영의정을 제조로 삼은 뒤 화약무기 제작에 심혈을 기울였고, 군사의 정예화에 진력하여 국방력을 강화하려고 노력했다.

그리고 강성하는 후금의 세력에 집중적으로 대응하기 위하여 일본과 '기유약조'를 체결한 뒤 회답사를 보냄으로써 일본과의 외교를 정상화했다. 그리고 조일전쟁 때 분조를 이끌며 활동하던 시기에 친분을 쌓아온 의병 출신의 북인들을 등용하여 내정 개혁을 추진했다.

그러나 광해군은 경연을 싫어하고 기피했으며, 이상하게 역모사건의 심리과정에 매일 참석해 친국에 임할 정도로 집착을 보였다. 또 조일전쟁 때 소실된 궁궐을 중건하면서 불필요하게 궁궐을 많이 신축하여 기껏 확보한 국가 재정을 탕진했을 뿐만 아니라 민생에도 커다란 부담을 지웠다.

궁궐 건축은 광해군의 정통성에 대한 열등감과 왕권강화 차원에서 시작되었다. 그런데 궁궐을 건축하는 동안 건축 집착증이 발동하여 형편에 맞지도 않는 새 궁궐을 신축하기 시작했으며, 재정이 바닥나자 벼슬을 팔아 재원을 충당했다.

관료들에게 지급할 녹봉마저 제대로 지급하지 못하게 되자, 벼슬을 파는 일이 만연되었다. 조정이 수만 장의 공명첩을 찍어내서 기존의 신분질서가 무너지기 시작했다. 어차피 전쟁 때 노비문서가 거의 타버리고, 군량이나 군수품 확보에 기여한 천민은 양민이 되고, 양민은 양반이 되는 세상이었다. 거기다 벼슬을 떡 팔듯이 팔아제끼니 그간의 신분질서가 엉망이 되었다. 이 바람에 광해군은 외치로 얻은 평가 '상'에서, 내치로 점수를 잃어 '중'으로 떨어지게 되었다.

전쟁의 후유증은 심각했다. 전국에 기근과 전염병이 만연했고, 먹을 것이 귀하다 보니 염치나 예의가 사라지고 도덕과 기강이 땅에 떨어졌다. 6.25전쟁 직후인 1950년대, 미군부대 쓰레기통을 뒤지던 때를 상기해 보면 된다.

신분질서가 엉망이 된 것 이외에도 많은 사람들에게 염세의식이 주입되어 도가의 양생법이 유행하기 시작했으며, 천강홍의장군인 곽재우까지 도가의 양생법에 빠져들 정도였다. 전쟁은 조선의 성리학적 사회질서를 송두리째 무너뜨렸던 것이다.

광해군 즉위 직후인 1608년, 1609년에 연달아 흉년이 들었다.

거기다 장티푸스가 만연하여 숱한 백성이 죽어 자빠졌으며, 전국적으로 유랑민이 넘쳐났다. 이런 환경에서 대동법을 실시해야 한다는 광해군의 결심은 굳어갔다.

참, 광해군(15대) 때 오키나와에서 담배가 들어왔다. 이놈의 담배가 얼마나 빨리 퍼졌는지, 좀 지나자 정사를 논하는 정전에서 대신들이 모조리 담배를 입에 꼬나물고 정사를 논하는 바람에, 담배를 피우지 않았던 광해군의 기침을 여러 차례 유발했다.

신경질이 난 광해군이 소리질렀다.

"담배 안 꺼?"

그 이후로 어른 앞에서 담배 피우는 습관이 사라지기 시작했다고 한다.

최초의 공평과세 대동법 시행

광해군이 시행한 개혁정치의 핵심은 대동법이었다. 대동법은 1608년 영의정 이원익의 건의에 이은 광해군의 결단으로 경기도 일원에서 처음 시행되었다. 대동법의 취지는 가난한 농민들에게는 세금을 부과하지 않고, 땅을 가진 지주에게만 쌀로 세금을 거두는 제도였다.

이율곡이 최초로 제안한 대동법은 선조 때 시행하려 했다가 기득권층의 반발로 무산되었었다. 광해군은 조일전쟁 이후 국토가 반 이상 황폐해져서 농민들의 생활이 극도로 피폐해지자 기득권층의 극심한 반발에도 불구하고 대동법 시행을 강행했다. 이전까지는 마을의 호수를 기준으로 세금을 부과했기 때문에 토지 소유와 관계없이 집만 있으면 대지주나 깡통이나 똑같이 세금을 내야 했다. 엄청 불공평했던 것이다. 그러나 대동법의 시행으로 토지의 소유 정도에 따라 차등과세가 이루어지게 되었다.

지금 생각하면 너무나 당연한 공평과세가 그간 기득권층의 반발로 시행되지 못하다가 드디어 광해군 때 시행된 것이다. 어느 사회고 자신의 작은 이익 때문에 개혁을 원치 않는 썩어빠진 기득권층이 있다. 그들은 나라야 망하든 말든 제 이웃이 길에 나앉든 말든 저와 제 새끼 배때기만 부르면 그만인 속물들이다. 그런 쓰레기 같은 인간들만 없어져도 세상은 지금보다 몇 배나 살기 좋아질 것이다.

공평과세인 대동법은 1608년 시행되기 시작했으나, 처음에는 경기도에서 시범적으로 시행되었고, 전국적으로 시행되는 데는 이후 무려 100년이나 걸렸다.

돈 많은 놈들이 세금을 내지 않던 좋은 세월을 누리다가, 별안간 소득액에 따라 세금을 내게 되니 그들이 부담해야 할 세금액이 엄청 많아졌다. 그러니 반발이 말도 못하게 거셌고, 그런 상황에서 그들과 타협하고 달래가며 시일을 끌다 보니 100년이란 세월이 지나간 것이다. 그러나 대동법이 전국적으로 완전히 실시될 즈음에는 대동법 자체가 아무 쓸모가 없게 되었다. 토지를 소유한 지주들이 자신의 땅을 소작하는 농민들에게서 소작세를 거둘 때 아예 자신들이 내야 할 대동세까지 얹어서 받았기 때문에 농민들이 지주 대신 대동세를 내게 되어, 대동법을 시행한 취지가 그냥 실종되어 버린 것이다.

명 · 청 등거리 외교

명나라에 대한 오랜 사대정책에서 벗어나고자 한 광해군(15대)의 중립외교도 사대부들의 불안을 가중시켰다. 이들의 불안은 단지 어버이의 나라인 명에 대한 사대를 조선 조정이 소홀히 한다는 것에서 기인한 것만은 아니었다. 지금까지 누려왔던 자신들의 기득권을 계속 유지하기 위해서는 지배국과 어느 정도의 유착이 필요한데, 이러한 기존 질서를 깨려는 광해군이 불안했던 것이다. 친일파를 상기하면 쉽게 알 수 있겠다. 친일파도 일제 치하에서 잘 처먹고 잘살려면 일본의 정치체제와 어떤 방식이든 연결이 있어야 했다.

요새 참 민간단체인 역사 무슨 위원회인가에서 친일인명록을 발간한다고 하고, 그 인명록에 대해 거기에 등재된 사람의 후손들과 또 구경하는 사람들 사이에서 말이 많다고 들었다. 사실 일제 식민지 시절에, 극히 일부인 독립운동가나 만주 이주자들을 빼고 국내에 거주하고 있던 사람들이 일제에 협력하지 않고 어떻게 살 수 있었는지 당시를 살아 보지 않은 필자는 매우 궁금하다. 친일파, 반일파와 같이 이분법으로 나누는 것이 합리적인 판단인지에 대하여 의심이 드는 것이다. 물론 동족을 해한, 반민족 행위를 했다는 구체적인 증거가 있는 경우에는 예외겠으나, 그 외에는 당시의 상황을 충분히 고려하여 관용적인 판단이 있어야 될 것으로 생각된다.

그냥 한 마디 해본 거다.

계축옥사

광해군 5년 '칠서의 옥사'가 터졌다. 이를 이용하여 광해군은 꺼림칙한 꼬마 동생 영창대군과 그의 어머니인 인목대비를 제거하려 했다. 당시 재주가 있었으나 서자라 하여 과거에 응시할 수 없었던 박응서, 서양갑, 심우영 등 7명이 함께 술 마시고 전국을 유람하고 다니면서 '개 같은 세상'이라고 자신들의 신세를 한탄하며 혁명을 꿈꾸고 있었다. 그러다가 그들이 군자금을 모으는 과정에서 돈 있는 은장수 하나를 살해하게 되었는데, 거기에 이이첨이 끼어들어 별것 아닌 사건을 대규모 옥사로 부풀렸다.

고문에 못 이긴 죄인들이 "연흥부원군 김제남이 역모를 일으켜 영창대군을 왕으로 추대하려 한다"고 허위자백하자 피바람이 몰아쳤고, 이를 계축옥사라 부른다.

김제남은 사지를 찢는 참형에 처해졌고, 당시 여덟 살이었던 꼬마 영창대군은 귀양갔다가 유배지에서 죽임을 당했다. 이이첨의 지시를 받은 감시인이 영창대군을 방에 가둔 채 불을 계속 때서 쪄죽게 만들었다고 한다.

광해군 10년 인목대비가 광해군을 저주하고(당연히 저주했을 것이다. 아버지와 새끼를 죽이고 집안을 멸문시킨 불구대천지원수였을 테니) 의인왕후까지 저주했다 하여 언론 삼사가 집중포화를 퍼붓기 시작했다. 거기다 역적의 집안이 어떻게 일국의 국모 자리를 맡을 수 있느냐며 명분을 만들어 들이대자, 결국 대비는 폐비가 되어 서궁에 갇히고 말았는데, 후에 이 처사가 광해군의 자충수가 되었다. 당시는 이미 이항복, 이원익, 심희수, 기자헌 등의 온건파들은 멀리 귀양가 있을 때라, 일이 잘못 돌아가는 것을 제지할 수 없었다.

정치 파행

광해군(15대) 때 정승 자리는 이원익, 이항복, 이덕형이 돌아가면서 맡았다. 이항복은 조일전쟁 때 병조판서를 맡아 군사업무에 밝은 인물이었고, 이덕형은 당대 최고의 일본 전문가였다. 광해군 즉위 후 재위 5년 동안, 계축옥사가 일어나기 전까지 이원익은 83회, 이덕형은 70회, 이항복은 64회나 사직상소를 올렸다. 적어도 한 달에 한 번 이상 꼭 사직했던 것이니, 국사가 제대로 돌아갈 리 없었다. 종이값도 엄청 들었겠다.

대신들은 사직상소를 올려 자신의 몸값을 확인했고, 또 이렇게 해서 정적들로부터 쏟아지는 화살을 피할 수 있었다. 이러한 사직소동은 당시 정권을 잡고 있던 주류들과 변두리에 머물고 있던 비주류들의 치열한 정권탈취 공방에서 한 걸음 비껴날 수도 있는 다목적 포석이었으나, 대신 국정운영에 커다란 차질을 가져왔다.

당시 정권을 잡고 있던 파당은, 남인과 서인이 대신에, 소북과 대북은 대간과 중간 실무직에 주로 포진하고 있었다. 대북은 먼저 소북에게 포문을 열었다. 소북의 영수 유영경은 유배되었다가 반 년 후에 사사되었고, 허욱, 김대래, 김신국 일파가 모두 숙청되었다.

다음은 임해군 차례였다. 유희분 계열의 최유원이 "임해군의 동태가 수상하며, 철퇴와 칼 등을 가마니에 싸서 대량 반입하고 있다"라고 상소를 올렸다. 이후 언론 삼사가 집중포화를 때렸고, 분위기가 안 좋은 것을 감지한 임해군은 여자로 변장하여 도망치다가 붙잡혔다.

임해군은 강화도로 유배되었다가 1년 후 교살되었다. 왕권의 걸림돌이 될 임해군, 영창대군 등을 살해한 것은 왕조사에서 흔해

빠진 일이었으나, 비록 나이가 어리더라도 계모인 인목대비를 폐모한 것은 성리학이 지배하는 조선에서 대단히 큰 범죄에 속했다.

광해군의 추국과 궁궐공사집착증

광해군의 이상한 취미 가운데 친국이 있다. '즐긴다'라는 표현 이외에는 도저히 이해할 수 없는 괴상한 취미이다. 친국이란 중죄를 지은 죄인을 추국하는 현장에 왕이 배석하여 직접 추궁하는 것을 말한다. 추국하는 과정에서 피와 살이 튀고 비명소리가 난무하는 처참한 경우가 많은 데다, 고문 때문에 추국 도중에 죄인이 죽는 일도 흔해 신체적으로나 정신적으로 어지간히 강인하지 않으면 그 자리에 앉아서 버티기 힘들다. 두 번이나 사화를 치른 폭군 연산군(10대)도 단 한 번도 친국을 하지 않았을 정도였다.

세종대에는 단 한 번의 친국이 있었다고 하는데, 광해군 때는 자그마치 210회나 친국이 있었다. 친국 마니아라 할까, 원. 광해군은 친국시 날씨가 춥거나 무더운 것을 가리지 않았고, 국가에 중요한 행사가 있어도 만사를 제쳐놓고 친국에 임했다.

추국 때마다 왕이 임석하니 백관들은 걱정이 되었고, 일이 밀려서 여러 차례 나오지 말도록 말려도 아랑곳하지 않았다. 감기 등 병에 걸렸을 때도 광해군은 콜록거리면서 추국장의 의자에 앉아 죄인들에게 질문하고 배후를 캐고, 고문을 직접 지시했다.

원래 친국을 할 때는 의금부 당상들과 삼정승, 판서, 언론 삼사의 수장들 그리고 전임 대신들까지 모두 나와 왕을 배석해야 했다. 그러나 친국이 너무 잦고, 또 그게 뭐 그리 볼 게 있다고 꼬박꼬박 기어 나오겠는가. 광해군은 대신들이 하나도 나오지 않은 날에도 혼자 나와서 친국을 강행했다. 친국 마니아가 된 원인은 안전과대집착증 내지는 정신분열증 초기의 행태로 파악된다. 상하지 않은 사람이 그 짓을 할 리가 만무했던 것이다.

광해군(15대)의 또 다른 하나의 별다른 취미는 궁궐 건축이었다. 궁궐을 새로 건축하고 기존 건물들을 수리, 확장하는 공사를 하는 동안 수많은 백성들을 노역에 동원하여 원성을 샀다. 그런데 광해군의 궁궐 공사는 일부 이해해야 할 점도 있기는 하다. 조일전쟁 때 궁들이 모조리 타버려 왕이 월산대군네 집에서 정무를 보아야 했던 것이다. 그래도 창덕궁이나 중건하고 말지 너무했던 것은 사실이다. 거기다 요승 성지가 광해군에게 인왕산의 왕기가 어쩌니 하면서 꼬드겨 인경궁을 짓게 했다가, 결국 돈만 처없애고 반정 후 헐리고 말았다.

광해군은 영건도감을 설치하여 조일전쟁 때 불에 탄 궁궐들을 중건했다. 하지만 그 뒤에도 인경궁을 새로 짓고 경복궁을 중수하면서 막대한 재정을 쏟아부어 백성들에게 숱한 짐을 지웠다. 나중에 재정이 바닥나자 공명첩을 수천 장 만들어 팔아 재정에 충당했다. 또 재정문제 때문에 궁궐 영건에 대하여 말이 많아지자 광해군은 고통분담 차원에서 문무 관리들에게서도 포목을 징수했고, 금이나 은을 바치는 하층민들에게는 공명첩을 내렸다. 은 이외에도 비단, 소금, 쌀, 철, 심지어 목재나 석재를 바치는 백성들에게도 벼슬을 팔아, 거리가 온통 벼슬아치로 넘쳐나게 되었다. 광해군의 궁궐건설집착증이 불러온 말세현상이었다.

결국 광해군의 궁궐건설집착층은 백성들을 병들게 했고, 궁극에는 광해군 자신의 몰락을 재촉하게 되었다. 광해군이 저지른 이 모든 상충되는 일들을 어떻게 설명해야 할까? 광해군에게 '안

전집착증'이 있었던 것은 아닐까? 그의 집착이 너무 지나쳐 그 결과 빚어진 정치 불신, 리더십의 위기는 그를 폐위까지 몰고 갔던 것이다.

칠서의 변

광해군대인 1614년 서인의 거두인 박순의 서자 박응서와 뛰어난 지도력을 가진 것으로 알려진 문장가 서양갑을 비롯한 심우영, 이경준, 박치인, 박치의, 김경손 등 서자 일곱 명이 역모를 모의하다 체포되었다. 모두 뛰어난 재능을 지녔던 이 서자들은 자신들의 뜻을 죽을 때까지 펼 수 없음을 깨닫고, 현 세상을 뒤엎어 자신들의 뜻을 펼 수 있는 새로운 세상으로 바꾸려 했다.

그러나 이들의 모의는 군자금을 마련하기 위하여 서울과 동래를 왕래하던 은장수를 문경 새재에서 살해하면서 적발되었다. 더구나 칠서들의 역모에 영창대군과 영창대군의 외조부이자 인목대비의 생부인 김제남이 개입했다는 혐의가 드러나면서 큰 파장을 몰고 왔다. 칠서사건 후 김제남은 능지처사되었고 영창대군도 폐서인이 되어 강화에 유배되었다가 다음 해에 살해되었다. 이 옥사는 아마 칠서사건에 연루시켜 왕권의 걸림돌을 제거한 무고였을 것이다.

음양으로 이들 서자들과 교분이 있었던 허균은 이이첨 정권의 그늘로 들어감으로써 이 역모와의 연루를 피할 수 있었고, 이이첨의 대북정권에서 예조참의, 형조판서, 좌참찬을 거쳤다. 그는 이때《홍길동전》을 집필한 것으로 보인다.

이로부터 5년 뒤인 1617년 허균이 칠서사건의 역모를 도왔다는 기준격의 상소가 올라왔다. 허균은 반박상소를 올려 반격했으나, 인목대비 폐출을 반대하던 유생들이 들고 일어나 허균을 탄핵하면서 허균은 체포되었다.

허균의 심복들에 대한 심문이 계속되면서 허균의 역모는 기정사실이 되고 말았다. 1618년 허균은 동료인 현응민, 우경방, 하인준 등과 함께 저잣거리에서 능지처참되었다. 조선에서 실제 기병하지 않고 일어났던 역모는 이렇듯 대부분이 정적들의 모함이었다.

광해군에 대한 재평가

혼군으로 알려졌던 광해군(15대)에 대한 재평가는 아이러니컬하게도 20세기 들어 한민족 역사를 말살하려고 시도했던 일본인 역사학자 이바나 이와키치와 다카와 고조, 그리고 그들을 계승한 반민족 역사학자 이병도에 의하여 이루어졌다. 1959년 이병도는 광해군을 '탁월한 외교전문가'로 부각시켰는데, 이는 위의 일본인 역사학자들의 시각을 그대로 반영한 것이다.

결론적으로 광해군은 전후 피폐한 국토와 도탄에 빠진 민생을 안정시키고 무너진 국가기강을 바로잡기 위해 노력했다. 또한 당쟁의 폐해를 깊이 깨달아 유능한 인재를 등용하여 내정을 안정시키고 국방력을 제고하기 위해 힘썼다. 왜구의 재침을 막기 위해 일본과 국교를 재개하고, 전란 때 소실된 사서와 윤리도덕에 관한 서책을 간행했다. 또 대동법과 호패법을 시행하는 등 괄목할 만한 성과를 올렸으나, 인목대비 폐비와 궁궐 신축 등의 악수를 많이 두어 반정의 명분을 제공했다.

무엇보다 광해군의 탁월한 치적은 외교였다. 명 · 청 교체기에 두 나라 사이에서 절묘하게 줄타기 외교를 성공적으로 이끌어감으로써 나라의 균형을 잡아가는 한편, 국방력을 강화해 조선이 전란에 휩쓸리는 것을 막았던 것이다.

광해군 축출 명분 중 가장 뚜렷한 것은 오랑캐(청)와 교류하여 은인인 명을 배반하였다는 것이다. 당시 전란의 영향으로 사회 기강이 해이해지자 기득권층인 양반들에게는 반상의 질서를 굳건히 다시 세우는 것이 관건이었다. 그 결과 성리학에 의거한 숭명의리가 당색을 초월하여 양반층의 공통적인 이념이 될 수밖에 없었다. 국익에 반하는 숭명배청의 논리는 이렇게 만들어졌고, 그 논리를 앞세운 서인의 쿠데타 세력에 의해 광해군이 무너진 것이다.

광해군은 숭명배청, 그리고 영창대군의 처형과 인목대비 폐비 사건을 계기로 결집한 기득권 세력의 쿠데타로 폐위당했다. 제주도에 유배되어 19년이나 갇혀 지내다가, 1641년 쓸쓸히 죽음을 맞이한 광해군은 혼군이 아니라 국가를 반석 위에 올려놓고자 애를 썼고, 또 민생의 안정과 개혁을 시도하다 좌절당한 비운의 군주였다.

광해군이 왕위에서 쫓겨난 직후 광해군의 아들은 탈출을 시도하다 발각되어 자살했다. 며느리도 목을 매 남편을 따라갔으며, 광해군의 부인 역시 쇼크로 죽고 말았다.

앞에서 보셨겠지만 별로 길지 않았던 광해군의 재위중 치적 평가점수는 조선 왕들 중 서열 3~4번째로 인정된다. 멍청이 중종(11대)이나 선조(14대) 같은 인간들하고는 애초에 비교가 안 되는 것이다.

《동의보감》 간행

광해군(15대)은 내정에서 대동법과 호패법을 통해 국가재정을 충실히 하고 민생을 안정시키려 노력했던 왕이다. 그리고 새로운 서책은 물론 전란을 겪으면서 유실된 서책들을 발간하는 데 힘을 기울였다. 조선 의학의 명저인 허준의《동의보감》과《동국신속삼강행실도》를 출간했으며,《용비어천가》《고려사》《국조보감》을 새로 찍어 내었다. 또 전란 당시 전주사고만을 제외하고 지방에 설치했던 외사고들이 모두 불에 타버려 사료가 유실되자, 사고의 재건 작업에 착수하여 적성산사고를 새로 설치했다.

특히 전후 돌림병이 창궐하고 기근과 질병이 만연하여 죽어가는 백성이 적지 않았으므로 대중 의서의 간행은 당시 조정의 시급한 과제였다. 조선에서 간행된 책자 중 적지 않은 책자가 중국에 소개되었으나, 대부분 시집이나 문집이었다. 의학서로 동아시아 각국에 소개된《동의보감》을 본 중국의 의학자들은 "지금까지 나온 의학서들의 결점을 보완한 천하의 보배"라고 극찬할 정도였다.

1613년에 발간된《동의보감》은 400년이 지난 지금까지도 한의학의 필수 교재로 쓰이는 불멸의 명저이다.《동의보감》을 쓴 허준은 비록 서자 출신이었으나 실력을 인정받아 어의가 되었고, 전후 전염병 치료에 전념하는 한편 궁중 서고에 보관되어 있는 500여 권의 의학서적을 열람하며 의학연구에 몰두했다. 그 무렵 선조가 기도가 막혀 죽는 바람에 독살설이 퍼졌다. 그 바람에 허준을 죽이거나 귀양보내야 한다는 주장이 강력히 일어나자 광해군은 어쩔 수 없이 허준을 1년간 귀양보낸 다음 풀어 주고 저술에 전념토록 했다. 허준은 이렇게 광해군의 총애를 받으며 14년 만에 조선 의학의 명저《동의보감》25권 25책을 완성했다.

허준은 《동의보감》을 통해, 고려 이후 우리나라에서 생산되는 약재와 우리 체질에 맞는 처방을 연구해 왔으나 미흡했던 것을 철저한 임상실험을 통해 치료법과 약의 복용 기준을 제시했다.

1613년 허준이 《동의보감》을 완성해 광해군에게 바치자 광해군은 곧바로 출판을 서둘렀으며, 이 책은 우리나라뿐만 아니라 일본, 중국, 베트남에서도 출판되어 중요한 의학 교과서로 쓰여졌다. 우리나라에서 발간된 책 중 국제적으로 가장 널리 알려졌던 책이 바로 《동의보감》이었다. 광해군은 신하들의 반대에도 불구하고 일개 의원인 허준에게 양평부원군이라는 봉호를 내려 격려했다.

《지봉유설》

선조(14대)대부터 광해군대인 16세기 말에서 17세기 초까지 살다 간 이수광은 조일전쟁과 여진의 흥기를 눈으로 보면서 나라의 중흥을 위한 사회경제 정책을 수립하는 데 일생을 바친 인물이다. 그는 실학에 매진하고 이를 체계적으로 정리하여 우리나라 최초의 문화백과사전인 《지봉유설》을 저술했다. 《지봉유설》은 천문, 지리, 정치, 경제, 역사, 경학, 시문, 언어, 기예, 외도, 궁실, 식물, 곤충 등 교양, 사회, 자연에 관한 모든 내용이 망라되어 있는 조선 백과사전의 효시였다.

이수광은 재야에서 학문을 닦으며 유희경, 신흠, 유몽인 등 당대 명사들과 교류를 가지며 청빈하게 살았다. 이수광은 학문 능력을 인정받아 28세부터 사신의 일행으로 중국을 방문하기 시작하여 49세인 1611년까지 세 번을 방문했다.

중국 방문에서 경험한 선진 문물과 그로 인해 키워진 국제적인 안목을 지니게 된 이수광은 공허한 이론만 탐구하고 실생활에는 아무짝에도 쓸모없는 성리학을 비판했다. 그는 국부의 증진이나 백성들의 삶에 직접적인 도움이 되는 실학에 매진하면서 모든 학문을 폭넓게 섭렵했다.

《지봉유설》에는 이러한 이수광의 사상 및 동남아, 아라비아, 유럽 등 여러 나라의 정보가 실려 있다. 그는 다른 나라의 국력에 대해서도 큰 관심을 가지고 보면서, 우리나라의 국력을 제삼자의 눈으로 평가하여 국력의 증진이 시급함을 일깨웠다. 또 이탈리아 선교사 마테오 리치의 《천주실의》를 소개하여 조선시대 기록 중 최초로 천주교에 대하여 언급했다. 이수광은 인조대에 도승지, 대사간, 대사헌, 이조판서 등의 요직을 두루 거치다가 65세로 세상을 떴다.

17세기 초반이 되자 이수광의 뒤를 이은 실학자 유형원이 《반계수록》을 저술했다. 우물 안 개구리로 살던 조선 선비들 중 청나라의 선진 문물과 서양의 과학을 접하고 온 인물들은 모두 하나같이 성리학을 비판하고 실학의 수용을 주장했다. 그런데도 성리학의 완고한 벽에 부딪쳐, 그들의 주장이 실제 정책으로 채택된 경우는 거의 없었다.

대북의 태두 정인홍

조선 중기의 여러 학파 가운데 남명 조식의 학파는 다른 학파들처럼 이론만 가지고 탁상공론을 하면서 삿대질을 하고 침을 튀기는 학파가 아니라, 실천을 중시하는 학파라는 특징이 있었다.

남명의 문인들은 스승의 영향으로 당연히 실천정신을 중요시했으나, 그 가운데서도 정인홍은 특히 유별난 인물이었다. 스승인 조식으로부터 학문의 계승자로 인정받았던 그는 스승에게서 배운 의리관과 실천관으로 무장하고 광해군대에 정계에 막강한 영향력을 행사했다. 그러나 그는 지나친 엄격함으로 많은 적을 만들어 결과적으로 남명학파가 약화되는 원인을 제공했으며, 대북파가 고립되는 결과를 초래했다. 광해군(15대) 정권에서 영의정을 지내다가 서인들에 의한 반정 후 처형된 사림의 명문 출신 정인홍은 조일전쟁 때 58세의 나이를 무릅쓰고 합천에서 의병을 일으켜 일본군과 싸운 이름난 의병장이었다.

당시 정인홍 휘하에는 정병만 수백이었고, 전체 병력은 수천을 헤아렸다. 그는 관군 출신인 손인갑을 불러다 대장을 삼은 뒤 휘하 병력을 이끌고 낙동강 수로를 차단하고 일본군의 왕래를 교란하여 보급을 막았다. 그와 곽재우의 공에 의하여 경상우도가 보전된 것이다.

정인홍은 산림에 머물면서 학문과 덕행을 닦아 일세를 풍미할 만한 명망과 경륜을 지녔으나 벼슬길에 오르기를 원치 않았다. 그는 사람을 대할 때, 상대에게 의롭지 못한 행실이 있다는 말을 들으면 비록 명관이라 하더라도 우습게 여기고 원수처럼 미워했으며, 평소에 잘 알고 지내던 사람이 조금이라도 남에게 아부하고 치사하게 굴면 인간으로 취급하지 않았다. 그러다 보니 보통 사람들은 그를 꺼렸지만 그 자신은 조금도 개의치 않았다. 말하자면 정인홍의 성격은 너무 강직하고 지나치게 엄격했던 것이다.

정인홍은 대북파의 정신적 지주였다. 이러한 정인홍을 광해군이 간곡히 청하여 조정에 참여하도록 했다. 정인홍은 광해군 치세 시 막강한 영향력을 발휘하다가 반정으로 광해군이 폐위되자 실정의 책임과 인목대비 폐모에 앞장섰다는 죄명을 모두 뒤집어쓰고 89세의 적지 않은 나이로 서인들에 의하여 처형되었다.

겉으로만 보는 역사의 기록이 얼마나 웃기는고 하니, 북인들이 편찬한《선조실록》에는 북인의 대부 정인홍이 의를 숭상하는 청렴하고 강직한 인물이라는 찬사가 넘친다. 이후 인조반정으로 정권을 잡은 서인들은 자신들이 처형한 정인홍의 찬사가 역사의 기록에 남는 꼴을 두고 볼 수 없었다. 결국《선조수정실록》이 서인들의 손으로 만들어졌고, 찬사 일색이던 정인홍은 고집이 세고 화를 잘 내는 데다가 남을 모해하고 음험함이 으뜸이라고 기록되었다.

이렇게 한 사람에 대한 평가도 쓰는 놈에 따라 극과 극이었다. 정인홍은 광해군대의 실정에 책임이 큰 데다 인목대비 폐모에 관여하였다는 이유로 처형되었는데, 당시 팔도에 이로 인한 정인홍의 죄상이 공포되었다.

> 역적의 괴수 정인홍은 뱀과 같이 교활한 성품과 도깨비 같은 마음이라, 처음에는 비록 선비란 이름으로 산림에서 도둑질하였으나 사실은 세력이나 뽐내는 토호에 지나지 않았다. 중간에는 의병이라 핑계하고 오직 지방에서 세력 쓰기를 일삼았으며, 완악하고 둔한 무리를 긁어모아 사사로이 괴이한 학문을 퍼뜨렸다. 떳떳한 윤리가 끊어지고 사람의 도리가 막혔으니 사람으로서 어찌 이렇게 악독할 수 있겠는가?(《연려실기술》 인조조 고사말본)

정인홍은 죽은 지 300년이나 지난 1908년이 되어서야 신원되었다. 미친 놈들, 맨날 죽여 놓고 나서 나중에 아니래.

간신(?) 이이첨

광해군(15대) 시대를 대표하는 또 하나의 권신은 우리가 간신의 대명사로 알고 있는 이이첨이다. 《선조실록》에 '이이첨은 바른 사람이다. 위인이 단정하고 명민하여 조행과 언어가 분명하였다'라고 극찬하고 있으나, 《선조수정실록》에는 '사특하고 독살스러움이 천하의 명검 막야도 못 따른다'라고 정반대로 평가하고 있다.

먼저 것은 광해군 집권기의 평가이고, 뒤의 것은 광해군 실각 후의 평가이다. 정인홍 케이스에 이어 역사가 얼마나 승자의 편의대로 쓰여졌는가를 알 수 있는 좋은 증거다.

한쪽에서는 '청렴 결백했다' '당대의 문장가로 특히 변려문에 뛰어났다'라고 한 반면 다른 쪽에서는 '탐욕스러웠다' '무식하여 남의 글을 베끼거나 아예 대필시키는 경우가 많았다'라며 형편없이 깎아내리고 있다. 아니, 깎아내려도 정도가 있지, 어떻게 당대의 문장가가 무식해서 남의 글을 베끼고, 또 무식한 인물이 어떻게 당대의 문장가가 되었는가?

이이첨은 몰락한 집안에서 태어났다. 그는 연산군대에 무오사화를 일으켰다가 역적으로 처형당한 이극돈의 후손으로 과거에도 나가지 못하고 찢어지게 가난하여 집 벽의 흙을 갉아먹으며 주린 배를 달랜 경우도 있었다고 한다.

그는 세조(7대)의 능인 광릉의 참봉이라는 미관말직에 있다가 조일전쟁을 맞았다. 전쟁이 터지자 모두들 도망가기에 정신없는데 그는 죽음을 무릅쓰고 세조의 위패를 지켜, 피난길에 올랐던 선조에게 가져다 바쳤다.

선조에게 좋은 인상을 준 이이첨은 그 이듬해 과거에 합격한

다. 그리고 아버지가 죽자 통상 3년의 두 배가 되는 6년상을 지키면서 고기는 물론 과일도 끊는 독실함을 주위에 보임으로서 충효를 모두 지닌 드문 인물로 떴다.

그는 매우 영민하고 품행이 방정한 젊은이였으나, 몰락한 집안 출신이라는 족쇄가 풀리지 않았다. 과거에 합격한 후 이이첨은 세자시강원의 서사가 되면서 광해군(15대)과 가까워지게 된다. 이이첨은 선조가 죽기 직전 세자 광해군을 영창대군으로 바꾸려 하자 이를 반대하다가 정인홍과 함께 귀양을 갔으며, 이 후 그의 사위인 박자홍의 딸이 광해군의 세자빈으로 간택되어 광해군과 더욱 가까운 사이가 되었다.

대북이었던 이이첨이 만난 다른 후원자는 그의 스승이었던 정인홍이었다. 이이첨은 허균과도 친했는데, 아홉 살 아래인 허균은 유생 시절부터 이이첨과 친해져서 "형으로 섬기면서 30년을 하루처럼 지내왔다"라고 회상하였다. 이러한 든든한 인연에 힘입은 이이첨은 승진하면서 자신의 인맥 구축에 힘썼다. 그러한 인맥에는 개시 김상궁이 포함되었는데, 그녀는 선조의 후궁이었다가 광해군대에 들어서 갑자기 권력의 실세로 부상한 여인이었다.

선조가 죽었을 때 독살되었다는 소문이 파다했다. 광해군이 올린 약밥을 먹은 선조가 중독되어 쓰러졌고, 그의 시신이 검푸르게 변했다는 것이다. 이때 독이 들었다는 약밥을 전한 장본인이 개시 김상궁이었고, 그래서 선조가 죽은 후 그녀의 위상이 급상승했다는 설이 있다. 사실 선조는 죽는 당일 아침까지 멀쩡하게 집무를 보다가 갑자기 쓰러져 숨을 거두었다. 아마 심장마비였겠지.

마침 그때 이이첨이 귀양의 명을 받고 있었으나 웬일인지 이틀을 머뭇거리며 출발하지 않고 버티고 있었다. 광해군이 즉위한 후 그의 귀양이 곧 취소되었다는 것도 좀 이상하긴 하지만, 어차피 죽을 거 잘 죽었다.

광해군은 즉위 후 영창대군을 밀던 유영경부터 처단했다. 소북의 영수인 유영경이 유배되어 사사되자 소북은 세를 잃고 대북의 세상이 되었다. 다음 임해군이 강화도에 위리안치되었다가 1년 만에 죽었는데, 임해군을 감시하던 이정표가 그의 목을 졸라 죽였으며, 이는 이이첨의 밀명이 있었기 때문이라고 했다. 이로써 이이첨은 정운공신과 익사공신에 책봉되었다.

그 뒤 4년이 지나 김직재의 역모사건이 터졌다. 이 일에 연루된 100여 명이 죽거나 귀양감으로써 연루자가 많았던 소북은 소멸되고 말았다. 이후 '칠서의 옥'이 일어났고, 이 여파로 이이첨이 주도한 인목대비의 폐모가 시행되었다. 이렇게 작업을 마친 이이첨은 사관마저 자기 마음대로 뽑아 자신의 구미에 맞게 사초를 편집하게 했다. 원래 사관은 삼정승과 각 부서 대신들의 합의로 뽑게 되어 있었는데 이이첨이 독단으로 정해 버린 것이었다. 이 일은 뒤에《선조수정실록》을 편찬하게 되는 명분을 준다.

광해군이 실시한 첫 번째 개혁법이 호패법이었다. 전쟁 후 호적대장 다수가 불타버린 데다 전쟁으로 죽은 사람이 많아 인구를 산정할 수 없자 광해군은 인구를 정확히 파악하고 조세와 징병의 기준으로 삼기 위하여 호패법 시행을 명했다. 그러나 이이첨 등이 부작용을 이유로 완강히 반대하여 결국 호패법 시행은 얼마 후 중단되고 말았다.

또 이이첨은 다시 광해군의 중립외교에 반대하고 친명배금 노선을 강력히 주장했다. 이렇게 실세인 대북파들이 광해군의 정책을 매번 반대하고 나서자 광해군은 개혁정책을 제대로 펼칠 수 없었고, 홧김인지 궁궐 공사에 몰두하게 되었다. 자연히 이이첨에 대한 신임도 거둔 상태였다.

인조반정이 일어나자 이이첨은 시골집으로 도망갔다가 붙잡혀 처형되었다. 이이첨은 청렴하여 늘 베옷을 입고 지냈으며, 집에는 사방을 책으로 둘렀을 뿐 전혀 화려함이 없었다. 게다가 여색에 관한 스캔들도 전혀 없었다. 그런 그가 희대의 간신이 된 것은 광해군대에 폐모살제를 비롯한 패륜과 살육의 장본인이었기 때문이다.

그가 당대의 선각자인 허균과 형, 동생 했다는 것으로 보아, 그의 간신설에는 강한 의심이 든다. 아시다시피 초록은 동색이라고, 비슷한 인간들끼리 놀게 마련이기 때문이다.

비운의 천재 허균

선조, 광해군 때 살다 간 비운의 지식인이자 시대의 이단아였던 허균은 한글소설 《홍길동전》을 써서 자신의 소망을 소설의 주인공인 홍길동에게 투영시킨 인물이다. 참고로 아실 것은, 《홍길동전》이 허균의 작품이라고 알려졌으나, 확인된 것은 아니다.

조선의 제도 중에서 가장 비난을 받아야 할 걸레 같은 제도가 서얼과 노비 그리고 천민의 차별이었다. 당대 서얼들의 한과 삶을 대변하고 있는 인물인 홍길동은 명문 출신이었으나 호부호형할 수도 없고, 경륜을 펼칠 수 있는 길이 막혀 있었던 거지 같은 나라 조선을 떠나 새로운 사회를 건설하는 꿈을 꾸며 길을 나선다. 이러한 《홍길동전》의 저자 허균은 결국 모반을 모의했다는 누명을 쓰고 50세에 비극적 생을 마쳤다.

조선 사회가 건국기를 지나자 신분제에 기초를 둔 차별과 불평등이 사회 전분야에 나타나면서 여러 가지 심각한 폐해를 낳았다. 엄격한 적자 서자의 구별과 여성의 개가 금지, 그리고 개가한 여성에게서 난 자식의 과거길 봉쇄 등은 조선 사회를 개혁을 외면한 수구 꼴통의 판으로 몰아넣었다. 이러한 신분제도는 수많은 아까운 인재들이 뜻을 펼 수 있는 길을 막아버려 조선의 쇠퇴를 가속화시켰다. 이 모두 조선의 건국 이념인 성리학의 폐단이었다.

허균은 선조 2년(1569) 서울에서 당시 명문가로 이름있던 동인의 영수 초당 허엽의 막내아들로 태어났다. 허엽은 박순과 더불어 서경덕의 수제자였으며 학자요 정치가로 명망이 높았다. 어머니는 예조판서 김광철의 딸로 허엽의 후처였다. 그의 형제 자매들이 바로 허성, 허봉, 허난설헌 등 모두 문재에 뛰어난 인물들이었으며, 특히 허난설헌은 천재 여류 시인으로 이름을 날렸으나 요절했다. 허균의 집안이 모두 학자요 천재였던 것이다.

허균은 이미 10대에 신동으로 이름을 날렸으나, 20대에 조일전쟁이 일어나면서 피난길에 아내와 자식을 잃는 불운을 겪었다. 그는 30대부터 벼슬길에 올랐으나 기행으로 자주 삭탈관직을 당했고, 40대 중반부터는 이이첨과 더불어 광해군대 대북 정권의 핵심인물로 잘 나가다가, 50세에 반역혐의로 능지처참을 당함으로써 천재의 비극적인 삶을 마감한다.

허균의 글재주는 비상한 것으로 알려져 있었으나 그의 괴이한 행실에 대하여는 말이 많았다. "부모 상을 입고도 기생과 놀아나고 참선과 예불에는 빠지지 아니한다. 그는 천지간의 괴물이다"라는 평을 들었다. 성리학의 고루함을 배격하는 자유분방한 기질을 가진 천재에 대한 평가였다.

허균은 14세 때부터 형 허봉의 가까운 친구인 스승 이달을 사사했다. 이달은 당시 최경창, 백광훈 등과 함께 삼당시인으로 통하는 박학다식한 인물이었으나 출신이 서얼이었기 때문에 뛰어난 재능을 가지고도 사회에 발붙일 데가 없었다. 이러한 스승을 사사하면서 허균은 자연히 서얼들에게 관심과 애정을 갖게 되었다. 후에 허균은 이경준, 서양갑 등 칠서와 사귀게 된다. 그는 사람을 사귀는 데 귀천을 가리지 않아 승려, 평민, 기생들과도 친하게 지냈다.

허균은 신지식으로 무장한 당대 최고의 국제적 인사이자 진보적 지식인이었다. 허균은 중국 방문을 통하여 선진 학문과 서학을 배웠다. 그는 두 번의 중국 방문 동안 자그마치 은 1만 5,000냥이나 들여 4,000권에 이르는 방대한 서적을 구입해 들여왔는데, 모두 이단 서적이라는 비난을 받았다. 그 중에 유교경전 비슷한 것은 한 권도 없었기 때문이다. 그 책 중에는 천주교 책들도 포함되어 있었다. 요새도 4,000권이면 대단한 분량인데 17세기에 4,000권의 장서를 가지고 있었으면, 당시 국내에서 손에 꼽히는 장서가에 들었을 것이다.

자유분방한 천재가 이런 개방적인 사상을 접했으니 그에게 성리학이란 아무짝에도 쓸모없는 케케묵은 헛소리였다. 이러한 신사상에 접한 혁명가 허균은 서자들과 함께 새로운 세상을 열 꿈을 키웠고, 결국 역모를 꿈꾸게 된다.

허균이 남긴 글들은 지금도 전해 오는데, 그는 그의 글 '성소부부고'에서 "천하에 가장 두려운 존재는 오직 백성뿐이다"라고 기록했다. 백성을 위한 정치를 하지 않을 경우 끝내는 혁명이 올 것임을 군주와 집권세력에게 경고하고 있는 것이다.

사실 지금으로 봐서야 백 번 옳은 말이지만 당시에는 역모로 열 번도 더 죽임을 당할 수 있는 발언이었다. 그는 또 조선의 신분제를 신랄히 비판하여 그 차별이 하늘의 뜻을 거스르는 것이라고 지적하였으며, 신분에 구애되지 않고 능력에 따라 인재가 등용되어야 한다고 주장했다. 반역으로 몰려 죽은 정여립의 주장과 똑같다.

이러한 신사고에 새로운 비전을 가지고 시대를 앞서 살던 허균의 주장은 당시로서는 도저히 받아들일 수 없는 이상론이었다. 결국 허균은 역모 혐의로 처형되었으나, 그 자신은 죽을 때까지도 역모 혐의를 부인하였고, 조정은 판결문도 제대로 갖추지 않은 채 허겁지겁 그를 처형하고 말았다. 《조선왕조실록》 광해군 10년의 기록 가운데 다음과 같은 기록이 있다. 허균을 처형한 후 실록에 기록된 멘트다.

> 그는 천지간의 한 괴물입니다. 그 몸뚱이를 찢어 죽여도 시원치 않고, 그 고기를 씹어 먹어도 분이 풀리지 않을 것입니다. 그의 일생을 보면 악이란 악은 모두 들어차 있습니다.

역시 허균이 처형된 후 내린 광해군(15대)의 반교문을 보자.

> 허균은 성품이 사납고 행실이 개, 돼지와 같았다. 윤리를 어지럽히고 음란을 자행하여 인간의 도리를 전혀 찾아볼 수 없었다. 죄인을 잡아서 동쪽의 저잣거리에서 베어 죽이고 다시 기쁨을 노리고자 대사령을 베푸노라.

이런 멘트가 조선 사회에서 괜찮은 사람들이 받는 대접이었고, 이런 멘트를 한 인간들은 대개 개만도 못한 것들이었다. 천재 허균이 왜 이런 대접을 받아야 되었을까?

최근 북경의 중국 국가도서관에서《조선시선》이라는 책자가 발견되었다. 저자는 명나라 사람 오명제로, 그 책에는 우리나라 역대 문인 108명의 한시 332수가 실려 있었다. 오명제가 조일전쟁 때 명나라 원군으로 조선에 왔다가 우연히 허균을 만나, 그가 암송해 주는 시를 받아 적어 책으로 역은 것이《조선시선》이었다. 즉 허균은 암송하고 있었던 수많은 시 중에 중국 책에 수록될 만한 좋은 시를 332수나 암송하여 오명제로 하여금 책으로 엮게 했던 것이다.

1597년 허균이 과거에 장원급제하면서 명나라 사신을 접대하게 되었고, 이러다가 오명제를 만났다. 허균은 명나라 사신들의 접대를 훌륭하게 마쳤다는 공로로 황해도사로 임명되었다. 1599년 허균이 황해도사 시절 기생과 무뢰배와 함께 어울린다는 이유로 처음 파직된 이래, 부처를 섬기고 신봉한다는 탄핵을 받아 세 번이나 유배를 갔고 여섯 번이나 파직당했다. 여섯 번을 쫓겨나려면 여섯 번 등용되어야 한다. 허균은 그만큼 기대가 촉망되던 유망주였던 것이다.

'천민들의 고결한 사랑' 편에서 보셨듯이 시재가 뛰어났던 기생 이매창과 허균은 10년간이나 시를 주고받으며 친구처럼 지내던 사이였다. 불교에 심취했던 그는 사명대사, 서산대사와도 매우 가까웠다. 사명대사가 죽었을 때 묘비명을 쓰는가 하면 서산대사로부터 입산 권유까지 받은 인물이 허균이었다. 사명대사의 묘비문에 사명당에 대한 허균의 애정이 잘 나타나 있다.

내가 비록 유가의 몸이지만 스님은 불가에 몸을 담고 계신 분이고, 형님처럼 모시고 동생처럼 지내는 사이였다. 스승에 대해서는 내가 제일 잘 알고 있다.

허균은 당대의 고승인 사명당과 호형호제하는 사이로 깊은 교류를 하고 있었던 것이다. 이렇게 사명대사나 서산대사 같은 고승들과 깊은 교분을 나누었던 허균이 괴물이었을까? 아니면 이러한 인물을 죽인 인간들이 괴물이었을까?

허균이 가까이 지낸 기생은 이매창뿐이 아니었다. 허균은 사람을 사귐에 있어서 신분을 가리지 않았기 때문에 수많은 기생들과 승려들 그리고 서얼들까지 모두 사귀어 말이 많을 수밖에 없었다. 그는 특히 기생들을 가까이 했는데 그의 변명을 들어보자.

남녀의 정욕은 하늘이 주신 것이요, 인륜과 기강을 분별하는 것은 성인의 가르침이다. 하늘이 성인보다 높으니 나는 차라리 성인의 가르침을 어길지언정 하늘이 내려주신 본성을 어길 수 없다.

어때 말이 되셔? 이렇게 자유분방하기 짝이 없었던 그의 행동을 당시의 잣대로 평가하면 갈 데 없이 미친 놈이었다. 그래서 허균은 항시 "나는 세상과 화합하지 못한다!"라고 한탄했다. 허균이 미쳤을까? 세상이 미쳤을까?

성리학의 고루함이 온 조선을 뒤덮고 있을 때 이러한 허균의 행동은 모두 기행으로 비쳐졌고, 이는 사회통념상 받아들일 수 없는 행위였던 것이다. 자유인이었던 허균은 자유를 옥죄는 유교에 염증을 느껴 의도적인 반항을 한 것으로 보인다.

예절의 가르침이 어찌 자유를 얽매리오. 뜨고 가라앉는 것을 다만 천성에 맡기노라. 그대들은 그대들의 법을 쓰게, 나는 나름대로 내 삶을 이루겠노라.

위선과 허례의 정수인 유교에 절망한 천재의 언행이다.

강릉에는 허균을 기리는 문학비가 세워져 있다. 고려와 조선 같은 신분사회에서 평등을 부르짖는다는 것은 불온하기 짝이 없는 사상으로서 능지처참 대상이었다.

우리나라에서는 고려 무신정권 때인 12세기 말 노비 만적이 최초로 "왕후장상의 씨가 어디 있느냐?"라고 외치면서 난을 모의하다가 동료의 배신으로 처형된 것이 신분해방운동의 효시로 보인다. 중국에서는 이런 신분해방의 주창이 만적의 시대보다 자그마치 1,700년이나 앞선 춘추전국시대 때 묵자에 의해서 제기되었다. 묵자는 공자가 세상을 떠났던 시기인 기원전 5세기 사람인데, 그는 당시에 벌써 기독교의 평등 교리와 같은 "하늘 아래 만물은 모두 평등하다"라고 가르쳤다. 거기다 한술 더 떠서 평등주의뿐만 아니라 능력주의도 주장했다. 즉, 출신이나 계급과 무관하게 재능이 있는 사람이 천자, 제후, 재상이 되어서 하늘을 대신해 일을 해야 된다고 주장했으니, 얼마나 시대에 앞선 주장이고, 얼마나 말이 되는가?

그래도 그들은 역모로 처형되지 않았고 제자백가의 한 사상으로 치부되었으며, 한동안 유가와 함께 사상계를 양분할 정도로 위세를 떨쳤다. 조선에 비하면 중국은 신사상에 얼마나 관대했는가?

묵자의 사상에 영향을 받아서인지 기원전 3세기 진의 진시황이 죽고 천하가 동란에 휩싸였을 때 진승, 오광의 난이 일어났다. 걔들의 표어가 후대의 만적과 똑같았다. "왕후장상의 종자가 따로 있느냐"고. 만적은 1,500년 전에 이미 진승, 오광이 외친 구호에서 '종자'라는 한문을 '씨'라는 우리 말로 바꾸어 악을 쓴 것이다.

조선 제일의 여류 시인 허난설헌

조선시대에 가장 뛰어났던 여류 시인이자, 허균의 누이인 허난설헌의 시는 조선이 아니라 중국에서 먼저 인기를 끌었다. 일본에서도 그녀의 시문집이 간행될 만큼, 그녀는 당시 동양에 최초로 한류를 퍼뜨린 한류의 원조였다.

중국에서 가장 큰 중국 국가도서관에 소장된 《조선시선》이라는 서책에 허난설헌의 시가 수록되어 있다. 《조선시선》은 명나라 때 만들어진 시집으로서 신라시대의 최치원부터 조선시대에 이르기까지 시대를 뛰어넘는 재능을 가졌던 인물들의 시가 수록되어 있다. 그 중 가장 많은 분량을 차지하고 있는 것이 바로 허난설헌의 시다.

중국의 최고 명문 대학인 베이징대학의 조선어학과에서는 한국사가 정규 과목이다. 그런데 한 학기의 강의 주제가 허난설헌의 시가 될 정도로 중국 학생들은 허난설헌의 시에 높은 관심을 가지고 있다.

아니, 우리나라에서는 허난설헌이 누군지 열에 하나나 알까 말까 한데, 중국의 최고 수재들만 모인 베이징대학에서는 허난설헌의 시를 강의하고 있다니, 도대체 이런 경우를 뭐라고 해야 되나.

그녀는 시를 통해 자신이 몸담고 있는 어두운 현실을 벗어났고, 또 시를 통해 시대의 속박에 저항했다. 이러한 허난설헌의 투철한 저항정신이 그녀의 시를 높게 평가하는 이유인 것이다. 그녀의 시는 남동생 허균 덕에 오늘날까지 전해지게 되었다.

누이가 죽은 이듬해인 1590년 허균은 친정에 남아 있던 누이의 시와 평소 자신이 외우고 있던 시를 써서 한데 모으기 시작했다.

허균은 누이 허난설헌의 시집을 발간할 생각으로 이 원고를 당시 문호였던 유성룡에게 보여 주었다. 유성룡은 그녀의 시를 크게 평가하고 다음과 같이 허균에게 조언했다.

> 훌륭하도다. 부인의 말이 아니로구나. 어떻게 해서 허씨 집안에 뛰어난 재주를 가진 사람이 이토록 많단 말인가. 돌아가 간추려서 보배롭게 간직하여 한 집안의 말로 비치하고 반드시 전하도록 하는 것이 옳다(《서애집》).

이후 조일전쟁이 발발했고, 명은 조선에 원병을 파병했다. 그 군대와 같이 온 사신이 오명제였고, 사신 오명제를 맞이한 인물이 바로 허균이었다. 조선의 시와 문장을 수집하고 있던 오명제에게 허균은 다른 조선 문인들의 시와 함께 허난설헌의 시 200여 편을 건네주었다. 명나라로 돌아간 오명제는 1600년 이 시들을 모아 《조선시선》을 출판했고, 중국의 문인들은 허난설헌의 시를 보고 감탄하여, 사신들이 조선에만 오면 허난설헌의 시를 얻어가고 싶어했다.

또 허난설헌이 죽은 뒤에 허균과 친교가 있던 명나라 사신 주지번은 허난설헌의 시를 읽고 감복하여 그녀의 시를 명나라로 가져가서 《난설헌집》을 간행했다. 이 시집은 명에서 큰 호응을 얻은 뒤 조선으로 역수입되어 읽히기 시작했으며, 18세기 초가 되자 일본에서도 간행되었다. 그녀의 시는 죽은 후에 빛을 발하여 조선, 중국, 일본 등 동아시아 전역에서 칭송받았던 것이다.

허난설헌은 역모로 몰려 죽은 허균의 친누이이자, 그 유명한 초당두부를 만든 동인의 영수 허엽의 딸이다. 허균은 4남매로, 조일전쟁 직전 일본에 김성일과 함께 사신단에 서장관으로 갔던 허성, 학자인 허봉, 시인인 허난설헌에 이어 막내였다. 허균의 부친 허엽과 그의 네 형제 자매들 모두 천재들로 문장이 뛰어나 후대에 '허씨 5문장가'로 불렸는데, 그 중 허균과 허난설헌이 가장 유명하다.

허난설헌의 불행은 그녀가 조선에서 태어났다는 것이었다. 당시 조선에서는 여자가 글을 안다는 것 자체를 인정하지 않았고, 더구나 시를 쓴다는 것을 주제넘게 보아, 허난설헌의 시는 철저히 외면당했다. 조선의 여자들에게는 부덕을 갖추는 것이 최고의 미덕일 때였고, 왕실의 공주 등 귀족들에게도 한글 이상은 가르치지 않던 때였다.

요새도 대학에 설거지와 자수, 뜨개질을 가르치는 가정과가 있는지 모르겠다. 오죽하면 박지원처럼 깨인 사람도 여자가 시를 쓰는 것에 반대했던 시절이었던 것이다.

16세기 중반인 1563년 강릉에서 태어난 허난설헌은 어려서부터 신동 소리를 듣고 자랐다. 가족 모두 천재들이었던 허씨 집안의 가장 허엽은 글을 가르치면서 아들 딸 차별을 두지 않았다. 그 덕분에 허난설헌은 뛰어난 학자였던 아버지 허엽으로부터 글을 배우면서 가지고 있던 천재성이 빛을 발하기 시작했던 것이다.

허엽 말고도 그녀의 재능이 빛을 발하도록 도와준 사람은 오빠인 허봉이었다. 허봉은 일찍 과거에 합격해서 중국을 오가면서 중국의 유명한 시인들의 서책을 구해다 동생에게 주고 공부하도록 도왔다. 또 그녀의 선생이 있었으니 손곡 이달이었다. 이달은 삼당시인 중의 하나로 꼽힐 만큼 시재가 뛰어났으나 서얼이었던 관계로 관직에 나가지 못하고 동네에서 훈장질이나 하고 살던 인물이었다. 그는 허난설헌의 시재를 일찍 간파하고 열심히 가르쳤다. 그녀는 이미 여덟 살 때 시를 지었는데, 《긍사》에서는 '그녀가 《백옥루상량문》을 8세 때 지었는데, 만약 하늘이 내린 재능이 아니라면 어떻게 지었을 수가 있었겠는가?'라고 극찬하고 있다.

강원도 강릉시에 있는 허균, 허난설헌 기념관에는 허난설헌이 8세 때 지었다는 《광한전백옥루상량문》이 보존되어 있다. 명필 한석봉이 썼다는 허난설헌의 이 시는 여덟 살짜리가 지었다고 믿기 힘들 정도로 표현력과 상상력이 뛰어난 시다. 광한전백옥루는 도교에서 말하는 상상의 궁전으로, 그 궁을 짓는다고 상상하고 상량문을 지은 것이다. 이렇게 중국에서 그리고 일본에서도 애독되던 허난설헌의 시는 조선에서는 그녀가 죽은 지 200년이나 지나도록 받아들여지지 않았다. 남존여비사상에 철저히 세뇌된 수구꼴통들에게는 시대를 뛰어넘은 천재의 시가 그저 주제넘은 여자의 넋두리로만 비쳤던 것이다.

15세에 안동 김씨 집안의 김성립과 혼인한 허난설헌은 27세의 젊은 나이로 강에 몸을 던져 자살하고 말았다. 남녀차별이 없는 자유로운 사고를 가진 가족들 사이에서 자란 그녀는, 자신과는 비교가 안 되게 재능이 떨어지는 남편과 속박받는 시댁 생활을 견딜 수 없었다.

당시만 해도 혼인을 하면 남자가 처가에서 사는 것이 일반적이었다. '장가간다'라는 말은 바로 '장인의 집에 들어간다'라는 말이었다. 그러나 하필 허난설헌의 시대부터 여자들이 시집살이하는 관습이 정착되기 시작했다. 종부 며느리가 되면 1년에 수십 번 돌아오는 제사 감당에 지쳐 자빠질 정도로 일이 많았다.

허난설헌은 친정에서 차별 없이 귀여움만 받고 자라다가 용코로 걸린 것이었다. 거기다 남편인 김성립은 과거에 번번이 낙방하다 공부를 멀리하기 시작했고, 허난설헌의 친정 식구들이나 허난설헌에게 열등감을 갖게 되어 둘 사이는 점점 멀어졌다. 김성립은 허난설헌이 죽은 뒤에야 겨우 과거에 합격하여 말단 관리로 생을 보낸 인물이었다. 이렇게 무능하고 가정에 무관심한 남편과 종부로서의 고된 시집살이, 아들과 딸의 잇따른 병사, 오빠의 귀양살이 등은 자유분방했으나 가냘팠던 천재의 삶을 피폐시켰다.

그녀의 아버지 허엽은 경상도 관찰사직에서 물러나 한성으로 오다가 객사했고, 이어 어머니마저 허균과 함께 지방에 내려갔다가 급사한다. 뒤를 이어 허난설헌의 희망이었던 두 아이가 잇달아 병사했으며, 어렸을 때부터 그녀에게 글을 가르쳐 주던 둘째오빠 허봉도 1588년 38세의 나이로 요절했다.

그녀는 자신에게 닥친 이런 평상과 불행을 견딜 수 없었다. 고금의 천재는 대개 불행했다. 그리고 명이 짧았다. 허난설헌은 수많은 시를 썼으나, 그녀가 죽자 유언에 따라 시댁 식구들이 그녀의 시를 모조리 태워버렸다. 남아서 전하는 것은 친정에 보관되어 있다. 허균이 수습한 213수의 시뿐이다.

후금(청)의 건국(1616~1911)

광해군 8년 누르하치가 여진족을 통일하고 후금을 건국했다. 여진족은 만주 동쪽에 살던 숙신, 말갈의 후예이다. 여진은 12세기 초에 금나라를 세워 하북을 차지하고 북송을 멸망시켰으나, 건국 120년만에 원에 멸망했다. 한편 만주의 원래 거주지에 살던 여진족은 조선초까지 미개했다. 그들은 대규모 정치조직을 이루지 못했고, 조선 북쪽 변경을 자주 침범해 조선의 골칫거리였다.

만주지역에는 비옥하고 넓은 평야가 많았으나 한랭한 기후 때문에 농업기술 수준이 낮았던 시절에는 작황이 아주 좋지 않았다. 그래서 항상 먹을 것이 부족한 여진족이 빽하면 조선 국경을 넘어 약탈을 하러 왔던 것이다. 이런 상황에서 11~12세기에 시작된 농업혁명은 만주지역에 급속한 발전을 가져왔다.

만주의 서부지역, 즉 요하지역은 명나라가 1375년 이래 요동도사를 두어 직접 통치했으나 북부와 동부지역은 통치력이 미치지 않아 조공, 책봉의 관계를 통해 간접으로 통치해 왔다. 1409년에 설치된 노아간도사를 통하여 여진은 중국 문물을 꾸준히 받아들였다. 조선이 건국한 후 여진은 호시를 통해 교역을 하면서 조선의 문물을 받아들여 동부지역에도 농업이 발달하기 시작했다.

《성종실록》의 기록을 보면 '야인은 사렵할 줄만 알았지 농경에는 종사하지 않다가 근대에 이르러 농경이 상당히 발전하였다고 하는데 그 농기는 모두 우리나라에서 나간 것이다'라고 기록되었다.

15세기가 되자 만주 서부지역은 중국의 새로운 곡창지대가 되었고, 동부지역에서는 제철, 조선, 직조 등의 기술이 발달했다. 여진족은 해서여진, 건주여진, 야인여진, 셋으로 나누는데 누르하치는 건주여진 출신이었다. 누르하치가 크는 데는 당시 명의 요동사령관이었던 이성량의 영향력이 컸다. 이성량은 조선족으로서 이여송의 아버지이다.

1583년 이성량은 명에 반기를 들었던 해서여진의 아타이를 치기 위해 건주여진의 병사를 동원했다. 거기에 누르하치와 누르하치의 아버지, 할아버지 3대가 모두 참전했는데 그만 누르하치를 빼고 모두 전사하고 말았다. 미안해진 이성량은 누르하치에게 교역허가증 30장을 주었다. 누르하치는 교역허가증인 칙서를 가지고 명과 여진의 교역을 독점할 수 있었고, 그렇게 해서 번 막대한 돈이 누르하치의 군사력 증강의 밑바탕이 되었다.

1588년 누르하치가 건주여진을 통일하자 놀란 명은 누르하치에게 건주위도독첨사란 직함을 내렸다. 1589년이 되자 누르하치는 왕을 칭하기 시작했다. 그로부터 3년 뒤에 조일전쟁이 일어났고, 누르하치가 조선에 파병하겠다고 제의를 해 온 것이다. 1599년 누르하치는 독자적인 문자를 만들고, 1605년에는 국호를 건주국이라 했다.

명은 자국의 반란을 진압하는 한편 조선에 대규모 군사를 파병하느라 그만 누르하치에 대한 견제와 감시를 소홀히 했다. 그 사이에 누르하치는 억누를 수 없을 만큼 커버렸다. 이런 와중에서 명은 당쟁, 그리고 환관의 발호와 사치로 내부가 썩어가고 있었다.

선조는 건국 이후로 여진족과 국지적인 전투가 끊이지 않았던 것을 잘 알고 있었으므로 누르하치 부족의 동향과 정세를 탐지하는 데 신경을 꽤 썼다. 조일전쟁이 소강상태였던 1595년 선조는 신충일을 여진의 도읍인 홍경노성에 사신으로 보냈다. 신충일은 조선 국경에서부터 여진 지역에 이르기까지 지리적 개황과 생활상을, 지도를 곁들인 상세한 보고서로 만들어 바쳤으며, 그것이 바로《건주기정도기》로 조선시대 최초의 만주 정세 보고서다.

명장 원숭환과 누르하치의 죽음

후금은 1625년 도읍을 심양으로 옮기고 성경이라 불렀다. 그 다음 누르하치는 중국의 관문인 산해관을 공격하기 위해서 먼저 그 앞쪽에 있는 영원성으로 쳐들어갔다. 영원성을 지키고 있던 명장 원숭환은 후금의 침입에 대비하여 복건성에서 포르투갈산 홍이포를 대거 실어와 배치했다.

후금군이 공격을 시작하자 홍이포가 불을 뿜기 시작했으며, 후금군은 많은 사상자를 낸 채 후퇴했다. 누르하치도 영원성 공격 때 심한 부상을 입어 죽었는데, 죽을 때 그가 한 말이다. "짐은 25세 때부터 싸워서 이기지 못한 적이 없고, 공격하여 무찌르지 못한 적이 없었다. 그런데 어째서 이 작은 영원성을 함락시키지 못하는가, 이는 하늘의 뜻이로다"라고 하면서 숨을 거두었다. 누르하치가 68세로 죽은 후 16명의 아들 중 여덟째인 홍타이지가 태종으로 즉위했다.

이렇게 원숭환이 명의 동쪽 국경에서 후금군을 막자 동진의 길이 막힌 홍타이지가 간계를 썼다. 후금은 영원성을 비껴 만리장성 쪽에서 북경으로 통하는 길을 골라 침입했다. 홍타이지는 이 옆길을 원숭환이 터주었으며, 그가 자신들과 내통하고 있다는 소문을 간자를 시켜 명에 흘렸다.

희종(명 16대)에 이어 즉위한 멍청이 의종(숭정제, 명 17대)은 귀가 얇고 의심이 많은 인물이라 당장 후금의 간계에 넘어가고 말았다. 그는 명장 원숭환을 소환해 시장바닥에서 처형하고 말았다. 명을 지탱하고 있던 마지막 기둥을 제 손으로 부러뜨린 것이다. 원숭환의 부하인 조대수 등은 아무 잘못이 없는 상관이 잡혀 죽자 휘하의 기마병 1만 5,000과, 태종이 그렇게 탐을 냈던 대포 등을 챙겨 후금에 투항하고 말았다.

아이러니컬하게도 한족과 조선인들이 오랑캐니 짐승이니 하며 그토록 천시하던 여진족이 중국을 정복하여 청나라를 세웠는데, 이 청나라가 중국 역사상 가장 융성한 왕조였다. 강희제, 옹정제,

건륭제로 이어지는 기간인 약 130년 동안 중국은 역사상 최고의 전성기를 맞았다.

강희제(1661~1722) 치세시에는 대외정복에서도 괄목할 만한 성과를 거두었으며, 대내적으로도 경제, 사회, 문화 등 사회 전반적인 면에서 비약적인 발전을 이루었다. 강희제(청 4대)는 특히 서양과의 교류를 활성화하여 문물을 교환하고, 고금 도서를 총망라한 대규모 문화사업을 일으켜 무려 1만여 권의 도서를 편찬했다.

짧은 치세 후 죽은 옹정제(청 5대)의 뒤를 이은 건륭제(1735~1795)는 강희제에 이어 모든 서적을 집대성한 《사고전서》를 발간하여 문헌사업을 더욱 확장했다. 허구적 북벌론에 매달렸던 조선의 유학자들은 청의 발전을 보고 겨우 정신을 차려 실학이 싹트게 되었다. 하지만 결국 실학은 학문의 한 영역으로만 자취를 남겼을 뿐, 아쉽게도 정책으로 전환되어 시행되지는 못했다.

광해군의 국방력 강화

누르하치가 세력을 확대하자 1613년 광해군(15대)은 후금의 철기에 대항하기 위하여 기존의 조총청을 화기도감으로 확대, 개편한 뒤 파진포 등 각종 화포를 생산하게 했다. 또 한교를 시켜서 전차를 만들게 했고, 명에 가는 사신들을 시켜 염초를 대량으로 구입하게 했다. 광해군은 화포와 화약뿐만 아니라 재래식 무기인 활과 화살, 창검 등을 다수 제작하도록 하고 군기시와 훈련도감에 일러 날짜별로 할당량을 정해 무기를 제작하도록 독촉했다. 또 우수한 장수와 병력을 확보하는 데도 많은 노력을 기울였다.

광해군은 조일전쟁 중 의병장으로 용맹을 떨친 정인홍의 친우인 곽재우를 발탁해 북병사로 임명하고, 변방 수령 대부분을 무인으로 충당했다. 또 승군을 정비하고 무과를 자주 실시하여 합격자들을 변방에 배치했다.

1609년 광해군(15대)은 일본과 국교를 재개했는데, 이는 후방을 안정시키고 일본산 조총과 장검을 수입하려는 원모였다. 이렇듯 전쟁의 참상을 직접 겪은 광해군은 나라의 힘을 키우기 위하여 모든 노력을 경주했던 것이다. 이런 와중에서 1617년 누르하치가 명나라의 전략적 요충지인 무순과 청하를 점령했다. 1618년 누르하치가 7대 원한을 내세우며 명의 요동도사를 공격한 것은 당시 천하를 움켜쥐겠다는 야망이 아니었다. 그것은 명의 간섭을 벗어나 최소한의 자치만이라도 하고 싶었던 여진족의 소망의 발로였다. 그러나 명은 여진족에 대하여 강경 대응을 결정했고, 1619년 대규모 정벌군을 일으켰다가 싸얼후 전투에서 누르하치에게 참패하고 말았다. 명은 싸얼후 전투에서 청에게 패함으로써 패망을 향해 줄달음쳤으나, 이미 명의 내부 사정은 썩을 대로 썩어 있었다. 무능하기 짝이 없는 관료들 사이에서는 당쟁이 치열했으며 권력을 잡은 환관들은 멍청한 천자들을 끼고 날뛰었다. 명의 군대는 오합지졸이었고 장수들의 자질도 형편없었으며, 무기와 장비 그리고 사기 및 모든 면에서 후금군과 게임이 되지 않았다. 명은 청에게 이길 수가 없었던 것이다.

명의 파병 요청

1618년 4월 후금에 참패한 명은 재차 원정군을 편성하면서 재조지은을 명분으로 조선에 출병을 명했다. 당시 조선은 파병할 형편도 안 되는 데다가 광해군 또한 명을 떫게 보고 있었다. 광해군이 세자 시절에 조선 조정이 수차례 명에 사신을 보내 세자책봉을 허락해 줄 것을 간청했었다. 그러나 명은 자체 승계 문제가 조선의 세자책봉 문제와 묘하게 얽혀 있는 데다, 광해군이 서자이자 둘째라는 이유로 세자책봉 요청을 미루고 허락하지 않았다.

이렇게 명의 세자책봉 불허 때문에 광해군은 선조(14대)에게서 엄청난 냉대를 받아야 했고, 그 기억 때문에 명이 영 떫었던 것이다. 명의 파병 요구를 둘러싸고 조선에서는 광해군과 신하들 사이에 격렬한 논쟁이 벌어졌다. 세자책봉 거부 때문만은 아니겠으나 광해군은 명의 파병 요구를 확고히 반대했다.

"우리는 아직 왜란의 후유증에 시달리고 있으며, 명도 누르하치의 위세를 당해내지 못했는데 우리가 무슨 수로 당하랴. 우리의 훈련되지 않은 군대를 보내봤자, 양떼를 데리고 호랑이를 공격하는 것과 다를 바 없다. 파병은 민생을 파탄시킬 뿐만 아니라 누르하치와 원한을 맺게 할 것이 뻔하다"라는 이유 때문이었다. 이는 당시 국제정세를 정확히 판단한 것이었다. 그러나 대부분의 신하들은 '명이 부모의 나라이자 재조지은을 베푼 은인'이라며 파병에 적극 찬성했다. 얘네들 말도 틀린 것은 아니지만, 사람이 좀 냉정해야지. 조선의 주제도 살피고 국제정세도 검토했어야 했는데, 어리석은 신하들은 그런 것은 쥐뿔도 모르면서 명분에만 매달렸던 것이다. 하기야 명은 재조지은의 나라였을 뿐만 아니라 조선에게는 부모의 나라요, 할아비의 나라였다.

이렇게 광해군은 신하들과 논쟁하면서 1년 가까이 미적대다가 마지막에 할 수 없이 강홍립을 원수로 하고 김응서를 부원수로 한 1만 3,000여 명의 병력을 명에 파병했다. 그리고 사령관 강홍립에게 "상황판단을 정확히 하고, 패하지 않는 싸움이 되도록 최선을 다하라"라고 비밀리에 지시했다는데, 이 비밀리에 지시하는 것을 누가 들었길래 이 스토리가 사서에 있을까.

출진한 강홍립은 명이 이미 후금의 상대가 안 되는 줄 알고, 후금과 대강 싸우다가 항복하고는 조선의 참전이 자의가 아님을 후금에게 설명했다. 후금은 명과 후금 사이에 낀 조선의 입장을 이해하고 동정을 표시했다. 이후 강홍립은 후금 진영에 있으면서 광해군에게 계속해서 밀서를 보냈으므로 조선은 후금의 사정을 정확히 파악할 수 있었다. 강홍립은 밀서를 종이에 쓴 다음 새끼로 꼬아 보냈다.

파병 때 광해군이 강홍립을 불러 대강 싸우는 척하다 기회를 봐서 청에게 항복하라는 명을 내렸다고 하나 이는 소설일 가능성이 높다. 이 스토리는 광해군 폐위의 명분을 만들어내기 위해서 서인들이 만들어낸 스토리이기 때문이다.

조선의 파병과 비운의 원수 강홍립

1619년 2월 1일 강홍립은 군사 1만 3,000을 거느리고 압록강을 건넜다. 강홍립이 거느린 부대는 조총수 5,000명을 포함한 조선의 최정예 부대였다. 당시 조선에 조총수가 5,000명 이상 있었던 것이다. 명의 장수들은 조선군이 강을 건너기 전부터 조총수들을 빨리 들여보내라고 성화였다. 명군도 이 전투에 역전의 장군들을 모두 투입했다. 총사령관 양호, 좌익북로군사령관 마림, 중로군사령관 두송, 그리고 이여백, 유정 등 모두 전투 경험이 풍부한 장수들이었다.

당시 만주의 겨울 날씨는 엄청 추웠다. 거기다 비까지 오자 원정 간 조선군들은 금방 지쳤다. 조선군은 절반 이상이 보병이었고, 병사 1인당 10일 분의 군량을 짊어지고 있었으며, 거기다 조총, 천막, 침구, 거마적(적 기병의 돌격을 막기 위한 장애물) 등 적지 않은 군수품을 이고 지고 있었다.

날은 춥고 짐은 무거운 데다 진군을 재촉하니 지친 조선군은 밤에 몰래 일어나 군량을 땅에 파묻었다. 조금이라도 짐을 줄이기 위해서였다. 이러다 보니 며칠 지나지 않아 조선군은 군량도 떨어지고 체력도 떨어져 사기가 형편없었다.

7세기 고구려 수나라 전쟁 때 박살난 수나라군과 똑같은 길을 걸었던 것이다. 강홍립이 명군 장수들에게 진군을 늦추어 줄 것을 요청했으나, 명군 장수들은 감독관까지 파견하여 진군을 독촉했다. 명군에 소속되어 있는 강홍립의 병력은 독자적인 작전권이 없었기 때문에 가다가 지쳐서 자빠져도 시키는 대로 할 수밖에 없었다.

심하전투

조선군이 전장터에 도착했을 때, 일부 병영에는 벌써 군량이 떨어져가고 있었다. 1619년 3월 2일 조선군은 심하에서 후금군과 처음으로 조우하여 600여 명의 후금 기마대를 조총수들이 물리쳤다. 이틀 후 조선군은 후금군의 주력 3만 명으로부터 기습을 받았다.

서북군을 이끌었던 두송의 명군은 살리호 전투에서 매복했던 후금군에게 전멸당했으며, 두송군을 궤멸시킨 후금군은 밤새 길을 달려와 유정군을 공격했다. 강홍립은 조선군을 지휘하여 중군과 좌우영으로 벌여놓고 후금군과 맞섰으나, 두 진영이 전투 태세를 갖출 무렵 조선군 진영 쪽으로 역풍이 불기 시작했다. 조선군 포수들은 조총을 쏘았으나 하늘을 뒤덮는 먼지가 들이닥쳐 두 번째 발사를 하기도 전에 질풍같이 덮쳐 들어온 후금의 철기에 좌우영 모두 철저히 당하고 말았다.

선천 군수 김응하, 운산 군수 이계종, 영유 현령 이유길을 비롯하여 수천 명의 병졸들이 전사했다. 당시 청군은 조총으로 무장하고 있지는 않았으나, 어려서부터 수렵을 해오면서 살아온 여진족의 철기는 가공할 스피드를 자랑했다. 그 스피드에 조총수들이 그대로 당한 것이다. 후금은 몽골 기마군단의 전통을 받아들였던 것이다. 중영에 있던 강홍립은 죽을 각오로 결전을 준비했으나, 이때 적진에서 역관을 찾으며 강화를 맺자고 청해 왔다.

이 얘기에 대해서는 사료마다 약간씩 내용이 다른데, 다른 사료에는 강홍립이 역관을 보내 강화를 청했다고 한다. 어쨌든 그게 중요한 것이 아니고, 양측 다 서로 원수질 일이 없고 후금의 원수는 명이니, 후금과 조선 사이에 척지지 말자는 결론이었다. 항복한 강홍립은 누르하치를 만났으며, 후금의 진영에 억류되어 있으면서 후금 내부의 정보를 광해군에게 계속 보냈다. 병사들 중 건강한 자는 후금의 군대에 충원되었고, 시원치 않은 자는 각처의 부락으로 보내 농작물 생산에 종사시켰다.

조선군 중 조선으로 도망온 병사들은 겨우 1,400명에 불과했으니, 심하전투에서 약 1만여 명의 전사자와 포로가 발생했던 것이다. 강홍립이 후금에 항복하자 조정에서는 그의 가족을 잡아다 처벌해야 한다는 논의가 빗발쳤으나 광해군(15대)은 까딱도 하지 않고 강홍립의 가족을 보호해 주었다.

강홍립은 비운의 장군이었다. 임금의 명에 충실하여 후금에 항복했고, 또 후금에 있으면서 후금의 정보를 비밀리에 광해군에게 알려주어 분쟁에 대비하도록 했다. 정묘호란 때도 후금군과 함께 조선에 들어와 화의를 주선하는 등 조선을 위해 많은 일을 했다. 그런데도 조청전쟁 후 인조대에 조선에 돌아온 강홍립은 역적이라 하여 벼슬이 삭탈되고 처형되었다.

강홍립은 사후에 신원되었으나, 그는 국가에 충성을 바치고 임금의 명을 따랐다는 이유로 많은 것을 잃은 장군이었다.

광해군이 반정으로 쫓겨난 후인 1627년 정묘호란이 일어났을 때 강홍립은 후금군을 이끌고 조선땅을 밟았다. 그리고 그는 강화도로 피난갔던 인조를 만나 강화협상을 매듭지었다.

후금군이 조선인들을 약탈하고 죽이고 하자 조선군 원수인 정충신이 강홍립에게 이러한 사정을 알렸다. 이를 들은 강홍립은 후금군의 살육을 막기 위해 노력했으며, 강화회담을 성사시켜 후금군이 철수하는 데도 중요한 역할을 했다. 그러나 그 후 인조(16대)에게 처형된 그는 매국노로 매도되어 우리들의 기억에 남아 있다. 하여간 역사를 제대로 쓴 경우를 찾기 힘들다.

심하전투 이후 명에서는 조선에 다시 한 번 파병을 요청하자는 움직임이 일었다. 서광계가 논의의 중심이었는데, 그는 명이 후금에 패한 원인을 조목조목 분석하여 황제에게 올렸다. 1619년 11월 명은 원견룡을 보내 1만의 병력을 다시 파병하라고 요구했다. 이후 매년 파병을 요구했으나 광해군의 태도는 단호했다. 이미 한 번 대군을 보낸 데다가 아직도 치유해야 할 전란 후유증을 핑계삼아 단호하게 거절했던 것이다.

명의 난민과 모문룡

북한이 망하면 거대한 난민 대열이 중국과 남한으로 향할 것으로 보이는데, 남한에서는 이 경우를 상정한 대비책이 있는지 모르겠다. 요새 김정일의 몸이 시원치 않다는데, 아마 미리 연구를 해뒀겠지.

1618년 누르하치가 무순을 공략하자 명의 난민들은 대대적인 피난길에 올랐으며, 심하전투 이후에는 그 숫자가 크게 늘었다. 명의 난민들 가운데 많은 수가 압록강을 건너 조선땅으로 들어왔다. 1621년 명나라 조정이 파악한 숫자만 2만 명이었고, 다음 해에는 10만이 넘었다. 지금의 이북 땅이 명의 난민들로 넘쳐났는데, 조선으로서는 이들이 큰 골칫거리였다.

재조지은이 있는 천조의 백성들이니 괄시할 수도 없고, 그대로 두자니 각지에서 말썽을 부리고 약탈을 일삼아 보통 골치아픈 것이 아니었다. 더구나 인구가 적어서 포로를 귀한 재화로 생각하고 있던 후금은 포로 후보자들이 조선으로 대거 달아나자 조선에 난민을 받지 말라고 엄중히 경고했다.

난민 문제에 대하여 신하들이 아무런 대책을 내놓지 못하자 광해군이 직접 나서서 이 문제를 해결했다. 일단 더 들어오는 것은 막고, 이미 들어와 있는 자들은 신상을 파악하여 관리하도록 했으며, 깊숙이 내려와 있던 난민들은 남해나 진도 등으로 보냈다. 또 국내 정보가 그들을 통해 유출되지 않도록 내국인의 접근을 엄격히 관리하도록 했다. 아마 진 · 한 교체기, 고수전쟁 때, 그리고 명 · 청 교체기에 가장 많은 한족이 한반도로 들어와 한인과 혼혈을 이루었을 것으로 추정된다. 이제 어디 가서 단일민족 같은 소리 하지도 마라. 무식하다는 소리 듣는다.

조선으로 들어온 난민(?) 중에 명나라 장수인 요동도사 모문룡이 있었다. 모문룡은 조선으로 들어와 평안도 철산 앞바다의 가도라는 섬에 머물면서 '후금의 배후를 견제한다'는 명분으로 조선으로부터 막대한 식량과 군수품을 지원받았다.

모문룡이 조선에 주둔하면서 내세운 명분은 '요동수복'이었으나, 실제로는 조선이 후금에 기울지 못하도록 견제하고 감시하는 것이 일이었다. 모문룡은 난민들을 이끌고 압록강변의 요충지 진강으로 침입하여, 후금에 투항한 후 진강지역 사령관으로 임명되어 있던 인물을 죽이고 기습적으로 진강을 탈취했다. 후금에 맨날 깨지던 명에서는 모문룡의 진강 점령 소식에 조야가 신이 났고, 후금에는 비상이 걸렸다.

모문룡 때문에 뒤꽁무니가 근질거리게 된 후금은 대병력을 투입하여 모문룡을 공격했고, 난민 나부랭이 군대만 거느리던 모문룡은 진강을 포기하고 미곶에 상륙했다. 이후 모문룡은 압록강변의 여러 고을을 돌아다니며 난민들과 명군 패잔병들을 수습했다. 조선 조정은 입장이 매우 난처하게 되었다. 천조의 장수를 함부로 할 수도 없고, 후금의 눈치도 봐야 했으니 보통 난처한 것이 아니었다. 골머리를 앓던 광해군에게 기발한 생각이 하나 떠올랐다.

광해군(15대)은 모문룡을 설득하여 섬으로 들어가도록 종용했다. 1622년 모문룡은 광해군의 권유에 따라 가도로 들어가 동강진이라는 군사기지를 건설했다. 이후 광해군은 모문룡에게 신경을 껐다. 그까짓 병력 가지고 요동수복은 꿈 같은 얘기였고, 모문룡이라는 인간을 만나 보니 질이 나빠 보여 조선에 별 도움이 안 될 인간이었던 것이다.

그러다가 인조반정이 일어났다. 당연히 명은 쿠데타를 지지했고, 모문룡도 인조에게 말빨이 세졌다. 어떤 해에는 조정의 1년 경비 가운데 3분의 1이 모문룡에게 지출될 정도로 모문룡에 의한 폐단은 극에 이르렀다. 거기다 모문룡은 요동을 공격하는 것이 아니라 가도를 본거지로 한 밀수왕의 행태를 띠어갔다. 산동에서 요동반도를 항해하는 상선들에게서 강제로 세금을 거두고, 자신이 직접 강남과 산동을 대상으로 밀무역에 뛰어들어 막대한 재화를 긁어모았다. 배가 부른 모문룡은 요동수복 얘기는 벌써 잊었고, 의지 또한 전혀 없었다.

모문룡이 매년 수십만 석의 군량을 축내면서도 후금과 싸우겠다는 의지는 전혀 없이 8년간이나 말로만 버티자, 이를 밉게 보고 있던 영원 순무 원숭환은 요동을 수복하려면 모문룡부터 제거해야 한다고 판단했다. 기회를 엿보던 원숭환은 모문룡을 쌍도라는 섬으로 유인하여 처형해 버렸으며, 모문룡의 후임으로 부총관 진계성이 가도의 사령관이 되었다.

16

무능하고 잔인한 제16대 인조와 소현세자의 독살

서인의 역모 인조반정

1623년 조선 왕조사의 가장 커다란 오점으로 기록될 인조반정이 일어났다. 광해군(15대) 15년 3월 이귀, 김규, 김자점, 최명길, 이괄, 이서, 신경진 등 눌려 지내던 서인들은 북인들의 폐모사건을 명분으로 삼아 능양군을 추대하여 반정을 일으켰다. 1,000명 정도 동원된 반정의 주모자는 김류와 이귀였고, 훈련대장 이흥립이 반정군에 가담함으로써 반정은 싱겁게 성공했다.

사실 이건 반정이 아니라 역모였다. 모처럼 한번 성공한 역모의 주인공들이 하필 썩어빠진 인간들이었다는 것이 조선을 위해 정말 아쉽다. 이 역모로 광해군이 폐위됨으로써 조선은 회생할 수 있는 기회를 또 한 번 놓치게 된다.

반정에 성공하여 광해군과 그 아들을 연금한 반정군은 먼저 덕수궁에 유폐되어 있던 인목대비를 찾아내어 서궁에서 대비로 회복시켰다. 그 뒤 옥새를 넘겨받아 29세의 능양군을 인조(16대)로 즉위시켰다.

반정 다음 날 박정길, 이위경, 한찬남 등 대북파의 인물들이 저잣거리에서 처형되었으며, 박승종은 아들과 도망하다가 스스로 목을 맸다. 이이첨도 도망가다 잡혀 죽었고, 김개똥(김개시)과 정인홍도 처형되었다. 이로써 광해군대를 떠받치던 대북은 전멸되었다.

선조의 서손 능양군은 선조의 아들 정원군의 맏아들로 태어났다. 중종이 반정 때 허수아비 노릇을 한 것에 반해 능양군은 친병을 이끌고 반정의 주도세력으로 참가했다. 인조가 반정에 적극 참여한 것은 동생 능창군이 역모로 몰려 광해군에게 처형당한 것이 원인이 되었다. 능창군은 무예에 능하고 신망도 높아 광해군에게 찍혀 있다가, 역모사건이 터지자 이에 연루되어 제거당한 것이다.

인조는 당시 구명운동을 벌였으나 역부족이었고, 그 바람에 실의에 빠진 아버지 정원군이 병을 얻어 세상을 떠났다. 이러니 인조가 광해군에게 앙심을 가지고 때를 기다린 것은 당연한 것이었다.

그런데 문제는 반정의 명분이었다. 억지로 갖다 붙인 반정의 명분이 모조리 헛소리였던 것이다. 결국 인조반정은 권력에 눈이 먼 지배층끼리의 싸구려 정권 탈취극에 불과했고, 반정의 정통성은 어디에도 없었다. 반정으로 인하여 백성들이 덕을 본 것은 눈꼽 만치도 없었으며, 국가적으로는 항차 치욕적인 삼전도 항복을 불러왔다.

서인들의 반정 명분을 보자.

첫째, 배은망덕하여 오랑캐에게 성의를 베풀었다.

이것은 광해군이 명과 청 사이에서 중립외교를 펼친 것이 죄악이란 의미이다. 그래서 주제 파악도 못하고 주접을 떤 서인 정권의 반청친명 정책의 결과가, 결국 저희들이 받들어 왕으로 모신 인조로 하여금 삼전도에 나아가 오랑캐의 왕 청태종(청 2대)에게 세 번 절을 하고 아홉 번 머리를 땅에 부딪치는 삼배구고두의 수모를 겪게 하고, 항복하는 치욕을 자초했다.

둘째, 민가 수천 채를 철거하고 궁궐을 지었다.

광해군은 왕권의 위엄을 과시하기 위하여 조일전쟁 때 불타버린 창덕궁, 창경궁을 재건하려 한 것이지만, 궁궐 건축 욕구가 지나친 것은 사실이었다.

셋째, 폐모살제, 즉 동생을 죽이고 어머니를 폐했다. 궁중에서 왕권의 획득 또는 찬탈을 위해 형제끼리 죽고 죽이는 것은 어느 왕조에서나 흔한 일이다. 글쎄 어머니를 폐했다고 하는데 죽이지 않은 것만도 다행이었다.

앞에 열거한 명분 중에서 말이 되는 것은 궁궐 건축뿐이다. 즉 인조반정은 광해군(15대)이 궁궐을 건축했기 때문에 일어났다는 결론이다. 아니, 왕이 집 짓는 데 돈 좀 썼기로서니 그것 때문에 반정을 일으켜? 소새끼 같은 놈들.

사실은 그게 아니고 인조반정은 광해군의 개혁으로 기득권의 상당 부분을 상실하게 된 일부 기득권층과 찬밥이던 서인 세력들이 합세하여 일으킨 역모였다. 광해군은 조선에서 몇 안 되는 밥값을 한 왕이었고, 반정으로 즉위한 인조보다 오백 배나 괜찮은 왕이었다.

우선 반정이 없었다면, 조선의 최대 치욕인 조청전쟁과 삼전도 항복이 없었다. 더구나 대다수의 백성들에게는 국가재건의 비상시기에 저희끼리 치고박는 삼류 정권 쟁탈전이 짜증이나 나지, 거기서 뭘 얻어먹겠는가.

서인들은 정권을 잡은 후 민심을 안정시키기 위하여 당시 명망이 높았던 남인 이원익을 영의정으로 추대하고 서남 연합정권을 탄생시켰다. 인조반정으로 죽거나 유배된 사람은 모두 350여 명에 달하며, 이외에도 광해군의 외교정책을 적극 실천했던 평안도 관찰사 박엽과 의주 부윤 정준도 체포되어 역적이라는 죄명으로 처형되었다.

인조반정으로 서궁 유폐에서 풀려난 인목대비는 그 동안 광해군에게 너무 이를 갈아서 이가 반쯤 갈려나간 상태로, 치과 치료가 급하게 필요할 때였다. 그녀는 다음과 같이 분노를 표출했다.

> (광해군은) 한 하늘 아래 같이 살 수 없는 원수이다. 참아온 지 이미 오랜 터라 내가 친히 그의 목을 잘라 망령에게 제사지내고 싶

다. 10여 년 동안 유폐되어 살면서 지금까지 죽지 않은 것은 오직 오늘날을 기다린 것이다. 쾌히 원수를 갚고 싶다(《인조실록》).

아마 인목대비가 이렇게 심정을 토로하는 동안 하늘에서는 하얀 서리가 내렸을 것이다. 이렇게 하늘을 찌르는 듯한 인목대비의 분노 하에서 광해군은 신하들의 만류로 겨우 목숨을 건지고 귀양길에 올랐다.

인조(16대)는 이름은 멀쩡하지만 실상은 질투심이 많고 잔인하기 짝이 없는, 선조(14대)와 맞먹는 소인배였다. 청에 볼모로 잡혀 있다가 명이 망한 후 돌아온 소현세자가 청과 조선의 통로 역할을 하면서 양국의 갈등을 조정하는 데 탁월한 솜씨를 보여 청의 신뢰를 한몸에 받았다. 그러자 이를 질투하여 자신의 장남인 소현세자를 독살했고, 며느리인 세자빈에게도 사약을 내려 죽여버렸다. 그리고 손자들인 소현세자의 세 아들을 제주도로 유배보내서 거기서 두 손자가 풍토병으로 죽도록 방치했다.

조선 왕들 중 형제를 죽인 태종(3대)이나 아들을 죽인 영조(21대) 같은 임금은 있었으나, 아들, 며느리, 손자까지 시원하게 싹쓸이한 왕은 인조뿐이었다.

인조의 '인' 자는 '어질 인' 자가 아니고 '잔인할 인' 자라는 것을 알아둬라. 이 멍한 데다 잔인하기 짝이 없었던 인조는 재위 27년 동안 밥만 축내면서 두 번의 전쟁을 자초한 후 아무 치적도 없이 그냥 갔다. 밥이 아깝다.

이괄의 난(1624)

반정 후 서인들은 친명배금정책을 채택했다. 평안도 가도에 주둔하고서 후금의 배후를 위협하고 있던 명의 장수 모문룡에게 병력과 군량을 왕창 실어 보내는 한편 후금과의 사신 왕래를 끊어버렸다. 자연 조선에 대한 후금의 의구심이 깊어갈 때 이괄의 난이 일어났다. 인조(16대)가 즉위한 지 1년도 채 안 되어서였다.

이괄은 자존심이 강하고, 문재도 있던 무과 출신의 뛰어난 장수였다. 반정이 일어났을 때 반정군의 대장은 김류였으나, 반정군 지휘는 경력이 풍부했던 이괄이 맡았기 때문에 실제적으로 이괄은 반정에서 핵심적인 역할을 했다. 그러나 반정 후 논공행상에서 김류는 1등공신이 되었고, 이괄은 2등공신이 되었다. 자연히 이괄의 불만은 컸다. 반정 직후 인조는 병조판서를 기대하고 있던 이괄을 평안도 절도사로 임명했다.

이괄이 부임한 직후, 이괄이 한명련, 기자헌 등과 역모를 꾀하고 있다고 문회와 이우가 밀고했다. 그런데 이 역모 고변에 이괄이 직접적으로 관여했다는 것이 아니라 이괄의 아들 이전이 수상하다는 것이었다. 그래서 이괄은 추국 결과가 끝날 때까지 동향을 두고 보고 있었는데, 드디어 이전을 잡아 올리라는 인조의 명이 떨어졌다. 제 새끼가 역모 혐의로 잡혀가면 집안이 모조리 사망인데 어느 아비가 그 꼴을 팔짱 끼고 구경하냐?

이전을 잡으러 금부도사가 내려오자, 이괄은 금부도사를 한 칼에 베어 죽인 다음 평안도 토병과 전라도에서 올라온 부방군 1만 2,000, 그리고 일대의 항왜 병력을 이끌고 남하했다. 이괄은 반란을 일으키고 싶어서 일으킨 것이 아니었던 것이다.

사실 문회와 이우의 고변을 조사한 결과 무고임이 밝혀져서 개네들이 처형되었어야 했다. 그럼에도 불구하고 뒤에서 이들을 조종하던 서인 세력 즉 반정세력들의 반대에 부딪쳐 이들은 무사했다. 대신 이괄을 해임하고 아들 이전과 함께 중앙으로 불러들여 국문을 해야 된다고 서인 세력들은 난리를 쳤다.

결국 이 사건은 중앙에 있던 서인 세력들이 변방에서 막강한 병력을 보유하고 있던 이괄을 제거하려고 꾸민 조작 역모였던 것이다. 이괄이 장만의 정부군을 격파하고 한양으로 육박해오자 급한 인조는 공주로 도망쳤다. 싸가지 없기로 조선 왕 중에서 첫째, 둘째를 다툴 인조는 얼마나 급했는지 가도에 주둔해 있던 명장 모문룡에게 구원병을 요청하는 한편, 부산의 왜관에 머물러 있던 왜인들까지 동원할 계획을 세웠었다. 하여간 조선 개국 후 한양이 처음으로 반군에게 점령을 당했다.

이괄은 한양에 입성하여 인조의 숙부인 흥안군 제를 왕으로 추대했다. 조선에 두 명의 왕과 두 개의 조정이 탄생한 것이다. 전열을 정비한 정부군을 이끈 도원수 장만, 정충신 등의 활약과 이괄 진영의 내분 때문에 이괄의 난은 가까스로 진압되었으나 그 후유증은 매우 컸다. 이괄의 난 이후 북방의 방어력은 현저히 약해졌으며, 조정은 무인들을 의심하여 집중적으로 기찰했다.

이 바람에 무인들은 군사훈련을 기피했고, 그 후유증은 후금의 침입을 받았을 때 그대로 나타났다. 후금군이 쳐들어왔을 때 아무도 막지 않아 후금군은 국경에서 도성까지 무인지경을 가듯이 달려올 수 있었던 것이다.

3년 후인 1627년 이인거의 역모사건이 터졌고, 그 다음 해에 유효립의 역모사건, 그 다음 해에 이충경의 난 등 크고 작은 반란음모가 이어졌다. 인조와 반정공신들은 사대부들과 백성들의 지지를 전혀 받지 못했던 것이다. 쿠데타 세력의 공다툼이자 내부분열인 이 사건은 엉뚱하게도 북인들에게 큰 타격을 입혔다. 이괄에 의하여 도성이 함락되기 직전 인조(16대)와 서인 정권은 감옥에 갇혀 있던 전 영의정 기자헌 등 대부분의 북인 정치범 49명을 이괄과 내통할 우려가 있다 하여 모조리 처형하고 공주로 도망쳤던 것이다. 이로써 세력이 미약해진 북인들은 남인에 흡수되어 사라지고 말았다.

한반도 최초의 서양인 벨테브레와 하멜

1628년 한반도에 처음 도착한 서양인은 네덜란드 선원 벨테브레이다. 벨테브레는 원래 조선에 오려고 한 것이 아니라 일본으로 가던 중 풍랑을 만나 조선에 표류하게 되었다.

동료 두 명과 함께 관원에게 붙잡힌 벨테브레는 서울로 압송되어 박연이라는 이름을 받았다. 그는 훈련도감에서 총포를 제작하는 일에 종사하면서 조선 여자와 결혼하여 자녀를 낳고 잘살았으며, 다른 두 명은 병자호란 때 전사했다.

그로부터 25년 후인 1653년 또다시 네덜란드의 무역선이 대만에서 일본의 나가사키로 가던 중 풍랑을 만나 선원 64명 중 28명을 잃고 36명이 제주도에 도착하여 관원에게 체포되었다. 이들은 이후 14년간이나 조선에 억류되어 있다가 8명이 탈출에 성공하여 1668년 고국으로 돌아갔다.

그 중 한 명인 하멜은 억류생활의 기록을 바탕으로 《하멜 표류기》를 썼는데, 여기에는 당시 조선의 정치, 군사, 풍속, 지리 등이 서양인의 시각으로 서술되어 있다. 이 책은 한반도를 서양에 소개한 최초의 문헌이다. 17세기인 당시 네델란드는 소국임에도 불구하고 스페인의 뒤를 이어 해양을 제패하고 있을 때였다. 그래서 네델란드 상선이 흔했던 것이다.

그런데 왜 서양인들은 조선에 오지 않고 하나같이 일본으로 가다가 풍랑을 만났을까? 당시 조선은 중국의 속국이자 자치국이었다. 즉 외교권과 국방권은 중국에 있고, 조선에는 내정에 대한 자치권만 있어 서양인들이 구태여 조선으로 올 필요가 없었다. 조선은 또한 중국의 정치적 지배 하에 편안히 지내고 있었으므로 골치 아프게 별도로 서양인과 접촉할 창구를 가지고 있을 필요가 없었다. 이러한 체제 덕분에 조선은 중국의 울타리 안에서 편히 지낼 수 있었다. 그러나 중국이 쇠퇴하고 서양 제국주의의 침략이 시작되었을 때 서양에 대한 정보가 너무나 빈약하여 외침에 대한 대비가 전혀 되어 있지 않았고, 또 어떻게 대처하는 것이 최선인지에 대해서도 깜깜했던 것이다.

소현세자의 독살

인조의 큰아들 소현세자는 청에 끌려가기 전부터 새로운 문물에 많은 관심을 가지고 있었다. 1637년 청에 볼모로 끌려간 후 서양의 화포와 망원경, 자명종 등을 보고 깊은 인상을 받았던 세자는 세상을 움직이는 이치가 성리학이 아니라 변화하는 문물과 그것을 만들어내는 힘이라는 것을 깨달았다. 청에 도착한 세자에게 청은 떠오르는 용이었고, 명은 청이 아니더라도 이미 종말을 맞고 있다는 것을 피부로 느낄 수 있었다.

소현세자는 북경에 갔다가 중요한 인물 하나를 만나 새로운 사상과 문물을 접하게 되었다. 그는 독일 예수회 소속 선교사인 아담 샬로서 1622년 북경에 와서 해박한 과학지식을 바탕으로 역서와 대포를 제작하는 일을 맡아, 명나라 신종(명 14대)의 신임을 받고 있던 인물이었다. 청세조는 북경 점령 후 그의 과학지식을 이용하기 위해 아담 샬을 지금의 천문대장격인 흠천감정으로 삼고 대청시헌력을 만들게 했다.

소현세자의 숙소가 아담 샬의 거주지와 가까워 둘은 자주 어울렸고, 소현세자는 아담 샬로부터 서양 문명과 천주교 사상을 접할 수 있었다. 소현세자는 천주교에도 관심이 많아 천주상을 받아왔고 또 아담 샬을 데리고 귀국하려 했었다. 그러나 중국에도 신부가 모자라 동행하지 못한 대신 천주교 신자이자 전도사인 중국인 환관과 궁녀들 몇 명을 데리고 같이 귀국했다.

소현세자는 이들 외에도 많은 서양 서적과 물품을 가지고 귀국했다. 26세의 나이로 볼모로 끌려간 지 8년만에 34세의 헌헌장부의 모습으로 귀국한 것이다. 그러나 인조(16대)는 세자를 반가워하기는커녕 자신의 왕위를 위협하는 존재로 인식하여 신하들의 진하를 못하게 할 정도였다. 소현세자가 청에 볼모로 있으면서 청과 조선 사이의 외교적 갈등을 잘 처리해 청의 신망을 얻고 있었기 때문이었다.

소현세자가 귀국할 때 척화파의 대표 인사인 김상헌과 주화파의 대표 인사인 최명길도 같이 왔다. 그들이 귀국한 후 벼슬아치들은 김상헌에게 벼슬을 내려야 한다고 주청했으나 인조는 차갑게 거절하고 만나 주지도 않았다. 이때부터 인조는 반청파는 아니지만 그렇다고 친청파도 아닌 어정쩡한 입장을 취했다.

청에 볼모로 끌려간 소현세자와 봉림대군은 심양에 심양관을 짓고 거주했는데 둘의 처신이 정반대였다. 봉림대군은 청에 대한 복수심을 불태운 반면, 소현세자는 청이 이미 동아시아의 절대강자로 부상한 현실을 깨달았다. 그는 청에 등을 돌리는 것은 멍청한 짓이라고 생각했다. 그래서 늘 청과의 관계를 원만하게 유지하려고 노력했고, 청의 관리들이나 장군들과 친밀한 유대관계를 갖기 위해 진력했다.

당시 청과 조선은 항복조건 이행문제로 심각한 갈등을 빚고 있었다. 청에 대한 적대감이 극에 달해 있었던 인조와 조정 대신들은 돌아가는 국제정세에 완전 장님이었다. 그들은 지금까지 부모의 나라로 모시던 명에 대한 기대를 버리지 못해 항복조건의 이행을 고의로 지연시키고 있었고, 이를 눈치챈 청에서는 다시 조선을 쳐야 한다는 논의가 불거지고 있었다.

이런 상황에서 소현세자는 그간의 인맥을 바탕으로 뛰어난 조정능력을 발휘하여 갈등을 잠재웠다. 이로써 그는 청으로부터 외교능력에 대한 칭송을 받으면서 청의 대조선 창구 역할을 하기 시작했다. 소현세자가 조선의 대청 외교 전권을 가지고 이를 수행하게 된 것이다. 그러나 이러한 소현세자의 능력이나 친청 자세는 가뜩이나 반청 분위기가 팽배해 있던 조선 조정에 반민족적 행위로 비쳤다. 소현세자의 친청정책은 인조에게는 미움과 의심의 대상에 지나지 않았던 것이다. 물론 왕 자리를 뺏길까 하는.

인조는 청에 다녀오는 역관들을 통해 소현세자의 동정을 파악했고, 심양에 사람을 보내 소현세자와 청 관리들과의 관계를 염탐했다. 아들인 소현세자가 인조 자신의 정적이 되어버린 것이다. 거기다 기질이 드센 세자빈 강씨의 권력욕이 인조의 심기를 건드렸다. 강씨는 장렬왕후와 인조의 총비 조귀인과도 사이가 아주 나뺐다. 조귀인과 장렬왕후는 인조(16대)에게 강씨를 계속 씹었다.

1644년 청은 명을 멸망시켰고, 이로 인해 조선의 왕자들을 볼모로 잡아둘 필요가 없게 되자 1645년 1월 8년간의 볼모생활을 한 소현세자와 봉림대군의 귀국을 허락했다.

소현세자는 귀국할 당시 천문, 수학, 천주교 관련서적, 여지구 등 청의 선진 문물을 조선으로 가져왔다. 소현세자가 8년여의 볼모생활을 청산하고 귀국했을 때 사헌부에서는 성대한 연회를 열어 백관들이 하례하도록 하자고 건의했으나, 인조는 이를 거부하고 간소하게 환영식을 치르라고 지시했다. 궁궐은 환영 분위기는 커녕 썰렁했고, 조정 대신들도 냉랭했다.

소현세자는 궁에 도착하자 바로 인조를 찾아뵙고 청에서 지낸 이야기와 청의 발전, 그리고 가져온 서양의 책과 기구들을 인조에게 보여주었다. 이를 묵묵히 듣고 있던 인조는 화를 버럭 내며 곁에 있던 벼루를 들어 소현세자의 머리를 내려쳤다 한다. 아마 청 태종에게 삼배구고두를 하면서 생긴 이마의 상처가 그때까지 아물지 않았던 모양이다. 어쨌거나 이렇게 멀쩡하던 소현세자가 돌아온 지 70일만에 학질에 걸려 침을 맞다가 덜컥 죽고 말았다.

인조는 장례를 서둘러 3일만에 입관하라고 지시했다. 이는 사대부의 예우라며 신료들이 반대했으나 인조는 뜻을 굽히지 않았다. 입관할 때도 관례를 어기고 주변의 몇 사람만 참여시켰다. 모든 것이 의문 투성이였다. 결국 소현세자는 인조에 의해 독살되었던 것이다.

소현세자의 독살 정황은 다음과 같다.

첫째, 《인조실록》에 나와 있는 시신의 상태이다. '세자는 병이 난 지 3일만에 죽었는데, 온몸이 전부 새까맣고, 몸의 아홉 구멍에서 선혈이 낭자했다'는 기록이다.

둘째, 왕이나 세자가 죽으면 그들을 치료하던 의원은 특별한 잘못이 없어도 국문을 받고 귀양을 가야 했다. 그러나 소현세자에게 침을 놓았던 이형익은 아무런 조치도 받지 않았고, 오히려 이형익을 국문할 것을 주장하던 대사헌 김광현이 유배를 당했다. 이형익은 인조가 총애하던 후궁 조귀인의 먼 친척이었다.

셋째, 인조는 소현세자가 죽은 뒤 장자상속의 관례를 무시하고 소현세자의 동생인 봉림대군에게 왕위를 넘겼다. 당연히 소현세자의 아들인 세손이 왕위를 계승했어야 했다.

넷째, 소현세자의 부인인 강빈을 역모로 몰아 사약을 내려 죽이고 그 집안 식구들을 모두 죽여 풍비박산을 냈으며, 소현세자의 아들 셋을 제주도로 유배보냈다.

결국 소현세자의 아들 셋 중 둘은 풍토병으로 유배지에서 죽고, 하나만 효종의 관용으로 겨우 살아남았다. 살아남은 아들은 효종에 의해 경안군에 봉해져 강화도에서 살았는데, 경안군의 후손들은 강화도에서 살다가 18세기 이후 무신난 등 여러 차례의 반란세력에 가담하여 조선 조정에 반기를 든 유일한 왕족이 되었다.

인조는 큰아들인 소현세자의 의문사에 한 점의 의혹도 표시하지 않았으며, 오히려 그 혐의자들을 두둔했다. 무덤도 간소하게 꾸미라고 했으며, 세자빈 강씨에게 조문하는 의식도 치르지 못하게 했다. 세손의 자리도 정해 주지 않았으며, 묘지 이름이 '원'이어야 하는데도 '묘' 자를 붙이라고 지시했다. 변명할 여지가 없는 것이다.

소현세자의 죽음은 청과 밀접한 외교관계의 성립과 또 그로 인해 조선이 청의 새로운 문물과 서양의 천주교 및 신문물을 도입하는 계기가 되어, 세계의 일원으로 한 단계 도약할 수 있었던 기회를 앗아버린, 참으로 안타까운 조선사의 비극이었다. 이 등신 인조야.

소현세자의 사인에 다른 주장도 있다. 소현세자는 심양에 있을 때부터 허약했다. 그는 병력이 있었으며, 황제가 사냥을 갈 때도 몸이 아파 여러 번 빠진 적이 있다. 온몸이 새까만 채 죽었다는 것으로 미루어 간암이나 간경변일 수도 있다. 또 임종 직전에 패혈병이 걸렸을 수도 있고, 성병일 수도 있다는 주장이다. 임종시 간암이나 간경화는 식도 정맥이 터지는 수도 있고, 이럴 경우 이목구비로 피를 토하게 된다고 한다.

당시 세손을 후계자로 세우지 않고 봉림대군을 세운 것은, 원손이 당시 10세라 너무 미약하고 인조 자신이 병이 있어 후사가 불안해서 봉림대군으로 했다는 주장도 있다.

이런 말들이 일리가 전혀 없는 것은 아니나, 이 주장에 도저히 공감할 수 없는 것은 소현세자가 죽은 후의 의심스러운 정황과, 또 인조(16대)라는 인간 자체에 대한 혐오감 때문이다.

대가 셌던 세자비 강빈

소현세자가 독살된 후 인조는 세자빈을 제거하려고 기회를 엿보고 있었다. 간신 김자점은 이를 눈치채고 인조의 수라상에 올라가는 전복에 독을 묻혀 그 혐의를 세자빈 강씨에게 씌운 뒤, 강씨 가족 모두를 역모로 처형케 했다. 인조는 강씨를 처형한 후 소현세자의 자식들인 세손 석철, 석린, 석견 등 세 손주들을 제주도로 유배보냈다.

소현세자의 세자빈 강씨는 대가 센 여인이었다. 소현세자와 봉림대군 그리고 강빈이 청나라에 볼모로 끌려가 숙소인 심양관에 도착했을 때 일행은 모두 200여 명에 달했다. 당시 명과 전쟁중이던 청나라는 소현세자 일행에 대한 경제적인 처우에 신경쓸 여유가 없었다. 그런데 사는 수가 생기느라고, 어렵게 살던 심양 생활 3년이 되던 해 심양의 팔왕이 은자 500냥을 보내면서 조선과의 무역을 원했다.

청에서 필요한 것은 종이, 면포, 생필품, 호랑이 가죽, 수달피 등이었다. 팔왕은 청태조 누르하치의 열두 번째 아들로 막강한 신분이었다. 원래 여진족은 수렵과 채집을 주로 하는 민족이라 농경문화에 잘 적응하지 못했다. 생활 필수품이나 도구 등의 생산시설도 매우 열악하여 거의 교역에 의존했다. 그런데 명이 적대국으로 돌아서는 바람에 더 이상 그런 물건들을 구할 수 없어 대신 조선을 교역 대상으로 택한 것이었다.

청국과 본격적인 무역이 시작되자 심양관의 형편이 피기 시작했다. 시간이 지날수록 거래량이 커졌고, 이 모든 거래를 강빈이 직접 챙겼다. 거기다 청의 요구를 조선 조정에 전달하는 공식문서인 장계도 강빈의 손을 거쳤다. 중국 장사꾼들도 조선 물품을 구할 일이 생기면 심양관으로 찾아와 심양관은 도깨비 시장처럼 붐볐다. 이렇게 해서 모은 심양관의 부는 은 1만 냥, 금 160냥에 이르렀다. 그런데 조선 조정에서는 이러한 강빈의 상행위를 아주 좋지 않게 보고 있었다.

첫째, 원수 나라의 오랑캐들을 상대로 돈벌이를 하는 데다가, 둘째, 장사를 천시하는 조선에서 볼 때 세자빈이 학문을 닦지 않고 돈벌이를 한다는 것이 도저히 용납되지 않았던 것이다.

세자빈은 그만두고, 양반이 장사를 하면 양반 신분을 포기해야 되는 나라가 발싸개 같은 조선이었다. 인조는 점점 강빈을 싫어하게 되었다.

소현세자 일행이 심양관에 온 지 5년이 지나자 청 조정에서는 더 이상 양곡을 대줄 수 없고, 그 대신 땅을 줄 테니 직접 농사를 지어 먹으라는 지시가 떨어졌다. 강빈은 청에 포로로 잡혀온 조선인들을 돈을 주고 속환한 다음 청 조정에서 준 땅에서 농사를 짓게 했다. 청에서 준 땅은 여섯 곳이었는데 비록 황무지였으나 농사에 부적합한 땅은 아니었다.

강빈이 조선인 포로들을 시켜 선진 조선 농법으로 열심히 농사를 짓도록 하자 수년 후에는 필요한 양식의 3배 이상을 수확하게 되었다. 게다가 수확한 곡식의 품질이 청나라 것보다 훨씬 뛰어났다. 자연히 강빈 농장의 곡물은 청나라 왕족들에게 높은 값에 팔려나갔다.

강빈은 사람을 시켜 농사를 짓는 데도 수완을 발휘했고, 그렇게 해서 벌어들인 돈으로 해방시킨 조선인 포로가 수백 명에 달했다. 이럴 때 강빈의 아버지인 강석기가 죽었다는 소식이 심양관에 전해졌다. 강빈은 아버지의 상을 치르기 위하여 조선으로 갔지만 인조는 며느리가 친정에 가는 것조차 허락하지 않았다. 강빈은 아버지의 상도 치르지 못하고 허탈하게 심양으로 그냥 돌아올 수밖에 없었다. 인조로서는 자신에게 평생 씻을 수 없는 치욕을 안겨준 청나라와 잘 지내는 소현세자나 강빈이 미워 죽을 지경이었던 것이다. 멍청한 인간, 제가 못난 것은 생각지 않고. 하긴 멍청한 인간들이 제 자신이 멍청한 것을 알면 그냥 거기가 천당이다.

소현세자는 명나라가 완전히 망한 후 볼모에서 풀려나 조선으로 돌아왔다. 그가 돌아올 때 가지고 온 청의 물건들과 천주교에 관한 서적 등을 보고 인조와 조정의 신하들이 실망했다고 기록되었다. 소현세자는 청에 있는 동안 청의 발전을 보았고, 그들의 실체를 자연스럽게 인정하게 되었으며, 성품은 실리를 중시하는 기풍으로 변해 있었다.

소현세자가 인조(16대)에게 독살당하고 원손 대신 봉림대군이 즉위하자 강빈은 인조에게 억울함을 호소했다. 인조는 강빈의 호소를 콧등으로 들으면서 왕의 결정에 토를 단다고 강빈의 감금을 명했다. 당시 강빈은 유복자를 임신한 상태였으며, 갇힌 상태에서 출산했으나 사산했다.

1640년 1월 인조는 수라상에 올린 전복에 독이 들었다고 펄펄 뛰면서 궁녀들을 고문하고는 배후 인물로 강빈을 찍었다. 이 조작된 독살 미수사건을 트집삼아 인조는 강빈을 궁궐에서 내쫓은 다음 사약을 내렸다.

만일 선진 문물에 눈을 뜬 소현세자와 실리에 밝은 강빈이 즉위했으면 조선은 어떻게 달라졌을까? 조선은 광해군(15대)에 이어 벌써 두 번째 기회를 잃고 말았다. 하여간 기회를 위기로 만드는 한심한 인간들만 살아남고, 위기를 기회로 바꿀 수 있는, 그저 뭐라도 좀 할 수 있는 인간들은 모조리 죽임을 당한 것이 조선사였다.

17

세계 전쟁사에서 가장 쪽팔리는 조청전쟁

제1차 조청전쟁(1627/정묘호란)

이괄의 난은 겨우 진압되었으나 엉뚱하게도 이 난은 후금에 조선을 침공할 구실을 주게 되었다. 살해된 이괄의 부장 한명련의 아들 한윤이 후금으로 도망가서 인조 즉위의 부당성을 호소한 것이다. 조선의 내부 분열을 눈치챈 후금이 1623년 '광해군의 원수를 갚는다'는 명분으로, 왕자 아민을 총사령관으로 삼고 유해를 선봉장으로 한 3만 5,000의 병력으로 조선을 침공했다. 이 후금군에 강홍립, 박난영 등 조선 장수들과 한윤이 동행했으며, 통역관도 데려왔다.

1627년 1월 13일 새벽, 후금군의 선발대가 압록강의 얼음을 타고 국경을 넘는 동안 의주 부윤 이완(이순신 장군의 조카)은 술에 취한 채 기생을 끼고 자빠져 자다가 제대로 방비도 못한 채 의주는 함락되고 이완은 살해되었다.

후금군은 항복한 병사들을 남도와 북도의 병사로 나눈 뒤 남도의 병사는 모조리 죽이고, 북도의 병사는 머리를 깎아 자기네 군대에 편입시켰다. 후금군이 안주를 점령하고 평양에 무혈 입성한 후 황주로 진격하자 도체찰사 이원익은 세자와 함께 전주로, 인조는 영의정 윤방과 함께 강화도로 도망쳤다.

어떻게 임금과 대신이란 것들이 선조 때부터 전쟁이 터지기만 하면 뒤도 안 돌아보고 도망치니, 도대체 어느 누가 목숨바쳐 적과 싸우겠는가? 임금이 도망치니 나머지는 말할 것도 없었다. 모조리 우루루 뒤도 안 돌아보고 도망치는 바람에 들판의 곡식과 창고에 쌓아 놓았던 곡식 그리고 군수품이 모조리 청군 손에 들어갔다. 청군은 군량이 너무 많이 확보되어 본국에 보낼 정도였다. 하여간 조일전쟁 때 왕창 깨지고, 정묘호란(제1차 조청전쟁) 때 또 깨지고, 그리고서도 정신 못 차린 한심한 인간들. 싸다 싸.

다행히 후금군은 평상에서 진군을 멈추고 강홍립을 강화도로 보내 화의를 요청했다. 화의 내용은 후금이 조선의 형의 나라가 되고, 압록강을 경계로 하며, 국경 일대에 시장을 열어 달라는 것이었다. 생각보다 별 볼일 없는 요구였으므로 조선은 황감하게 이 조건을 받아들이고 화의를 함으로써 후금의 아우가 되었다. 어제까지 오랑캐니 짐승이니 하고 주둥이만 나불대다가 꼴 좋게 됐다. 이것이 정묘호란이며, 당시만 해도 후금은 명에 대한 조선의 사대를 크게 문제삼지 않았다. 더구나 광해군 재위시에는 침공할 생각을 아예 하지도 않았었다.

제2차 조청전쟁(1636/병자호란)

인조(16대)는 정묘호란에서 후금에 깨지자 겉으로는 후금의 동생이라는 지위를 받아들였지만 실상은 명에만 신속했다. 조선에게는 명의 천자만이 아비고 천자였다.

이후 사사건건 후금과의 사이에 갈등이 증폭되자 인조는 후금과 다시 한판 붙기로 작정했다. 관서지방군의 군량 4개월 분을 마련해 실어보내고 청천강 이북의 산성에 5~6개월 분의 군량미를 비축하도록 했다. 또 군사조직을 정비해 김시양을 도원수로, 정충신을 부원수로 삼았으며, 임경업을 북면방어사로 삼고, 남한산성을 최후의 방어성으로 지정해 정비토록 했다.

도원수 김시양과 부원수 정충신이 인조의 강경방침에 반대 의견을 내자, 인조는 둘을 해임해 버리고 그들보다 훨씬 멍청하고 모자란 간신 김자점을 도원수로, 그리고 윤숙을 부원수로 임명했다. 이렇게 엉성하게 전쟁 준비에 들어갔으면서도 인조는 국론을 통일시키지 못하고 있었다. 조정에서는 매일 척화파와 주화파가 죽을 둥 살 둥 싸움을 벌이고 있었으며, 덜 떨어진 인조는 그 가운데서 어정쩡하게 있으면서 무엇 하나 제대로 결단을 내리지 못했다. 조선이 오직 명나라만을 섬겨야 한다는 대의명분 하나만 붙들고 소모적인 세월을 보내는 동안 청의 침공은 눈앞으로 다가왔다.

전쟁 분위기가 무르익자 도원수 김자점은 의주, 안주, 평양, 황주, 평산을 주요 방어선으로 삼아 산성을 수축하고 병력을 집중 배치했다. 의주 부윤 임경업은 3,000의 병력을 이끌고 백마산성으로 들어갔고, 평안 감사 홍명구와 평안 병사 유림은 평양 주둔군 3,000여를 이끌고 자모산성으로 들어갔으며, 황주 주둔군은 정방산성으로, 평산 주둔군은 장수산성으로 들어갔다. 그런데 이 산성들은 큰 길에서 30~40리씩이나 떨어져 있어 적군이 큰 길로 진군해 오면 막을 수가 없었다. 김자점은 병력 배치를 이따위로 해놓고는 자신은 정방산성에 머물면서 총지휘를 한다고 했다.

대사간 윤황 등은 이러한 전략에 적극 반대하면서 인조(16대)가 평양에 직접 나아가 적을 맞아 싸우면 온 나라의 군사와 충신열사들이 벌떼처럼 일어나 적을 물리칠 수 있다고 적극책을 건의했다. 그러나 비겁한 인조는 적이 쳐들어오면 강화도로 도망칠 궁리만 하고 있었으며, 육지에 남은 백성들 생각은 꿈에도 하지 않았다. 청태종(청 2대)은 당당하게 직접 출진하고, 조선의 인조는 튈 궁리만 하고 있었으니 처음부터 되는 싸움이 아니었다.

조선이 얼마나 한심한 나라인고 하니, 당시 조선의 인구는 거의 800만~900만 정도 되었고, 만주의 후금은 겨우 50~60만의 인구를 가지고 있던 신흥 소국이었다. 인구만 해도 15배 이상 되는 나라가 붙는 대로 깨지니 이건 뭐가 잘못돼도 한참 잘못된 것인데, 그 첫째 원인은 비겁하고 무능한 임금이었다. 그냥 선조(14대)를 판에 박은 것이 인조였다.

1636년 후금은 국호를 대청으로 바꾼 다음 중원 정복을 실행하기 전에 배후에 있는 조선 문제를 확실하게 해두기 위하여 다시 조선을 침공했다. 제2차 조청전쟁(병자호란)이었다. 청은 침공하기 전에 조선과의 형제관계를 군신관계로 바꾸어 명 대신 청에게 사대할 것과 주전론을 주장하는 대신들 그리고 왕자들을 볼모로 보내고 더 많은 조공을 바칠 것을 요구했다.

광해군(15대)의 실용주의 외교정책을 반정의 명분으로 삼아 정권을 탈취했던 인조정권은 이러한 청의 요구를 도저히 들어줄 수 없었다. 주제도 모르고 인조 14년(1636) 인조는 후금과 화(국교)를 끊는다는 내용의 선전교서를 팔도에 내려보냈다.

그해 12월 8일 청태종은 용골대를 대장, 마부대를 선봉으로 삼고, 여진족 5만여, 한족군 2만여, 몽고족 3만여 등 총 12만 8,000명의 혼성병력으로 조선을 침공했다. 이 병력은 당시 청이 동원할 수 있는 최대의 병력이었다. 임경업이 지키는 의주의 백마산성을 우회하여 텅텅 비어 있는 큰 길로 남하한 청군은 3일만에 평양을 통과하고 보름이 채 안 되어 개성을 점령했다. 조정으로부터 차별받으며 서럽게 살아온 서북지방 백성들은 청군이 도성을 향해 진격할 때 내다보지도 않았다. 청군의 진군 속도는 조일전쟁 때 일본군이 진격해 온 속도보다 훨씬 더 빨랐다. 도성까지 오는 동안 중간에 한 놈도 길가에 얼씬거리지 않은 것이나 마찬가지 속도였다.

도원수 김자점은 정방산성에서 병력을 출동시켜 남하하는 청군과 맞섰다가 단번에 깨지고는 산성으로 도망갔으며, 그 후로는 코빼기도 내비치지 않았다. 이런 멍청한 새끼를 총사령관에 앉혀

놓고 적을 막으라 했으니 인조란 인간, 참 한심하기 그지없다.

평양이 점령당했다는 소식을 들은 인조(16대)는 강화도로 도망치기로 결정했다. 이 소식이 퍼지자 강화도로 가는 길은 피난가는 백성들로 미어졌다. 그러나 마부대의 기마대가 벌써 도성에 인접해 강화도로 가는 길이 끊어졌다는 보고를 받고 인조 일행은 남한산성으로 들어갈 수밖에 없었다.

임금을 호종하던 놈들은 중간에 다 새버리고, 인조의 대가는 겨우 몇 명이 호종하였으며, 소현세자가 직접 말고삐를 잡았을 정도였다. 사실 제2차 조청전쟁은 조선측에서 싸움다운 싸움을 한 번도 못해 보고 도성이 점령당하고 임금이 항복한, 정말 세계사에서 쪽팔리는 전쟁이었다. 어디 가서 조청전쟁 얘기 절대로 꺼내지 말고, 혹 물어보면 잘 모른다고 하셔.

청군의 선봉 마부대는 만주의 성경(심양)에서 한양까지 12일 동안에 주파했다. 조일전쟁 때 일본군은 부산에 상륙하고 20일만에 도성을 점령했었다. 조선은 그냥 동네북이었다. 청군은 조선 침공을 신속히 끝내기 위해 남하하는 도중 거의 약탈행위를 하지 않았다. 물론 군량미와 군수품이 넉넉한 것도 약탈을 방지하는 데 도움이 되었으나, 청군은 조선군과의 전투를 속전속결로 끝낼 생각이었고, 또 조선인들의 인심을 잃지 않으려는 의도도 내포되어 있었다.

조일전쟁이 끝난 지 한 세대가 지났고, 인조가 왕이 된 지 14년이나 지났는데, 패죽일 것들, 그 동안 뭘 하고 있었는지.

남한산성에는 군사 1만 5,000명과 관원 300명, 그리고 약 50일치의 군량이 있었다. 청군은 남한산성을 빙 둘러 사람 키 두 배쯤 되는 높이의 나무를 쌓아올려 외성을 만들었다. 외성 밖에는 나무 울타리를 쳐놓고 쇠방울을 달아놓음으로써 남한산성은 졸지에

번지 없는 감옥이 되어 버렸다.

조선군 지휘부는 조선군의 사기를 올리기 위해 간혹 군사를 내보내 청군을 기습하곤 했으나 대세에는 전혀 영향을 줄 수 없었고, 양측은 화의조건을 협상하느라 지루하게 시간만 보내고 있었다.

1월 1일 후속 부대로 도착한 청태종(청 2대)은 군사를 20만으로 늘려 포위망을 강화해 놓고 느긋하게 술을 마시면서 되어가는 꼴을 보고 있었다. 남한산성이 포위되어 있는 동안 청군들은 경기 지역 전체를 약탈하고 부녀자들을 강간했다. 젊은 여자들은 모조리 청군의 군막으로 끌려가 노리개가 되었다. 엄마가 끌려가고 길가에 버려진 아이들은 굶어죽고 얼어죽었다. 당시 길가에서 버려진 꼬마들 시체를 보는 것은 쉬운 일이었다.

청군에게 포위된 남한산성은 시일이 지나자 식량이 떨어지기 시작했고, 기대하던 전국의 근왕병들도 오지 않았다. 이렇게 한심하게 된 판국에도 대신들은 주화파와 주전파로 나뉘어 쌈박질만 하고 있었다. 김상헌과 삼학사(홍익한, 윤집, 오달재)는 한치의 양보도 없이 청나라와 싸울 것을 주장했고, 최명길은 화의를 적극 주장했다.

척화파라는 것들은 사실 칼 한 번 휘둘러 보지 못한 문신들이었다. 칼 한 번 써보지도 못한 것들이 상황파악도 못하고 주제도 모른 채 명분에 매달려 입방정만 떨고 있었던 것이다. 우리는 역사책에서 '척화파가 조선의 기개를 대표하고 어쩌구'라고 배웠으나, 사실 주제파악도 못하면서 이빨만 깐 인간들이 바로 척화파였다.

인조가 남한산성에서 농성하다가 배고파서 더 이상 견딜 수 없게 되자 주화파가 항복조건을 가지고 청군 진영을 왕래하는 동안, 경상도 군사 4만이 2일 광주의 쌍고개에 이르러 진지를 구축했다는 소식이 들어왔다. 조청전쟁이 일어난 후 조선 최대의 병력이 결집한 것이었다. 그러나 이 멍청한 것들은 척후를 내보내지 않아 청군이 몰려와 자신들을 포위하는 것도 몰랐다. 포위당한 경상도군 4만은 후금군의 공격에 궤멸되었고, 경상우병사 민영이 전사하자 근왕군은 남한산성 근처에 가보지도 못하고 무너지고 말았다. 그 외의 근왕군은 그저 2,000~3,000명 정도의 병력을 데리고 왔다가, 청군의 위세에 놀라 접근도 못하고 멀리서 구경만 하고 있어 전세에 전혀 도움이 되지 않았다.

당시 조선군 전체 병력은 후금군에 비하여 절대 적은 수가 아니었다. 총력을 집결했으면 20만 명은 되었을 것이었다. 그러나 임금인 인조가 애초부터 싸울 생각은 전혀 하지 않고 도망칠 궁리부터 했다. 게다가 총사령관인 도원수라는 것이 전쟁에 대하여 쥐뿔도 몰라 제대로 된 전략 하나 세우지 못하고 우왕좌왕하는 바람에 조선군은 지리멸렬해져서 적을 앞에 두고도 총력을 집결하지 못한 것이 결정적인 패인이었다.

1월 23일 강화도가 청에 함락되어 왕자와 비빈들을 비롯한 200여 명이 포로로 잡혔다. 결국 농성 47일만인 1월 30일, 주화파 최명길은 인조(16대)의 명을 받아 항서를 청태종(청 2대)에게 전하고 삼전도에 나아가 세 번 절하고 아홉 번 머리를 땅에 부딪치는 삼배구고두의 황제 알현 예를 행하고 용서를 빌기로 했다.

그런데 이 빌어먹을 항복 예식에서 인조가 머리를 아홉 번 언 땅에 부딪칠 때 그 부딪치는 소리가 청 황제의 귀에 들려야 했다. 인조는 맨 땅에 가시자리를 펴고 앉았고, 청태종은 수항단이라는, 9층 계단을 만들어 놓은 꼭대기에 앉아 절하는 인조를 굽어보고 있었다. 그러니 웬만큼 세게 땅에 머리를 부딪치지 않고는 그놈의 소리가 청태종에게 들릴 리 만무했다. 소리가 작게 나면 곁에 있던 청나라 관원이 소리질렀다.

"얌마, 안 들려. 좀더 세게 박아!"

이 무슨 개꼴이냐. 인조의 머리통은 피멍이 엄청 들었다. 아마 며칠 낑낑 앓았을 것이다. 이렇게 해서 조선은 이때부터 1895년 청나라가 청일전쟁에서 일본에 박살날 때까지 약 250년간 청을 상전으로 모시게 되었다. 사실 이 항복의 절차도 청군 장수인 용골대가 많이 봐준 것이었다.

항복의 절차에는 여러 가지가 있는데, 그 중 가장 참혹한 것이 '제1등 절목'이다. 제1등 절목이란 '함벽여츤'을 말한다. 함벽여츤이란 항복하는 임금이 손을 뒤로 묶어 결박한 채 구슬을 입에 물어 진상하며, 죽음에 처해도 이의가 없다는 뜻으로 관을 짊어지고 가는 것을 말한다. 인조는 용골대의 관용으로 '제1등 절목' 대신에 '제2등 절목'의 절차를 밟은 것으로, 이것이 바로 신하의 예로 '삼배구고두'를 하는 것이니, 이마가 박살났어도 찍소리 할 수 없었던 것이다.

절을 받고 난 청태종은 인조에게 화려한 안장을 갖춘 백마와 갖옷을 선물로 주었으며, 인조는 이것을 받고 옥새를 바쳤다. 이런저런 항복절차를 마친 다음에도 가 보란 소리가 없어 인조는 밭 가운데 죽치고 앉아 있다가 해질 무렵에야 겨우 도성으로 들어갈 수 있었다.

도성은 시체가 길을 막고 누워 있어 호위하는 청군 100여 명이 시체더미를 치워야 갈 수 있을 정도로 유령의 도시로 변해 있었다. 인조가 창덕궁 양화당에 조정을 벌여놓자, 용골대가 와서 태종이 새로 만든 '고려왕'이라고 쓴 인장을 전달했다. 조선이라는 국호는 명이 정해 준 것이니, 청은 고려왕이라는 인장을 새겨서 준 것이었다. 이 치욕이 바로 인조반정의 결과였다.

항복한 조선은 청의 요구대로 신하의 예를 행하고 조공을 약속하는 한편, 명과 단교하고 청이 명을 정벌할 때 원병을 파병하기로 약조했다. 그리고 조선은 군사력을 늘릴 수 없으며, 군사훈련을 해도 안 되고, 성을 쌓거나 수리할 때는 꼭 사전에 청에 보고해야 했다.

소현세자, 봉림대군, 삼학사를 비롯한 수많은 대신들이 볼모가 되어 심양으로 끌려갔으며, 볼모로 끌려갈 당시 소현세자는 26세였고, 봉림대군은 19세였다. 주전론의 가운데 있던 삼학사는 청으로 끌려간 후 처형당했다.

1637년 4월부터 조선은 정식으로 공문서에 청의 연호인 숭덕을 쓰기 시작했다. 이 무렵 일본에서 국서를 보내왔는데 그들은 예전의 관례를 깨고 자기네 연호를 써서 보냈다.

> 너희 나라가 이미 명나라를 배반하고 개나 양 같은 청나라를 섬기니 우리 연호가 어찌 청나라의 아래 놓이겠는가?

청에 항복한 조선은 이렇게 일본에도 엄청 팔렸다.

1644년 영원한 부모의 나라 명이 멸망한 후에도 조선 조정에는 숭명배청의 분위기가 오랫동안 계속되었다. 아니, 오랫동안 계속된 것이 아니라 조선이 멸망할 때까지 이어졌다. 청은 이를 문제삼아 1640년과 1642년 '심옥'을 일으켜 반청세력을 숙청하려고 혐의자들을 수도 심양으로 소환해 조사했다. 그러나 북경을 함락한 후에는 대범한 태도로 바뀌어 조선에 대한 내정간섭을 거의 하지 않았다. 청이 조선을 침략했을 때 대표적인 주전파는 김상헌이었고, 대표적인 주화파는 최명길이었다. 인조(16대)에게 항복을 권유하여 항복하도록 한 최명길은 전쟁이 끝나고 도성에 돌아와 정승을 지냈고, 김상헌은 청나라로 끌려가 심양의 옥에 갇혀 있었다. 나중에 최명길도 조선이 명나라의 잔당과 내통하고 있다는 혐의에 대한 책임을 지고 청으로 잡혀가, 둘은 한 감옥에서 같이 있다가 나중에 한꺼번에 풀려났다.

그들이 풀려났을 때, 청나라 황제가 있는 쪽으로 절을 하라는 요구를 받은 최명길은 얼른 절을 했고, 김상헌은 허리 디스크가 있어 절을 할 수 없다고 핑계대며 절을 하지 않고 버텼다. 얼핏 살펴보면 임금을 항복케 한 최명길은 죽일 놈이고, 끝까지 절개를 지킨 김상헌은 만고 충신이다. 하지만 주둥이와 기개만 가지고 칼을 막을 수 있니? 멍청한 것들, 주제도 모르고 이빨만 까다가 개꼴이 된 것이다. 하잘데 없이 명분만 내세운 고루하고 진부한 성리학의 이념만 좇다가 임금이 남의 나라 임금 앞에 무릎꿇고 절하게 한 사태는 바로 김상헌 같은 인간들 때문에 일어난 것이다.

병자호란이 끝난 뒤 백성들은 양식도 없고 소도 없어 농사도 못 짓고 굶기를 밥 먹듯 했다. 심지어 사대부의 집에서도 양식이 떨어져 얼굴이 누렇게 뜬 사대부가 흔히 있을 정도였다. 인조 16년 함경 감사가 장계를 올려 한 해에 굶주림과 염병으로 죽는 사람이 무려 4,300명이나 된다고 보고했다. 온 나라가 처참함 속에 빠졌으며, 목불인견이라 했다. 겨우 한 세대쯤 전에 일어난 조일전쟁 때의 교훈을 잊어버려 다시 나라가 이 꼴이 된 것이다.

그래서 역사를 배워야 한다. 똑같은 잘못을 저지르지 않기 위해서다. 병자호란이 발발하기 한 해 전인 1635년 청의 홍타이지가 내몽골을 점령하여 원의 옥새를 얻음으로써 원은 명실상부하게 멸망했다.

삼전도비(대청황제공덕비)

서울 잠실에 있는 롯데호텔 뒷편에 석촌호수가 있다. 석촌호수 뒷편 삼전동 방향으로 공원이 하나 있으며, 그곳에 대리석으로 된 커다란 돌비석 하나가 서 있다. 이 비석은 높이가 395cm, 너비 140cm이며, 왼쪽에 몽골 문자, 오른쪽에 만주 문자, 뒤쪽에 한문이 새겨져 있다. 그 비석이 바로 17세기 병자호란 때 조선을 침공하여 항복받은 청태종의 승전을 칭송한 '대청황제공덕비'이다.

이곳이 바로 삼전도이며, 그래서 이 비는 '삼전도비'로도 불린다. 한일합방에 앞선 조선의 첫 번째 치욕의 기록인 것이다. 삼전도비의 문장은 대제학 이경식이 지었는데 그는 이 문장을 지은 것을 평생 치욕으로 여겼다. 뭐라고 썼나 보자. '청 황제의 은혜로 조선의 사직이 보존되었으며, 백성들이 편하게 살게 되었다.' 뭐 이런 스토리다.

그런데 이 비석에도 애환이 많다. 1895년 고종(26대)은 "굴욕적인 비석이니 보고 싶지 않다"고 하면서 삼전도비를 한강에 처넣어 버리라고 했다. 그런데 1913년 조선을 합병한 일제는 조선 사람들의 수치심을 자극하기 위해서 이 비석을 도로 건져냈다. 1945년 해방이 되자 근처 주민들이 이 비석을 땅 속에 파묻어 버렸는데, 1963년 대홍수가 났을 때 비석이 다시 솟아나왔다. 아마 민족의 치욕을 영원히 기억하라는 신령님의 지시인가 보다 생각한 문화재관리국이 일대에 500평 정도의 소공원을 조성한 다음 비석을 도로 세워놓았다. 그런데 비석에 대한 안내문은 세우지 않았다. 그런다고 뭐가 좀 나아지니?

안내문을 만들어서 정신교육장으로 사용해라.

기원전 1세기 이스라엘이 로마에 점령되어 식민지로 전락한 후, 이스라엘인들이 로마를 상대로 반란을 일으켰다가 진압되었다. 당시 쫓기던 약 1,000여 명의 이스라엘인들이 사해 부근 마사다 요새에서 농성하다가 함락되기 직전에 모두 자살했다. 이스라엘은 이 저항정신을 기리기 위해 마사다 요새를 군의 정신교육장으로 쓰고 있다. 이 정도 악다구니가 있으니까 2,000년 동안이나 딴 동네 애들이 잘살고 있는데 그곳에 들어가서, '이 땅이 2,000년 전에 우리 조상들이 살던 땅이니 원래 우리 거야. 너희들, 다 나가!' 하고는 저희 나라를 세운 것이다. 좀 보고 배워라.

조선의 파병과 임경업의 죽음

청이 인조(16대)의 장남인 소현세자와 둘째아들 봉림대군을 볼모로 잡고 철군한 뒤에도 조정에서는 삼전도의 치욕을 씻어야 한다는 반청 분위기가 팽배했다. 그러나 명을 치겠다는 청의 파병 요청을 거절할 수 없었던 인조는 쿠데타의 명분인 숭명대의를 부정하고 인조 18년인 1640년 상장 임경업과 황해병사 이완이 이끄는 조선수군 6,000명을 파병했다.

사령관 임경업은 대표적인 반청 인사였다. 임경업의 수군은 전진하라고 해도 전진하지 않았고, 명의 수군을 만나도 발포하지 않았다. 가끔 발포하면 엉뚱한 데다 대고 쏘았고, 일부러 자신들의 배를 부수었으며, 일부 군사를 투항시키는 등의 행위로 청의 분노를 샀다. 결국 임경업은 청군에게 체포되어 압송되어 가다가 중간에서 탈출해 명에 투항했다.

청의 요청으로 임경업의 아내는 심양으로 끌려갔다 자살했으며, 임경업은 명에 투항한 후 평로장군, 총병 등의 직위로 활약하다가 남경이 함락되고 명나라가 멸망하면서 다시 청군에게 체포되었다.

임경업이 청에게 체포된 것을 안 인조는 임경업의 소환을 강력하게 요구했다. 심기원의 역모사건에 임경업이 연루되어 있다고 생각한 것이다. 결국 임경업은 조선으로 송환되어 친국을 받으면서 모진 고문을 받았다. 임경업은 모진 고문을 이기지 못하고 옥중에서 죽고 말았는데, 일설에는 김자점이 형리를 시켜 모질게 형장을 가하도록 하여 죽였다고 알려져 있다. 아까운 장수 하나가 또 이렇게 죽었다. 하여간 싹수가 좀 있는 인물들은 모조리 죽임을 당한다.

등신 같은 임금 밑에서 명장이 배겨날 수 없는 것이다.

근자에 조선에선 선조의 눈 밖에 난 충장공 김덕령이 역모 혐의로 고문받다 맞아죽었고, 이순신도 죽다 살아났으며, 강홍립과 임경업은 인조에게 맞아죽었다. 명에서는 암군 숭정제에게 명장 원숭환이 비명에 갔다. 하나같이 등신 같은 것들.

임경업을 청나라를 배척하는 인물의 화신으로 여겼던 백성들은 그의 죽음을 매우 슬퍼했다. 이후 임경업의 무용담을 담은 작자 미상의《임경업전》이 나돌아 널리 읽혔으며, 무속에서는 그의 화상을 신당에 모시고 최영, 남이와 함께 가장 영험이 있는 신으로 받들었다.

심기원의 역모사건

심기원은 반정공신이었으며, 철저한 척화파로서 반청의 선두에 선 인물이었다. 그는 인조(16대)가 항복한 후 항복의 치욕을 씻으려는 의지가 없다고 여겨 이를 큰 수치로 알았다. 심기원은 수천 냥의 군자금을 마련해 군사를 기르는 한편 임경업을 명나라로 망명시켜 명군을 지원하고, 자신의 거사에 조명연합군을 동원하려는 계획을 세웠다. 또한 인조를 몰아내 상왕으로 올리고 세자를 임금으로 추대하려 했으며, 조정의 정사를 어지럽히는 무리 50여 명을 죽이기로 작정하고 있었다.

이즈음 명의 패잔병들이 국경 언저리에서 청에 항거하고 있었고, 임경업도 명군과 합세하여 청에 대항하고 있었다. 그러나 이러한 공작이 구체화되기 전에 부하 이원로 등이 고변했고, 주모자 30여 명이 처형을 당함으로써 심기원의 역모는 불발로 끝나고 말았다.

이들의 쿠데타 목적은 북벌이었다. 이들은 일이 이루어진 뒤에 임경업이 이끌고 온 명군과 합세하여 요동을 차지한 후 심양으로 쳐들어갈 계획이었다. 이 역모사건을 추국하던 인조는 임경업이 심기원과 관련되었다고 판단하고, 청에 억류되어 있던 임경업의 송환을 요청하여 때려죽인 것이다.

명의 멸망

명 조정에서는 당쟁으로 날을 지새우고, 내시가 태감이라는 이름으로 정치와 군사일을 감독하며 온갖 부정을 저지르고 있었다. 덜 떨어진 숭정제(명 17대)는 이들을 통제할 엄두도 못 내었고, 쓸데없이 의심이 많아 툭하면 애꿎은 사람을 잡아 죽였다.

나라 꼴이 개판이 되자 전국에서 농민반란이 일어났다. 반란군 지도자 중 이자성이 발군이었는데, 이자성의 군사는 기율이 엄격하여 결코 약탈이나 강간을 하지 않았고, 농민들의 고통을 덜어주는 일에 앞장섰다. 이러니 이자성군이 나타나면 농민들은 밥을 지어오고 집을 내줄 정도로 백성들의 호응이 컸다. 드디어 이자성은 낙양을 함락시키고 숭정제의 아들인 복왕을 잡아 처형했다. 복왕은 백성들을 몹시 갈취해서 원성이 높았는데 이자성은 복왕의 피를 술에 타 마시면서 복록주라 불렀다 한다.

이자성은 청태종(청 2대)이 죽은 해인 1643년 사천의 산악지대에서 대서국을 세워 황제에 즉위하고 연호를 대순이라 했다. 이자성의 공격으로 명은 멸망의 구렁텅이로 다가섰다. 이자성은 서안(장안)을 점령하여 1644년 정월 초하루 국호를 순, 연호를 영창이라 바꾸고 즉위식을 정식으로 다시 했다. 중국의 두 고도 낙양과 장안이 모두 이자성의 손에 떨어진 것이다. 명은 이자성군에게 계속 밀렸으며, 이자성은 드디어 남아 있는 마지막 도성인 북경으로 진군을 시작하면서 옛날 황건적의 전통에 따라 누런 옷을 입었다. 놀란 숭정제는 산해관을 지키는 오삼계와 거용관을 지키는 당통에게 백작 작위를 내려주고 이자성군을 막도록 했다. 그러나 당통은 이자성에게 항복했고, 오삼계가 북경으로 오는 동안 북경은 이미 이자성군에 함락되었다.

한편 오삼계는 북경으로 진군하는 도중, 북경에 있던 자신의 애첩인 진원원이 이자성 부하의 손에 잡혀 있는 것을 알자 군대를 돌이켜 돌아가 버렸다.

1644년 3월 이자성군이 북경으로 진주하자 숭정제는 황태자를 탈출시키고 두 공주를 죽였으며, 황후와 비들은 모두 자결했다. 숭정제는 자금성 뒤에 있는 경산으로 가서 목을 맸으며 이로써 명은 건국한 지 276년만에 멸망했다. 숭정제가 죽은 후 명의 잔여 세력은 도읍을 남경으로 옮겼으며, 영명왕이 즉위하여 영력이라는 연호를 쓰면서 명맥을 유지하다가 1662년 완전히 멸망했다.

북경이 이자성군에게 함락되자 산해관으로 돌아온 오삼계는 청의 섭정 도르곤에게 구원병을 요청했다. 떡이 거저 굴러 들어오는 감을 잡은 도르곤은 청의 모든 국력을 기울여 명 원정군을 편성했다. 청은 몽골군을 비롯해 홍승주, 조대수가 이끄는 중국군, 소수의 조선군 그리고 소현세자까지 종군시켰다. 이자성군은 이미 산해관 근처까지 진출해 있었으며, 청군은 이들과 작은 전투를 벌이면서 산해관에 도착했다. 오삼계는 성문을 활짝 열고 청군을 맞아들였으며 곧 명청연합군과 이자성군 사이에 전투가 벌어졌다. 청군이 합세한 오삼계군은 이자성군을 대파하여 이자성군 수만이 전사하고 겨우 몇천 명만 살아서 도망쳤다.

청의 대군이 산해관을 접수하자 오삼계는 저절로 청군의 휘하로 들어가게 되었다. 청의 참전으로 전세가 불리해지자 이자성은 자금성의 금괴를 모조리 모아 수레에 실은 다음 자금성에 불을 지르고 북경을 탈출하여 서안지방으로 향했다. 본거지인 오지로 들어가 훗날을 기약하려는 의도였다. 그러나 추격해 온 청군에 의하여 이자성은 살해되었고, 금괴는 도로 북경으로 보내졌다. 청군은 명군을 이끌고 북경에 무혈 입성했다.

도르곤은 양민을 학살하거나 약탈하지 못하도록 엄히 단속하고, 한족들에게 삭발 투순을 강요했다. 뒤를 이어 청의 3대 황제인 순치제가 자금성에 입성하여 대사면령을 내리고 이웃나라에 이 사실을 통보했다. 더 이상 조선의 볼모가 필요 없어진 청은 소현세자를 비롯한 볼모들을 모두 조선에 돌려보냈다. 김상헌, 최명길도 이때 살아서 돌아왔다.

이때 동아시아의 국제질서는 청을 중심으로 개편되었으나, 이를 인정하지 않은 조선의 사림은 북벌을 주장하며 반청 분위기를 한껏 고조시키고 있었다. 멍청한 선비들은 명이 멸망한 후에도 명의 연호였던 숭정 연호를 쓰는 것을 자랑스러워했다. 인조는 청과 말썽이 날까봐 청의 연호를 쓰라고 지시했으나 국서에나 청의 연호를 썼을 뿐 관인 사회와 사림 사회에서는 전혀 씨가 먹히지 않았다. 명이 멸망한 것은 청의 순치제 때였고, 조선의 효종 때였다. 순치제의 뒤를 이은 강희제, 옹정제, 건륭제의 태평성대가 약 130년 간 계속되면서 청나라는 중국 역사상 최강국이 되어갔다.

처녀 공출과 의순공주

청에서는 궁중의 시녀로 조선의 처녀를 원했다. 조선은 매년 100여 명의 처녀들을 청으로 보냈으며, 청은 그 중 일부를 시녀로 쓰고 나머지는 신료들에게 나누어 주었다. 이렇게 보낸 처녀가 수십 년간 수천 명에 이르렀다. 청의 명을 받은 조정은 처녀를 조달하지 못해 관기, 기생, 천민들을 보냈으나, 걔네들은 뭐가 달라도 달라서 청은 기생을 보냈다고 되돌려보내며 호통을 쳤다.

할수없이 포도청에서 아무나 눈에 띄는 처녀를 잡아 보내니 전국이 곡성으로 뒤덮였다. 처녀들은 잡혀가지 않기 위해 머리를 깎거나, 얼굴에 고의로 상처를 내는 등 안타까운 일이 헤아릴 수 없었으며, 조혼풍습이 유행했다. 한 나라가 항복하여 다른 나라의 속국이 되니 전쟁 때는 막대한 수의 포로를 잡아가고, 전후에는 은, 돈, 곡식을 훑어갔으며 거기다 여자까지 끌고 가니 조선의 치욕은 끝이 없었다.

청의 섭정왕이자 정묘, 병자호란 때 총사령관으로 청군을 이끌고 조선을 침공했던 제9왕 도르곤에게서 "왕의 누이나 딸, 왕족이나 고관의 딸 가운데 곱고 행실이 바른 처녀와 결혼하겠다"는 통보가 왔다. 물론 정실이 아니고 조선 첩을 하나 두겠다는 것이었다.

조정에 비상이 걸렸다. 그렇다고 효종(17대)의 딸을 보낼 수는 없었고, 인륜에 관한 문제라 왕명으로 신하들에게 떠밀어서 될 일도 아니었다. 결국 종실 금림군 이개윤의 16세 난 딸이 후보로 찍혔다. 조정에서는 이개윤의 딸의 품계를 올려 의순공주라 칭하고 공조판서 원두표를 호종인으로 하여 청에 보내기로 했다. 막상 청으로 떠나는 날 의순공주와 가족 모두 마주보며 슬피 울어 보는 사람의 마음을 아프게 했다.

의순공주가 청으로 간 7년 뒤 도르곤 왕이 죽었다. 청 조정에서는 그가 생전에 황제의 야심을 갖고 황제 옷까지 만들어 두었다면서 그를 역적으로 다스렸다. 그 바람에 9왕의 부인들은 모두 종으로 보내지고 의순공주는 부하에게 하사되었다가 다시 과부가 되었다. 금림군이 청에 갔다가 의순공주의 비운의 이야기를 듣고 청 황제에게 탄원하여 그녀가 귀국할 수 있도록 허가를 받았다. 의순공주는 귀국해서도 홀로 살았다.

청에 끌려간 조선인 포로 60만과 개 같은 조선

조일전쟁 때 일본으로 끌려간 조선인 포로는 수만 명 정도였는데, 병자호란 때 심양으로 끌려간 조선인 포로는 물경 60만을 헤아린다. 지금도 만주의 선양에는 많은 조선족이 살고 있는데, 이 중에는 일제 때 건너간 사람 말고 조청전쟁 때 끌려간 조선 포로의 후예들도 많이 있을 것이다. 청은 포로들의 속환금을 받을 생각과 함께 적은 만주의 인구를 늘리려는 목적으로 이렇게 엄청난 수의 포로를 잡아갔던 것이다.

> 뒷날 심양에서 속바치고 돌아온 사람이 60만 명이나 되는데 몽골 군사에게 붙들린 자는 이 숫자에 들지 않는다.

《병자록》의 기록이다. 이 숫자에 대한 기록은 최명길의 《지천집》과 나만갑의 《남한일기》, 그리고 정약용의 《비어고》와 작가 미상의 《산성일기》 등 여러 곳에서 찾아 볼 수 있다. 좀 보탰다고 해도 엄청난 숫자이다.

조선의 인구가 1,000만 명을 넘어선 것은 1511년(중종 6년)이다. 조일전쟁 때 700만~800만 정도로 줄었다가, 1642년(인조 20년)에 다시 1,000만 명을 회복하였다는 기록이 있으니, 병자호란 때 전인구의 5~6퍼센트가 잡혀간 것이다. 포로들은 수백 명씩 조를 이루어 갔으며 청군이 뒤에서 호송했다. 가다가 볼일을 보고 싶으면 남녀를 가리지 않고 아무 데서나 옷을 내리고 볼일을 보았다. 가다가 병이 들거나 하면 가차없이 버리고 가거나 죽여 버렸다. 얼마나 많은 사람이 호송 도중 죽었는지 모른다. 도망친 사람도 많았는데, 도망치다가 잡히면 그때부터는 귀에 구멍을 뚫고 한

데 묶어 끌고 갔다. 미국에 잡혀온 아프리카 흑인 노예를 연상하면 쉽게 감을 잡을 것이다.

끌려간 포로 중에는 양반집 가족들도 많았다. 돈 많은 양반들이나 벼슬아치들은 자기네 가족을 속환하는 데 거금을 아끼지 않았다. 그 바람에 가난한 사람들은 가져간 돈 가지고는 가족을 데려올 수 없어 서로 끌어안고 울음바다를 이루는 경우가 지천이었다.

대표적인 반정공신이자 영의정인 김류는 전쟁중에 도체찰사였다. 그는 첩의 딸이 포로로 끌려간 것을 알고 역관 정명수에게 딸의 속환금으로 은 1,000냥을 내겠으니 돌아오도록 주선해 달라고 했다. 이 싸가지 없는 인간 때문에 포로값이 올라 숱한 포로가 돌아오지 못했다.

당시 은 1,000냥이면 막대한 돈이었다. 농군의 하루 품삯이 한 냥이었고, 쌀 한 석이 닷 냥이었으니까 쌀 200석에 상당하는 돈이었다. 자신이야 반정공신에다 영의정이니 그간 해 처먹은 돈이 얼마나 많았겠는가. 김류에겐 1,000냥이 별것 아닌 돈이었겠으나, 이 바람에 50~60냥에 지나지 않던 포로값이 두당 수백 냥으로 올라 가난한 사람들은 그 돈을 마련할 길이 없어 가족을 데려올 수 없었던 것이다.

참고로 정묘호란 때의 속환금은 옷감 10필이었고, 병자호란 직후 귀국길의 청군이 함락한 압록강 피도의 한족 몸값은 겨우 10냥이었다. 당시 좋은 군마 한 필 값이 30~40냥이었는데, 1,000냥을 내겠다는 미친 놈 하나 때문에 포로값이 수십 배로 뛴 것이다.

1637년부터 청 황제의 명으로 포로의 공개매매가 심양에서 있었는데 조선에서 온 가족들과 포로들이 서로 만나 울고불고 홍정하고 해서 시끌벅적했다. 노비가 된 포로를 사러 오는 사람은 먼저 여자든 남자든 건강상태부터 본다. 노비들의 옷을 모두 벗긴 다음 앞뒤를 잘 살피고 피부를 본다. 그런 다음 나체로 앉았다 일어섰다를 몇 번 시켜본 다음 걸음을 걸려 관절을 본다. 다음으로 발바닥과 치아를 살핀다.

여자를 사서 첩으로 삼으려는 사람은 여자의 가슴, 성기, 체모 등을 상세히 살펴보고 흥정에 들어간다. 말하자면 시장이 온통 나체쇼장이 되는 것이다. 구경거리 많았겠다.

조선 여자 가운데 이러한 수모를 참을 길 없어 옷 벗기를 거절한 여자들 중 채찍을 맞고 죽은 여자도 부지기수였다. 조선 조정에서도 은을 내어 포로를 사오긴 했다. 그런데 이 개 같은 것들이, 저희들이 등신같이 굴어 포로가 생긴 것인데도 나라에서 사오면 돌아온 포로는 공노비가 되어야 했다. 나랏돈으로 샀으니 당연히 나라의 노비가 되어야 한다는 짱구였다. 이러니 차라리 청나라에서 살다 죽겠다는 포로도 많았다.

불쌍한 화냥년

화냥년은 환향녀(고향으로 귀향한 여인)에서 유래되었다. 1637년 병자호란이 끝난 뒤 청은 거의 60만 명의 포로를 청으로 끌고 갔는데, 그 중 젊은 여인이 거의 20만 명에 달했다. 청이 이들을 끌고 간 이유는 그들의 부모에게서 몸값을 받고 풀어 주려고 한 것이었고, 물론 몸값을 받을 때까지는 당연히 데리고 잤다. 그러나 여자 포로 대부분이 가난한 집의 딸들이라 돈을 주고 풀려난 경우는 별로 많지 않았다.

이렇게 노예로 살다가 목숨을 걸고 청에서 탈출하여 고국땅을 밟은 여인들은 "몸을 더럽혔다"며 손가락질하는 가문과 남편들의 냉대와 멸시를 견디지 못해 우물에 몸을 던지거나 목을 매어 자살하는 일이 빈번했다. 환향녀들이 자살하는 사례가 급증하자 조선 조정은 홍제동(널리 구제하는 동네) 개울에서 더럽혀진 몸을 씻는 것으로 일체의 과거사를 묻지 못하게 했으나, 이는 눈 가리고 아웅이었다.

결국 청에서 돌아온 여인들은 혼자 살아가거나 거지나 매춘으로 생계를 이어갈 수밖에 없었다. 자신의 여자를 힘이 없어 지키지 못한 지지리 등신 같은 조선 사내들, 무슨 얼굴로 환향녀들을 냉대하고 멸시해서 죽게까지 한단 말인가?

칭기스칸이 몽골을 통일하기 전 세력이 미약했을 때 적대적인 부족의 침입을 받고 처인 보르테를 놓아두고 도망친 일이 있었다. 당시 상황이, 둘이 같이 도망치면 둘 다 잡혀서 죽을 상황이었기 때문에 처인 보르테가 자청해서 남아 칭기스칸이 도망할 시간을 벌어준 것이었다. 보르테는 잡혀가서 적대 부족의 부족장 집안의 사내에게 주어져 살다 보니 임신을 하게 되었다.

칭기스칸이 겨우 동맹세력을 모아 적대 부족을 격파하고 처를 되찾았을 때 그녀의 배는 눈에 띄게 불러 있었고, 칭기스칸을 보자 울음을 터뜨렸다.

그때 그녀를 감싸안으며 칭기스칸이 말했다.

"그 아이가 누구의 자식이든 내 첫째아들이 될 것이다."

부끄러운 줄 알아라. 기백도 없고 기대도 없는 등신 같은 조선 사내들아. 이런 싸가지 없는 짓은 조일전쟁 때도 있었다.

조정이 일본군에게 몸을 뺏겨 임신한 여인들과의 이혼을 금하자 남편들은 그녀들을 내치고 후처를 구하러 바삐 다녔다. 수많은 임신한 여인들이 길에 나앉게 되자 조정에서는 임신한 여인들을 한데 모아 집단으로 거주하게 하고 보살펴 주었는데, 그곳이 바로 '이태원'이다. 이태원의 '이' 자는 '다를 이' 자이고, '태' 자는 신생아의 태를 말한다.

청군이 남한산성을 포위하고 있는 동안 경기도 일대는 청군에 의하여 쑥밭이 되었다. 청군의 눈에 띈 아녀자들은 모조리 강간당했다. 전쟁중에 어쩔 수 없는 일이었는데, 문제는 양반집에서 실절한 여자를 가족으로 받아들이지 않는 것이었다. 어떻게 더러운 몸을 가지고 종묘 제사를 지내고 후손을 볼 수 있겠느냐는 것이었다. 등신들아, 그런 줄 알면 칼이라도 들고 나와 청군을 가로막지.

나라 법도 개법인 것이, 과거에 응시하려면 친가 3대와 외가 2대의 인적사항을 적어야 하는데 실절한 여자의 자식은 서얼의 자손처럼 벼슬길에 나갈 수 없었다. 이러니 절개를 잃은 여자는 천상 어디 가서 죽던가 신분을 감추고 행방불명이 되어야 자식이 사니 어떤 선택을 해야 되었을까? 많은 여자들이 목을 맸고, 많은 여자들이 거지가 되었다.

청에 잡혀가는 포로끼리도 신분이 탄로날까봐 신분이나 이름을 묻는 것은 금기여서 참나무댁, 미루나무댁 등으로 서로 불렀다. 잡혀가는 여자 중에는 기생도 있었고, 백정도 있었다. 하여간 청에 포로로 잡혀가서 팔자 핀 사람들은 기생들이나 백정 같은 천민들이었다.

조선시대 기생이란 대개 관비를 이르는 말이었고, 관비는 수령이나 고관, 사신 등 갖가지 사람들의 수청을 들어야 했다. 그러다가 자식이라도 낳으면 그 자식도 천민이 되는 기구한 팔자였다. 이러한 팔자의 기생들은 차라리 청군에게 잡혀가면 조선에서보다 훨씬 더 사람 같은 대접을 받았다.

백정 출신의 포로도 마찬가지였다. 여진족들은 수렵과 채집이 생업이어서 조선에 와서도 소, 돼지, 닭 등의 가축을 도살해서 주식처럼 먹었다. 그러나 그들이 짐승을 처리하는 방식이나 요리법은 대단히 거칠었다. 고기를 그대로 삶아서 둘러앉아 칼로 한 토막씩 베어 먹는 식이었다. 이를 보던 조선 백정이 짐승을 다루는 법과 요리법 몇 가지를 일러주자, 다음부터 짐승을 도살할 일이 생기면 조선 백정만 찾게 되었다. 백정은 여진족들에게는 소중한 기능인이었던 것이다. 조선의 짐승이 청에 포로로 붙들려가더니 사람이 된 것이었다.

조선에서 백정은 사람이 아니었다. 조선에서 백정이 할 수 있는 일은 짐승을 도살하거나 버들고리를 짜는 일, 사형수의 목을 베는 망나니일, 양반집 잔치에 불려가서 일을 해주고 겨우 밥이나 얻어먹는 일이 다였다. 그들은 일반 양민들과 함께 한동네에서 살지 못하고, 외진 곳에 따로 모여 살아야 했다. 어린 평민에게도 말을 할 땐 '소인'이라고 해야 했으며, 그들 앞에서는 술, 담배도 못했다. 옷도 중치막이나 명주를 입지 못하게 했고, 모자도 패랭이만 쓰도록 했으며, 가죽신도 신을 수 없었다.

당연히 그들의 자식들도 과거를 볼 수 없어, 똑똑한 자식을 가진 백정들은 자식들이 안타까워 피눈물을 흘리며 살아야 했다. 그런데 여진족들은 양반, 상놈이 없고 백정을 기능인으로 대우하니, 백정 입장에서는 포로된 것이 차라리 팔자가 핀 것이었다. 참 조선사를 쓰다 보면 참으로 불쌍한 백성들 때문에 눈물을 감출 수 없다.

속국의 치욕

조선이 완전히 청의 속국이 되자 청의 횡포는 엄청 심해졌다. 청에서 사신이 온다는 연락만 오면 무슨 트집을 잡을지 알 수가 없어 임금과 대신들이 벌벌 떨었다. 황제의 명을 받고 온 사신들은 거드름을 피우면서 숱한 돈을 뜯어갔고, 동행한 역관 또한 위세가 사신과 마찬가지였다. 역관으로는 주로 조선인 정명수가 왔는데, 그의 권세는 조선의 영의정을 우습게 볼 정도였으니, 사신들의 위세가 어땠는지 짐작이 갈 것이다. 사신이나 역관이 불쾌해하면 조선 조정에서는 미인을 안기거나 무조건 1,000냥씩 돈을 질렀다.

지방 수령들이 사신들에게 얻어맞고 발로 채이는 일은 흔한 일이어서, 나라 체통은 땅에 떨어졌다. 역관 정명수는 조선 조정에서 벼슬을 받아 종2품 동지중추부사까지 승진했다. 이순신 장군과 같은 품계였다.

조선 중기를 지나면서 조선이 왜 더 이상 존재해야 되는지에 대한 이유를 아무 데서도 찾을 수 없었다. 쭉 봐오셨겠지만 가장 좋은 가정은, 조일전쟁 이전에 조선이 망하고 새 왕조가 들어서는 것이었다. (상권 끝)

부 록

조선왕조 계보

조선왕조 연표

조선왕조 계보 (519년, 1392~1910)

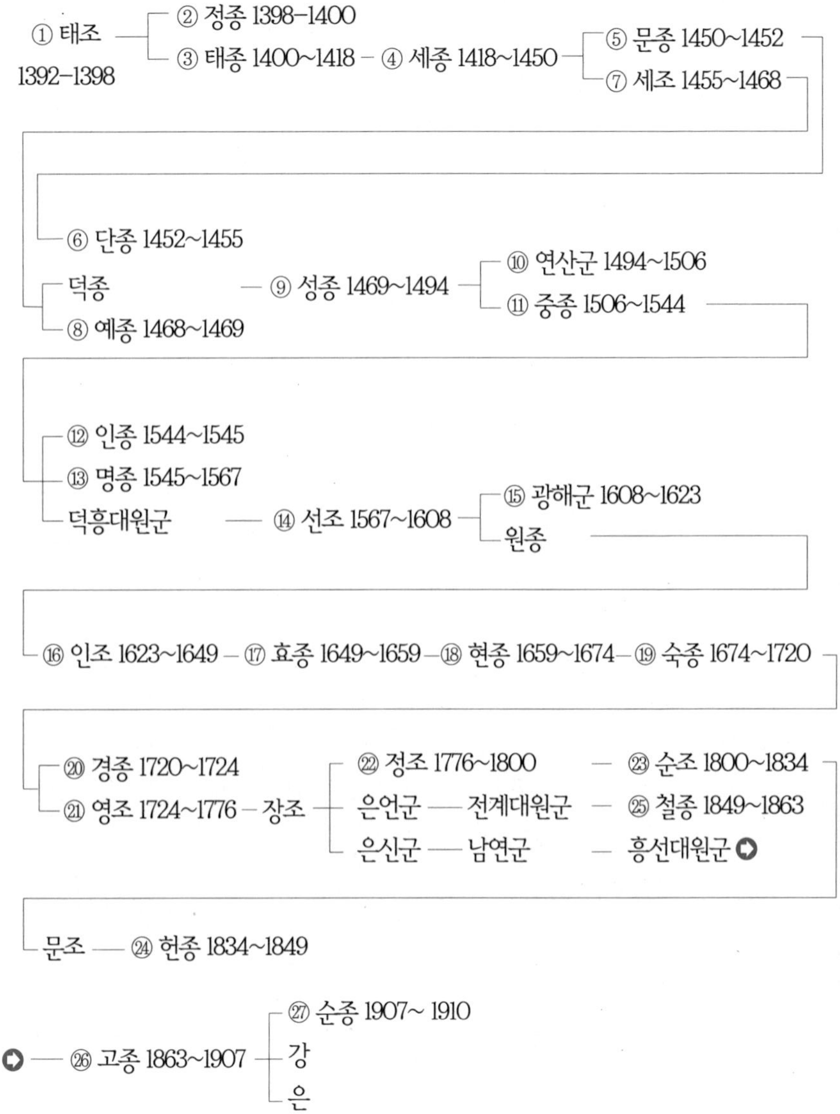

조선왕조 연표

1388	(32대 우왕 14)	5월, 이성계, 위화도 회군으로 정권 장악
1389	(33대 창왕 2)	이성계, 우왕 · 창왕 죽임
1392	(1대 태조 1)	7월, 이성계, 개경에서 고려 국왕으로 즉위
1393	(태조 2)	2월, 국호를 조선으로 개칭, 식년 문과 실시
1394	(태조 3)	10월, 한양으로 천도하고 한성으로 칭함, 정도전이 《조선경국전》 편찬
1395	(태조 4)	정도전 등이 《고려사》 37권 간행, 예문춘추관 설치, 노비변정도감 설치
1398	(태조 7)	8월, 제1차 왕자의 난 9월, 태조, 장남 방과에게 왕위 물려줌, 정종 즉위
1399	(2대 정종 1)	개경으로 환도, 《향약제생집성방》 편찬, 분경금지법 제정
1400	(정종 2)	1월, 제2차 왕자의 난 11월, 정종, 방원에게 왕위 물려줌, 태종 즉위
1401	(3대 태종 1)	증광문과 실시, 신문고 설치
1402	(태종 2)	11월, 조사의의 난 발발
1403	(태종 3)	주자소 설치
1405	(태종 5)	10월, 다시 한성으로 환도
1406	(태종 6)	사찰의 토지와 노비 제한 및 몰수
1408	(태종 8)	6월, 태조 이성계 사망
1413	(태종 13)	팔도 지방행정조직 완성, 《태조실록》 편찬, 호패법 실시
1415	(태종 15)	시장세와 상인세 징수, 장인세 실시
1416	(태종 16)	도첩제 실시

1417 (3대 태종 17) 각 도에 잠소 설치, 《향약구급방》 증간

1418 (태종 18) 8월, 태종, 셋째 아들 충녕대군에게 왕위 물려줌, 세종 즉위

1419 (4대 세종 1) 정종 사망, 이종무, 대마도 정벌

1420 (세종 2) 집현전 설치, 경연청 설치

1422 (세종 4) 11월, 태종 사망

1423 (세종 5) 한성 남산에 봉수대 축조, 조선통보 주조, 《고려사》 편찬

1429 (세종 11) 5월, 정초, 《농사직설》 편찬

1432 (세종 14) 《세종실록지리지》 편찬

1433 (세종 15) 압록강변의 여진족 토벌, 최신식 화포, 화전 발명

1434 (세종 16) 갑인자 주조하여 《자치통감》 간행, 북동 · 북서에 6진 설치, 장영실이 경복궁에 자격루 설치

1435 (세종 17) 비격진천뢰 발명

1436 (세종 18) 납활자인 병진자 주조

1437 (세종 19) 4군 설치, 물시계인 행루 제조, 간의대 설치

1438 (세종 20) 장영실, 옥루 제작

1441 (세종 23) 장영실 등이 측우기 설치하고 양수표 세움

1443 (세종 25) 훈민정음 창제, 통신사와 대마도주가 계해조약 체결

1444 (세종 26) 양전산계법 제정, 무과삼관법 실시

1445 (세종 27) 4월, 정인지 등 《용비어천가》 10권 편찬

1446 (세종 28) 9월, 훈민정음 반포

1447 (세종 29) 《용비어천가》 주해 완성, 《월인천강지곡》 완성

1450 (세종 32) 구리활자 경자자 주조, 정음청 설치, 세종 사망, 문종 즉위

1451 (5대 문종 1) 문종이 창안한 화차를 제작 배치, 김종서 등이 《고려사》 136권 개찬

1452 (5대 문종 2) 2월, 김종서 등이 《고려사절요》 편찬
5월, 문종 사망, 단종 즉위

1543 (6대 단종 1) 10월, 계유정난 발생, 수양대군이 김종서 · 황보인 등을 죽이고 정권 장악, 안평대군 사사됨, 이징옥의 난 발발

1455 (단종 3) 윤6월, 단종, 수양대군에게 왕위 물려줌, 세조 즉위

1456 (7대 세조 2) 6월, 사육신 사건

1457 (세조 3) 6월, 단종 사망

1460 (세조 6) 신숙주, 여진 정벌

1461 (세조 7) 간경도감 설치

1463 (세조 9) 11월, 홍문관 설치

1464 (세조 10) 전폐 주조

1466 (세조 12) 과전법 폐지, 직전법 실시

1467 (세조 13) 이시애의 난 발발, 삼각측량법 발명

1468 (세조 14) 9월, 세조 사망, 예종 즉위

1469 (8대 예종 1) 《경국대전》 찬진, 예종 사망, 성종 즉위

1470 (9대 성종 1) 11월, 《경국대전》 교정본 완성

1474 (성종 5) 개찬한 《경국대전》과 《속록》 반포

1478 (성종 9) 서거정, 《동문선》 편찬

1479 (성종 10) 6월, 연산군의 생모인 중전 윤씨를 폐비하고 서인으로 강등하여 궁궐 밖으로 몰아냄

1481 (성종 12) 서거정 등이 《동국여지승람》 50권 찬진

1482 (성종 13) 8월, 폐비 윤씨에게 사약을 내림

1484 (성종 15) 서거정 등이 《동국통감》 찬진

1489 (성종 20) 유교의 전적을 각 향교에 배포

1490 (성종 21) 순천에 전라좌수영 설치

1491 (성종 22) 두만강 방면의 여진족 정벌

1493	(9대 성종 24)	성현 등이 《악학궤범》 9권 완성
1494	(성종 25)	12월, 성종 사망, 연산군 즉위
1498	(10대 연산군4)	무오사화 발발, 상평창 설치
1500	(연산군6)	10월, 도적 홍길동 체포
1504	(연산군10)	10월, 갑자사화
1506	(연산군12)	9월, 중종반정, 박원종 등이 연산군 폐하고 진성대군을 옹립, 중종 즉위 11월, 연산군, 유배지 강화도에서 사망
1507	(11대 중종 2)	이과 등이 반란 음모 발각되어 옥사
1510	(중종 5)	4월, 삼포왜란 발발
1512	(중종 7)	일본과 임신조약 체결
1515	(중종 10)	을해동활자 주조
1517	(중종 12)	김안국, 《여씨향약》 간행 반포, 축성사를 비변사로 개칭
1519	(중종 14)	4월, 조광조의 건의에 따라 현량과 실시 12월, 기묘사화, 조광조 일당 제거당함
1520	(중종 15)	제주에 둔전 설치
1527	(중종 22)	작서의 변, 최세진, 《훈몽자회》 출간
1530	(중종 25)	8월, 이행, 《신동국여지승람》 편찬
1539	(중종 34)	영조문을 영은문으로 개칭
1543	(중종 38)	주세붕, 백운동서원 건립
1544	(중종 39)	11월, 중종 사망, 인종 즉위
1545	(12대 인종 1)	7월, 인종 사망, 명종 즉위 8월, 을사사화
1547	(13대 명종 2)	정미사화, 일본과 정미약조 체결
1549	(명종 4)	이홍윤의 옥
1550	(명종 5)	풍기군수 이황의 요청에 따라 백운동서원에 소수서

		원의 편액을 하사함
1555	(13대 명종 10)	5월, 을미왜변 발발
1559	(명종 14)	3월, 대도 임꺽정 체포 이황과 기대승, 사단칠정 논쟁
1561	(명종 16)	이정, 경주에 서악서원 세우고 설총 · 김유신 · 최치원을 향사함, 이지함이 《토정비결》 지음
1567	(명종 22)	6월, 명종 사망, 선조 즉위
1574	(14대 선조 7)	안동에 도산서원을 세우고 이황을 향사함
1575	(선조 8)	7월, 사림이 동인과 서인으로 분당
1577	(선조 10)	이이, 《격몽요결》 간행
1580	(선조 13)	정철, 《관동별곡》 지음
1583	(선조 16)	이이, 10만 양병설 건의
1589	(선조 22)	10월, 정여립의 난이 발발하여 동인이 크게 피해를 당함
1590	(선조 23)	황윤길 · 김성일을 일본 통신사로 파견
1591	(선조 24)	정철이 선조에게 세자를 세우자고 청했다가 서인이 크게 당함, 이 사건으로 동인이 남인과 북인으로 갈라짐
1592	(선조 25)	4월, 조일전쟁(임진왜란) 발발, 선조, 도성을 버리고 피란 5월, 도성 함락, 이순신이 처음으로 출전, 대승을 거두기 시작 6월, 곽재우가 경상도에서 거병, 왜적을 격파하기 시작 8월, 이순신의 한산도대첩, 금산전투에서 조헌과 영규의 의병 전원 순국 9월, 이순신이 왜적의 본거지 부산포를 공격하여

		대승함
		10월, 제1차 진수성전투, 용장 김시민이 대첩 후 전사
		12월, 명나라의 지원군이 압록강을 건넘
1593	(14대 선조 26)	1월, 조선과 명나라의 연합군이 평양성 공략하여 탈환
		2월, 권율이 행주산성에서 대승
		4월, 조선군이 도성 수복, 선조가 한성으로 귀환
		6월, 제2차 진주성전투, 조선군이 패하여 전원 옥쇄
		7월, 이순신이 한산도에 강력한 기지와 함대 건설
		8월, 이순신, 삼도수군통제사에 임명
1594	(선조 27)	1월, 송유진의 난 적발
		훈련도감 설치
1596	(선조 29)	7월, 이몽학의 난 발발
1597	(선조 30)	1월, 정유재란 발발, 이순신이 모함당해 백의종군하고, 원균이 삼도수군통제사에 임명
		7월, 원균, 칠천량에서 왜적에게 대패, 삼도 수군 몰락
		9월, 이순신이 복귀하여 전함 13척으로 명량에서 압도적으로 왜적을 격파 승리
1598	(선조 31)	11월, 이순신이 노량에서 왜적을 크게 격파하고 전사, 왜적이 철수하여 정유재란 종결
1601	(선조 34)	한성에 동묘 건립
1603	(선조 36)	이광정 · 권희, 연경에서 마테오리치가 제작한 〈곤여만국전도〉를 가져옴
1604	(선조 37)	유정을 대마도와 일본에 보내 그곳 사정을 알아보게 함

1605	(14대 선조 38)	유정이 포로 3천여 명을 데리고 일본에서 귀국
1607	(선조 40)	허균, 《홍길동전》 지음
1608	(선조 41)	선조 사망, 광해군 즉위, 광해군이 즉위년에 대동법 실시
1609	(15대 광해군1)	광해군이 친형 임해군 죽임, 일본과 기유조약 맺음
1610	(광해군2)	8월, 허준이 《동의보감》 25권 찬진
1613	(광해군5)	4월, 칠서의 난 적발, 광해군의 계모 인목대비의 부친 김제남이 연루
1614	(광해군6)	2월, 광해군이 인목대비의 아들이자 이복동생인 영창대군을 죽임
1618	(광해군10)	1월, 인목대비의 호를 삭탈하고 서궁이라 칭함
1619	(광해군11)	3월, 명나라의 요청으로 보낸 1만 명의 지원군이 패배, 도원수 강홍립은 후금의 누르하치에게 항복
1623	(광해군15)	3월, 인조반정 발발, 서인이 반역하여 광해군을 폐하고 능양군 추대
1624	(16대 인조 2)	이괄의 난
1626	(인조 4)	호패법 시행, 남한산성을 축성하고 수어청을 설치
1627	(인조 5)	1월, 후금이 침입하여 정묘호란 발발, 인조, 강화로 피신 3월, 조선과 후금이 강화하여 후금이 물러감
1628	(인조 6)	명나라의 숭정 연호 사용
1630	(인조 8)	무감 설치
1633	(인조 11)	임경업을 청북방어사에 임명, 상평청에서 상평통보 주전
1636	(인조 14)	12월, 국호를 청으로 바꾼 후금의 태종이 직접 침공, 병자호란 발발
1637	(인조 15)	1월, 인조가 삼전도에서 청 태종에게 항복, 소현세

		자와 봉림대군을 비롯한 왕자들과 대신들, 많은 백성이 청나라로 끌려감, 명나라 연호를 폐지하고 청나라 연호를 씀
1640	(16대 인조 18)	세자, 심양에서 돌아옴
1641	(인조 19)	7월, 광해군이 유배지 제주도에서 사망
1645	(인조 23)	4월, 청나라에서 돌아온 소현세자가 독살당함, 봉림대군이 한성으로 돌아와 세자로 책봉됨
1649	(인조 27)	5월, 인조 사망, 효종(봉림대군) 즉위, 북벌정책 추진
1652	(17대 효종 3)	연경에 천문학관을 보내 시헌력법을 배워오게 함, 어영청설치, 북벌정책 본격적으로 추진
1653	(효종 4)	제주 목사, 네덜란드인 하멜 일행의 화순포 표착 보고
1654	(효종 5)	7월, 청나라의 요청으로 보낸 지원군이 러시아를 격파하고 귀환, 제1차 나선정벌
1655	(효종 6)	추쇄도감 설치, 조형 일행을 일본통신사로 파견
1658	(효종 9)	제2차 나선정벌
1659	(효종 10)	5월, 효종 사망, 현종 즉위, 효종의 계모 자의대비가 상복입는 기간을 놓고 제1차 예송논쟁 벌어짐, 송시열을 앞세운 서인이 승리
1660	(18대 현종 1)	남인과 서인 사이에 예론 시비가 시작됨
1662	(현종 3)	현종, 창덕궁으로 옮김, 전라도 산간군 대동법 실시, 제언사 설치
1671	(현종 12)	현종, 경덕궁으로 옮김, 전국적인 대기근 발생, 경기 · 충청도에서 민란 일어남
1674	(현종 15)	2월, 제2차 예송논쟁 벌어짐, 현종이 남인을 두둔함 8월, 현종 사망, 숙종 즉위

1678 (19대 숙종 4) 전국에 상평통보 유통
1679 (숙종 5) 강화도에 돈대 축조
1680 (숙종 6) 4월, 경신환국으로 남인이 물러나고 다시 서인이 정권을 장악, 이후 서인이 노론과 소론으로 분파
1682 (숙종 8) 악기조성청, 악기도감, 악기수개청 설치
1687 (숙종 13) 금위영 폐지, 탕평책 지시
1689 (숙종 15) 2월, 기사환국 발생, 숙종이 장희빈 소생의 왕자를 후계자로 삼으려 하자 노론이 극력 반대하다가 숙종의 분노를 사 실격하고 남인이 집권
6월, 숙종이 자신의 결정에 결사반대하던 송시열에게 사약을 내림
1690 (숙종 16) 장희빈을 왕비로 책봉
1693 (숙종 19) 3월, 안용복이 1차로 일본에 건너가 울릉도와 독도가 조선의 영토라고 강력히 주장함
1694 (숙종 20) 3월, 갑술옥사, 숙종이 다시 노론을 등용하고 남인을 배제함, 폐비 민씨를 복원하고 왕후 장씨를 다시 회빈으로 강등
1696 (숙종 22) 5월, 안용복이 2차로 일본에 건너가 집요하게 활동, 결국 일본은 울릉도와 독도가 조선의 영토라는 것을 인정함
1697 (숙종 23) 화적 장길산 체포
1701 (숙종 27) 10월, 장희빈이 인현왕후를 저주했다 하여 사약을 받음
1702 (숙종 28) 백두산 화산 폭발, 이준명 울릉도 답사, 지도 작성
1708 (숙종 34) 전국적으로 대동법 실시
1711 (숙종 37) 평양성과 안주성을 개축, 북한산성 축성 시작, 조태억 등을 일본에 통신사로 보냄

1712	(19대 숙종 38)	5월, 청나라 오라총관 목극등이 백두산정계비를 세움, 북한산성 축성 완성
1713	(숙종 39)	중인 · 서얼 출신에게 죽은 뒤 벼슬을 주는 규정 제정
1720	(숙종 46)	6월, 숙종 사망, 장희빈 소생의 세자 경종 즉위
1721	(20대 경종 1)	8월, 노론이 경종에게 이복동생인 연잉군(영조)을 왕세자로 삼을 것을 강요 12월, 신축옥사, 경종과 뜻을 함께하는 소론이 반격하여 노론을 궁지에 빠뜨림
1722	(경종 2)	3월, 임인옥사, 노론이 치명적인 타격을 당하고 연잉군도 목숨이 위태로움
1723	(경종 3)	서양의 수총기(소화기)와 문진종(시계)을 만들게 함
1724	(경종 4)	8월, 경종 사망, 영조 즉위
1725	(21대 영조 1)	탕평책 실시
1728	(영조 4)	3월, 이인좌의 난
1729	(영조 5)	삼복제 실시
1732	(영조 8)	청나라에서 《만년록》 가져옴
1740	(영조 16)	각 지방의 도량형기를 통일시키도록 함
1741	(영조 17)	난전 금지
1745	(영조 21)	《속대전》 간행
1750	(영조 26)	7월, 균역법 실시, 균역청 설치
1755	(영조 31)	2월, 나주 패서 사건으로 소론이 몰락, 사도세자는 소론지지 5월, 토역 경과 투서 사건으로 소론이 완전히 몰락, 사도세자는 이때도 소론 지지
1756	(영조 32)	금주령 선포, 흉년으로 기아민 다수가 도성에 들어옴

1758 (21대 영조 34) 해서 · 관동지방에 천주교가 크게 보급됨
1760 (영조 36) 《일성록》 기록 시작
1761 (영조 37) 노비에 대한 상전의 사형 금지
1762 (영조 38) 윤5월, 사도세자, 뒤주 속에 갇혀 죽음, 이후 노론이 벽파와 시파로 분파
1763 (영조 39) 김수장, 《해동가요》 편찬, 장안의 승려들을 추방함, 통신사 조엄이 대마도에서 고구마 종자를 가지고 들어옴
1765 (영조 41) 홍계희 등이 《해동악장》 편찬
1769 (영조 45) 청천강을 따라 남당성(토성)을 축성
1770 (영조 46) 전국의 방죽을 수축, 《동국문헌비고》 100권 40책 완성
1772 (영조 48) 갑인자를 개수하여 활자 15만 자를 주조(임진자)
1773 (영조 49) 한성 청계천 둑을 돌로 쌓기 시작함, 총융청에서 조회포 · 일화봉 등 새로운 포탄을 만들어 사격 실험
1774 (영조 50) 종1품에서 당상 정3품을 대상으로 등준시 실시
1776 (영조 52) 3월, 영조 사망, 사도세자의 아들 정조 즉위
홍국영, 도승지로서 세도를 부림
9월, 규장각 설치
1777 (22대 정조 1) 7월, 노론벽파의 강경파가 정조 암살 시도
8월, 정조를 암살하려던 자들을 일망타진
1779 (정조 3) 내각검서관 설치
1780 (정조 4) 《문헌비고》 수정에 착수
1781 (정조 5) 규장각 이전
1783 (정조 7) 승려의 장안 입성 금지, 이승훈이 동지겸사은사 일행을 따라 연경으로 떠남, 박지원이 《열하일기》를 지음

1784	(22대 정조 8)	유득공, 《발해고》 편찬, 이승훈이 연경 남천주당에서 그라몽 신부에게서 영세를 받음, 천주교 관련 서적을 가지고 귀국, 이벽 · 권철신 등이 이승훈에게서 세례 받음
1785	(정조 9)	한성에 천주교 교회가 생김 7월, 친위부대 장용영의 전신 장용위 설치
1786	(정조 10)	천주교 금지, 연경에서 서양 서적의 구입을 금함, 검서시예의 규정을 정함
1787	(정조 11)	프랑스 함대 페루즈 일행, 제주도 측량 후 울릉도에 접근, 책문후시 금지
1788	(정조 12)	천주교 관련 서적을 대량 불태움
1790	(정조 14)	안정복, 《동사강목》 간행
1791	(정조 15)	2월, 신해통공을 실시하여 금난전권을 폐지 박필관 격고사건, 신해박해
1792	(정조 16)	정약용, 기중기 발명, 북경 주교 구베아가 교황에게 조선교회 창립을 보고
1793	(정조 17)	1월, 수원을 화성으로 바꾸고 부사를 유수로 승격해 정용영의 대부대 주둔시킴, 정약용에게 화성 축성을 명함
1794	(정조 18)	수원성 축성 시작, 울릉도 지도를 제작하게 하고 토산물을 조사함
1795	(정조 19)	혜경궁홍씨, 《한중록》 씀
1796	(정조 20)	《문헌비고》 수정 완성
1797	(정조 21)	이긍익, 《연려실기술》 편찬
1800	(정조 24)	6월, 정조 사망, 순조 즉위
1801	(23대 순조 1)	2월, 신유박해, 천주교를 사학으로 규정하여 천주교도와 진보적 사상가들이 300여 명이나 처형되고

유배당하는 등 무수한 교도와 선비들이 몰락함
오가작통법 실시, 서얼 소통 시행, 내사노비 폐지 등 제도 개혁

1804	(23대순조 4)	순조 친정 시작, 평양에 대화재 발생
1805	(순조 5)	안동 김씨의 세도 정치 시작, 《한중록》 완간 기해박해, 서양인 주교와 신부를 위시한 많은 교도와 무고한 백성이 죽음을 당함
1806	(순조 6)	전라도 40여 군현에 흉년, 기아자 대량 발생
1807	(순조 7)	대마도에 대한 통신사 파견 요청을 거절하자, 왜관의 왜인들이 난동을 일으킴
1808	(순조 8)	북청 · 단천에서 민란 발발, 《만기요람》 완성
1811	(순조 11)	곡산 등에서 민란 발발 12월, 홍경래의 난 역법을 개정 시행
1812	(순조 12)	홍경래가 전사하고 난이 평정됨 왕자 호가 왕세자에 책봉됨
1813	(순조 13)	공충도를 다시 충청도로 개칭 11월, 제주도 토호 양재해 등의 민란이 일어남
1815	(순조 15)	경상도 함안 등지에 대홍수 일어남, 정약전의 《자산어보》, 남공철의 《금릉집》 24권 121책 완간
1816	(순조 16)	영국 군함 알세스토호, 리라호가 충청도 마량진에 옴 한성과 경상도 일대에 홍수
1817	(순조 17)	삼남 지방에 대홍수, 김정희, 신라 진흥왕의 북한산순수비 발견, 해인사에 대화재
1818	(순조 18)	경상도 유생들, 상소로 채제공의 신원을 요구, 정약용, 유배지에서 《목민심서》 완성

1821	(23대 순조 21)	평양 지방에 괴질 발생, 국가 재정 궁핍 상태에 빠짐
1822	(순조 22)	호적법 강화, 인삼 밀수출 엄금, 위반자 사형에 처함
1823	(순조 23)	경기 · 충청 · 황해도 등 5도 유생들이 '만인소'를 올려 서얼의 임용을 요청
1824	(순조 24)	감자씨가 전해짐
1827	(순조 27)	2월, 순조가 효명세자에게 대리청정을 명함 한성에 야간 통행금지 실시
1830	(순조 30)	5월, 효명세자 사망
1831	(순조 31)	경희궁 중건 완료, 로마 교황청이 천주교 조선교구 창설
1832	(순조 32)	순조, 경희궁으로 천궁
1834	(순조 34)	폐습 · 사치를 금함 11월, 순조 사망, 헌종 즉위
1835	(24대 헌종 1)	전국에 전염병 발생, 청주성 화약고에 낙뢰, 세곡 방납의 폐를 바로잡음
1836	(헌종 2)	프랑스인 모방 신부, 의주를 거쳐 밀입국, 소의 밀도살, 금광의 잠채를 금함
1839	(헌종 5)	천주교도 다수 처형됨, 평안 · 황해 · 경상도에 홍수, 조인영이 제진한 '착사윤음'을 헌종이 반포함, 오가작통법 실시
1840	(헌종 6)	양반들의 상민 착취 엄금, 영국선 2척, 제주도에서 소 등 가축을 약탈해 감, 풍양 조씨의 세도 정치 시작됨
1844	(헌종 10)	8월, 민진용의 역모 적발
1845	(헌종 11)	김대건 신부 밀입국
1846	(헌종 12)	프랑스 세실 해군 소장, 천주교 탄압을 구실로 군함 3척 이끌고 충청도 외연도에 정박, 왕에게 항의 서

한 전달, 김대건 신부, 새남터에서 순교

1847	(24대 헌종 13)	프랑스 군함 글로아르호, 서해안으로 들어오다가 고군산 열도에서 좌초
1848	(헌종 14)	정부, 아편 금지, 안동 김씨의 세도 정치 재개, 이양선이 경상 · 전라 · 황해 · 강원 · 함경 등지에 계속 나타남
1849	(헌종 15)	6월, 현종 사망, 철종 즉위
1850	(25대 철종 1)	개성에서 사적인 인삼 재배 성행
1851	(철종 2)	김문근의 딸이 철종비가 됨, 철종의 친정이 시작됨
1852	(철종 3)	김흥근이 영의정이 됨
1854	(철종 5)	러시아 선박, 함경도 덕원?영흥 해안에 침입, 어민 살상
1855	(철종 6)	영남의 유생들, '만인소'를 올려 장헌세자의 추존을 상소 영국 흐네트호와 프랑스 비르지니호가 각각 독도와 동해안 일대 측량
1857	(철종 8)	최한기, 세계지리서 《지구전요》 저술 완료
1859	(철종 10)	《대명률》, 《대전통편》 등 간행, 원자 죽음, 서울 근교 사찰들을 철폐
1860	(철종 11)	최제우, 경주에서 동학 창시
1861	(철종 12)	김정호의 《대동여지도》 완성, 간행, 러시아 함대, 함경도 원산항에 들어와 통상 요구
1862	(철종 13)	충청 · 전라 · 경상도 곳곳에서 농민 봉기 일어남, 1850년 이후에 세운 서원을 모두 철폐
1863	(철종 14)	금위영 군졸 반란 11월, 동학교주 최제우 체포, 남해에서 농민 봉기 12월, 철종 사망, 고종 즉위, 흥선대원군 이하응이

		집권
1864	(26대 고종 1)	3월, 동학교주 최제우 대구에서 사형 북인 · 남인을 등용하고, 비변사와 의정부의 업무 분담 대원군의 서원 철폐 정책 시작
1865	(고종 2)	4월, 대원군의 경복궁 중건 지시
1866	(고종 3)	1월, 병인박해 시작, 프랑스인 선교사 9명과 남종상을 비롯한 천주교 신자 수천 명을 처형 3월, 민치록의 딸을 왕비로 간택, 후일의 명성황후 7월, 제너럴셔먼호 사건 발생 10월, 병인양요 발발
1867	(고종 4)	서울 각 성문에서 통과세 징수, 신관호가 수뢰포를 제작, 근정전 · 경회루 완공
1868	(고종 5)	4월, 독일인 에른스트 오페르트가 이하응의 부친 남연군의 묘를 도굴, 외국에 대한 감정이 더욱 악화 7월, 궁궐을 경복궁으로 이전
1869	(고종 6)	전라도 광양현에서 민란 발발, 원납전 강제 징수
1870	(고종 7)	일본 주재 독일 공사 브란트, 일본 외무서기 하나부사 등 부산에 입항, 통상 요구, 청국인 7천여 명이 평안도 후창군 일대에 침입, 벌목 시도하다 축출
1871	(고종 8)	사액 서원 47곳만 남기고 전국의 서원 철폐 6월, 신미양요
1873	(고종 10)	선혜청 별창 화재, 최익현이 대원군을 탄핵한 것이 계기가 되어 고종이 친정, 최익현은 제주에 유배되고, 민씨일파의 세도 정치 시작, 대원군 실각
1874	(고종 11)	강화도 연안 포대 축조 완성, 민승호의 침실 화약 폭발로 일가족 폭사, 프랑스 신부 달레의 《한국교

회사》 발간

1875	(26대 고종 12)	울산에서 민란 발발, 왕이 경복궁으로 옮김, 양주에서 은거하던 대원군, 운현궁으로 환거, 일본 군함 운요호 사건
1876	(고종 13)	1월, 조일수호회담 열림 4월, 일본에서 김기수를 단장으로 수신사 76명 파견
1877	(고종 14)	제생의원, 종두 실시, 천주교 주교와 신부 등 체포
1878	(고종 15)	청의 요청으로 체포된 프랑스 신부를 북경으로 귀환시킴, 일본 대리공사 하나부사가 부산해관의 철폐를 요구하는 무력시위 감행
1879	(고종 16)	강수관 · 홍우창, 일본 대리공사 하나부사와 원산 개항 예약의정서에 조인 12월, 지석영이 충주 덕산에서 처음으로 40여 명에게 종두 시행
1880	(고종 17)	김홍집을 일본 수신사에 임명, 원산에 일본 영사관 개관, 하나부사, 일본 국왕의 친서를 고종에게 전달, 삼군부 폐지하고 통리기무아문을 설치, 《동경대전》 등 출간
1881	(고종 18)	4월, 일본에 박정양 등 10여 명의 시사유람단을 파견 별기군을 두고 신식 군사 훈련 실시
1882	(고종 19)	조미수호조약, 조영수호조약 조인, 원산 · 부산 · 인천 개항, 조독수호통상조약 조인, 임오군란 발생, 대원군이 청군에 의해 납치, 청국으로 호송, 제물포조약과 수호조규속약 체결, 박영효를 일본특사 겸 수신사로 파견
1883	(고종 20)	태극기를 국기로 정함, 당오전 주조, 초대 미국공사 푸트와 수호조약 비준 교환, 최초로 영어교육

실시, 조영수호통상조약, 조독수호통상조약 조인, 〈한성순보〉 발간

1884 (26대 고종 21) 부산 · 나가사키 간 해저전선 개통, 우정총국 개설, 이탈리아 · 러시아와 수호조약 조인, 갑신정변 발발, 김옥균 등 갑신정변 주모자들이 일본으로 망명, 한성조약 체결

1885 (고종 22) 3월, 거문도 사건

서울 · 인천 간 전신 개통, 광혜원 설립, 미국인 의사 알 렌 진료 실시, 영국 함대 거문도 불법 점령, 미국인 선교사 언더우드 등 내한, 최초의 개신교회(소래교회) 창립, 배재학당 설립, 대원군 귀국, 〈한성주보〉 발간

1886 (고종 23) 이현영을 초대 주일공사에 임명, 수력화약공장 건설, 스크랜튼, 최초의 여성 교육기관(이화학당) 설립, 한불수호조약 조인, 언더우드, 학당(경신학교) 개설, 육영공원 설립

1887 (고종 24) 영국 함대 철수, 광무국 설치. 최초의 감리교회(정동교회) 창립, 김홍집을 좌의정 겸 총리내무부사에 임명, 새문안교회 창립, 상공회의소 개설

1888 (고종 25) 이화학당에서 최초로 주일학교 시작, 군제 개편, 삼남지방에 큰 흉년

1889 (고종 26) 함북 길주와 강원 정선군 등지에서 농민 봉기 발발, 함경도감사 조병직이 함경도에 방곡령 실시, 언더우드, 조선야소교서회(현 대한기독교서회) 창립, 부산에 최초의 기선회사 설립

1890 (고종 27) 부산 · 인천의 25개 객주 철폐, 침례교회 선교 시작, 커피 · 홍차 등이 소개되고, 서양의 배 · 사과 ·

복숭아 등이 원산 · 길주 · 대구 등지에서 재배됨

1891 (26대 고종 28) 제주 민란 발발

1892 (고종 29) 일본 어선이 제주 성산포에 상륙, 정부에서 김옥균 암살계획을 세워 이일식 등을 일본에 파견, 현대식 화폐 주조, 동학교도 삼례집회 개최

1893 (고종 30) 동학교도 2만여 명, 충북 보은군 장내에 모여 '척왜척양', '창의'의 기치 아래 집회, 지석영이 교동에 우두보영당 설립, 전봉준 등이 학정 시정을 진정, 최초로 전화기 들여옴, 최초의 시계포가 구리개(을지로 입구)에 등장

1894 (고종 31) 김옥균이 상해에서 홍종우에게 암살됨, 갑오개혁 시작, 과거제도 폐지, 김홍집 내각 성립, 경북 안동에서 서상철의병 봉기(최초의 반일의병운동), 동학교주 최시형이 무장봉기 선포, '홍범 14조'와 '독립선고문'을 종묘에 고함, 일본이 조선에 내정 개혁 강요, 전봉준이 순창에서 체포

1895 (고종 32) 전봉준 사형, 시모노세키조약으로 청일전쟁 종료, 을미개혁 단행, 재판소(법원)구성법 등 34건의 개혁안 의결, 군제 개혁 단행. 훈련대 등 설치, 일본 공사 미우라 부임, 소학교령 공포, 유길준 《서유견문》 지음, 을미사변으로 민비(명성황후) 참살, 제3차 김홍집 내각 성립, 단발령 선포

1896 (고종 33) 연호 건양, 태양력 사용, 고종의 아관파천, 서재필이 〈독립신문〉 창간, 독립협회 설립

1897 (고종 34) 8월, 연호를 독자적인 '광무'로 고침
10월, 국호를 '대한제국', 왕의 호칭을 '황제'로 정함

12월, 손병희가 동학 3대 교주가 됨
경인선 철도 기공

1898 (26대 고종 35) 한성전기회사 설립, 독립협회 종로 네거리에서 만민공동회 개최, 흥선대원군 사망, 동학교주 최시형 처형, 농상공부에 철도사 설치, 〈제국신문〉 순한글로 창간, 〈황성신문〉 발행, 서울 종현(현 명동성당 부근)에 천주교회당 건립, 〈매일신문〉 창간

1899 (고종 36) 정선 · 제주 등지에서 농민 봉기 발생, 광제원 개설, 서울에서 전차 운행 시작, 경인선 완성, 〈독립신문〉 폐간, 관립경성의학교 부속병원(현 서울대학교 부속병원) 설립

1900 (고종 37) 만국우편연맹 가입, 의사 · 약제사 · 약품순시 규칙 등 공포, 한강철교 준공, 경인선 철도 완전 개통, 태극기규정 발표

1901 (고종 38) 제주도 대정군에서 이재수의 난 발생, 신식 화폐조례 공포, 금본위제도 실시, 흥선대원군을 왕으로 추봉, 활빈당원 하원홍 등을 참형, 혜민원 설치

1902 (고종 39) 갑산의 구리광 갱도가 무너져 광부 600여 명 참사, 일본 제일은행 부산지점에서 1원권 발행하여 한국에서 강제 유통시킴, 이상재 등 개혁당 관련 인물 구속, 황제 등극 40주년 칭경식 거행, 국가 제정

1903 (고종 40) 개성 · 평양 간 전화 개통, 주한 외국 공사들, 러시아 공사 관에서 비밀 회담, 장지연 《대한강역고》 등 편찬, YMCA 발족, 한일의정서 조인, 이토 히로부미가 특파대사로 내한, 송병준 등이 유신회 조직한 뒤 일진회로 개칭, 제1차 한일협약 체결, 제중원(세브란스병원) 낙성식, 미국인 친

일 외교관 스티븐스, 외교고문에 임명, 대한적십자사 발족, 세계적십자사사에 가맹, 러시아가 용암포 강제 점거

1904 (26대 고종 41) 일본이 독도 강점, '다케시마'로 명명, 러시아 정부에 밀서, 이용익 보성학교(현 고려대학교) 설립, 박제순과 일본 공사 하야시가 제2차 한일협약조약 조인, 일본이 한국 통감부와 이사청 관제 공포, 초대 통감에 이토 히로부미가 부임, 러일전쟁 발발

1905 (고종 42) 엄비가 진명여학교 설립, 최익현 · 신돌석 등이 의병을 일으킴, 일본 경찰이 경운궁(덕수궁)의 경비권을 강탈, 〈한성신보〉 폐간, 통감부의 기관지로 〈경성일보〉 창간, 지방행정구역 개편, 한국 최초의 기념우표 발행, 가톨릭교에 주간지로 〈경향신문〉 창간, 최초의 소년 잡지 〈소년한반도〉 창간, 최초의 호구 조사 실시, 일본과 미국이 '가쓰라-테프트밀약'을 체결, 러시아와 일본이 '포츠머스강화조약'을 체결하여 러일전쟁 종료, 손병희 동학을 천도교로 개칭, 을사조약이 강압적으로 체결됨, 장지연이 〈시일야방성대곡〉을 발표하고, 민영환이 을사조약에 반대하여 자결함

1906 (고종 43) 이인직의 신소설 〈혈의 누〉, 〈만세보〉에 연재 시작

1907 (고종 44) 1월, 서상돈 등이 국채보상운동 전개
이완용 내각 성립, 한글판 〈대한매일신보〉 창간,
4월, 고종이 헤이그에 밀사 파견
7월, 이완용과 송병준 등 매국노들이 헤이그밀사 파견을 이유로 고종에게 퇴위를 강요, 고종이 퇴위하고 마지막 왕 순종이 즉위, '한일신협약'에 따라

'정미7조약'을 체결
서울에서 최초의 박람회 개최, 국채보상운동, 군대 해산, 신민회 설립, 전국 각지에서 항일 의병 봉기
경운궁에서 순종 황제 즉위식

1908 (27대 순종 1) 청진항 개항, 관립 한성고등여학교(현 경기여고) 설립, 부산역 개설, 전명운과 장인환 열사가 친일 미국인 스티븐스 저격, 안창호 등이 대성학교 설립, 최남선이 최초의 월간 종합지 《소년》 창간, 최초의 신극 이인직의 〈은세계〉를 원각사에서 공연, YMCA 회관 개관식 거행, 일제가 수탈기관인 동양척식주식회사 설립

1909 (순종 2) 〈대한민보〉 창간, 안중근 의사가 하얼빈에서 이토 히로부미 사살, 조선은행(현 한국은행) 창립

1910 (순종 3) 안중근 의사가 뤼순 감옥에서 사형당함, 이완용·데라우치, 한일합병조약에 조인, 총독에 데라우치 임명, 데라우치 암살계획을 추진 중이던 안명근을 체포, 105인 사건으로 확대, 주시경 《국어문법》 간행, 〈황성신문〉, 〈대한민보〉 폐간, 〈대한매일신보〉는 총독부 기관지로 전락

*조선은 건국 27대 519년 만에 멸망

*고종은 1919년 1월 21일에, 순종은 1926년 4월 25일에 사망했다. 순종은 생산이 없으며, 순종의 이복동생으로서 고종이 총애하여 황태자가 된 영친왕도 대가 끊겼다. 후궁 장씨 소생의 왕자 의친왕에게 후손(12남 9녀)이 있지만 대부분 사망하고, 생존해 있는 후손(4남 6녀)도 대부분이 외국에 거주하고 있어, 머지않아 왕실의 대가 끊길 것으로 우려된다.

참고문헌

1. ≪조선왕조실록≫
2. ≪한국사전 1-5≫, KBS, 한겨레출판
3. ≪하룻밤에 읽는 한국사≫, 최용범, 페이퍼로드
4. ≪이야기 한국사≫, 교양국사연구회, 청아출판사
5. ≪살아있는 한국사≫, 이덕일, 휴머니스트
6. ≪한국사는 뜨겁다≫, 이희근, 거름
7. ≪밖에서 본 한국사≫, 김기협, 돌베개
8. ≪질문하는 한국사≫, 내일을 여는 역사재단, 서해문집
9. ≪뜻으로 본 한국역사≫, 함석헌, 한길사
10. ≪뜻밖의 한국사≫, 김경훈, 오늘의 책
11. ≪한국사 미스터리≫, 조유전 · 이기환, 황금부엉이
12. ≪한국사 X파일≫, 남경태, 다림
13. ≪한국사는 없다≫, 이희근, 사람과사람
14. ≪100년전 한국사≫, 김재엽, 살림
15. ≪다시 발견하는 한국사≫, 이한, 뜨인돌
16. ≪위풍당당 한국사≫, 박선식, 베이직북스
17. ≪영토한국사≫, 안주섭 · 이부오 · 이영화, 소나무
18. ≪한국사 상식 바로잡기≫, 박은봉, 책과함께
19. ≪우리 역사를 의심한다≫, 강만길, 서해문집
20. ≪조선왕조사≫, 김경수, 수막새
21. ≪친절한 조선사≫, 최형국, 미루나무
22. ≪하룻밤에 읽는 조선사≫, 신병주, 랜덤하우스중앙
23. ≪노회찬과 함께 읽는 조선왕조실록≫, 일빛
24. ≪한 권으로 읽는 조선왕조실록≫, 박영규, 웅진
25. ≪엽기 조선왕조실록≫, 이성주, 추수밭
26. ≪매천야록≫, 황현, 서해문집
27. ≪왕의 투쟁≫, 함규진, 페이퍼로드
28. ≪다시 쓰는 간신열전≫, 최용범 · 함규진, 페이퍼로드
29. ≪세종, 조선의 표준을 세우다≫, 이한우, 해냄
30. ≪세종, 실록 밖으로 행차하다≫, 박현모, 푸른역사
31. ≪나는 세종대왕의 아버지다≫, 고사리, 일월문학
32. ≪한글에 대하여 알아야 할 모든 것≫, 최경봉 · 시정곤 · 박영준, 책과함께
33. ≪우리 말의 수수께끼≫, 박영준 · 시정곤 · 정주리 · 최경봉, 김영사
34. ≪문자이야기≫, 앤드류 로빈슨, 사계절
35. ≪말≫, 박기용, 규장각
36. ≪제왕의 책≫, 윤희진, 황소자리
37. ≪소설 훈민정음≫, 박춘명, 이가서
38. ≪책사 한명회≫, 이수광, 작은 씨앗

39. ≪성종≫, 이한우, 해냄
40. ≪연산군을 위한 변명≫, 신동준, 지식산업사
41. ≪조광조≫, 정두희, 아카넷
42. ≪사화와 반정의 시대≫, 김범, 역사비평사
43. ≪당쟁과 정변의 소용돌이≫, 이이화, 한길사
44. ≪광해군≫, 한명기, 역사비평사
45. ≪국가 재건과 청의 침입≫, 이이화, 한길사
46. ≪통한의 역사≫, 한민족공동체발전협회, 집사재
47. ≪조선인 60만 노예가 되다≫, 주돈식, 학고재
48. ≪심양장계≫, 소현세자 시강원, 창비
49. ≪남한산성≫, 김훈, 학고재
50. ≪영조와 정조의 나라≫, 박광용, 푸른역사
51. ≪사도세자의 고백≫, 이덕일, 휴머니스트
52. ≪정조와 철인정치의 시대 1-2≫, 이덕일, 고즈윈
53. ≪정조, 조선의 혼이 지다≫, 이한우, 해냄
54. ≪이산 정조대왕≫, 이상각, 추수밭
55. ≪문화군주 정조의 나라 만들기≫, 이이화, 한길사
56. ≪나의 아버지 박지원≫, 박종채, 돌베개
57. ≪열하일기≫, 고미숙, 그린비
58. ≪정약용과 그의 형제들 1-2≫, 이덕일, 김영사
59. ≪정약용 살인사건≫, 김상현, 랜덤하우스
60. ≪산해관 잠긴 문을 한손으로 밀치도다≫, 홍대용, 돌베개
61. ≪숙종≫, 이한우, 해냄
62. ≪문벌정치가 나라를 흔들다≫, 이이화, 한길사
63. ≪홍경래전≫, 이명선, 범우사
64. ≪조선의 문을 두드리는 세계 열강≫, 이이화, 한길사
65. ≪제국 그사이의 한국≫, 앙드레 슈미드, 휴머니스트
66. ≪녹두 전봉준 평전≫, 김삼웅, 시대의 창
67. ≪민중의 함성 동학농민전쟁≫, 이이화, 한길사
68. ≪그래서 나는 김옥균을 쏘았다≫, 조재곤, 푸른역사
69. ≪명성황후 시해의 진실을 밝힌다≫, 최문형, 지식산업사
70. ≪오백년 왕국의 종말≫, 이이화, 한길사
71. ≪조선의 르네상스인 중인≫, 허경진, 랜덤하우스
72. ≪하늘에 새긴 우리 역사≫, 박창범, 김영사
73. ≪우리 역사를 바꾼 귀화 성씨≫, 박기현, 역사의 아침
74. ≪한국사의 천재들≫, 김병기 · 신정일 · 이덕일, 생각의 나무
75. ≪조선을 구한 13인의 경제학자들≫, 한정주, 다산초당
76. ≪조선을 뒤흔든 최대 역모사건≫, 신정일, 다산초당
77. ≪정감록 역모사건의 진실게임≫, 백승종, 푸른역사
78. ≪미쳐야 미친다≫, 정민, 푸른역사

79. ≪세기를 넘나든 조선의 사랑≫, 권현정, 현문미디어
80. ≪옛사람 72인에게 지혜를 구하다≫, 김갑동, 푸른역사
81. ≪불멸의 15인 시공 초월 맞장 인터뷰≫, 윤명철 외, 서해문집
82. ≪조선왕 독살 사건≫, 이덕일, 다산초당
83. ≪왕이 못된 세자들≫, 함규진, 김영사
84. ≪한국사 제왕열전≫, 황원갑, 마야
85. ≪조선최강상인 역발산≫, 이용선, 동서문화사
86. ≪조선최강상인 파천황≫, 이용선, 동서문화사
87. ≪조선기담≫, 이한, 청아출판사
88. ≪조선잡기≫, 혼마규스케, 김영사
89. ≪한국대표 야사전≫, 김길형, 아이템 북스
90. ≪발칙한 조선 인물 실록≫, 이성주, 추수밭
91. ≪조선왕조 500년 야사≫, 박찬희, 꿈과 희망
92. ≪조선의 협객 백동수≫, 김영호, 푸른역사
93. ≪중국을 뒤흔든 우리 선조 이야기≫, 이수광, 일송북
94. ≪조선의 아웃사이더≫, 노대환, 역사의 아침
95. ≪암행어사 열전≫, 김원석, 문학수첩
96. ≪잡인열전≫, 이수광, 바우하우스
97. ≪이덕일의 역사사랑≫, 이덕일, 랜덤하우스
98. ≪모반의 역사≫, 한국역사연구회, 세종서적
99. ≪패자의 역사≫, 구본창, 정한 PNP
100. ≪전환기를 이끈 17인의 명암≫, 이희근, 휴머니스트
101. ≪조선의 노래≫, 이은식, 타오름
102. ≪조선왕조 충의열전≫, 최완수, 돌베개
103. ≪조선의 선비 귀신과 통하다≫, 장윤선, 이숲
104. ≪명장일화≫, 이상비, 우성출판사
105. ≪한국 역사의 미인≫, 이수광, 영림카디널
106. ≪대업 1-3≫, 김성한, 해와비
107. ≪뿌리깊은 나무 1-2≫, 이정명, 밀리언하우스
108. ≪외규장각 도서의 비밀 1-2≫, 조완선, 휴먼 앤 북스
109. ≪영원한 제국≫, 이인화, 세계사
110. ≪왕의 밀사≫, 허수정, 밀리언하우스
111. ≪전란의 소용돌이 속에서≫, 박희병 · 정길수, 돌베개
112. ≪바람의 칼 1-2≫, 이원호, 팬덤
113. ≪조선선비 살해 사건 1-2≫, 이덕일, 다산초당
114. ≪검계 1-2≫, 이수광, 오벨리스크
115. ≪황진이 1-2≫, 전경린, 이룸
116. ≪어을우동 1-2≫, 김경민, 눈과 마음
117. ≪난중일기≫, 노승석, 동아일보사
118. ≪난중일기≫, 이민수, 범우사

119. ≪임진대전쟁 1-2≫, 양재수, 고려원
120. ≪이순신과 임진왜란 1-4≫, 이순신역사연구회, 비봉출판사
121. ≪이순신 평전≫, 박천홍, 북하우스
122. ≪이순신≫, 남천우, 역사비평사
123. ≪이순신 수국 프로젝트≫, 장한식, 행복한나무
124. ≪이순신 파워 인맥≫, 제장명, 행복한 나무
125. ≪이순신과 히데요시≫, 가다노 쯔기오, 우석
126. ≪이순신 최후의 결전 1-3≫, 배상열, 눈과 마음
127. ≪임진왜란 해전사≫, 이민웅, 청어람미디어
128. ≪임진란의 기록≫, 루이스 프로이스, 살림
129. ≪임진왜란 동아시아 삼국전쟁≫, 정두희 · 이경순, 휴머니스트
130. ≪임진왜란과 한중관계≫, 한명기, 역사비평사
131. ≪정묘, 병자호란과 동아시아≫, 한명기, 푸른역사
132. ≪화염 조선, 박재광≫, 글항아리
133. ≪조선 무사, 최형국≫, 인물과 사상사
134. ≪우리 역사 과학 기행≫, 문중양, 동아시아
135. ≪우리 역사의 수수께끼 1-3≫, 이덕일 · 김병기, 김영사
136. ≪KBS 역사 스페셜 1-7≫, KBS, 효형출판
137. ≪무기의 역사, 촬스 바우텔≫, 가람기획
138. ≪세계 사대 해전≫, 윤지강, 느낌이 있는 책
139. ≪소설 이순신 1-2≫, 박성부, 행림출판
140. ≪원균 1-2≫, 고정욱, 산호와 진주
141. ≪유성룡≫, 이덕일, 역사의 아침
142. ≪나를 성웅이라 부르라 1-2≫, 박상하, 일송북
143. ≪일본 전국을 통일한 3인 영웅전≫, 이케나미 쇼타로, J & C
144. ≪오다 노부나가 1-2≫, 이케미아 쇼이치로, 중심
145. ≪도요토미 히데요시의 조선 침략≫, 기타지마 만지, 경인문화사
146. ≪미야모토 무사시≫, 시바 료타로, 창해
147. ≪오륜서, 미야모토 무사시≫, 미래의 창
148. ≪책사들의 이야기≫, 이수광, 일송북
149. ≪논개 1-2≫, 김별아, 문이당
150. ≪바다의 가야금≫, 고사카 지로, 인북스
151. ≪칼의 노래 1-2≫, 김훈, 생각의 나무
152. ≪우리 사발 이야기≫, 신한균, 가야넷
153. ≪신의 그릇 1-2≫, 신한균, 아우라
154. ≪메이지유신≫, 장인성, 살림
155. ≪제국의 칼 1-3≫, 하근찬, 고려원
156. ≪제국의 아침 1-8≫, 시바 료따로, 하늘출판사

이 외에도 많은 책을 참고하였습니다.